Catherine Gildiner

Buenos días, monstruo

Cinco viajes heroicos de recuperación

Traducción del inglés de Elsa Gómez

Título original: GOOD MONRNING MONSTER
FIVE HEROIC JOURNEYS TO RECOVERY

© 2019 by Catherine Gildiner
Traducción autorizada por Penguin Canada,
Un sello de Penguin Random House Canada Limited

© de la edición en castellano:
2023 Editorial Kairós, S.A.
Numancia 117-121, 08029 Barcelona, España
www.editorialkairos.com

Diseño cubierta: Editorial Kairós
Ilustración cubierta: Julia Pr

Traducción © Elsa Gómez
Revisión: Alicia Conde

Fotocomposición: Florence Carreté
Impresión y encuadernación: Índice. 08040 Barcelona

Primera edición: Septiembre 2023
ISBN: 978-84-1121-174-1
Depósito legal: B 11.348-2023

Todos los derechos reservados.
Cualquier forma de reproducción, distribución, comunicación
pública o transformación de esta obra solo puede ser realizada
con la autorización de sus titulares, salvo excepción prevista por
la ley. Diríjase a CEDRO (Centro Español de Derechos Reprográficos,
www.cedro.org) si necesita algún fragmento de esta obra.

Este libro ha sido impreso con papel que proviene de fuentes respetuosas
con la sociedad y el medio ambiente y cuenta con los requisitos necesarios
para ser considerado un «libro amigo de los bosques».

A los cinco héroes de este libro

Sumario

Nota de la autora   9

LAURA   13
PETER   107
DANNY   173
ALANA   259
MADELINE   353

Epílogo   451
Agradecimientos   453

Nota de la autora

Me gustaría darles las gracias a los pacientes cuya historia describo en este libro. Cada uno de los cinco procedía de un contexto socioeconómico muy diferente, de diferente cultura y, lo que es más importante aún, tenía un temperamento muy distinto. Laura y Madeline, que venían de extremos opuestos del espectro económico, eran ambas puro coraje. Danny impresionaba por su carácter estoico, Peter por su capacidad de perdón y Alana por su resistencia. Todos tenían alguna cualidad heroica que me dejaba admirada. Aprendí mucho de ellos sobre distintas estrategias para hacer frente a las adversidades, y utilizo a menudo esas lecciones. Cada uno de ellos tuvo en mi psique un efecto transformador.

No hay mayor generosidad que revelar y compartir la historia de tu vida, y por eso estoy enormemente agradecida a estos pacientes. A cambio, he cuidado en todo momento de mantener su anonimato. Era esencial que fueran irreconocibles.

Este no es un libro para académicos, sino para el gran público. Mi deseo es que sirva de inspiración, pero sea además una herramienta de aprendizaje práctico. He reconstruido las conversaciones que mantuve con cada uno de los pacientes a partir de las notas que tomé durante las sesiones de terapia. Para delinear claramente las verdades psicológicas que quería ilustrar, y de paso camuflar la identidad de los pacientes, he recreado algunas características esenciales, si he creído que esto ayudaba a definir cierto aspecto psicológico relevante. Cada caso está narrado en forma de relato, por lo que algunos detalles se han acentuado mientras que otros se han omitido en aras de la claridad.

Les doy las gracias a todos ellos por compartir sus luchas conmigo y con los demás. Estoy segura de que Peter, el músico, hablaba en nombre de todos cuando dijo: «Si compartir mi historia ayuda aunque sea a una sola persona que sufre, habrá valido la pena».

Con gratitud,

CATHERINE GILDINER

Laura

Mi corazón no es hogar para cobardes.

D. Antoinette Foy

1. Rodeada de una pandilla de idiotas

El día que abrí mi consulta de psicóloga, me senté en el despacho llena de satisfacción. Fortificada por los conocimientos que había adquirido a lo largo de los años, y con la tranquilidad de contar con el respaldo de unas reglas precisas, estaba deseando empezar a tener pacientes a los que «curar».

Qué ilusa.

Por suerte, en aquel momento no podía imaginar lo engorroso que sería esto de la psicología clínica, o es probable que me hubiera decidido estrictamente por la investigación, un área donde habría tenido control sobre los sujetos y las variables. Aquí, en cambio, tuve que aprender a ser flexible para dar cabida a toda la información que me iba llegando cada semana. Aquel primer día no tenía ni idea de que la psicoterapia no iba a consistir en que yo, la psicóloga, me dedicara a resolver problemas, sino en que dos personas nos sentáramos frente a frente, semana tras semana, y tratáramos de descubrir juntas una especie de verdad psicológica que tuviera sentido para ella y para mí.

Nadie me hizo comprender esto con tanta claridad como Laura Wilkes, mi primera paciente. Me la remitió su médico de cabecera, que en un mensaje de voz decía: «Ella te contará los detalles». No sé quién estaba más asustada, si Laura o yo. La estudiante enfundada en unos tejanos y una camiseta, que era yo hasta hacía muy poco, acababa de transformarse en una profesional. Allí estaba ahora, vestida con una blusa de seda y un traje de diseño con anchas hombreras, como era de rigor a principios de los años ochenta, sentada tras un enorme escritorio de caoba con un aspecto que era mezcla de Anna Freud y Joan Crawford. Menos mal que a los veintitantos años tenía ya bastantes canas, y eso me daba cierto aire de seriedad.

Laura mediría apenas un metro cincuenta, tenía una figura como de reloj de arena, unos ojos almendrados enormes y unos labios tan carnosos que, si la hubiera conocido hoy, habría pensado que se los había rellenado con bótox. Tenía una melena rubia que le llegaba hasta los hombros, y la piel como de porcelana contrastaba con los ojos oscuros. Un maquillaje perfecto, con los labios pintados de color rojo vivo, realzaba sus rasgos. Llevaba tacones de aguja, una elegante blusa entallada de seda y una falda de tubo negra.

Me dijo que tenía veintiséis años, que estaba soltera y que trabajaba en una importante empresa de servicios de inversión. Había empezado como secretaria, pero después la habían ascendido al departamento de recursos humanos.

Cuando le pregunté en qué la podía ayudar, se quedó mirando por la ventana. Yo estaba atenta, esperando a que me contara el problema. Pasó el rato y seguí esperando en *silencio terapéutico*, como se le llama a ese incómodo mutismo que supuestamente hará salir la verdad de la paciente. Al final, me dijo:

–Tengo herpes.

–¿Herpes zóster o herpes simple? –le pregunté.

–Del que te contagias si eres una guarra.

–De transmisión sexual –traduje.

Cuando le pregunté si su pareja sexual sabía que él tenía herpes, Laura respondió que Ed, el que era su novio desde hacía dos años, había dicho que no; sin embargo, luego ella le había encontrado en el armario un frasco de pastillas que resultó ser el mismo medicamento que le habían recetado a ella. Quise saber cómo se había sentido al enterarse, y básicamente se encogió de hombros, como si lo ocurrido fuera normal y no hubiera mucho que hacer al respecto.

—Ed es así. Ya le he echado la bronca. ¿Qué más puedo hacer?

Que respondiera de esta manera, quitándole importancia, hacía pensar que Laura estaba acostumbrada a comportamientos egoístas y tramposos. Había venido a mi consulta, dijo, porque ni siquiera la medicación más fuerte impedía que tuviera brotes constantes, y su médico pensaba que necesitaba atención psiquiátrica. Pero ella tenía claro que no quería ni mucho menos hacer terapia. Solo quería librarse del herpes.

Empecé por explicarle que hay casos en que el estrés tiene el poder de activar el virus latente, y ella respondió:

—Sé lo que significa la palabra *estrés*, pero no sé exactamente qué es en realidad. Yo no creo que tenga estrés. Me ocupo de mis cosas y hago mi trabajo lo mejor posible, rodeada de una pandilla de idiotas.

Siguió diciendo que no había tenido grandes preocupaciones en su vida, aunque reconocía que el herpes la estaba afectando de una manera inquietante.

En primer lugar quise tranquilizarla. Le hice saber que una de cada seis personas de entre catorce y cuarenta y nueve años tiene herpes. Su respuesta fue:

—¿Y qué? Así que estamos todos en el mismo cenagal inmundo.

Decidí probar una vía distinta y le dije que entendía que estuviera enfadada. La acababa de traicionar un hombre que decía quererla. Además, vivía con aquel dolor constante; de hecho, casi no podía estar sentada. Y lo peor de todo era la vergüenza; durante el resto de su vida, tendría que contarle a cualquier persona con la que se acostara que tenía herpes o que era portadora del virus.

Laura asintió, pero lo peor de todo para ella era que, aunque había hecho todo lo posible por dejar atrás sus circunstancias familiares, al final aquí estaba, revolcándose en la inmundicia lo mismo que todos ellos habían hecho siempre.

—Es como estar rodeada de arenas movedizas —dijo—. Por mucho que me esfuerce por salir del fango, una y otra vez me arrastran de vuelta. Sé lo que digo; he estado a punto de morir en el intento.

Cuando le pedí que me hablara de su familia, contestó que no iba a entrar en «ese cenagal hediondo». Dijo que ella era una persona práctica y solo quería dejar de tener estrés, *fuera lo que fuese*, para que el herpes estuviera controlado y dejara de dolerle. Tenía decidido asistir a aquella única sesión, en la que yo le daría alguna pastilla o la «curaría» del «estrés». Le di la noticia de que, aunque muy de vez era posible aliviar la ansiedad o el estrés con relativa facilidad, por lo general no solían ceder tan fácilmente. Le dije que íbamos a necesitar varias visitas más para que, en primer lugar, entendiera con claridad lo que era el estrés y se diera cuenta de cómo lo experimentaba ella, y a continuación pudiéramos descubrir su origen y cómo aliviarlo. Cabía la posibilidad, seguí diciéndole, de que su sistema inmunitario estuviera invirtiendo tanta energía en luchar contra el estrés que no le quedara nada para combatir el virus del herpes.

—No me puedo creer que necesite hacer todo esto. Me siento como si hubiera venido a sacarme una muela y, por un descuido, me hubieran arrancado con ella todo el cerebro. —Se la veía enfadada, pero al final capituló—. Vale, pero solo una cita más.

Es difícil tratar a una paciente que no tiene el menor interés en el aspecto psicológico de una situación. Laura solo quería que le curaran el herpes, y la terapia no era, a su modo de ver, más que un medio para conseguirlo. Tampoco estaba dispuesta a hablar de sus circunstancias familiares, porque no entendía qué relevancia podía tener eso.

Así que en mi primer día como terapeuta hubo dos cosas con las que no contaba. La primera: ¿cómo era posible que aquella mujer no supiera lo que era el estrés? La segunda: yo había leído cientos de estudios de caso, había visto cantidad de vídeos de sesiones de psicoterapia y asistido a docenas de seminarios, y jamás, en ninguno de ellos, había visto que un paciente se negara a facilitar la historia familiar. Ni siquiera cuando me había tocado hacer el turno de noche en algún hospital psiquiátrico, donde a las almas psicológicamente perdidas se las recluía en el pabellón del fondo, había oído nunca a nadie oponerse. Incluso aunque, como en el caso de una paciente, la historia fuera que había nacido en Nazaret y sus padres eran José y María, la contaban. ¡Y ahora mi primera paciente se acababa de negar a hablarme de su familia! Comprendí que iba a tener que adaptarme al extraño estilo de Laura, y al ritmo que ella marcara, o se iría. Recuerdo que escribí en la ficha: «Mi primer cometido es lograr que Laura participe».

Freud propuso el concepto de «transferencia» –los sentimientos que el o la paciente desarrolla hacia su psicoterapeuta–, que era a su entender la piedra angular de la terapia. La contratransferencia es lo que el terapeuta llega a sentir por un paciente. Durante las décadas que llevo trabajando como psicoterapeuta privada, he descubierto que si no siento aprecio sincero por un paciente, si no me despierta simpatía, el paciente lo nota y la terapia es un fracaso. Es necesario que haya química entre paciente y terapeuta, y ninguno de los dos puede forzar ese vínculo si no surge espontáneamente. Quizá haya terapeutas que no estén de acuerdo, pero yo creo que se engañan.

Estaba de suerte. Sentí una conexión con Laura desde el primer instante. Su paso decidido, su forma de hablar enfática y su actitud práctica y directa me recordaban a mí. A pesar de que trabajaba sesenta horas a la semana, iba a la universidad en jornada nocturna y había ido aprobando curso tras curso. A los veintiséis años, le faltaba poco para licenciarse en Comercio.

Laura llegó a la siguiente sesión cargada con cuatro libros sobre el estrés, repletos de notas adhesivas amarillas que asomaban entre las páginas, y un enorme rotafolio, en el que había dibujado un complejo gráfico codificado por colores. En el margen superior, de lado a lado de la hoja, había escrito «¿Estress??????». Debajo se veían varias columnas. La primera, coloreada de rojo, se titulaba «Tratar con gilipollas», y contenía los nombres de diversos «gilipollas» listados en subcategorías. Uno era su jefe, Clayton; otro, su novio, Ed; el tercero, su padre.

Ahora que había leído los libros sobre el estrés, me dijo Laura, estaba intentando localizar su causa en las circunstancias de su vida. Había estado toda la semana trabajando en el gráfico. Cuando le comenté que no había incluido en él a ninguna mujer, lo miró detenidamente y dijo:

–Qué curioso. Es verdad. No conozco a ninguna mujer gilipollas. Supongo que, si me he encontrado con alguna, sencillamente la he evitado o no le he dado la posibilidad de que me crispara los nervios.

Quise hacerle ver que estábamos un poco más cerca de poder definir lo que significaba para ella la palabra *estrés*, y le pregunté qué característica tenían en común aquellos hombres para estar en la lista.

–Son gente que no respeta ninguna regla, y les importa una mierda si las cosas funcionan o no –respondió.

Le dije que podía ser interesante construir una historia de su vida hasta la fecha, sobre todo teniendo en cuenta que su padre estaba en la lista. Al oírlo, Laura puso los ojos en blanco. Seguí hablando, sin hacer caso de su expresión, y le pregunté cuál era el recuerdo más vívido que tenía de su padre. De inmediato, contestó que era de cuando se cayó de un tobogán a los cuatro años y se hizo un corte en un pie con un trozo de metal afilado. Su padre la levantó del suelo con ternura y la llevó al hospital para que le cosieran la herida. Mientras estaban en la sala de espera, una enfermera comentó que era un corte muy profundo, y que ella era muy valiente por no haberse quejado nada. Su padre rodeó a Laura con el brazo, la apretó contra su pecho y dijo: «¡Esta es mi chica! Qué orgulloso estoy de ella. Nunca se queja, porque es fuerte como un caballo».

Aquel día Laura recibió un mensaje muy claro, que nunca olvidó: una amorosa declaración de afecto que dependía de que fuera fuerte y no se quejara. Cuando le indiqué ese doble filo, respondió:

—A todo el mundo se le quiere por algo.

Evidentemente, la noción de amor incondicional —saber que tus padres te querrán, hagas lo que hagas— era para ella un concepto desconocido.

Cuando le pregunté por su madre, lo único que dijo fue que había muerto cuando ella tenía ocho años. A continuación, le pregunté cómo era, y contestó solo dos palabras, que me parecieron bastante curiosas: «remota» e «italiana». No era capaz de encontrar en la memoria ningún recuerdo de ella. Después de que la presionara un poco, consiguió decir que cuando tenía cuatro años su madre le había regalado por Navidad una cocinita de juguete y había sonreído cuando Laura la abrió.

Tampoco estaba segura de cómo había muerto. Tuve que insistir en que tratara de reconstruir el día en que ocurrió.

–Por la mañana estaba bien. Luego mi hermana pequeña y mi hermano y yo volvimos del colegio y la comida no estaba hecha, lo cual era muy extraño. Abrí la puerta del dormitorio de mis padres y mi madre estaba dormida. La sacudí y después le di la vuelta. Todavía veo con claridad las marcas que le había dejado en la cara la colcha de ganchillo. No llamé a mi padre porque no sabía dónde trabajaba. Les dije a mi hermano y a mi hermana que volvieran al colegio y cuando se fueron llamé a emergencias.

La policía localizó a su padre y lo llevaron a casa en un coche patrulla.

–Le cubrieron la cara a mi madre con una manta que tenía estampadas las letras «Propiedad del Hospital General de Toronto». No tengo ni idea de por qué me acuerdo de eso –dijo–. Luego los hombres la bajaron en una camilla por las escaleras y el cadáver de mi madre desapareció.

–¿No hubo un velatorio o un funeral?

–Creo que no. Mi padre salió y se hizo de noche. Llegó la hora de cenar y no había nada hecho.

Laura supuso que le correspondía a ella hacer la cena y contarles a sus hermanos que su madre había muerto. Cuando se lo dijo a su hermana, que tenía seis años, empezó a llorar, en cambio la única reacción de su hermano, que tenía cinco, fue preguntarle a Laura si ahora ella iba a ser su madre.

Nadie de la familia de su madre asistió al funeral, ni sus abuelos maternos los ayudaron a ellos.

–A mi madre nunca la había oído contar nada, pero por los comentarios sarcásticos de mi padre deduje que, básicamente, la habían repudiado –explicó Laura–. Eran italianos de verdad, ya sabes, de los que deambulan por Little Italy vestidos de negro llorando la mayor parte de su vida la muerte de alguien.* De los seis hermanos, mi madre era la única chica, y una vez que cumplió los diez años le prohibieron salir a jugar. Tenía que quedarse en casa cocinando y limpiando. Podía ir de compras con su madre, pero no podía salir sola. Uno de los hermanos la acompañaba todos los días al colegio.

A pesar de las medidas tan estrictas que le habían impuesto desde niña, la madre de Laura se quedó embarazada a los dieciséis años. El padre de Laura, un canadiense de ascendencia escocesa, era, a los ojos de estos italianos, un rufián de diecisiete años que había dejado embarazada a la única hija de la familia. Sus hermanos lo molieron a palos y le dijeron que lo matarían si no se casaba con ella. Después de la boda, nadie de su familia quiso volver a verla.

Laura nació cinco meses después de la boda; veinte meses más tarde nació su hermana Tracy, y al cabo de un año, su hermano Craig. Cuando le pregunté a Laura si alguna vez había ido a Little Italy a visitar a sus abuelos, contestó que no tenía ningún interés en conocerlos.

Me pregunté si tal vez la madre de Laura habría sufrido una depresión clínica y eso le impidió conectar emocionalmente con sus hijos. Quién no estaría deprimida, cuando no traumatizada, después de haber pasado una infancia sometida al control sobreprotector de una familia de hombres violentos y, luego, haber acabado casándose con un hombre que no quería casarse con ella, que no tenía ningún interés en hacer de padre y que posiblemente la maltrataba emocional y físicamente, la despreciaba y la ignoraba. Sus padres la habían

---

*   Little Italy es un barrio neoyorquino ubicado en Manhattan que estuvo poblado en sus orígenes por gran cantidad de inmigrantes italianos. (*N. de la T.*)

repudiado y nunca le perdonaron que pusiera en vergüenza a la familia. No tenía a quién recurrir. Cuando le pregunté a Laura por la causa de su muerte, sospechando que se tratara de un suicidio, me dijo que no tenía ni idea de lo que había pasado. Que ella supiera, no le habían hecho la autopsia.

Por increíble que parezca, en los cuatro años que Laura estuvo viniendo a las sesiones de terapia, el único recuerdo vivo de su madre siguió siendo el de la cocinita de juguete. Durante ese tiempo le pedí que hiciera asociaciones libres, que escribiera un diario sobre su madre, que fuera a visitar su tumba... y, a pesar de todo, era incapaz de recordar nada más.

Volvimos a hablar de su padre en la siguiente sesión. Me contó que había sido vendedor de coches, pero que se había quedado sin trabajo cuando ella era pequeña. Tenía problemas con la bebida y con el juego, y se metía en líos continuamente por uno u otro «malentendido». A pesar de ser un rubio de ojos azules guapo, bastante inteligente y carismático, se había ido empobreciendo en todos los aspectos.

Un año después de que muriera la madre, el padre trasladó a la familia a un pueblo situado al noreste de Toronto llamado Bobcaygeon. Laura creía que lo había hecho para escapar de unos hombres de Toronto que lo andaban buscando, pero no estaba segura. Allí, montó un negocio de venta ambulante de patatas fritas aprovechando la temporada de verano. La hermana y el hermano de Laura se quedaban jugando en el aparcamiento mientras ella entraba en la furgoneta, abría la portezuela mostrador abatible y servía las patatas fritas. Su padre la llamaba «mi mano derecha». Vivían en una pequeña cabaña a las afueras del pueblo, alquilada a una familia que tenía varias cabañas modestas diseminadas por los bosques que eran de su propiedad, construidas todas en lugares aislados.

Los tres hermanos empezaron a ir a la escuela en septiembre, cuando Laura tenía nueve años. El negocio de las patatas fritas dejó de funcionar en cuanto se fueron los veraneantes. El padre compró un pequeño calefactor para la cabaña y se acurrucaban todos a su alrededor en la única habitación que había. Laura recordaba que una vez se presentaron en la puerta dos hombres exigiendo el dinero que se les debía por el uso de la furgoneta. Su padre se escondió en el cuarto de baño y fue ella quien tuvo que deshacerse de ellos.

Luego, un día de finales de noviembre, su padre dijo que iba al pueblo a comprar tabaco. Nunca volvió. Los niños no tenían nada para comer, ni más ropa que la que llevaban puesta y la de recambio. Laura no expresaba miedo ni rabia, ni sentimientos de ninguna clase, al contarlo.

No quería decirle a nadie que su padre los había abandonado, por temor a que los llevaran a una casa de acogida, así que mantuvo a rajatabla las mismas costumbres de siempre. Los dueños de las cabañas, situadas todas en lo más profundo de un bosque de la región de los lagos, tenían tres hijos. La madre, Glenda, había sido bastante simpática cuando Laura había ido a jugar con su hija Kathy. El padre, Ron, era un hombre tranquilo que había tenido la amabilidad de llevarse más de una vez a su hermano Craig, que ahora tenía seis años, a pescar con su hijo.

La pequeña Tracy «se pasaba lloriqueando el día entero», dijo Laura muy enfadada. Quería a toda costa ir a casa de Glenda y Ron a decirles que alguien se había llevado a su padre, y a preguntarles si podían ir a vivir con ellos.

A diferencia de sus hermanos, Laura sabía que su padre los había abandonado.

–Se vio acorralado, debía dinero y Dios sabe qué más –dijo. Después de que su madre muriera, cada vez que se portaban mal su padre los amenazaba con dejarlos en un orfanato, y Laura se dio cuenta de que no lo decía por decir. Ahora que se había ido, ella tenía claro que era responsabilidad suya conseguir que las cosas funcionaran. Cuando le pregunté cómo se sintió al ver que estaban los tres allí abandonados, me miró como diciéndome que no me pusiera melodramática.

–No era exactamente que estuviéramos *abandonados*. Mi padre sabía que yo estaba allí para ocuparme de todo.

–Tenías nueve años, y estabais sin dinero, solos en un bosque. ¿Cómo lo llamarías tú?

–Supongo que, técnicamente, fue un abandono. Pero mi padre tenía que irse de Bobcaygeon. No es que quisiera dejarnos solos. No tuvo más remedio.

En ese instante comprendí lo unida que estaba Laura a su padre y lo hábilmente que había conseguido protegerse del dolor por su desaparición. El instinto de vinculación afectiva es consustancial a los animales y a los seres humanos; necesitamos establecer una fuerte relación de apego con un progenitor, y su presencia nos hace sentir seguros. Laura no recordaba haber tenido ningún «sentimiento» en aquellos momentos; lo único que tenía eran «planes». En otras palabras, había dejado que prevaleciera el instinto de supervivencia. Comprensiblemente, claro, puesto que tenía dos niños pequeños a los que alimentar y vestir durante un largo invierno canadiense en medio de la naturaleza salvaje. Laura se burlaba de mí con cierto desdén cada vez que le preguntaba qué sentía en un momento u otro, dando a entender en más de una ocasión que los sentimientos son un lujo que solo se puede permitir la gente que tiene una vida cómoda y no necesita, en palabras suyas, «aguzar el ingenio».

Entendía perfectamente lo que Laura me contaba sobre que los planes tuvieran prioridad sobre los sentimientos. Cuando yo en mi vida había sufrido un revés, no había tiempo para examinar lo que sentía; solo había tiempo para actuar. Crecí en una familia acomodada, pero, cuando llegué a la adolescencia, mi padre, que tenía un negocio y era un hombre infinitamente cabal, empezó a comportarse de un modo muy extraño. Se descubrió que tenía un tumor cerebral inoperable. Cuando llamé al contable, me dijo que mi padre lo había perdido todo. Tuve que seguir en el instituto y conseguir dos trabajos para ayudar a mantener a la familia. Como Laura, sinceramente no recuerdo ningún sentimiento de ningún tipo. Tenía la mente ocupada por completo en lo que había que hacer para llegar a fin de mes.

Al poco de empezar la terapia con Laura, me uní a un grupo de supervisión por pares –un grupo de psicólogos que se reúnen para comentar los casos e intentar darse indicaciones unos a otros– y me sorprendió que la mayoría de ellos pensaran que no estaba insistiendo lo suficiente en que Laura conectara con sus sentimientos, que me estaba «tragando sus defensas». Me di cuenta de que tenía que investigarme a mí misma para asegurarme de que mi reacción personal al trauma no estaba influyendo en la terapia. Por un lado, pensaba que mis compañeros tal vez tuvieran razón; por otro, quería preguntarles si alguna vez se habían encontrado de verdad entre la espada y la pared, hasta el punto de que no estar concentrados en las circunstancias cada minuto del día podía llevarles a una situación muy grave. Nada concentra tanto la mente como la necesidad de supervivencia.

Sin embargo, era indudable que no tener acceso a los sentimientos de Laura dificultaba la terapia. De repente comprendí que lo importante no era interpretar sus sentimientos, sino poder acceder a ellos. Ya tendría tiempo de interpretarlos.

Cuando organicé mis notas al final del primer mes, las resumí de esta manera: «Tengo una paciente que no tiene interés en la terapia; no recuerda con claridad a su madre con la que convivió durante ocho años, un caso sin precedentes; no tiene ni idea de qué es el estrés, pero quiere deshacerse de él, y asegura no haber sentido nada cuando su padre la abandonó. Tengo mucho trabajo por delante».

Laura siguió describiendo la evolución de aquella situación terrible, y era evidente que había tenido en todo momento las ideas muy claras. De inmediato cayó en la cuenta de que había visto limpiar las cabañas y la mayoría estarían desocupadas durante la temporada de invierno, así que sus hermanos y ella se trasladaron a una de las más remotas, a la que no era probable que se acercara nadie hasta la primavera. Se llevaron el calefactor. Ella sabía que tenían que seguir cumpliendo sus rutinas metódicamente, o los descubrirían. Así que caminaban casi un kilómetro y medio cada mañana hasta la parada del autobús escolar. Laura le hablaba a todo el mundo de su padre como si estuviera de vuelta en la cabaña, y a su hermano y a su hermana les había aleccionado para que hicieran lo mismo.

–Así que tuvisteis que vivir solos en una cabaña, tú con nueve años y tus hermanos con siete y con seis –dije–. Si estás buscando sucesos de tu vida que puedan ser motivo de estrés, este podría estar en la lista.

–Primero, esto queda ya muy lejos y, segundo, sigo en pie –rebatió Laura–. Además, una niña de nueve años no es tan pequeña.

–¿Cuánto tiempo duró?

–Seis o siete meses.

Al final de la sesión, sinteticé cómo veía yo la situación.

–Fuiste muy valiente. Me da la impresión de que has tenido una vida difícil, y en algunos momentos aterradora. Te encontraste abandonada, sola en medio del bosque con dos niños pequeños a tu cargo, sin edad para hacer de madre. Con los mismos peligros que Hansel y Gretel, solo que sin las migas de pan.

Se quedó en silencio un minuto muy largo antes de responder. En los casi cinco años de terapia, aquella fue una de las contadas ocasiones en que se le llenaron los ojos de lágrimas, aunque fueran lágrimas de rabia.

–¿Se puede saber para qué me cuentas *todo esto*? –preguntó como exigiéndome una explicación.

Cuando le dije que solo quería empatizar con ella, expresar compasión por lo que había vivido, me espetó en tono de desprecio:

–Eso es lo que se dice cuando se te muere alguien. Escucha, doctora, si vuelvo a aparecer por aquí, no quiero que hagas eso nunca más, o me levantaré y no volveremos a vernos. Guárdate tu empatía o lo que sea para ti.

–¿Por qué? –le pregunté auténticamente desconcertada.

–Cuando empiezas a hablar de sentimientos, veo que se abre una puerta y detrás está lleno de duendes espeluznantes, y nunca voy a entrar en esa habitación –dijo con rotundidad–. Tengo que seguir viviendo. Si me hundo en la autocompasión aunque sea una sola vez, me ahogo. Además, no es como que eso va a cambiar nada.

Mientras yo asentía con la cabeza, añadió:

–Antes de que salga hoy de aquí, tienes que prometerme que no lo vas a hacer nunca más. Si no, no puedo volver.

–¿Así que me estás diciendo que no quieres que vuelva a ser amable y compasiva contigo, a demostrar ninguna empatía?

–Exacto. Si necesito amabilidad y comprensión, ya me las busco yo en esas tarjetas con frases inspiradoras y me las administro en una dosis que no se me atragante.

Recordemos que Laura era mi primera paciente. Yo no quería aceptar las condiciones patológicas del pacto que me proponía. A la vez, veía que hablaba en serio cuando decía que dejaría la terapia. Una mínima muestra de empatía era más de lo que podía soportar. La aterrorizaba. Y era motivo de ruptura.

Si no hubiera sido una terapeuta inexperta, le habría planteado la situación tal y como la sentía. Hubiéramos podido tratarla, como habría sugerido Fritz Perls, el fundador de la terapia Gestalt, en lo que él llamaba «el aquí y ahora». Perls decía que la dinámica que se establece entre terapeuta y paciente durante la sesión es la misma que la paciente establece entre ella y el resto del mundo. Hubiera podido decirle: «Laura, me estás exigiendo que me comporte como el padre que tuviste, como aquel hombre al que no le importaba tu dolor. Estás acostumbrada a que nadie responda a tu tristeza, pero yo no quiero hacer ese papel. Así que en este momento estoy en un aprieto».

En lugar de eso, le dije:

—En este momento me comprometo a respetar tus deseos, ya que está claro que para ti son una condición indispensable y quiero que te sientas cómoda y que podamos trabajar juntas. Ahora bien, no me comprometo a que siga siendo así durante toda la terapia.

La semana siguiente Laura llegó armada de nuevo con sus libros, y me dijo que había descubierto que la causa del estrés era el sitio donde trabajaba.

—Hay muchísimo que hacer, pero mi jefe, Clayton, llega siempre tarde, y luego se va a comer con la secretaria con la que tiene una aventura y se pasa dos horas fuera —me contó—. A las cinco se va a casa, así que yo tengo que entrar a trabajar antes y termino varias horas más tarde que él.

—¿Le has hablado alguna vez del tema?

—¡Claro! A veces a gritos. Pero le importa una mierda.

—Así que estás haciendo más trabajo del que te corresponde.

—No tengo elección. Me toca hacer su trabajo y el mío.

—Sentir que no tienes elección es estresante —concluí.

Pasamos largo rato repasando cómo podía tratar con Clayton. En el fondo, Laura no creía que su jefe fuera a cambiar. Como había comentado su novio Ed, «¡A Clayton le va todo de maravilla! ¿Por qué iba a cambiar?».

—Es un comentario interesante, viniendo de Ed —dije.

—¿Por qué?

—Bueno, también Ed te carga con cosas. Clayton descarga en ti su trabajo, y Ed, el herpes. Ha dejado que seas tú la que te encargues de resolver el asunto. Cuando le preguntaste, dijo que él no sabía que tuviera el virus, y cuando le pillaste con la medicación para el herpes y te enfureciste con él, buscó una excusa tan ridícula como que pensaba que no era contagioso. O acabas de llegar de otro planeta, o es que te empeñas en vivir con los ojos cerrados si le crees.

—Al menos Ed estaba arrepentido. Me mandó al trabajo dos docenas de rosas con una tarjeta que decía: «Porque te quiero».

¿De verdad creía Laura que con eso podía compensarla por haberle contagiado el herpes? Le dije entonces:

—Me contaste que Ed trabaja en un concesionario de Jaguar, ¿verdad? Y que a cada mujer que entra para probar un coche, al día siguiente le envía un ramo de rosas. No habrá sido un esfuerzo tan grande, ¿no?

—¿Estás intentado cabrearme o qué?

Le aseguré que no era mi intención molestarla. Le dije que simplemente me preguntaba cómo la hacía sentirse que Ed le hubiera mentido.

–¿Y qué quieres que haga? ¿Que nunca le perdone?

Le recordé que la conversación había empezado por lo que había dicho Ed, que era un poco irresponsable, sobre Clayton, que era también un irresponsable. Quería que Laura comprendiera la ironía de que Ed hubiera dicho que Clayton no tenía por qué cambiar, puesto que ella se encargaba de hacerlo todo. Laura abrió las manos y me miró con un gesto de no entender. Le pregunté quién hacía el trabajo en su relación de pareja. Cuando reconoció que era ella, me quedé en silencio. Al final me preguntó a dónde quería llegar.

–Le perdonas a Ed que llegue siempre tarde, que se acueste de vez en cuando con otras chicas y que te haya contagiado el herpes –aclaré.

Tras un largo silencio, le pregunté por qué no le parecía lo natural que los hombres se comportaran con ella como adultos serios.

–Al menos Ed me ha dicho que lo siente. Es más de lo que jamás hizo mi padre. –Luego, mientras miraba por la ventana, añadió–: En realidad, no era tan mal padre. Se quedó con nosotros cuando nuestra madre murió. Muchos habrían llamado a los servicios sociales.

–Ya, y después os dejó en un bosque de Bobcaygeon muriéndoos de frío en una cabaña diminuta.

–Te he dicho que nos las arreglamos.

Lo dijo en tono despectivo, como si me hubiera empeñado en sacar punta a detalles insignificantes. Laura estaba empleando una técnica que en psicología se denomina «reencuadre», que consiste en tomar un hecho y redefinirlo para modificar su significado. Había reencuadrado lo que desde mi punto de vista era una negligencia y, basándose en *su* definición, calificaba mi preocupación de «sobreprotectora».

–La primera vez que viniste, hablaste de los «gilipollas de tu vida». ¿Podrías ser un poco más concreta? –Me miró con expresión confundida, así que simplifiqué la pregunta–: Un gilipollas, a tu entender, ¿es alguien que toma de ti lo que puede, pero no te da nada a cambio? ¿Alguien a quien solo le importa satisfacer sus necesidades?

–Cada uno tiene que mirar por sus intereses; ese era uno de los lemas de mi padre.

–Para que os pareciera normal cómo se portaba con vosotros. ¿Cuántos padres salen a comprar tabaco y luego siguen carretera adelante?

–Debe de haber por ahí más padres como el mío. Quiero decir, hay orfanatos, ¿no? ¿Cómo es que miles de niños acaban viviendo en el sitio ese de Ayuda a la Infancia? Sus padres los abandonan, ¡así es como acaban ahí!

–¿Cuánta gente tiene un jefe que se dedique a holgazanear y, a pesar de todo, conserve su puesto de trabajo porque sus ayudantes hacen horas extras para cubrirle? –pregunté.

–Ya, pero es que si me pongo demasiado exigente con Clayton me podría despedir.

–¿Cuánta gente tiene un novio que le mienta sobre algo tan grave como un herpes genital?

–Probablemente tanta como la que se gasta el dinero inútilmente en loqueros.

Mientras recogía sus cosas para marcharse, Laura sacudió la cabeza y con la respiración agitada dijo:

–Perdona, pero es que no me puedo creer que tenga que repasar toda esta mierda.

Luego añadió que, salvo por «algunos lapsos», su padre había estado presente en su vida. De hecho, como recalcó a gritos, lo veía y hablaba con él a menudo.

Laura seguía siendo la paciente reticente que se defendía contra la terapia, y yo seguía siendo la terapeuta inexperta que atacaba sus defensas con demasiado ímpetu. Empezaba a darme cuenta de que no importaba lo más mínimo que yo supiera lo que le pasaba a una paciente. El arte de la terapia es conseguir que la paciente lo vea. Si te precipitas, se cerrará en banda. Laura había tardado toda una vida en construir aquellas defensas, y haría falta tiempo para que fueran cayendo, capa a capa.

Yo tenía mi propio dilema psicológico. Como terapeuta, necesitaba tener paciencia, pero en lo más profundo de mí había una personalidad de tipo A. Hay dos tipos de personalidad: de tipo A y de tipo B. Las personas de tipo B son tranquilas y no competitivas, y las de tipo A son característicamente ambiciosas, agresivas y controladoras. (Es una clasificación muy general, y lo normal es que estemos en alguno de los muchos puntos posibles entre A y B). Las personas de tipo A tienden a esforzarse al máximo, y ese afán puede traducirse en estrés; es más, los rasgos característicos de esta personalidad son los que habitualmente se asocian con dolencias relacionadas con el estrés. Por ejemplo, el estrés de Laura había exacerbado los brotes del herpes.

Muchos psicólogos sociales creen que el tipo de carácter es innato, es decir, que un niño o una niña nace con ciertas propensiones que no cambian cuando se va haciendo mayor. No hay duda de que el orden de nacimiento (la posición que ocupa el niño en la familia), la crianza y las variables sociales pueden suavizar las aristas de tu carácter particular, pero no demasiado. En otras palabras, si naciste siendo de tipo A, serás de tipo A para siempre. Tanto Laura como yo somos de tipo A. El lado bueno es que trabajamos con tesón y conseguimos llevar a término las cosas que nos proponemos;

el lado malo es que carecemos de paciencia y empatía. Tendemos a ir atropellando a todo el que se nos cruza en el camino mientras conducimos con la mirada puesta en nuestras ambiciones. Así que tenía que evitar como fuera un enfrentamiento de tipo A con Laura. Si quería ser un buena terapeuta, iba a tener que aprender a refrenar esos rasgos. Y la paciencia, un rasgo escaso en la personalidad de tipo A, iba a ser fundamental.

2. En lo más profundo del bosque

Los pacientes suelen hacer referencias a la cultura popular durante las sesiones de terapia. Cuentan que han soñado con algún personaje televisivo, por ejemplo, o se sienten identificados con una u otra figura política o con alguna situación que sea noticia. Dan por sentado que estoy familiarizada con todo ello y que comparto su interés. Sin embargo, a lo largo de los años, por lo general no he tenido ni idea de a qué se referían cuando hablaban de algo o de alguien. Durante dos décadas, desde comienzos de 1970 hasta finales de 1980, apenas vi la televisión ni escuché la radio. En la época de la universidad no tenía televisión, y en cualquier caso estaba demasiado ocupada con el pluriempleo y los estudios como para haberle podido dedicar algo de tiempo. Luego, mientras hacía el doctorado, tuve un hijo. Un año después, tuve gemelos. Mi marido también era estudiante, y vivíamos en un primer piso, encima de una tienda, con nuestro carrito de bebé de tres piezas, y otras tres sillas de bebé puestas en el coche. Además, tenía una fecha límite para terminar el doctorado, así que solía ponerme el despertador a las cuatro y media de la mañana y organizar el día en función de los horarios de los bebés. Ni mi marido ni yo teníamos tiempo para la televisión ni para la radio; dedicábamos cada segundo a cuidar de nuestros hijos o a trabajar. Me encontraba en la extraña situación de saber bastante sobre los avances de la ciencia en el siglo XIX, concretamente sobre Darwin y Freud, pero no saber nada sobre la cultura popular en la que vivía. Y al cabo de tantos años, descubrí que de todas formas no la echaba de menos. En vez de ver la televisión, leía.

Pero lo que sí hacía todos los años era una peregrinación al Museo de la Televisión y la Radio de Nueva York, que tenía copias de todos los programas de televisión que se habían hecho (en aquellos tiempos, obviamente, no existía YouTube). El público podía seleccionar y ver los programas en salas de visionado, y allí me ponía al día con todos los programas de los que me habían hablado mis pacientes y veía a los personajes que habían contribuido a su formación como personas. Era fascinante ver un programa de televisión atenta a los detalles que habían tenido un efecto en determinado paciente. Muchos no habían recibido de sus padres demasiada orientación sobre cómo comportarse en el mundo, y por tanto había influido poderosamente en ellos la forma en que interactuaba la gente en la televisión y en las películas.

Laura era un ejemplo perfecto. Sus sueños televisivos abrieron una nueva vía en la terapia. Como de costumbre, no fue fácil conseguir que me hablara de su proceso onírico; la primera vez que le pregunté por sus sueños, me dijo que ella nunca soñaba. Pero como Laura no podía evitar ser una trabajadora incansable, llegó a la siguiente sesión balanceándose sobre unos tacones de aguja y con un relato escrito a mano de su último sueño, con las frases clave resaltadas en amarillo. Se dejó caer en una silla y dijo:

—Este sueño es sobre el coronel Potter.

—¿Tienes algún pariente en el ejército? —le pregunté.

—¡Por el amor de Dios, tienes que saber quién es el coronel de la serie de televisión *MASH*! —Cuando puse cara de no tener ni idea, exclamó–: No me digas que no conoces al coronel Potter. ¡Espero que no me esté tratando una psicóloga venida de Urano!

Me explicó que el programa era una telecomedia sobre un equipo médico estadounidense en la guerra de Corea. El coronel Potter, militar de carrera, además de jefe del equipo, era también cirujano. Laura lo describió como un tipo amable, y por muy idiota que fuera el individuo al que estuviera tratando, nunca lo juzgaba.

–Así que era respetuoso y digno de confianza. –Puse de relieve dos cualidades de las que carecían su jefe, su novio y su padre.

–En el sueño, el coronel Potter lleva uno de esos sombreros que usan los pescadores con mosca, con señuelos enganchados todo alrededor –dijo–. Yo iba cojeando por el pasillo de un hospital con una bata de hospital y él se me acercaba vestido como en la serie, con uniforme de combate, excepto por el sombrero de pescador. Me ponía la mano en el hombro y me lo apretaba con suavidad mientras yo seguía cojeando por el pasillo, pero no me decía nada. Me desperté sintiéndome muy bien.

–¿Qué significa para ti el coronel Potter?

–¡Ah, no quiero hablar de eso, por el amor de Dios! Me avergüenzo de cómo me comporté cuando se fue mi padre, y esto tiene que ver con esa época.

Sabiendo que a Laura le gustaban las soluciones claras y prácticas, le dije:

–Creía que querías mejorar cuanto antes. La vergüenza es como el napalm: es pegajosa y te quema, y se te queda agarrada para siempre. Es mejor arrancarla trocito a trocito, si es posible.

–¿Es lo mismo la vergüenza que el estrés? –preguntó Laura. Su objetivo seguía siendo identificar el estrés y ponerle nombre, para poder librarse del herpes que la torturaba.

–Yo diría que sin duda la vergüenza puede causar estrés –respondí–. La vergüenza es un doloroso sentimiento de humillación o angustia causado por un comportamiento que, en la medida que sea, es tabú en nuestra sociedad. Freud dice que la vergüenza te hace sentir que nadie te va a querer. La vergüenza es mucho más corrosiva que la culpa. La culpa es un sentimiento de malestar por algo que has hecho, pero la vergüenza es mucho más destructiva a nivel psicológico porque es un sentimiento de malestar por ser como eres.

Laura levantó una ceja al oír esto y luego asintió con la cabeza, como si hubiera comprendido que tenía que investigarlo.

–De acuerdo –continué–, volvamos a la cabaña donde tú, a los nueve años, vives con tu hermana de ocho y tu hermano de seis.

–Esto es como el lago de agua helada –dijo–. Lo mejor es zambullirse de cabeza y nadar. Así que no me interrumpas, deja que te lo cuente de un tirón. Cuando lo oigas pensarás: «No me extraña que tenga herpes, se lo merece».

Su última frase fue una clásica combinación de culpa y vergüenza, que hace que una no se soporte a sí misma.

Laura miró por la ventana, evitando el contacto visual, y empezó su relato en tono monótono.

–Unos días después de que mi padre se fuera, me di cuenta de que teníamos que comer. Además, la profesora de Craig vino a mi clase y me preguntó cómo era que no había llevado nada para el almuerzo.

Por lo visto Craig se había puesto a llorar. Los demás alumnos le habían dado un poco de su comida, y la profesora lo había visto guardarse unas galletas en el bolsillo.

–Me preguntó si las cosas iban bien en casa. Le dije que todo iba bien y que mi padre cobraba justo ese día. Quiso llamar a casa, pero le dije que no teníamos teléfono, así que me pidió que le dijera a mi madre que llamara a la escuela.

»Fue entonces cuando robé dinero de la caja de la colecta para la leche –siguió Laura–. La caja iba pasando de mano en mano y cada uno teníamos que meter unas monedas, pero yo metí la mano y saqué unas cuantas. No muchas, o me habrían pillado. Luego, al salir de la escuela, le di a mi hermana Tracy el dinero para que se comprara unos caramelos de un centavo en el supermercado, y mientras el dependiente estaba distraído atendiéndola, robé varias latas de jamón y toda clase de comida. Se me daba muy bien. Desde ese día, iba por toda la ciudad, a distintas tiendas para que nadie sospechara de mí.

Después Laura contó cómo se las arreglaba para que sus hermanos llevaran siempre ropa limpia a clase, no teniendo lavadora.

–Nuestro programa de televisión favorito era *El maravilloso mundo de Disney*, así que la noche de Disney les hacía bañarse y tirar la ropa. Todos los viernes, antes del fin de semana, iba a la tienda Giant Tiger y robaba ropa nueva para el lunes. Era una ladrona increíble, igual que mi padre. Supongo que es genético. Una vez vi una película que se titulaba *La mala semilla*, trabajaba Patty McCormack, y supe que aquella era yo: guapa y simpática por fuera, pero astuta y mala por dentro.

Mientras me hacía estas revelaciones, tuve cuidado de no interrumpirla con ninguna interpretación. Me limitaba a escuchar, como me había pedido.

–Tracy lloraba prácticamente todo el tiempo. Craig no decía una palabra, más que para quejarse de que tenía hambre. Se meaba en la cama. Yo al principio le gritaba, pero acabé por no hacerle caso y lo dejaba que durmiera en la cama mojada. Al final, llegué a decirles cosas como que los iba a dejar solos si seguían quejándose o no hacían lo que yo decía. Yo era la mamá.

No me podía creer que ningún adulto interviniera, aparte de la profesora de Craig, que no volvió a preguntar nada.

Laura miró al suelo, y sentí su vergüenza. Normalmente, parecía que nada le hacía daño, pero esta vez era obvio que lo que estaba a punto de decir la afectaba profundamente.

—No fui una buena madre. No les dejaba a mis hermanos hablar de papá ni de su desaparición. Si se ponían a gimotear, les decía que teníamos que ser fuertes. Al que empezaba con lloriqueos, le pegaba.

Lo que ayudó a Laura a ser más compasiva con sus hermanos fue lo que aprendió en el especial de Navidad de la serie *MASH*.

—El coronel Potter dijo que los regalos eran lo de menos, mientras Radar y él se tuvieran el uno al otro.

Desesperada por la situación, Laura empezó a escuchar atentamente los consejos que le daba el coronel Potter a Radar, uno de los jóvenes soldados a su mando.

—Era como un padre para Radar. Y yo hacía como que era también nuestro padre. Hacía como que se había ido a la guerra y teníamos que verlo por la tele para recibir sus mensajes. Me prometí que haría todo lo que él dijera. Llegué a conocerlo con todo detalle, por fuera y por dentro, para poder preguntarme: «¿Qué haría el coronel Potter en esta situación?».

Laura aplicó esta técnica para tratar la incontinencia nocturna de Craig.

—Hice como que Craig era Radar y yo el coronel Potter. Le dije: «Hijo, ¿qué te pasa?». Como Craig no contestaba, lo rodeé con el brazo y le dije que estuviera tranquilo, que todo iba a ir bien. A los pocos días, dejó de hacerse pis en la cama. Luego empecé a hablarle al coronel Potter de mis robos, y me decía cosas como: «Cuando acabe esta guerra, podrás devolver todo lo que has robado». Me decía que no era mala. Eran tiempos de guerra y hacíamos lo que teníamos que hacer. Y también: «Un día todo esto acabará y volveremos a casa, donde nos esperan nuestros seres queridos».

Laura empezó a repetirles aquellas mismas palabras a Tracy y Craig para tranquilizarlos.

—Les decía que un día seríamos mayores y nos casaríamos con alguien como el coronel Potter, que nos trataría con amor y querría siempre lo mejor para nosotros. Eso nos ayudó a salir adelante.

En la actualidad, Laura seguía soñando con el coronel Potter, sobre todo cuando se sentía sola o acorralada.

Se recostó en la silla y me miró a los ojos.

—En fin, eres la única que conoce toda esta historia tan demencial. Sé que de ella se deduce que soy una ladrona, pero ¿se deduce también que estoy loca? Cada vez que leo que los locos oyen voces, me asusto. Pensar que el coronel Potter es tu padre e imaginar su voz podría estar peligrosamente cerca de la locura.

Ahora me tocaba a mí reencuadrar.

—No pienso ni mucho menos que estés loca. Al contrario, diría que tienes mucho ingenio. Hiciste lo que tenías que hacer para mantenerte a flote y que la familia siguiera unida. Hiciste mucho más de lo que la mayoría de los niños de nueve años habrían podido hacer ni en sueños. Creo que fue una acción heroica.

Laura no estaba prestando ninguna atención. Cuando me quedé callada, me dijo en tono sarcástico:

—Deja de hablarme como si fuera idiota.

Los pacientes a los que rara vez se elogió cuando eran niños suelen desconfiar de cualquier alabanza que alguien les haga en la edad adulta. El concepto que el niño tiene de sí mismo se formó en la infancia, y hará falta mostrarle a la persona adulta muchos ejemplos claros de sus valores para que pueda, muy poco a poco, darle la vuelta a ese concepto.

–Todavía siento el terror del día que robé aquellas latas de jamón. Todavía me sube el olor del cartón mojado que había en el suelo para absorber la nieve de las botas.

–Lo hiciste por tu hermana y tu hermano, era una cuestión de supervivencia. Creo que el coronel Potter fue un padre perfecto, y todos aprendemos de alguien a quien admiramos. Es más, no hay aprendizaje que tenga tanta fuerza como ese. Fuiste lo bastante inteligente como para elegir un modelo de conducta que fuera bueno para ti y también para tu hermana y tu hermano.

–Pero los trataba mal.

–Eras realista. No había cabida para demasiadas quejas y llantos o corríais el riesgo de iros a pique. Tenías que hacer que se respetaran unas reglas muy estrictas. Pero acuérdate del amor con que te ocupaste de la incontinencia nocturna de Craig en cuanto aprendiste del coronel Potter cómo hablarle a un hijo.

Laura no se creía ni una palabra.

–No fui una buena madre. Tracy y Craig tienen vidas de mierda. Tracy no terminó el instituto; vive en un sitio horroroso en mitad del campo y trabaja sacándoles las tripas a los pavos en una fábrica. Está liada con un tipo que vive de hacer chapuzas, Andrew. Los dos son bastante simples. No tienen ni idea de cómo mantener una relación, ni siquiera de cómo llevarse bien.

»Mi hermano Craig tiene ya un hijo. No vive con la madre ni asume ninguna responsabilidad como padre. Hace trabajos de temporada, quitando nieve, y principalmente se dedica a fumar hierba.

—¿Eres consciente de que solo tenías nueve años cuando tuviste que hacer de madre?

—¿Y qué? Hay muchas chicas de nueve años que tienen que ocuparse de sus hermanos pequeños. Y se las arreglan.

Era evidente que la profunda vergüenza que sentía Laura nacía de la idea ilusoria de que podía haber sido una buena madre a los nueve años. Ocurre a menudo, que el dolor que más nos atormenta está basado en una premisa falsa.

—Solas no —dije—. A ti obligaron a hacer un trabajo que no era posible que supieras hacer. El fracaso formaba parte inherente del plan.

Tristemente, una de las cuestiones que Laura nunca llegó a resolver del todo fue esa culpabilidad por no haber sido una buena madre para su hermano y su hermana. Era incapaz de aceptar la realidad de que era una niña pequeña y no estaba capacitada para hacer aquel trabajo.

A lo largo de los años, he visto que en los casos en que a un niño o una niña se le imponen responsabilidades de persona adulta a una edad demasiado temprana, e inevitablemente fracasan en el intento de cumplir con ellas, hay un sentimiento de ineptitud que les angustia toda la vida. Parece que nunca lleguen a aceptar que eran demasiado jóvenes para ocuparse de la tarea que fuese; en lugar de eso, interiorizan el fracaso. Laura estaba tan obsesionada con no haber sabido cuidar de sus hermanos que rara vez mencionaba el trauma de que su padre la abandonara. Jamás hizo ni el menor comentario sobre que su padre hubiera tenido una conducta negligente; se echaba a sí misma la culpa de todo.

Para que Laura se diera cuenta de lo pequeña que era en aquel tiempo y de lo poco realistas que eran sus expectativas y las de su padre, la llevé a ver a niños y niñas de nueve años en un entorno escolar. Un amigo mío era director de un colegio y nos organizó una visita a la clase de tercero de primaria en tres centros distintos. En el primero, Laura estuvo observando a un grupo de niñas de ocho y nueve años, con sus pequeños leotardos de lana y sus batitas escolares, y se quedó sorprendida. Pero cuando salimos, no dijo que ahora se daba cuenta de lo dura que había sido consigo misma, como yo esperaba. Lo que dijo fue: «Dios mío, ¡qué niñas tan inmaduras eran esas!». La llevé a las otras dos clases. Al final, sentadas en el coche de camino a casa, comentó: «A los ocho y nueve años se es mucho más pequeña de lo que yo recordaba».

Creo que sus defensas de cemento armado se resquebrajaron ligeramente tras aquella visita a los colegios. En su recuerdo tergiversado de lo que había sido la vida en la cabaña, ella era una mujer adulta; ahora se daba cuenta de lo niña que era en realidad. Esto ilustra cómo las necesidades inconscientes pueden colarse y trastocar la memoria. Su padre la había hecho creer que era una adulta porque necesitaba que hubiera en su vida alguien serio y maduro, y así se había visto ella.

Era mi primer caso y estábamos a mitad del primer año de terapia; poco a poco, Laura empezaba a ser consciente de que su vida había sido muy distinta a la de la mayoría. Me contó que una vez la habían invitado a una fiesta de cumpleaños a la que estaba invitada la clase entera de tercero. Le dijo a la niña del cumpleaños que no podía ir porque ese día su padre la iba a llevar a un partido de béisbol. Por supuesto, en Canadá no se juega al béisbol en invierno, así que la madre de la niña sospechó que pasaba algo raro. El día después de la fiesta, la madre fue a la clase de Laura y le llevó un trozo de tarta, un globo de helio con su nombre escrito y una bolsa llena de regalitos. Lo había colocado todo en su pupitre antes de que Laura llegara. Me dijo que al verlo se quedó alucinada de que aquella mujer se hubiera tomado tantas molestias, pero que se sintió incómoda. No lo entendió como un gesto de simple generosidad hasta años después. Cada vez que veía a la madre cerca del patio esperando para recoger a su hija, Laura se escondía en el cuarto de baño hasta que se habían ido. Cuando le pregunté por qué, contestó:

–Me parecía demasiado raro. No tenía ni idea de qué quería de mí.

Está claro que Laura era una experta en técnicas de supervivencia, pero la generosidad humana la desconcertaba por completo.

En lugar de reveladores momentos de comprensión que influyeran decisivamente en su perspectiva de las cosas, parecía que Laura tuviera delante una gran rompecabezas y, muy de vez en cuando, una pieza encajara en su sitio. Pero no era suficiente para que pudiera ver el cuadro completo.

En la siguiente sesión, Laura contó cómo había terminado su estremecedora experiencia de cuento en la cabaña.

–La cagué. Me pillaron robando calzoncillos para Craig en Giant Tiger.

Era abril y los niños llevaban seis meses solos. Reencuadré lo que ella consideraba una «cagada» y lo definí como un éxito.

–Conseguiste sobrevivir sola un invierno canadiense, de noviembre a abril, siendo una niña de nueve años y con dos hermanos pequeños a tu cargo.

–Cuando nos recogió la policía, nos llevaron de vuelta a la cabaña –recordó Laura–. Se quedaron boquiabiertos. No dijeron nada, solo sacudían la cabeza. Luego fuimos a casa de Glenda y Ron, los dueños de las cabañas, y les preguntaron si podíamos quedarnos con ellos hasta que se pusieran en contacto con la Organización de Ayuda a la Infancia o localizaran a nuestro padre y lo organizaran todo.

(Pasarían cuatro años antes de que su padre reapareciera, pero de esto ya hablaremos).

Ron y Glenda tenían tres hijos. Laura veía que Tracy y Craig se alegraban de estar allí, y eso la disgustaba.

–Yo creía que habíamos estado a gusto los tres solos. Además, no estaba acostumbrada a que me dijeran lo que tenía que hacer. De los tres, a mí era a la que más le costaba adaptarse.

Se quedaron allí cuatro años. Tratando de ocultar mi asombro porque esta familia hubiera acogido a tres niños, le pregunté cómo eran Ron y Glenda.

–Agradables, supongo –fue la respuesta de Laura–. Tenían orden y disciplina. Tracy y Craig siguen considerándolos sus verdaderos padres y les hacen una visita en Navidad. Yo no. Glenda ponía muchas normas y quería que las cosas se hicieran a su manera.

Cuando le pregunté por qué su hermana y su hermano se habían adaptado mejor que ella, dijo que ella había sido la favorita de su padre.

–Papá nunca se había portado mal conmigo. De los tres, yo era la más leal a él. A Tracy la ignoraba, y era despiadado con Craig.

Como Craig era delgado y frágil, su padre solía decirle que era un «niño de mamá». En cambio, el hombre que los había acogido trataba a su hermana y a su hermano mucho mejor.

–Ron, el dueño de las cabañas, era un tipo callado, pero amable. Siguió llevando a Craig a pescar y nunca se impacientaba con su tartamudeo. –El hermano de Laura había empezado a tartamudear tras la muerte de su madre–. A Craig se le acabaron todos los problemas cuando nos instalamos allí. Y tengo que decir que fue un alivio tener comida en la mesa.

Le pregunté cómo era su relación con Glenda.

—Tracy y Craig creen que Glenda es una santa, y es verdad que dedicaba muchísimo tiempo a ayudar a Tracy a superar sus inseguridades —dijo Laura—, pero yo no sentía lo mismo. Siempre habíamos sido mi padre y yo, ¿entiendes?

—¿Nunca tu madre y tú?

—No, nunca, así que supongo que no tenía ni idea de lo que era recibir los cuidados de una madre. —Laura se paró, y riendo dijo—: Pero ¿tú me oyes? Me estoy convirtiendo en ti, ¡aquí interpretándome a mí misma!

Contó que no soportaba las atenciones de Glenda.

—Glenda me decía cosas como: «Fuera hace frío; ponte un gorro». Yo no entendía que me dijera aquello. Sigo sin entenderlo. Era demasiado tarde para que me trataran como a una niña. Había llevado una casa yo sola. Así que, sin hablar demasiado, vivíamos en un enfrentamiento permanente.

En cambio le estaba agradecida a Ron.

—Se llevaba a los chicos a pescar siempre que podía. Tenía uno de esos sombreros de pesca con todos los señuelos enganchados. A mí nunca me decía nada para animarme, pero de vez en cuando le decía a Glenda: «Deja en paz a Laura, Glenda. Lo está haciendo a su manera».

Comenté que, en su sueño, el coronel Potter llevaba un sombrero de pescador con señuelos.

—¿Es posible que el hombre del sueño fuera en parte el coronel Potter y en parte Ron, un compuesto de bondad? —le pregunté.

—Sí, podría ser. —Puso cara de asombro—. Es exactamente el sombrero de Ron el que vi en el sueño, ahora que lo pienso. –Sonrió y dijo–: A veces tengo la fantasía de que algún día seré rica y le compraré a Ron un barco grande que arranque siempre a la primera, que era algo que deseaba mucho y no podía permitirse.

Nuestro primer año de terapia estaba llegando a su fin. Necesitaba estructurar el plan entero de tratamiento y especificar cómo llevarlo a cabo. Laura estaba muy apegada a su padre, pero era un apego tenso. Cuidaba de él, le perdonaba sus faltas y básicamente se comportaba con él como una madre. No lo responsabilizaba de su negligencia ni de su egoísmo. Ya la había abandonado una vez, así que se aferraba a él desesperadamente. Su papel en la relación era de salvadora. Dado que no había ningún adulto responsable en la familia, ella había asumido ese papel para que las cosas pudieran funcionar. La madre había muerto, y el padre se había quedado estancado para siempre en la irresponsabilidad de la etapa adolescente en que se había truncado su proceso de maduración. Necesitaba el apoyo de Laura. ¿Qué sacaba ella de esto? *Sobrevivir.*

Laura había sido una auténtica heroína en su familia, pero el problema era que asumía ese mismo papel de salvadora en sus relaciones con los demás hombres. Pensaba que era lo normal y, de hecho, su comportamiento era justamente complementario a las circunstancias. Permitía que su novio Ed y su jefe Clayton fueran unos irresponsables, y así su trabajo era rescatarlos, como había hecho con su padre. Ahora mi trabajo consistía en lograr que reconociera esa necesidad inconsciente, profundamente enterrada, de ser la salvadora, y se diera cuenta de que inconscientemente había elegido a hombres débiles y egoístas, como su padre, que necesitaban que alguien los salvara.

Es tarea de la terapeuta poner de relieve los patrones de comportamiento; en el caso de Laura, el de la elección de hombres débiles –posiblemente con tendencias psicópatas– era obvio. Pero abrirle los ojos iba a ser difícil por varias razones. En primer lugar, había empezado la terapia como vía para tratar el herpes, no para resolver sus problemas de infancia. En segundo lugar, sentía una devoción ciega por su padre, hasta el punto de que se había negado a estrechar los lazos con unos padres de acogida bastante comprensivos. A pesar de que su padre había desaparecido y no había hecho nada por contactar con sus hijos durante cuatro años, estaba unida a él. Y a cambio de que ella salvara a la familia, él le daba el poco amor que tenía. Sería una dinámica difícil de interrumpir, ya que estamos dispuestos a hacer casi cualquier cosa por amor. Sea cual sea el papel por el que se nos quiere en nuestra familia, lo seguimos desempeñando, sin hacer caso del precio que pagamos por ello.

Aunque Laura creía que llevaba las riendas de su vida, en realidad era una niña huérfana de madre a la que su padre había abandonado, traicionado y utilizado. Estaba claro que tanto Laura como yo teníamos mucho trabajo por delante.

3. Mira lo que nos ha traído el gato

A la vez que empezó el segundo año de la terapia de Laura, comenzaba también mi segundo año como terapeuta. Estaba aprendiendo mucho sobre la naturaleza *ad hoc* de la terapia. Antes de abrir la consulta, no podía imaginar la cantidad de veces que tendría que desviarme de la teoría para seguir la evolución de un paciente. Me estaba dando cuenta muy rápido de que la pureza teórica era una extravagancia estrictamente académica. Como psicóloga clínica, utilizaba cualquier herramienta de cualquier disciplina que sirviera para el caso.

Sin embargo, incluso contando con la formación intelectual necesaria, a veces tenía problemas al intentar aplicarla en la práctica. Laura tenía mucha rabia que expulsar, y se pasaba muchísimo tiempo expresando su exasperación sin llegar a comprender nada. Me costaba guiar imperceptiblemente la sesión, que es una habilidad que se adquiere con el tiempo. En su obra *Blink: Inteligencia intuitiva*, Malcolm Gladwell describe cómo el juicio intuitivo se desarrolla a lo largo de años de experiencia, un aprendizaje que ningún libro nos puede ofrecer. Y a medida que fui adquiriendo experiencia como terapeuta, aprendí a centrarme en lo que era necesario para la curación.

En la sesión que tuve con Laura poco después de Navidad, me contó que Ed le había regalado unas sábanas de satén negro. Cuando le pregunté por el significado psicológico del regalo, me dijo:

—¿Sabes?, eres muy dura con el pobre Ed. Además, es un gran compañero sexual. A veces llego a casa del trabajo y tiene velas encendidas por toda la habitación. Me compra lencería, y bailamos. Y le importa de verdad que lo pase bien.

—Es interesante el regalo, por su componente sexual —contraataqué—. Es a través del sexo como más daño te ha hecho Ed. Te contagió el herpes y traicionó tu confianza.

—Vaya, ¿llega *alguna vez* el momento en que dejas las cosas atrás? ¿Hay algún momento en que digas: «Bueno, es agua pasada. No hace falta llorar por lo que ya no tiene remedio»? He decidido aflojar un poco. Se sentía fatal por lo del herpes.

Cuando a Ed lo despidieron en el concesionario de Jaguar, Laura lo defendió diciendo que lo habían echado porque otro vendedor, que no podía competir con él, le había tendido una trampa. Entonces, para poder quedarse en su apartamento de lujo, Ed empezó a vender cocaína, con la intención de hacerlo hasta que consiguiera otro trabajo.

Laura y yo hablamos mucho sobre los límites psicológicos, es decir, sobre descubrir qué condiciones necesitamos que los demás respeten para sentirnos seguros y que la interacción nos parezca razonable. Cuanto más definidos estén los límites de una persona, más sanas serán sus relaciones, ya que será capaz de indicar a los demás lo que es aceptable y lo que no. Estaba claro que Ed había traspasado un límite personal de Laura. A ella no le gustara que bebiera sin control, que vendiera drogas y que no trabajara. Sin embargo, no era capaz de decirle: «Ed, te has pasado de la raya conmigo con el herpes, las drogas y el estar en paro tranquilamente. Hemos terminado». Aunque psicológicamente el comportamiento de Ed le causara dolor, no se planteaba siquiera que tuviera derecho a exigirle que cambiara. Pasaron los meses y él seguía sin buscar trabajo. No lo volví a mencionar, con la esperanza de que seguir hablando de límites personales acabaría por hacer que Laura estableciera los suyos.

Laura tenía en su vida un triunvirato de hombres ineptos a los que estaba entregada en cuerpo y alma. Se me ocurrió que el eslabón débil de la cadena era su jefe, Clayton. Si había una posibilidad de que se impusiera a alguno de los tres y abandonara su papel de salvadora, solo la podíamos encontrar con Clayton. Laura no podía hacerle cambiar, pero sí podía cambiar su comportamiento hacia él. Empezó a centrarse en el trabajo que le correspondía hacer a ella y dejó de ocuparse del que no.

Clayton la presionaba y, como ella nunca había aprendido a establecer unos límites sanos, su manipulación psicológica le provocaba ansiedad y remordimientos al volver a casa. Inconscientemente, creía que hubiera debido hacer el trabajo de Clayton. Se preguntaba si estaba siendo desconsiderada con él. No conocía las reglas básicas para una relación social equilibrada. El comportamiento normal, en el que hay un equilibrio entre lo que alguien da y lo que recibe, le parecía artificial y empalagoso.

Cuando le pregunté por qué no ponía ninguna regla en sus relaciones, me miró desconcertada:

—¿Para qué poner un muro, si todo el mundo lo va a traspasar y solo voy a conseguir que dejen el suelo lleno de escombros? Nadie va a hacer lo que yo quiera. ¿Por qué iban a hacerlo?

Laura acababa de definir a la perfección lo que es la impotencia; y, en una relación, la impotencia es una de las principales causas de estrés o ansiedad.

Hacer cambios psicológicos también provoca ansiedad. Es muy difícil romper un hábito, sobre todo cuando te has adaptado a un patrón de comportamiento concreto que, por muy contraproducente que sea, te ha mantenido viva. El inconsciente es poderoso y luchará a muerte por mantener en su sitio un patrón arraigado.

Laura alteró su patrón de comportamiento al negarse a hacer el trabajo de Clayton. El patrón se alteró todavía más cuando despidieron a su jefe por ser un vago y estar cobrando un sueldo de encargado que no se merecía. La ascendieron a ella para que ocupara su puesto, un puesto muy bien pagado.

—¡Lo gracioso es que le dijeron que el culpable era él!» —dijo radiante y asombrada.

Fue un gran aprendizaje para Laura, y le dio una sensación de poder.

Por esa misma época, asistió a una boda, en la que tuvo un sorprendente encuentro con una dama de honor un poco achispada durante el banquete nupcial. «Veo que estás con Ed —le dijo la chica—. ¿También a ti te ha contagiado el herpes?».

Cuando me lo contó, la miré y enarqué una ceja. A estas alturas, ella ya sabía lo que estaba pensando.

—Sé que estás deseando que deje a Ed. Pero ¿quién va a querer estar conmigo? Ningún tipo que valga la pena va a cargar con alguien que tiene un herpes.

Tenía algo de razón, pero se me ocurrió que quizá, de una manera un tanto extraña, fuera un regalo después de todo.

—Siempre has sido una chica muy atractiva y te ha gustado el sexo, pero has tenido miedo de la intimidad —comenté con delicadeza—. Ahora vas a tener que intimar emocionalmente con alguien poco a poco, y el sexo va a tener que esperar. El hombre que te acepte con todos tus defectos antes de que haya sexo en la relación será una persona especial.

—Doctora Gildiner —replicó—, ¿tú sales alguna vez en tu vida al mundo real?

Un mes más tarde, Laura llegó a la sesión y anunció:

–Vale, lo he hecho. Sabía que Ed me engañaba, pero no tenía ni idea de que le hubiera contagiado el herpes a medio Toronto. Le dije que habíamos terminado.

Cuando le pregunté cómo había reaccionado él, contestó que se había puesto a llorar.

–Me dijo que lo sentía, y luego que quería casarse conmigo. Le contesté: «Pero, Ed, ¿por qué iba a querer tener un marido que miente, me engaña, va por ahí contagiando enfermedades y trabaja de camello a jornada completa? Con tenerlo como novio ha sido más que suficiente». ¿Esto es limpieza radical o qué? Me estoy deshaciendo de todos los gilipollas de mi vida.

Estaba orgullosa de sí misma, y yo estaba orgullosa de ella.

La única persona que quedaba del «triunvirato de gilipollas», como lo llamaba Laura, era su padre. Eso era mucho más difícil. Él era su mayor apego y, a diferencia de Clayton y Ed, siempre seguiría siendo importante en su vida.

Fueron los sueños de Laura los que revelaron que la relación emocional con su padre estaba cambiando. Freud decía que nuestras pulsiones o instintos inconscientes, como el sexo y la agresividad, están en un compartimento estanco al que no tiene acceso la mente consciente; decía que la civilización no quiere que los veamos. Por lo tanto, protegemos esas pulsiones con defensas como la represión, la negación y la sublimación. Una de las formas en que las pulsiones inconscientes se cuelan en la mente consciente es a través de los sueños, en los que el material inconsciente aparece camuflado con símbolos. Pero Freud dice que, si interpretamos y asociamos libremente estos símbolos, podemos averiguar lo que el inconsciente nos está queriendo transmitir. Si el sueño está demasiado camuflado, es posible que su significado se nos escape; si no está suficientemente camuflado, será una pesadilla. Freud tenía razón al decir que «los sueños son la vía regia al inconsciente». Y, como tales, son indispensables en el proceso psicoterapéutico.

Laura y yo habíamos avanzado bastante en la interpretación de sus sueños. Un día sacó del bolso el diario de sueños, se lo apretó contra el pecho y dijo:

—Aunque en muchos sentidos Freud era un capullo, en esto de los sueños sabía de lo que hablaba. Hace poco tuve un sueño tan vívido que me desperté con el corazón acelerado y durante unos minutos pensé que había ocurrido de verdad.

»Estaba en el escenario y enfrente había cientos de espectadores. Llevaba ropa raída y los labios sin pintar, y me daba vergüenza. En el escenario había un gato negro gigantesco hecho de papel maché. Mientras el grupo Poison tocaba su última canción "Mira lo que nos ha traído el gato", empecé a darle patadas en la boca hasta que empezó a resquebrajarse y hacerse pedazos. Algunas personas del público aplaudían, pero yo tenía un sentimiento de culpa y me preguntaba por qué lo estaba haciendo, aunque a la vez no lo podía evitar.

Cuando se había puesto a analizarlo, me contó que no le había resultado difícil saber cuál era el origen de la banda sonora, porque hacía poco había oído la canción en casa de su hermana. Le pregunté qué significaba para ella el título, «Mira lo que nos ha traído el gato». Se le ensombreció el rostro.

—Es lo que me dijo mi padre cuando fui a visitarle a la cárcel.

Me sorprendió enterarme de repente de que su padre había estado en la cárcel. Laura debió de leerme en la cara lo que estaba pensando y me interrumpió diciendo que nunca había sabido por qué lo encerraron.

—La cárcel estaba a trece horas de autobús. Yo tenía catorce años y había ahorrado durante meses para el viaje. Cuando entré en la cárcel, los hombres me silbaban y mi padre se echó a reír y dijo: «Vaya, vaya, mira lo que nos ha traído el gato».

—¿Como dando a entender que tú eras el problema?

—Solo se reía sin parar. Quería enfadarme con él, pero ¿para qué? Estaba ya suficientemente hecho polvo, así que me tragué el orgullo e hice lo posible por salvar la situación. Además, no había otro autobús hasta el día siguiente. Cuando le dije que tenía que dormir en la estación de autobuses, contestó: «Bueno, la pinta de vagabunda ya la tienes». Llevaba unos vaqueros lavados a la piedra porque estaban de moda. No le gustaron. Fue la última visita que le hice a la cárcel.

—Imagino que estabas muy enfadada. En el sueño estabas tan furiosa como para darle patadas en la boca a ese gato.

—Quería decirle: «Te voy a enseñar yo lo que te puede traer el gato»; en el sueño destruía a patadas el gato de papel maché. —La cara se le ensombreció de nuevo—. Hace falta ser capullo y egoísta. Además, los otros reclusos me echaban miradas lujuriosas, y él no les dijo: «¡Eh, que esta es mi hija, qué cojones hacéis!». A su manera descerebrada, quería presumir delante de aquella panda de pringados. ¡Qué bajo había caído!

—Tú lo tenías por un hombre fuerte. Debió de impresionarte mucho verlo en esas circunstancias.

—Supongo que nunca fue un hombre fuerte —dijo tras un suspiro largo—. Probablemente solo yo lo veía así.

Era la primera vez que Laura expresaba auténtica decepción y rabia contra su padre, y fue un momento importante en la terapia. Una gran pieza del rompecabezas estaba a punto de encajar.

—Así que vas a verlo a la cárcel —sinteticé—, pagas un billete de autobús con lo que has ahorrado del trabajo que haces después de clase, viajas sola durante horas a los catorce años, y cuando llegas él te insulta, se ríe de ti y no te protege de los demás presos. Te ha hecho sentir que tienes un aspecto desaliñado y los reclusos te miran con lascivia. En el sueño, llevar «los labios sin pintar» y los «cientos de espectadores» representan a los reclusos a los que estás expuesta sin la protección de tu padre. En el sueño, estás furiosa y le das patadas al gato, que es tu padre, pero eres tú quien se siente culpable. Algunos espectadores aplauden y otros no. ¿Qué te dice esto?

–Cuando me enfado con él, me siento culpable. Pero sé que tú quieres que esté enfadada con él. En su defensa, te diré que aquel episodio de la cárcel ha sido la única vez que me ha criticado.

Le respondí que no era eso, que yo solo quería que tuviera una visión realista de su padre, porque entonces podría establecer con él una relación que fuera satisfactoria para los dos. Le dije que, inconscientemente, estaban bailando un tango emocional: él era un irresponsable, y ella asumía un grado de responsabilidad exagerado.

–Como cualquier otra hija del mundo, te sientes unida a tu padre. Darwin descubrió que ese vínculo existe en todas las especies. El vínculo que tenías con tu padre era normal y necesario. Sin embargo, creo que has confundido el vínculo natural con el amor. El vínculo no es una elección; es un imperativo biológico, necesario para la supervivencia. El amor es una elección. En tu caso, cada vez que conoces a un hombre incompetente que necesita que lo cuiden, sientes un inmediato afecto por él porque estás condicionada a esa forma de comportamiento. Has perfeccionado tu papel de fiel cuidadora de un hombre, y has recibido afecto por desempeñarlo. Pero el amor es una relación de dos personas que se cuidan mutuamente. Admiras las características de tu amante, no lo proteges de los estragos del mundo real. Tu padre te quería, hasta donde era capaz de querer, porque lo cuidabas. Pero habrá un hombre que te quiera por todo lo que eres, no solo porque cargues con la responsabilidad de sus errores.

Laura escuchaba con atención, y pareció relajarse.

—Solía sonarme como si estuviera oyendo a Míster Rogers,* cuando me decías estas cosas, pero desde hace unos meses noto como un punto en el corazón que quiere justo eso.

Cuando las defensas patológicas empiezan a desmoronarse en el proceso de la terapia, el paciente va dejando entrar muchos otros episodios del pasado, además de aquellos contra los que se ha estado defendiendo hasta ahora. De repente, surgen recuerdos a los que no podía acceder al principio de la terapia. Mientras Laura había estado empeñada en defender a su padre, había cerrado el paso a la mayoría de los recuerdos dolorosos que tenía de él; pero ahora, al cabo de dos años, empezaron a fluir como lava ardiente.

Cuando Laura y sus hermanos vivían en Bobcaygeon, tanto la Agencia de Servicios Infantiles como Glenda y Ron habían intentado localizar a su padre, sin ningún éxito. Al final, se dieron por vencidos y acogieron a los niños. Fueron buenos años para Laura, Tracy y Craig. El cambio fue notable, sobre todo en Craig, que se sentía muy a gusto con Ron y aprendió a hacer toda clase de trabajos manuales. Empezó a hablar más, y cada noche esperaba pacientemente en la ventana a que el hombre volviera a casa.

---

* Frederick McFeely Rogers (1928-2003), conocido como Fred Rogers, fue un presentador de televisión, marionetista, ministro presbiteriano y educador estadounidense. Creó y presentó el programa infantil *Mister Rogers' Neighborhood*, que se emitió durante tres décadas en la televisión pública estadounidense, en el que se dirigía al público infantil de una manera clara, comprensiva y directa, y les brindaba a todos su amistad. (*N. de la T.*)

Una noche fría de invierno, cuando llevaban cuatro años viviendo con la familia, llamaron a la puerta. Ron abrió y allí estaba el padre de los niños, que entró y, según contó Laura, les dijo: «¡Hola, niños! Me he vuelto a casar, es hora de que hagáis las maletas y volváis a casa». Como nadie se movió, añadió con entusiasmo: «¡Tenéis una nueva mamá!».

De repente, Laura puso cara de tristeza al contar que sus hermanos habían querido quedarse en casa de Ron y Glenda, y fue ella quien insistió en que dejaran aquello atrás.

–Me doy cuenta ahora de lo mala que fue para mi hermana y mi hermano aquella decisión. Les arruinó la vida. A mi padre nunca le gustaron ninguno de los dos. Y a Craig le había sentado muy bien tener como padre a Ron, que lo trataba siempre con cariño.

Fue la segunda vez durante la terapia que a Laura se le llenaron los ojos de lágrimas.

Se mudaron a Toronto. Su padre vivía encima de un bar de mala muerte en una zona peligrosa; en esos cuatro años, se había convertido en un pobre alcohólico que a duras penas era capaz de funcionar. Mientras subían casi a oscuras por la escalera húmeda, vieron plantada en lo alto a una chica que no tendría ni diez años más que Laura. Era una figura esquelética con el pelo teñido de rubio y las raíces oscuras; llevaba una blusa transparente de lamé dorado sobre un sujetador negro de encaje. Linda tenía veintiún años y el padre de Laura treinta y tantos, aunque esta se había dado cuenta de que aparentaba más. Me contó que luego, cada vez que iban todos juntos a algún sitio, la gente pensaba que Linda era la hija mayor.

El día de la llegada, la joven se acercó a ellos tambaleándose sobre sus tacones y dijo con voz aniñada: «Hola, queriditos, soy vuestra nueva mamá». Tracy y Craig dijeron hola, pero Laura, que tenía trece años, fulminó con la mirada a su rival de veintiuno y se metió en la habitación. Tenía que compartirla con su hermano y su hermana y no había puerta, solo una cortina de abalorios colgando del techo lleno de manchas de humedad.

Linda se pasó la mayor parte del tiempo borracha durante los dos años siguientes; a diferencia del silencio que reinaba en la casa cuando la madre de Laura estaba viva, Linda era una borracha ofensiva y escandalosa. Gritaba que, pudiendo estar con cualquier hombre del mundo que le diera la gana, estaba allí atrapada con un viejo fracasado. El padre de Laura se emborrachaba también, y entonces pegaba a Linda; Laura le llevaba hielo para que se pusiera en el labio o en el ojo.

Una noche, en la culminación de una borrachera de tres días, la pareja discutió. Laura contaba que las discusiones siempre empezaban igual: su madrastra se reía de su padre y le provocaba, comparándolo sexualmente con otros hombres.

–Ella sabía que él acabaría perdiendo los nervios, y no fallaba nunca, conseguía hacerle explotar –recordaba–. Linda no era capaz de cerrar la boca, y lo pagaba. Él no paraba de decirle que se callara o lo lamentaría.

Laura recordaba que aquella noche estaba en su habitación leyendo *¿Estás ahí, Dios? Soy yo, Margaret* cuando oyó puñetazos y ruido de cosas que se rompían y luego un gran alboroto en la escalera. Tracy y Craig se quedaron en la habitación, pero ella salió y vio a Linda tirada como un fardo en el suelo del portal. Su padre, sudoroso y sin aliento, estaba sentado delante de la mesa de la cocina con la cabeza entre las manos y la camisa desgarrada. Laura bajó corriendo las escaleras por el estrecho túnel que formaban las dos paredes.

–Linda estaba en el suelo desmadejada. Estaba inconsciente, y tenía el cuello doblado en un ángulo extraño.

Laura no le encontraba el pulso, y corrió escaleras arriba para llamar a una ambulancia. Entonces miró a su padre y cayó en la cuenta de que tal vez él la había empujado.

–Le dije que se quitara la camisa; la escondí en mi habitación y le di otra para que se la pusiera. Le limpié la sangre del brazo, en el sitio donde ella le había clavado las uñas. A Tracy y a Craig les dije que, si la policía les preguntaba si habían oído una pelea, contestaran que no.

–¿Qué estaba haciendo tu padre mientras tanto?

–Estaba borracho como una cuba.

Cuando llegó el equipo de emergencia, confirmaron la muerte de Linda por fractura de cuello. Laura le contó a la policía que se había caído por las escaleras. Cuando le preguntaron por qué tenía Linda un aspecto tan maltrecho, les contestó que se había golpeado la cabeza contra todos los escalones.

–Todo el barrio sabía que era una borracha. Solía armar escándalo en los bares cuando bebía, así que se la llevaron y no volvimos a saber nada más –dijo Laura con naturalidad.

»Al día siguiente, mi padre, que ya estaba sobrio, nos dijo que tuviéramos cuidado con las escaleras porque eran peligrosas: había algunos peldaños sueltos. Craig cogió un martillo y arregló los peldaños recubiertos de goma, y la versión familiar es que Linda se cayó por las escaleras.

–¿Versión? –Me preguntaba si Laura estaba admitiendo que su padre había empujado a Linda.

–Hoy por hoy, no estoy segura de si la empujó él o se cayó ella sola. No lo vio nadie.

—Bueno, cayó de una forma lo suficientemente violenta como para matarse –observé.

—Cierto –dijo Laura, y luego añadió–: Pero era tan poca cosa, no pesaba ni cuarenta kilos. Además, la gente se cae ella sola por las escaleras y se muere. Pasa todo el tiempo.

—¿Cómo te sentiste por la muerte de Linda y las circunstancias en que había muerto?

—La verdad, Linda me caía mal. Era una egoísta, necesitaba ser siempre el centro de atención, y era una borracha perversa. No hizo la comida ni una sola vez. Para mí no era más que otra persona difícil con la que me tocaba tener que tratar.

—Aun así, debió ser bastante traumático. Era la segunda vez que llamabas al teléfono de emergencias por la muerte de una esposa de tu padre. Una de ellas tu madre, y la otra tu madrastra.

Laura dijo que no se había sentido traumatizada, que era solo una cosa más de la que se tenía que ocupar.

—¿Una tarea cotidiana más, eso era todo? –le pregunté–. Y tu padre, ¿te creaba desconfianza, o estabas enfadada con él, o le tenías miedo?

—Sé que pensarás que soy rara, pero sentía que la culpa era mía. El auténtico trauma para mí, ya que te gusta la palabrita, es que arrastré a Craig y a Tracy de vuelta a Toronto cuando estaban en una edad muy difícil. Mi padre no sabía qué hacer con ellos, no los soportaba. Yo hubiera debido adivinar lo que ocurriría, no debería haberle impuesto una carga tan enorme.

—¿Así que sentías que la culpa de que Linda hubiera muerto era tuya porque habías sometido a tu padre a demasiada presión, y no suya por haberla asesinado posiblemente?

—Después de dos años de terapia, sé lo suficiente como para darme cuenta de que no tiene mucha lógica, pero eso es lo que siento de verdad.

Lo que me sorprendía, debido a mi poca experiencia como terapeuta, era la tenacidad con que se negaba Laura a ver la realidad de las cosas. Por mucho que supiera de lo que era capaz su padre, seguía sin querer hacerle responsable de sus actos. Empezaba a resultarme evidente que mi trabajo no era romper a golpecitos un bloque de hielo, sino un glaciar.

Estábamos al final del segundo año de terapia y habíamos hecho progresos, pero aún teníamos que profundizar mucho más en la relación de Laura con su padre. Indiscutiblemente, el sueño en el que le daba patadas al gato había sido el comienzo de una visión de él más realista. Pero me daba la impresión de que, hasta que dejara de protegerlo, seguiría repitiendo ese mismo papel con otros hombres.

Desde un punto de vista práctico, empecé a preguntarme si el padre, que a todas luces era más un psicópata que un pobre alcohólico, había asesinado tanto a Linda como a su primera esposa. Me preguntaba si el que Laura hubiera enterrado todos los recuerdos de su madre no sería tal vez una forma de protegerlo. ¿Era posible que a nivel inconsciente supiera más sobre esa muerte de lo que ella creía?

4. Revelaciones

Los terapeutas pueden emplear una diversidad de métodos, basados en distintas teorías psicológicas, para tratar a sus pacientes. Durante los primeros años de práctica terapéutica, me basé sobre todo en el paradigma freudiano, que parte del supuesto de que existe el inconsciente. Con el tiempo me fui volviendo más ecléctica. Incorporé técnicas de la Gestalt, como centrar la atención en lo que ocurre entre terapeuta y paciente durante la sesión, entendiendo que esa interacción refleja cómo afronta el paciente los conflictos en el mundo exterior, y el juego de roles. Utilicé también la terapia centrada en el paciente, de Carl Rogers, que parte de la premisa de que el paciente es el que de verdad conoce sus dificultades, y el terapeuta actúa sobre todo como caja de resonancia.

En definitiva, me di cuenta de que ceñirme a una sola orientación me limitaba. Tenía más sentido estudiar cada caso y sopesar qué era lo mejor para cada paciente. A veces los pacientes no eran particularmente introspectivos, y tenían dificultad para acceder a sus sentimientos como requiere el estilo freudiano de asociación libre. Así que cambiaba de método; pasaba del enfoque introspectivo a la inmediatez y el carácter revulsivo del juego de roles, en el que el paciente de repente tiene que asumir un papel y responder en consonancia. Por ejemplo, si una paciente estaba enfadada con su jefe, yo hacía el papel de jefe, y normalmente afloraba durante el ejercicio lo que ella sentía de verdad. O, si tenía grandes carencias emocionales y nadie la había escuchado en su infancia, utilizaba el método de Carl Rogers y me limitaba a escucharla, a fin de darle la comprensión y atención que necesitaba para madurar. Cada caso requería una reevaluación frecuente, y si no estaba habiendo ningún progreso psicológico, era necesario probar otra técnica. Como supuestamente dijo Einstein: «Locura es hacer lo mismo una y otra vez y esperar obtener resultados distintos».

A veces resultaba útil utilizar un modelo sociológico en lugar de uno psicológico. Redefiniendo el caso de Laura en términos sociológicos, su padre pertenecía a un grupo, el de los alcohólicos, mientras que ella pertenecía al grupo de «hijos adultos de padres alcohólicos». La organización Alcohólicos Anónimos dice que los alcohólicos tienen ciertos rasgos comunes, y que sus hijos han desarrollado sus propios rasgos en respuesta al alcoholismo del padre o la madre. De hecho, hay por todo el mundo grupos que se dedican expresamente a ayudar a los adultos que crecieron en hogares en los que había algún caso de alcoholismo.

Así que un día le di a Laura el libro *Hijos adultos de padres alcohólicos*, de Janet Woititz. Quería que viera la lista de características que tienen en común muchos de estos hijos, y en particular la hija mayor, que suele hacer de sustituta de la madre o el padre.

Laura llegó nerviosa y desconcertada a la siguiente sesión, porque había descubierto que tenía todos los rasgos de la lista. Había hecho otro rotafolio, lo puso en pie y leyó en voz alta y con firmeza cada rasgo como si fuera una sargenta pasando lista. «Los hijos adultos de padres alcohólicos hacen lo siguiente», empezó:

1. *Se preguntan qué es un comportamiento normal.*
   «Yo no tenía ni idea de que no era normal que las niñas de ocho años hagan de madre».

2. *Se juzgan a sí mismos sin piedad.*
   «Me odio por haber sido una mala madre y tener un herpes».

3. *Les cuesta divertirse.*
   «¿Divertirme? ¿Qué pasa, que estoy en la guardería? Yo trabajo».

4. *Se toman a sí mismos muy en serio.*
   «Me critican en el trabajo y mi padre también me criticaba por no saber aceptar una broma».

5. *Les resulta difícil intimar en las relaciones.*
   «No te dejo acercarte emocionalmente y no te permito que empatices conmigo. Quién sabe, podría conducir a lo que este libro llama *intimidad*, lo que quiera que sea eso».

6. *Les aterra cualquier cambio sobre el que no tengan control.*
   «¿Y por qué no me iba a aterrar? Todo cambio es malo. Es: o un asesinato, o que la policía nos obliga a irnos a vivir a otro sitio, o que tenemos que escapar de los cobradores de deudas».

7. *Buscan constantemente aprobación y afirmación.*
   «He trabajado para Ed, para mi padre y para Clayton porque necesitaba su aprobación, aunque fueran unos gilipollas. Bueno, mi padre no es un gilipollas absoluto, pero puede llegar a serlo».

8. *Se sienten diferentes de los demás.*
   «Yo soy diferente. Todos los demás siguen en zona protegida. Yo he hecho cosas que no podrían ni imaginar».

9. *Superresponsables.*
«Me mato por hacer cada trabajo, y luego nunca pienso que está suficientemente bien. Me despierto por la noche preocupada por lo que tengo que hacer en la oficina al día siguiente».

10. *Extremadamente leales, incluso cuando es evidente que esa lealtad es inmerecida.*
«Bueno, esto es tan obvio que no vale la pena decir nada. Fui leal a Clayton, a Ed y a mi padre, cuando los tres se merecían el premio al mayor gilipollas del año en sus respectivos grupos de edad».

Para Laura, el libro y la lista de síntomas tuvieron el efecto de un relámpago. Sintió que la describían como si la autora se hubiera asomado al interior de su alma.

Hasta que leyó el libro, no tenía ni idea de que no era una chica excepcional. Cuando terminó de enunciar la lista, alzó la voz para verbalizar una revelación:

—No soy más que el producto de un hogar alcohólico. Ahora lo entiendo.

Un día, Laura me informó de que su abuela había muerto. Cuando le expresé mis condolencias, dijo que no hacía falta, teniendo en cuenta que sus abuelos habían sido unos «cretinos». Esperó unos minutos antes de seguir.

—Sé lo que digo. Viví con ellos. Después de que muriera Linda, mi padre se enredó en un lío de mierda y lo metieron en la cárcel. Nos mandaron a Owen Sound a vivir con sus padres cuando yo tenía catorce o quince años.

Sus abuelos vivían en un parque de caravanas.

–Eran dos descerebrados, y daban mala fama a la escoria blanca que vivía en aquel sitio. Es alucinante que se conocieran, porque estaban igual de trastornados los dos. Si no hacías alguna de las imbecilidades que te mandaban hacer, se volvían locos.

Un día que Laura llegó de la tienda con crema de maíz en lugar de maíz en grano, le pegaron con un cinturón y luego la tuvieron veinticuatro horas encerrada en un armario. (Los espacios reducidos y el olor a naftalina todavía le cortaban la respiración). Este era solo uno de los muchos ejemplos de esta clase de comportamientos. Y, durante cada paliza, le decían que su padre no servía para nada, y ella tampoco.

Laura no estaba acostumbrada a la crueldad física ni al maltrato verbal. Su padre nunca la había tratado con dureza, ni siquiera cuando vivían con Linda había sido severo con ella. Por el contrario, solía elogiarla. Su *modus operandi* era la negligencia.

Comentó que había algo «chocantemente sexual» en la manera que tenía su abuelo de dirigirse a ella. Le pedí que aclarara a qué se refería.

–Solía decirme que parecía «una putilla italiana» como mi madre, y que su hijo habría llegado lejos si ella no le hubiera echado el guante y arruinado la vida. Cada vez que volvía a casa después de haber salido con algún chico, me decía que tenía que comprobar si seguía siendo virgen. Una día lo amenacé con un cuchillo y le dije que, si alguna vez me llegaba a tocar, llamaría a mis padres adoptivos, Ron y Glenda, y entonces vendría la policía y él iría derecho a la cárcel a hacerle compañía a su hijo. Mi abuelo era demasiado retrasado como para entender que lo decía en serio, pero mi abuela se dio cuenta de que probablemente no era una broma, y le dijo: «Déjala en paz, no queremos nada de esta piojosa».

Era la primera vez que Laura mencionaba un comportamiento sexual inquietante. Esa mención suele ser señal de que hay otros incidentes de la misma naturaleza que la paciente se resiste a revelar.

—¿Puedes contarme un poco más sobre las alusiones sexuales de tu abuelo?

—Nunca hizo nada —contestó negando con la cabeza en un gesto de desdén—. En el fondo, era un cobarde. Mi abuela era la que tenía poder, la que lo dirigía todo con sus ideas enfermizas.

Procuré ir con cuidado, para no sembrar ideas en la mente de Laura, pero al final le dije que es frecuente que quienes han tenido una vida caótica sufran abusos sexuales porque, sin la protección de unos padres, son más vulnerables. Además, no tienen ni idea de qué normas rigen el comportamiento social humano ni saben que tienen derecho a decir que no.

—No es mi caso. Yo le habría cortado el cuello a cualquiera que se me hubiera acercado, y creo que los tíos captan esta clase de cosas.

Laura había sido una víctima, pero nunca había asumido el papel de víctima. Eso era lo heroico de esta chica. Aunque llevaba muchos años luchando, se levantaba cada día decidida a superarse.

Pero aunque en un sentido fuera una heroína, negar psicológicamente su dolor tenía sus inconvenientes. En lugar de experimentar el miedo y el sentimiento de soledad y abandono que llevaba dentro, había enterrado todos esos sentimientos y solo sentía rabia. Y la rabia no es un sentimiento, es una defensa. Cuando no somos capaces de admitir lo que de verdad sentimos porque es demasiado atroz, nos defendemos de ello con la ira. Mi trabajo consistía en conseguir que Laura asociara sentimientos de verdad a lo que le había ocurrido.

Una cosa que aprendí trabajando con Laura fue que una psicóloga no puede juzgar. Todos juzgamos a los demás en cierta medida; es la manera en que los humanos clasificamos y evaluamos las situaciones. Podría haber catalogado al padre de Laura de «sociópata alcohólico con desarrollo truncado en la adolescencia» o, en términos más simples, haberlo calificado de egoísta. Sin embargo, una vez que supe que la abuela era una sádica y el abuelo un pervertido al que nadie habría dado trabajo, comprendí que al padre de Laura todo debió de hacérsele muy cuesta arriba. Nadie le había preparado para la vida adulta. En realidad, se había portado con sus hijos mejor de lo que sus padres se habían portado con él. A saber lo que le habrían hecho de niño. No tenía a nadie que le sirviera de modelo, ni la ayuda de un terapeuta, ni herramientas de ninguna clase, y aun así, dentro de sus limitadas posibilidades, había seguido intentando reconectar con sus hijos.

Durante la segunda mitad de nuestro tercer año juntas, surgió de repente cierta información sobre hechos pasados que afectó al curso de la terapia. A Tracy, la hermana de Laura, no le iban bien las cosas desde hacía tiempo. Tenía un hijo de dos años que había contraído una encefalitis el año anterior, había estado en coma y, como resultado de todo ello, sufría daños cerebrales leves. Hacía poco, Tracy había tenido gemelos. No podía contar con su marido porque estaba muy debilitado a causa de una depresión crónica. Así que Laura se había desplazado varios fines de semana seguidos hasta la casa donde vivían, en mitad del campo, para ayudarla con los recién nacidos.

Luego, un día, Laura recibió la noticia de que el marido de Tracy se había suicidado; se había ahorcado en el cuarto de baño. Después de este suceso trágico, su hermana le confesó que no era capaz de ocuparse ella sola de los gemelos.

–¿Qué te está pidiendo Tracy? –intenté aclarar.

–Ayuda. Y voy a dársela. Iré los fines de semana a esa granja destartalada y le echaré una mano. Está en una situación imposible; cuando voy, no paro ni un segundo. Tuve que comprar pañales porque ella estaba intentando racionarlos. ¡Dios, está absolutamente desbordada!

–Entiendo que necesita tu ayuda. Tiene la suerte de poder contar contigo; nadie es capaz de organizar las cosas ni de trabajar como tú. –A continuación le pregunté tímidamente–: Pero ¿y ayuda emocional?

–Se pone a llorar en cuanto le hablo de algo que no sean cosas prácticas.

Le recordé que su hermana había sufrido las mismas experiencias dolorosas que ella: la muerte de su madre, el abandono de su padre, la muerte violenta de Linda, que a su padre lo metieran en la cárcel. Subrayé que ella había sido la favorita de su padre, mientras que a Tracy la ignoraba, la llamaba «doña quejica». Laura era la hermana lista y guapa que tenía una voluntad de hierro; Tracy no tenía ninguno de esos dones. Con delicadeza, quise hacerle ver que tal vez su hermana necesitaba apoyo emocional.

–Hago lo que puedo. Ya le he dicho a Tracy que saldremos de esta.

Pero eso eran simplemente palabras de ánimo, no intimidad. Decidí volver a sacar el tema. Habíamos hablado mucho de la palabra *intimidad*, y ella había leído varios libros, pero me daba la impresión de que, a pesar de todo, no había interiorizado lo que significaba de verdad. Sabía que iba a tener que avanzar con mucha cautela, dado que Laura defendía sus sentimientos más profundos con uñas y dientes; cuando cerraba una puerta, daba un portazo. Sugerí la posibilidad de que compartiera sus sentimientos íntimos con su hermana. Le dije que tuviera en cuenta que ella llevaba tres años de terapia, y Tracy no había recibido ninguna ayuda psicológica.

–¿Le has contado alguna vez a Tracy que estás haciendo terapia?
–¡Qué dices! ¡No!

Le recordé que había empezado la terapia para aprender a controlar el estrés y la ansiedad, y que le había ido bastante bien. No solo habían disminuido los brotes del herpes, sino que además había aprendido mucho sobre sí misma y sobre cómo mejorar su calidad de vida. Pero necesitaba profundizar más.

–En eso consiste la intimidad, sobre la que ya has leído: en compartir con alguien nuestros sentimientos –aventuré.

–Ya sé lo que es, ¡no vengo de la tierra de los muertos!

Sin embargo, Laura parecía confusa. Así que le expliqué:

–Intimidad es lo que se crea cuando estás familiarizada con tus emociones y le comunicas a alguien en confianza esos sentimientos: los miedos, la vergüenza, las esperanzas y las alegrías.

–¡Dios bendito! ¿Por qué no ponerme directamente a bailar desnuda en mitad de la calle?

Ignoré la frase.

–Al principio te costará, porque nunca oíste a nadie expresar sus sentimientos cuando eras pequeña. No solo eso, sino que tuviste que enterrar tus sentimientos para poder sobrevivir. No es de extrañar que te cueste aprender a expresar lo que sientes.

Le dije que hablar de los sentimientos íntimos es como aprender otro idioma. Cuanto más lo practicas, más fácil resulta.

Laura era una mujer pragmática y me pidió que le pusiera un ejemplo.

–Cuando me contaste que el herpes te hacía sentir una profunda vergüenza, empaticé con tus sentimientos. –Le recordé que la primera vez que vino a mi consulta me prohibió que tuviera el menor gesto de empatía hacia ella.

Asintió con la cabeza y se rio, como si fuera algo de otra vida.

—¿Y qué pasa si alguien utiliza contra ti lo que le has contado? —preguntó de repente.

—Siempre cabe esa posibilidad. Deberías tener una comunicación íntima solo con aquellas personas en las que creas que puedes confiar. Esa comunicación es imprescindible para que pueda ir creciendo la confianza. Así que vas a tener que dar un pequeño salto de fe.

—La verdad, suena arriesgado, pero lo entiendo. Puede estrechar los lazos entre la otra persona y tú o explotarte en la cara.

—Cuando comunicamos nuestros sentimientos, nos sentimos mejor, menos estresados y ansiosos. Si tu plan es tener una pareja para toda la vida, la intimidad emocional será el adhesivo que os mantendrá unidos mucho tiempo después de que la intimidad física se desvanezca.

Hizo una mueca como indicando que por el momento esto último le parecía inimaginable.

Laura y yo ensayamos cómo mantener una conversación íntima. Le sugerí una serie de palabras que la ayudarían. Le dije:

—Es muy posible que Tracy tenga tan poca idea como tú de cómo comunicarse íntimamente. Tal vez utilice el lloriqueo como utilizas tú la ira: como mecanismo de defensa.

Laura me había contado que cuando Tracy encontró a su marido colgado en la ducha, lo primero que le vino a la mente fue: «¿Quién me va a ayudar ahora?». No había dicho nada sobre haberse quedado sin un compañero amoroso. Tracy y su pareja eran dos almas perdidas y, en lo que respecta a intimidad emocional, dos desconocidos.

Estábamos en el tercer año de terapia y Laura había mejorado a pasos agigantados en lo referente a establecer unos límites sanos, pero seguíamos dando vueltas a nociones básicas como la de la intimidad. La idea seguía provocándole rechazo. Era comprensible; su primer recuerdo era del día que se hizo el corte en el pie y su padre le dijo que la quería por ser tan fuerte. Para Laura, hablar de su dolor significaba no ser fuerte. Ahora yo le pedía que bajara la guardia, y eso iba en contra de todo lo que había aprendido en veintitantos años, en su familia y en la escuela de la vida. En el cuadrilátero, nadie le recomendaría a un boxeador que bajara el puño izquierdo.

Laura canceló la siguiente cita, algo que nunca había hecho hasta entonces. Solía decir que nuestras sesiones eran su «salvavidas». Vino unas semanas más tarde, con una cara de alegría no demasiado convincente. Enseguida me di cuenta de que algo iba mal.

Le dije que percibía una sensación de peligro en el aire, y añadí que, para que hubiera faltado a una cita, algo muy grave tenía que haber pasado. Se quedó unos minutos mirando por la ventana. Finalmente, me disparó como balas estas palabras:

–Hice caso de tu idea descabellada y probé a acercarme emocionalmente a mi hermana. Ya sabía yo que por alguna razón me resistía a abrir la caja de pandora de la intimidad. –Dio un puñetazo en el brazo de la silla y me dirigió una mirada acusadora. Me quedé en silencio–. Fui a casa de Tracy. En mitad de la noche, yo le estaba dando el biberón a uno de los bebés y ella al otro. Estábamos casi a oscuras, ella sentada en una mecedora y yo en la otra. Le dije que de niñas no habíamos tenido una vida fácil, y que era algo que había ido comprendiendo en la terapia. Le sorprendió escucharme decir esto, porque la llorona siempre era ella y yo le prohibía quejarse. Dijo que ella siempre había pensado que yo estaba feliz porque «lo tenía todo».

Laura le reveló a Tracy que no solo estaba haciendo terapia, sino que había empezado a darse cuenta de que su padre no siempre había sido un padre perfecto.

–Le dije: «Quizá hizo todo de lo que pudo, pero no fue suficiente». Le conté a Tracy que había acabado comprendiendo que Ed no era más que otra versión de nuestro padre: un tipo guapo y encantador, que me traicionó con un herpes.

Laura me miró entonces a los ojos y dijo:

–Sí, doctora Gildiner, las sorpresas no acaban nunca. Le conté lo del herpes. Seguí hablando, diciéndole que Ed tenía incluso el mismo trabajo que papá y que luego, lo mismo que papá, se había metido en asuntos ilegales. Le dije que solía pasarme el día intentando excusar cada comportamiento de Ed, como había hecho antes con papá. Como Tracy puso cara de no entender, le solté todo ese rollo de la vinculación afectiva. Tenía la noche entera por delante, ¿no?

Laura le confesó también que llevaba todos estos años torturándose por haber sido una mala madre para ella y para Craig, por haber tenido la atención puesta solo en que sobrevivieran y no haberse preocupado por cómo se sentían.

–Le dije lo arrepentida que estaba. Luego me quedé en silencio –continuó Laura con voz tenue–. Supongo que esperaba oírla decir que me perdonaba, o que entonces yo no era más que una niña y había hecho las cosas lo mejor que pude, como me sueles decir tú. Pero no. Se quedó allí sentada como un bulto inerte. Yo me estaba empezando a cabrear: aquí estoy haciendo revelaciones y ella ahí quieta, como un coche abandonado del que no queda más que la carcasa oxidada. Al cabo de un rato la sacudí un poco: «Tracy, ¿hay algo que me quieras contar?». Se oía el crujido acompasado de las mecedoras. Al final, en un tono totalmente inexpresivo, dijo: «Papá se acostaba conmigo cuando éramos pequeñas. Muchas veces».

Ahora fui yo la que me quedé muda. Esto sí que no me lo esperaba. Me quedé igual de estupefacta que debió de quedarse Laura al oírlo. Se dio cuenta y me hizo un gesto como diciendo: «Espera, que esto no es todo».

–Seguí allí sentada con el biberón temblándome en la mano esperando a que continuara. No dijo ni una palabra más. Quería gritarle que era mentira. Sabía que no era eso lo que correspondía hacer, pero el corazón me retumbaba tan fuerte en los oídos que no podía pensar. Esperé callada mucho tiempo a que dejaran de retorcérseme las tripas. De repente Tracy dijo: «Una vez nuestra madre, la de verdad, abrió la puerta y nos pilló. Se quedó mirando unos segundos y luego cerró la puerta».

Laura le preguntó cómo era posible que, si de niñas dormían las dos en la misma habitación, ella no se hubiera enterado de nada. Tracy le contestó que su padre lo hacía cuando no había nadie en casa, pero que se arriesgaba siempre a que alguien lo descubriera.

–Le pregunté por qué nunca me lo había contado –dijo Laura, y después se quedó en un silencio tenso.

No parecía dolida, sino enfadada, más bien furiosa. Finalmente, le pregunté qué había respondido Tracy.

–Se encogió de hombros, con su habitual desgana. Luego dijo: «No me habrías creído. Pensabas que era un santo». Le hice alguna otra pregunta, pero ya no habló más. Entonces me vino a la mente lo que me habías explicado sobre la empatía, y en vez de interrogarla sobre la logística le dije que lo sentía mucho. Ella empezó a llorar, no paraba de llorar y las lágrimas le caían en la cara al gemelo que tenía en brazos. Se la sequé con un pañal limpio.

–Debió de ser para ti un golpe terrible –le dije–. ¿Cómo te hace sentir esta revelación?

En lugar de responder, me contó que después de esto había pedido tres días libres en el trabajo para ir al norte a hablar con su padre. Vivía en Sault Ste. Marie con una maestra de escuela, Jean, una viuda acomodada.

–Como de costumbre, pareció alegrarse mucho de verme. Preguntó qué tal me iban las cosas, se puso muy contento al saber que me habían ascendido, y le dio pena que ya no estuviera con Ed; siempre había pensado que era un auténtico «salvavidas» –dijo Laura–. No parecía él. Llevaba un atuendo como de clase media, tenía pinta de profesor casi, y bebía Coca-Cola *light* en vaso, supuse que sin alcohol. Ni idea de cómo le ha llegado este golpe de suerte. Probablemente no durará mucho.

Laura le explicó a Jean que tenía que tratar con su padre unos asuntos de familia, así que se fue a visitar a su hermana y los dejó solos. En cuanto se marchó, le preguntó con voz calmada a su padre: «¿Abusaste sexualmente de Tracy? Ella dice que sí».

Su padre se encolerizó. «¡Por Dios, NO! Nunca he tenido problemas para conseguir una mujer. Jamás le haría eso a una hija mía. ¡Qué asco! Tracy siempre se hace la víctima, pase lo que pase. Es solo que está cabreada porque Jean y yo no hemos perdido el culo por ir a ayudarla con los niños. Ella se metió en ese baile, ahora le toca bailar». Siguió hablando, diciendo que él no quería arrastrar a Jean «a la otra punta del país para ayudar a una mujer que está siempre amargada, hagas lo que hagas por ella».

Entonces, su padre dio un manotazo tan fuerte en la mesa que Laura creyó que el vaso iba a saltar y estrellarse en el suelo.

–Gritó: «Sabía que se vengaría, y eso es lo que ha hecho» –siguió contando–. «Su marido se hartó de que la víctima fuera siempre ella, así que se ahorcó, probablemente quiso decirle algo así como: "¿Quién es la víctima ahora, Tracy?"». Iba de lado a lado de la sala gritando: «Si Tracy quiere jugármela, ¡adelante!, que lo haga. Solo espero que te enteres de una vez de cómo es tu hermana, ahora y siempre. Todo el día haciéndose las ofendidas, su madre y ella. Pregúntale a Craig, él te dirá que todo es mentira». Le dije que no metiera a Craig en esto.

Laura siguió contando que había cogido su bolso para irse, y mientras se marchaba le dijo a su padre: «No creas que tengo una opinión clara».

Esperé a que dijera algo más. Solo me miró y sacudió la cabeza. En tono enfadado añadió:

–Sé que piensas que lo estoy defendiendo, pero sinceramente creo que Tracy nunca estuvo sola con él, y es verdad que siempre se hace la víctima. –Luego imitó la voz quejumbrosa de Tracy–: «¿Cómo ha podido mi marido hacerme esto?, «¿Por qué le ha tocado a mi hijo tener encefalitis?».

Le pregunté cómo podía saber con seguridad que Tracy nunca había estado a solas con su padre. Laura había tenido bastantes amigos y había salido con ellos y había ido a fiestas mientras su hermana se quedaba languideciendo en casa.

Hizo una mueca, reconociendo a regañadientes que era cierto.

–La pregunta importante es –continuó–: ¿Es Tracy una mentirosa? ¿Ha mentido sobre haber sido una víctima? No, no ha mentido. Es un hecho que su marido se suicidó, y que su hijo contrajo una enfermedad terrible.

Laura sacudió la cabeza en un gesto de fastidio.

–Cuando estábamos con los abuelos, decía que nadie le invitaba a salir porque vivíamos con unos chiflados en una caravana. Pero mí me invitaban a salir todo el tiempo. Y antes de eso, cuando éramos más pequeñas, decía que no la invitaban a los cumpleaños porque nuestra madre nunca hablaba con las demás madres. Pero a mí sí me invitaban. Siempre tenía alguna excusa, y nada era nunca culpa suya.

–Eso no es mentir –aclaré.

–Siempre estuvo celosa de la relación que yo tenía con papá. Esta podría ser, a su estilo patético, la forma de competir conmigo: «Mira lo unida que estaba yo también a él». Doctora Gildiner, tú no la conoces. Quería entregar a los gemelos a Ayuda a la Infancia, ¡por el amor de Dios! Tuve que decirle que podía ser una buena madre para sus hijos. Le dije que no queríamos ser una familia de niños abandonados generación tras generación.

–Sin duda no es lo más acertado, como tú dices, pero eso no es mentir.

–Sinceramente, creo a mi padre. Sé lo que me vas a preguntar ahora. No, a mí nunca me hizo nada semejante, ni de lejos. Cuando la gente le decía que tenía una hija muy guapa, él nunca hacía ni el menor comentario.

–Excepto en la cárcel, cuando sentiste que estaba sacándole provecho a tu atractivo.

–¡Dios, tienes una mente como una trampa de acero! ¿Estoy en terapia o en el banquillo de los acusados?

Laura tenía razón. Me había excedido. Mi obligación era intentar descubrir la verdad psicológica, no toda la verdad.

Realmente, no teníamos forma de saber la verdad. Era cierto que Tracy había sido una niña poco espabilada y muy necesitada de cariño, justo el tipo de persona que un depredador elegiría para abusar de ella. Su padre sabía que Laura jamás habría tolerado que abusara de ella; habría ido a por él con un cuchillo de cocina. En definitiva, vi que si me inclinaba a pensar que Laura no quería creer a Tracy para proteger a su padre, estaría tomando partido. Decir nada más sobre si el incesto ocurrió o no ocurrió sería salirme de mi papel de psicóloga. La responsabilidad de una psicóloga es indicar patrones de comportamiento, y eso hice: le recordé a Laura que tenía una arraigada tendencia a defender a su padre, a excusar su conducta y, por tanto, a no verlo objetivamente. Le di las herramientas, y ahora le tocaba a ella decidir cuál era la verdad.

Uno de los detalles del incesto que más me llamó la atención fue que Tracy describiera cómo su madre abrió la puerta y luego la cerró en silencio y nunca mencionó lo que había visto. Me imaginé a esa pobre madre sin ningún sitio a donde ir, pero sabiendo que su hija estaba siendo víctima de abusos sexuales. Puede que estuviera profundamente deprimida, o que simplemente no tuviera en la relación con su marido la fuerza o el poder para defender a su hija. Volví a preguntarme si se habría suicidado. No se había hecho una investigación ni se había sugerido ninguna actividad criminal. También me había preguntado, cuando me enteré de la muerte de la segunda esposa, si era posible que la madre de Laura hubiera muerto igualmente a manos de su marido. Nunca había llegado al fondo de por qué Laura tenía un solo recuerdo de su madre.

Tenía que ser muy cautelosa en esta coyuntura. No quería meterle ideas en la cabeza. Llevaba tres años trabajando como terapeuta, pero aún no me había encontrado con ningún caso de incesto. Debía recordar además que la finalidad de la terapia no era descubrir la verdad; como gritaba Jack Nicholson en *Unos pocos hombres buenos*, a veces la gente «no puede con la verdad». La finalidad es conseguir que el inconsciente deje de controlar a la mente consciente. Una terapia eficaz es aquella que reduce los mecanismos de defensa del paciente para que pueda afrontar y resolver los problemas que se le presenten en la vida.

Hubo un largo silencio terapéutico. La impactante revelación nos había dejado a las dos inusualmente pensativas durante la segunda mitad de la sesión. Por fin, al cabo de unos diez minutos, ya sin rabia en la voz, Laura dijo:

—Nunca sabremos la verdad, ¿no es cierto?

Negué con la cabeza. Era así.

Dirigí la conversación hacia la noche en que habló con Tracy.

—Algo que sí ocurrió fue que tu hermana intentó intimar contigo tanto como habías hecho tú con ella —dije—. Está claro que necesita ayuda. Tanto si fue víctima de abusos sexuales como si no, ella cree que lo fue, y necesita hablar con un terapeuta.

Busqué un psiquiatra en un hospital próximo a la casa de Tracy, que la atendería sin ningún coste. Desafortunadamente, ella acudió solo a unas pocas sesiones. Después le encontré un grupo de apoyo, pero solo fue una vez. Luego me puse en contacto con un grupo de apoyo para madres de gemelos y conseguí que alguien la recogiera en su casa y más tarde la llevara de vuelta. Pero en el último momento Tracy se negó a asistir.

Me di cuenta de que le estaba dedicando demasiada energía psíquica a Tracy, que ni siquiera era mi paciente y además se resistía a recibir ayuda terapéutica o de cualquier clase. Tuve que recordarme también que era yo la que estaba empeñada en levantar hasta la última piedra para que todo saliera a la luz. Era una necesidad mía, no de mi paciente. Tuve que considerar dos factores. En primer lugar, Laura había trabajado con seriedad en la terapia y no tenía miedo de observarse y hacer cambios. En segundo lugar, tenía razón: nunca sabríamos la verdad. Era una nota trágica con la que terminar nuestro tercer año de terapia, pero les tocaba a Tracy y a su padre resolver las cosas.

5. Sin trabajo

Me daba la impresión de que estábamos en la recta final. En un principio, Laura había acudido a mi consulta para tratar sus frecuentes brotes de herpes, y en esos momentos se habían reducido a uno o dos al año, lo cual era señal de que había aprendido a lidiar conscientemente con la ansiedad. Había establecido límites personales en el trabajo y en sus relaciones. Ya no toleraba comportamientos que pudieran enfurecerla y hacer que luego se sintiera resentida e impotente. Se había abierto a la posibilidad de establecer comunicaciones íntimas y de sentir empatía, y estaba dando los pasos necesarios. Comprendía finalmente que había tenido una infancia disfuncional, y estaba decidida a ser una persona equilibrada.

Aun con todo, se producían retrocesos y recaídas. Una semana, Laura llegó a la sesión pisando fuerte, y por el sonido de sus pasos supe que estaba de un humor de perros. Cuando se sentía amenazada, a veces todavía se ponía furiosa para proteger su frágil ego. Yo hacía tiempo que había aprendido a no interponerme entre Laura y sus miedos inconscientes; el contraataque podía ser mental y físico. Unas semanas antes, estando sola por la noche en el andén del metro, un hombre intentó robarle el bolso. Laura le dio una patada en la ingle, lo empujó a las vías, pulsó el interfono y anunció: «Gilipollas en las vías». Luego salió y buscó un taxi para volver a casa.

Cuando le pregunté por qué estaba tan enfadada, dijo que había tenido una semana «vergonzosa». Empezó contándome que Kathy, la hija de Ron y Glenda, era ahora profesora de primaria en Toronto. Su novio estaba terminando un posgrado en informática.

Laura había invitado a la pareja a cenar a su casa y el novio de Kathy llevó a un amigo, Steve, que era compañero suyo de estudios y acababa de terminar el mismo curso de posgrado. Me contó que fue humillante porque era obvio que Kathy lo había invitado para que se conocieran.

–Fue todo tan lamentable y tan vergonzoso a tantos niveles que no sé ni por dónde empezar.

Laura no solía ser melodramática. Había descrito la muerte de su madre y de su madrastra con una sola frase y en tono neutro.

–¿Por el nivel uno? –le sugerí.

–Para empezar, fui yo la reina del baile de graduación. No necesito que Kathy, que tocaba la tuba en la banda, se ocupe de organizarme citas. No soy una huerfanita patética.

–¿Nivel dos?

–Aquel tío no era mi tipo. Parecía uno de *Los Walton*. –Una serie de televisión sobre una familia americana pobre, pero unida, cariñosa y con unos sólidos valores morales, que vivió la época de la Gran Depresión. La estrella de la serie era el hijo mayor, John-Boy–. Intentaba ser encantador todo el tiempo, y mientras el novio de Kathy arreglaba el televisor y yo le sacaba a Kathy la máquina de coser que me había pedido prestada, él empezó a recoger la mesa. Le dije que lo dejara todo como estaba y contestó: «No me cuesta nada fregar los platos. Todos tenemos que ir a trabajar mañana por la mañana». No me lo podía creer –dijo indignada–, siguió recogiendo los platos después de que le dijera que lo haría yo.

–¿Estamos llegando a la parte emocionante? –le pregunté.

–Es que ¡no me digas! Nadie hace eso.

–¿Crees que el coronel Potter ayudaría a su esposa a recoger la mesa si ella le hubiera cocinado una cena de dos platos y un postre y se estuviera haciendo tarde y al día siguiente los dos tuvieran que ir a trabajar?

Laura se quedó unos segundos sin decir nada.

–Es posible, sí, pero a mí me gusta el coronel Potter para padre, no para compañero sexual.

–A ver si lo entiendo. Llega a tu vida un hombre que acaba de terminar un posgrado en un campo muy competitivo, y te ayuda a recoger la mesa porque sabe lo que es levantarse cansado por la mañana y encontrársela así. Y porque tiene la atención de querer darte las gracias por la cena recogiendo los platos, ¿es qué? ¿Un tipo patético? Explícamelo, por favor.

–Quiero decir que no tiene brío. No es un tipo audaz, al que le guste el riesgo.

–¿Cómo lo sabes? No es que esté intentando convencerte de las buenas cualidades del Steve este, solo me gustaría saber por qué pones como ejemplo su amabilidad para explicar lo impensable que sería tenerlo como novio. –Laura se quedó en silencio, y no pude resistirme a añadir–: Además, ¿qué sabes tú si le gusta el riesgo o no?

–Sé que Ed tenía muchos defectos. Pero se le ocurrían todo el tiempo ideas geniales y sabía cómo dar emoción a la vida.

–Contagiándote un herpes, por ejemplo, y consiguiendo que lo despidieran de todos los trabajos. También tu padre tenía «brío», como tú lo llamas, pero en su audacia y espíritu de aventura no estaba incluido cuidar de sus hijos, obedecer la ley o trabajar para ganarse la vida. Se necesitan agallas y cerebro para competir en el campo de la informática.

Según pronunciaba estas últimas palabras, me di cuenta de que me había pasado. Me exasperaba que Laura se aferrara a su padre como modelo de hombre, y acabé casi chillando. Me disculpé por intimidarla en lugar de limitarme a interpretar. Le brillaban los ojos de ira.

–Estás en racha, así que suéltalo. Por una vez, dame algo que valga el dinero que te pago.

–Laura, me apartas de un empujón cada vez que me acerco demasiado a tu dolor. Puedes proteger ese dolor el resto de tu vida, pero eso no te va a ayudar a ser una persona equilibrada.

–Perdona… ¿Qué intentas decirme?

–Creo que estás enganchada a los comportamientos que son como el de tu padre. Tuviste que aguantar a tu padre como era. No tenías madre. ¿Qué otra cosa podías hacer? ¿Adónde ibas a ir? Es asombroso que consiguieras abrirte camino en medio de aquella jungla. Te quedaste sin padres, cuando nadie debería vivir sin unos padres. ¿Quién era tu modelo a seguir? No tenías ninguno. Fuiste tan ingeniosa y tenaz que descubriste al coronel Potter y tuviste la inteligencia de usarlo como tu modelo. Pocos habrían tenido el ingenio de *crearse* un padre cuando lo necesitaban.

–Qué pena que no puedas decirles estas cosas a los de *Corazones malheridos** –dijo con sarcasmo.

Laura había mejorado en muchos frentes. Sin embargo, tenía un síntoma persistente que superar, que era su relación con los hombres. Seguía sintiéndose atraída por el chico malo, del que decía que tenía «brío», en vez de que era «un psicópata». Aquí estaba de

---

* *Corazones malheridos* (en inglés, *Purple Hearts*) es un drama romántico estadounidense de 2022, dirigido por Elizabeth Allen Rosenbaum, basado en la novela homónima de Tess Wakefield. Es la historia de una aspirante a cantautora y un marine que se enamoran y tienen que superar muchos obstáculos. (*N. de la T.*)

nuevo, rechazando emocionalmente a un hombre porque la había ayudado a recoger los platos y no le permitía asumir su habitual papel de salvadora.

Me producía una enorme frustración que fuera tan recalcitrante, así que decidí enfrentarla con cómo interpretaba yo la conducta que había tenido con su invitado.

–Creo que Steve no te interesa porque no tienes ni idea de cuál sería tu papel en la relación. Es posible que no tuvieras que rescatarlo. –Hice una pausa y añadí con vehemencia–: Te quedarías sin trabajo.

Laura se echó hacia atrás en la silla como si le hubieran dado un golpe en el pecho.

–¿Por qué eras la preferida de tu padre? –seguí.

–Lo cuidaba. Mi familia era como esos coches viejos que hay en Cuba. Yo le iba haciendo apaños para que siguiera funcionando, usaba cualquier pieza de repuesto que encontraba, como si era chicle.

Al terminar la sesión, le pedí que pensara con calma en qué haría ella con un hombre que no la necesitara, que la amara simplemente.

Durante los meses siguientes, Laura empezó a ver a Steve con regularidad. Se compró sus primeras botas de montaña, y los fines de semana cocinaban juntos platos deliciosos e invitaban a comer a sus amigos. Estaba aprendiendo cómo funcionaba una relación normal. Steve tenía una vida ajetreada, pero si iba a llegar tarde, la llamaba para avisarle. Al principio, ella ridiculizaba esta clase de comportamientos, le parecían compulsivos y puntillosos. Le hice ver que no, que eso era lo que hacían entre sí los adultos considerados; Steve valoraba el tiempo de ella tanto como el suyo. Como ella no tenía una base de referencia, yo era su ventana a lo que era normal en una relación.

A Laura le resultaba difícil intimar emocionalmente, pero lo intentó con Steve; le contó parte de su pasado, y él mayormente parecía aceptar las cosas como eran. En el plano sexual, nunca insistió en practicar la penetración, aunque habían hecho de todo menos eso. Laura dijo que se le estaban acabando las excusas; iba a tener que contarle lo del herpes. De hecho, se planteó romper con él para no sufrir la humillación de que él rompiera con ella. Pero dio el paso y le reveló que tenía un herpes. Steve se quedó en silencio. Era obvio que estaba desconcertado. Al cabo de un rato se marchó; le dijo que lo tenía que pensar. No supo nada de él durante una semana, luego dos y finalmente tres.

En la cuarta semana de silencio ensordecedor, Laura comentó:

—Parece que John-Boy ha salido espantado y se ha vuelto a casa con los Walton.

Se burlaba de la serie, pero aun así la veía. Estudiaba la bondad y la conducta ética de la familia Walton como una primatóloga que analizara un programa de *National Geographic* sobre una familia de monos.

Le pregunté cómo la hacía sentirse que Steve se hubiera ido, y sin dudarlo un instante contestó:

—Aliviada. ¿Por qué? Porque ya no tengo que intentar ser normal. Ha sido agotador. Además, Steve era un tacaño. Una tarde que íbamos al cine, ¡trajo las palomitas hechas de casa! Le dije que de ninguna manera iba a entrar yo en un cine con mi bolsa de palomitas. ¡Por Cristo bendito!

»Después, está trabajando por primera vez en su vida, pero, aparte de la casa donde vive, tiene otra que alquila a estudiantes, y por si fuera poco, también tiene una cabaña que su padre y él se dedican a arreglar todos los fines de semana del verano. Eso es tener muchas casas, para hacer menos de un año que uno ha empezado a trabajar.

»Aunque, claro, mira cada centavo. Cuando vamos a la cabaña, trabajamos desde que amanece hasta que se hace de noche. Ni siquiera enciende la calefacción si estamos a más de quince grados. –Apoyó la cabeza en el respaldo de la silla, levantó las piernas estiradas como si estuviera en un sillón reclinable y dejó escapar un largo suspiro–. ¡Hasta la vista, marinero!

–Dime, ¿qué hay debajo de ese alivio arrogante?

Se quedó un rato callada y luego, mirando el reloj, dijo:

–¿No es ya la hora?

Negué con la cabeza.

Después de más de tres años de terapia, Laura había aprendido a escarbar en su inconsciente. Confié en que quisiera hacerlo en ese momento, pese a tener todavía la herida abierta. Le recordé que, cuando no se deja que una herida sangre y cicatrice luego al aire libre, se pueden infectar.

Finalmente, volvió a respirar hondo y dijo:

–Estoy dolida y avergonzada. Es como la primera vez que me senté aquí. Mi familia de pacotilla me hiere la dignidad y él sale corriendo. Su madre es profesora de primaria; su padre enseñaba artes industriales y era el entrenador de su equipo de hockey. Tenían una pista de hielo en el patio de atrás, y su padre y él la cubrían de agua todas las noches; y siempre han vivido en la misma casa. Sus padres son gente amable, unos coronel Potter de verdad. Jamás podría haberles presentado a mi prole de tarados mentales.

–Cualquiera estaría dolida, Laura. –Sentía auténtica compasión hacia ella–. Lo bueno es que has reconocido lo que sientes.

–Yo creía, o intentaba creer, que me quería. Nos gustaba mucho trabajar juntos en la cabaña. Le encantaban mis ideas para la decoración. Eso se me da muy bien. Los dos tenemos temperamento de abejas obreras.

–Y tal vez te quería, pero el herpes le pareció un obstáculo demasiado grande. O ¿en algún momento has pensado que quizá esté todavía sopesando las posibilidades?

–¡Venga ya!

–No todo el mundo es impetuoso. Tú estás acostumbrada a lo que llamas espontaneidad, pero si le das la vuelta a esa palabra y la reencuadras, puede significar imprudencia. Hay gente que sopesa detenidamente las decisiones importantes. –A continuación le pregunté–: ¿Tu padre o Ed le dirían a su pareja que tenían un herpes?

–Está claro que Ed no, y mi padre tampoco lo haría.

–Tú sí; eso te diferencia de tu padre y de Ed. Recuerda que el único comportamiento sobre el que tienes control es siempre el tuyo.

–Sí, este año solo he tenido un brote, lo cual no está nada mal. Me alucina que siempre aparezcan en momentos de estrés.

–¿Steve sabía todos los detalles sobre tu familia?

–Sí, cada puto detalle. No le conté lo del incesto con Tracy porque no me lo creo. Tampoco creo que mi padre matara a mi madre, y no tengo muy claro qué pasó con Linda.

Me dolía ver a Laura así. Se había comunicado con franqueza y la habían rechazado. Llevaba tanto tiempo aporreando la puerta de la normalidad que debía de estar ya muy cansada.

A la semana siguiente, Laura llegó, se sentó con una infinitesimal sonrisa en la cara y dijo:

–¡Ha vueltooooooooo!

Me contó que Steve había tenido que esperar hasta que pudo atenderle su médico, que le había dado toda clase de información sobre cómo mantener relaciones sexuales seguras. Si iba a comprometerse, tenía que pensárselo bien, y le llevó tiempo.

La relación fue estupendamente durante varios meses, hasta el día de San Valentín, que Steve le regaló a Laura solo una rosa. Ella se indignó, y él contestó que en su familia ahorraban el dinero para cosas duraderas, y solo hacían regalos simbólicos. Él sentía que el mayor regalo que le había hecho su familia habían sido cuatro años de universidad y unos estudios de posgrado.

Laura había aprendido a fijarse objetivos a largo plazo –se había pasado años estudiando una carrera–, pero no estaba acostumbrada a que un hombre funcionara así. Pensaba que gastar a lo grande era, en cierto modo, masculino. Le parecía que la prodigalidad era el signo del amor romántico. A él, sin embargo, le parecía una extravagancia.

Fiel a su estilo, Steve no se disculpó. Dijo que así era como hacía él las cosas y que, si un día se casaban, las dos casas y la cabaña serían también de ella. Laura me dijo:

–Vaya excusa de mierda. Es un tacaño y punto. Mi padre se gastó hasta el último centavo en comprarle a Linda un bolso de diseño del que se había encaprichado.

–¿Antes o después de que, posiblemente, la matara? –No pude resistirme a decirlo.

–Fue un accidente, más que cualquier otra cosa. A veces, eres la reina de los golpes bajos.

En eso tenía razón.

Laura y Steve capearon el temporal de San Valentín; pasaron los meses, y llegó la Navidad. Laura fue con Steve a visitar a su familia a Parry Sound, una pequeña ciudad al norte de Toronto. Su madre le había tejido a Laura un jersey, que me dijo que parecía como de *La casa de la pradera*.*

–¿Cómo de feo puede ser un jersey? –comenté, sabiendo que a Laura le gustaba vestir a la última moda.

–Esperaba que me lo preguntaras. –Entonces se desabrochó el abrigo.

Llevaba puesto un jersey navideño de color rojo chillón con apliques de fieltro, de terciopelo y de otra tela como de pelo sintético que representaban a unos niños, cada uno con un sombrero diferente y con un libro en las manos hecho de fieltro blanco, cantando villancicos debajo de una farola. No pude evitar reírme.

–¿Puedo bromear sobre esto con Steve? –me preguntó con expresión esperanzada.

–¿Y él ha conocido a tu familia?

–Sí, a todos menos a Craig.

–¿Te hizo algún comentario negativo?

–Ni una palabra.

Esperé.

Se quedó callada durante un minuto.

–Estoy encadenada a este jersey. A partir de ahora, esto va a ser lo que llevaré cada diciembre que estemos juntos.

Poco a poco, Laura iba aprendiendo a adaptarse a la vida de clase media. Empezó a apreciar la tranquilidad de poder contar con al-

---

* *La casa de la pradera*, en inglés *Little House on the Prairie*, fue una popular serie de televisión estadounidense que se emitió entre 1974 y 1983. Estaba basada en las novelas infantiles de Laura Ingalls Wilder y narraba las aventuras y desventuras de los Ingalls, una familia ejemplar, bondadosa y cristiana que se había establecido en un pueblo fronterizo del Oeste americano hacia 1870. (*N. de la T.*)

guien, los objetivos a largo plazo y los ahorros. Steve apreciaba su ética de trabajo y disfrutaba mucho con su humor vivo y espontáneo.

A Laura le preocupaba un poco que nunca le dijera que era guapa, algo que estaba acostumbrada a oír. Le hablé de la importancia de comunicarse, de que a veces en una relación normal tienes que decirle a tu pareja lo que quieres. Contestó que no quería tener que rebajarse a pedir elogios, y yo respondí que el deseo de sentirse querida es perfectamente normal.

Cuando finalmente se lo dijo, la respuesta de Steve fue que claro que pensaba que era guapa, pero que él venía de una familia en la que no se «adulaba». Ella repuso que no era una adulación si las palabras eran sinceras. Steve aprendía rápido, y ahora le decía con frecuencia lo guapa que era y lo mucho que la quería.

–¡Lo más loco es que parece que lo dice en serio!

Llevaban casi un año viviendo juntos.

Un día Laura llegó a la consulta pálida y sin su efervescencia habitual. Se sentó en el borde de la silla y dijo que Steve la había dejado. Estaba desconcertada, no tenía ni idea de que Steve no pudiera más.

–Cuando se quejaba, lo hacía sin levantar la voz, así que yo no podía imaginarme que estuviera tan cabreado.

Cuando le pregunté si había pasado algo que precipitara la ruptura, me contó que estaba a punto de preparar la cena y encontró en la nevera un táper con restos de salsa para pasta. Así que hirvió agua para la pasta, pero al abrir el táper vio que Steve había guardado solo una cucharada de salsa. Le gritó, y lanzó el táper contra la pared. Él le dijo en voz baja que iba estar una semana fuera, y que entretanto ella podía decidir si iba a seguir teniendo explosiones de ira que a él le resultaban intolerables. Si era así, tenían un problema muy serio.

Le pregunté con qué frecuencia explotaba.

—Una o dos veces por semana, que no es para tanto. En serio, ¿a quién se le ocurre guardar una cucharada de salsa? –Laura me miró auténticamente confundida–. Vamos, doctora Gildiner, si tu marido hiciera eso, tú harías lo mismo. Es lo que haría cualquiera.

Yo no tenía ni idea de que Laura hubiera estado comportándose así. Uno de los escollos de la terapia es que toda la información llega filtrada a través del paciente, que puede ser un narrador poco fiable. Si el paciente informa de que las cosas van bien, es solo una perspectiva. En este caso, otra perspectiva era que sus reacciones temperamentales estaban fuera de control. En la familia de Laura, todo se había resuelto siempre a base de gritos y enfrentamientos, y luego rápidamente se olvidaba todo. Por extraño que parezca, su padre nunca la castigaba cuando le rompía las botellas de ginebra después de vaciarlas por el desagüe o cuando se presentaba en los bares a donde él había ido a beber y le gritaba delante de los demás clientes. Parecía que fuera un alivio para él que alguien estuviera al mando. Así que ahora que Laura estaba al mando de la cena, no entendía por qué Steve no se sentaba obedientemente y se alegraba de tener comida en el plato.

Propuse que utilizáramos al coronel Potter como referencia de lo que era un comportamiento normal. Cada vez que Laura se acordaba de él, imaginaba perfectamente lo que diría y entendía lo que era la normalidad. Le pedí que interpretara su papel. Poniendo voz de coronel Potter dijo:

—Steve, por favor, no dejes cantidades tan pequeñas de comida en el frigorífico, porque es fácil que me confunda y crea que en el recipiente hay suficiente cantidad para preparar la cena o la comida. Entiendo que no te guste tirar alimentos, pero no que guardes restos tan pequeños.

El problema era que a Laura el discursito le sonaba a programa de televisión ñoño, que nada tenía que ver con cómo interactuaban las parejas en la realidad. Así que le sugerí que hiciera dos cosas. Primero, que fingiera hasta que lo consiguiera. Le recordé que había crecido en un hogar disfuncional y que el comportamiento normal le resultaba incómodo y remilgado. Pero si lo practicaba, con el tiempo le parecería más normal. En segundo lugar, le dije que en cuanto notara las primeras señales de exasperación, debía recordar que la ira es una defensa, no un sentimiento, y que analizara qué sentimiento estaba encubriendo la ira.

Laura le dijo a Steve que, si volvía a casa, haría todo lo posible por controlar su temperamento e incluso se pondría su jersey de Navidad. Él volvió a casa con la condición de que ella hiciera algunos cambios en su manera de lidiar con la frustración.

Pronto surgió otro problema, que no tenía relación con esto, cuando Steve, que trabajaba para una gran empresa tecnológica, empezó a plantearse montar su propia empresa con otros analistas informáticos. A Laura le asustaba el riesgo que suponía. Para ella, cualquier cambio se había traducido siempre en trastornos y pérdidas. Durante su infancia, cada vez que algo nuevo había entrado en su vida –una casa de acogida, ocho institutos, el aislamiento del norte, unos abuelos depravados, mudanzas constantes–, se había sentido angustiada. Además, todas las descabelladas ideas empresariales de su padre habían fracasado por falta de planificación realista. Y ahora Steve quería su aprobación antes de dejar su trabajo, que era un trabajo seguro.

Al final, Laura se la dio, a regañadientes. En las sesiones de terapia, se preguntaba qué había sido del Steve sólido que trabajaba sin descanso en un empleo fijo. Le hice ver que Steve no iba a correr riesgos innecesarios, que este era un riesgo calculado. No era impetuoso, pero tenía la suficiente confianza en sí mismo como para intentar abrir su propia empresa. En otras palabras, actuaba con sensatez. Si provienes de una familia funcional, tus padres son un modelo de comportamiento y creces interiorizando la forma normal de comportarte. Sin embargo, le aseguré a Laura que, si algo sabía de ella, era que aprendía rápido; la animé a que pensara un poco en todo lo que había aprendido desde el día de su primera sesión, hacía cinco años.

Finalmente, Laura se había licenciado en «normalidad», como ella lo llamaba. El trabajo iba bien y Steve le había propuesto matrimonio; se casarían en Navidad. Ahora Laura tenía que presentar a su familia a los padres de Steve, una perspectiva que le provocó el único brote de herpes del año. Invitó a las dos familias a cenar a su casa el día de Acción de Gracias, y rezó para que su padre no llegara borracho, Craig no llegara colocado y Tracy no se pasara la noche quejándose. Como Laura, Steve y la familia de Steve iban a pagar la boda, el padre de Laura insistió en llevar el pavo (le pareció una compensación justa). Me contó que llegó tarde, quince minutos antes de la hora en que tenían previsto sentarse a cenar, y puso en la mesa un pavo congelado.

–¡Noooo! –Imaginé la vergüenza de Laura.

–Es posible que me haya vuelto más normal –dijo–, pero no soy idiota. Tenía un pavo relleno asándose en el horno, a punto para servir. Le di las gracias y luego metí el pavo en el congelador, como si no hubiera pasado nada.

Esperé hasta después de la boda para sugerirle a Laura que nuestro trabajo había terminado. Se le llenaron los ojos de lágrimas, pero asintió con la cabeza. No solo había sido mi primera paciente, sino también la paciente a la que había tratado durante más tiempo. A veces, yo había sido una madre y un padre para ella, y juntas habíamos compartido muchas risas y los inevitables dolores de crecer, cada una en nuestro respectivo rol.

El último día, Laura se comportó de un modo bastante formal, lo mismo que yo, y sonrió y me estrechó la mano antes de marcharse. Una hora más tarde, entré en la sala de espera y allí estaba, sollozando, con una enorme pila de clínex esparcidos a su alrededor. Me abrazó. Me estrechó mucho rato entre los brazos antes de salir. Yo también tenía lágrimas en los ojos.

Ningún psicólogo olvida a su primer paciente. Es como dar a luz a tu primer hijo: por mucha información que tengas, nada ni nadie pueden prepararte para ello. Navegas en aguas desconocidas. Dos personas que hasta entonces habían estado separadas en el universo de repente se unen como terapeuta y paciente: cada una asumiendo un nuevo papel. Al ver a esa primera paciente sentada frente a ti, expectante y esperanzada, te das cuenta de golpe de la responsabilidad que has asumido. Han puesto una vida en tus manos, y es tu trabajo mejorarla todo lo posible.

Aunque no sería la única heroína que conociera en mi consulta, Laura fue la primera. A los nueve años había conseguido vivir en un bosque durante seis meses con dos niños pequeños a su cargo. No había nadie que le sirviera de modelo, ninguna persona adulta a la que pudiera emular para saber cómo hacer las cosas. Pero no se rindió. Metió la mano en el televisor y sacó al coronel Potter de *MASH*, lo estudió con detalle y luego imitó su comportamiento. Hace falta una rara combinación de ingenuidad e ingenio para hacer algo así. Curiosamente, luego eligió un marido, Steve, que tenía un parecido casi inquietante con el coronel Potter, en su talante sereno, comedido y seguro.

La tenacidad de Laura, combinada con su fuerza innata y la valerosa determinación de no desfallecer ante ningún obstáculo por imponente que fuera, la convirtieron en una auténtica superviviente. Tenía además otros dones naturales; entre ellos: belleza, cerebro y un temperamento luchador. El orden de nacimiento también estaba de su lado: como primogénita, le había tocado a ella hacer de madre y arreglárselas como fuera para ser «la responsable». Era avispada; conocía las debilidades de su padre y entendió cómo conseguir de él la poca ternura y afecto que podía dar a nadie. Tomó ese escaso cariño y construyó sobre él.

Después de que terminara la terapia, Laura me escribía de vez en cuando. Un día, seis años después de la última sesión, recibí una carta por correo postal. Dentro del sobre había un artículo de periódico sobre el coronel Potter:

> LOS ÁNGELES. El pasado miércoles fue desestimada la acusación por malos tratos presentada contra el actor Harry Morgan. El juez del Tribunal Municipal de Los Ángeles Oeste había prometido cerrar el caso si la estrella de *MASH* completaba un programa de asesoramiento para la prevención de la violencia. Harry Morgan ha completado los seis meses de asesoramiento para la prevención de la violencia doméstica y el control de la ira.

Laura había adjuntado una nota adhesiva que decía: «Los sé elegir, ¿eh?».

Unos años después recibí por correo una foto de un enorme barco pesquero. En el reverso había escrito con letra descuidada: «Estaba escuchando ayer en la radio la canción «Bobcaygeon» de los Tragically Hip y me acordé de cuando Ron, mi padre adoptivo, nos llevaba de pesca al amanecer y veíamos revelarse las constelaciones y las estrellas, como dice la canción. Pensé que te gustaría este barco que al fin he podido comprarle a Ron. ¡Sí, los sueños se hacen realidad!».

La última vez que vi a Laura fue para comunicarle que la iba a incluir en un libro sobre héroes psicológicos. Quedamos en un restaurante, y cuando entró la reconocí de inmediato. Tenía el mismo aspecto que décadas atrás: peinada y vestida a la perfección. Después de todos estos años, seguía siendo despampanante; en el restaurante, todas las miradas se volvieron hacia ella. A las dos se nos llenaron los ojos de lágrimas cuando se sentó.

Le pregunté por su familia. Me contó que seguía felizmente casada con Steve y que su negocio de informática había sido todo un éxito. Tenían dos hijos. Uno se había licenciado en ingeniería en una universidad de la Ivy League* y había creado su propia empresa en Estados Unidos; el otro era abogado litigante en Toronto. (Le dije que no había duda sobre de dónde le venía la habilidad para argumentar).

El padre de Laura había muerto de cáncer hacía unos cuatro años. Al contármelo empezó a llorar. Estuvo muchas semanas ingresado en el hospital de Sault Ste. Marie, y en el último mes solo la reco-

---

* La Ivy League es una agrupación deportiva compuesta por ocho universidades privadas del noreste de Estados Unidos: Brown, Columbia, Cornell, Dartmouth, Harvard, Pensilvania, Princeton y Yale, consideradas, más allá del contexto deportivo, entre las más prestigiosas y de mayor renombre académico de Estados Unidos. (*N. de la T.*)

nocía a ella. Dijo entre sollozos que, cuando murió, sintió que una parte de ella se iba con él. Luego Laura levantó los ojos, me miró y, probablemente leyendo mi expresión, dijo:

–Sé que piensas que estoy loca por haberme sentido tan unida a él. Sé que tenía defectos terribles, pero preferí no hacer caso de ellos y quedarme con lo que era capaz de dar. –Se quedó callada un instante y añadió, con la firmeza que yo conocía tan bien–: Soy una luchadora nata y luché por conservarlo en mi vida.

Cuando le pregunté por qué le había tenido siempre tanto cariño a pesar de las cosas que había hecho, volvió una vez más a la escena del hospital siendo niña, cuando él le dio el mensaje de que la quería por ser fuerte y no quejarse del corte que se había hecho en el pie.

–Me dije: pase lo que pase, puedo con ello, y siempre recibí su amor como recompensa. ¿Fue siempre el mejor padre? No. ¿Me quiso siempre, o me dio todo el amor que podía dar? Sí.

Laura pensaba que, de no haber sido por la terapia, se habría casado con alguien tan poco de fiar como su padre. No se habría casado con Steve y no habría recibido su amor incondicional.

–Steve es mi roca, el que constantemente me dice que no hace falta que sea perfecta y mire con lupa cada cosa. Me dice que me quiere como soy, y que la trabajadora incansable forma parte de lo que le encanta de mí.

Cuando le pregunté si se arrepentía de algo, me dijo que ojalá no hubiera crecido tan deprisa y no hubiera sido tan esclava de una autodisciplina tan gris. Intentar ser perfecta es agotador, y Laura era consciente de que se había perdido una infancia despreocupada como la que tuvieron sus hijos. Sin embargo, si tuviera que volver a vivir su vida, dijo, probablemente no querría que nada hubiera sido diferente.

–¿En serio? –Me costaba creerlo.

–Un momento. –Levantó la mano en señal de protesta–. Deja que te cuente algunas cosas que han pasado en las últimas décadas. Voy a empezar por mi hermano Craig.

Me contó que había muerto por causas desconocidas a los cuarenta y seis años. Que murió como había vivido, solo, en silencio, mientras dormía.

–Tuvo una vida triste –dijo.

Tracy, que había seguido viviendo sola con sus tres hijos, y sobrellevando como podía la ligera discapacidad mental del mayor, acabó convirtiéndose en una alcohólica; cobraba una pensión social y no pesaba ni cuarenta kilos. Después de que el padre de los niños se suicidara, se quedó para siempre en aquella casa en mitad del campo.

Un día que estaba recogiendo leña, se hizo un corte en una pierna con un clavo. No se curó la herida, que se fue infectando cada vez más y acabó produciéndole una fascitis necrosante, una «infección carnívora». Perdió las dos piernas, y también ella murió mientras dormía, unos años más tarde.

–Los médicos dijeron que tenía un agrandamiento del corazón, provocado por la bebida y el tabaco –dijo Laura–. Yo creo que simplemente se rindió. De toda la familia, soy la única que sigue viva.

Laura y Steve acogieron a los tres hijos de Tracy mientras estaban estudiando y les dieron toda la ayuda que pudieron. Cada uno de ellos tenía «necesidades especiales» de una manera u otra, y Laura dedicó mucho tiempo a atenderlas.

–Creé una fundación y me dediqué a recaudar fondos para la gente que padecía daños cerebrales. Ya sabes que, cuando se me mete algo entre ceja y ceja, no paro hasta que lo consigo. Tengo toda clase de premios por el trabajo que he hecho en este campo. Steve está empeñado en que los colguemos en el estudio; qué vergüenza, ¿te imaginas?

»Así que, en algunos sentidos, me alegro de haber vivido una vida en la que tuve que trabajar y hacer lo que fuera necesario para que las cosas funcionaran. Aprendí siendo muy pequeña que nadie va a hacer las cosas por ti. Tengo patrocinadores corporativos a los que me costó años convencer. Jamás me daba por vencida, ¡así que al final aceptaban participar!

Oyéndola hablar, pensé que ojalá algunos de mis pacientes que se quejaban de pequeñeces de su infancia hubieran podido escucharla.

Mientras esperábamos a que nos trajeran la cuenta, le expliqué por qué era para mí una heroína. Pero me interrumpió.

–¿Sabes?, creo que toda esta historia de la heroína me ha hecho algo.

Y me contó una anécdota. En una cena de empresa, oyó a uno de los colegas de su marido comentar que Laura tenía suerte de haber «cazado» a alguien como Steve y vivir como vivía.

–Me molestó mucho –dijo con su característica bravura–. En otros tiempos, habría sentido que me habían descubierto, y me habría avergonzado. Ahora no siento eso ni por asomo.

Contó que el hombre aquel tenía unos padres ricos que siempre le habían apoyado en todo, lo habían mandado a los mejores colegios, le habían regalado viajes a Europa y le habían pagado los estudios en una universidad de las buenas. No era de extrañar que hubiera llegado a director ejecutivo. Dijo:

–La vida es una jungla, ¿sabes? y él la atravesó en el papamóvil. Yo la crucé andando, con un hacha en la mano para abrirme camino en el corazón de las tinieblas, por pantanos llenos de sanguijuelas y cocodrilos. Sé muchísimo más sobre esa selva de lo que él podrá llegar a saber jamás. Tuve que hacerlo sola, y equivocarme de camino una y otra vez hasta que me la conocí de cabo a rabo y, finalmente, salí con vida. Me gustaría verlo a él hacer eso. Quizá el mío no haya sido el trabajo de una heroína, pero es todo un logro. ¡Así que no me hables de «cazas», colega!

—¿Por qué crees que tú saliste adelante y tu hermano y tu hermana no?

Se quedó largo rato pensativa.

—Creo que nací con ciertas dotes de mandona y mi padre las fortaleció y me dio lo que pudo, y supongo que fue suficiente. No olvides que cuando estaba borracho y yo conseguía poner orden, me elogiaba. Cualquier elogio es bueno. Yo era la mayor; estaba atenta a todo lo que pasaba a mi alrededor y aprendía lo que necesitaba saber. Los cinco años de trabajo contigo lo cambiaron todo. Antes de la terapia, no tenía ni idea de qué me movía en la vida. —Se le llenaron los ojos de lágrimas—. De verdad, fuiste la madre que nunca tuve. Craig y Tracy no recibieron lo que necesitaban. Habría sido mucho mejor para ellos haberse quedado en casa de Ron y Glenda.

Salimos al aire fresco del otoño, con las hojas centelleantes sobre el fondo del sol poniente.

—¡Ah! —dijo Laura—, casi se me olvida contarte una cosa muy rara que pasó hace unos meses. En el instante que pasó, pensé en ti. La empresa de Steve patrocinaba una representación en un gran teatro de Toronto. Una limusina nos llevó a los ejecutivos y a los socios desde el restaurante hasta el teatro. Cuando se abrió la puerta de la limusina, había delante cientos de personas haciendo cola y un montón de mendigos pidiendo limosna. La cara de uno de ellos, desaliñado y con el pelo grasiento, me sonaba mucho—. Paró de hablar un instante y me miró a los ojos—. Era Ed. Caminé en línea recta para no encontrarme con su mirada, por no avergonzarlo. Un fotógrafo de algún medio de comunicación nos pidió a los patrocinadores que nos pusiéramos en grupo para las fotos. Cuando terminó, miré de reojo hacia donde lo había visto, pero ya no estaba.

Laura guardó silencio unos segundos.

–Por un lado, sentí como si aquella época estuviera peligrosamente cerca. Por otro, era una época de otra vida.

Peter

> Quien escucha música, siente que su soledad
> de repente se puebla.
>
> ROBERT BROWNING, *Obras completas*

1. Encerrado

En muchos sentidos, la psicología es como la arqueología. A base de excavar para descubrir cada capa y desempolvar con mucho cuidado los artefactos que van apareciendo, acaba por revelarse todo un mundo que yacía enterrado y que parece más extraño que la ficción.

En 1986 recibí una llamada de un urólogo especializado en disfunción eréctil. Me dijo que tenía un caso insólito. Se trataba de un hombre chino de treinta y cuatro años llamado Peter Chang que sufría de impotencia. Aunque Peter era físicamente normal, y podía masturbarse y tener orgasmos, nunca había conseguido tener una erección de ningún tipo en presencia de una mujer. Y cuando Peter probó un potente fármaco que el urólogo le había dado para que se inyectara en el pene una hora antes de intentar practicar el coito, el resultado fue muy sorprendente: «En todos los años que llevo practicando la medicina –dijo–, nunca he oído que este fármaco fallara, a menos que el paciente tuviera importantes problemas circulatorios». No era el caso de Peter. Es más, existía incluso un posible riesgo de que en ocasiones el fármaco tuviera un efecto que fuera todo lo contrario de fallar: había hombres a los que la erección podía llegar a durarles tres días. Y, sin embargo, este fármaco de acción garantizada no había tenido el más mínimo efecto en Peter Chang. El urólogo concluyó: «Lo que sea que le pase en la cabeza en esos momentos tiene que ser de una potencia formidable para bloquear el efecto de esta inyección infalible».

Cuando le pregunté si era posible que fuera homosexual, contestó que Peter decía tener una orientación heterosexual y deseaba relacionarse sexualmente con mujeres. El urólogo le había comunicado a Peter que, tras una evaluación exhaustiva, el equipo de urología había llegado a la conclusión de que su disfunción eréctil no era un trastorno de origen físico sino psicológico, y que convenía ponerlo en manos de un psicólogo. Me dijo que iba a enviarme un informe escrito, y me propuso que organizáramos algún seminario sobre el tema si llegaba al fondo de este caso, que había dejado perplejo al departamento de urología. Al despedirse, añadió: «La vida nunca deja de sorprendernos. Justo cuando crees que lo sabes todo, alguien te demuestra que no tienes ni puñetera idea sobre la condición humana».

Aunque todo esto ocurrió antes de que se inventara la viagra, en estos últimos años he tenido también pacientes a los que este medicamento no les hacía ningún efecto, independientemente de la dosis. (Los urólogos me han asegurado que de todas formas la viagra es mucho menos potente que los inyectables de antaño). Los fármacos para la disfunción eréctil funcionan solo si existe un problema físico. Incrementar el flujo sanguíneo, aunque sea un millón de veces, no resolverá un problema emocional. Para que haya una respuesta sexual, la mente tiene que trabajar en conjunción con el cuerpo.

Impaciente por concertar una cita, Peter aprovechó el primer hueco que me quedaba libre. Entré en la sala de espera y encontré allí a un joven chino sin nada de particular; tenía una voz suave e iba vestido con una ropa normal y corriente: tejanos, zapatillas deportivas y una camiseta negra con la palabra Yamaha impresa de lado a lado del pecho. Cuando entró en la consulta, expuso la situación minuciosamente sin establecer contacto visual. Contó algunos detalles inquietantes como si estuviera presentando un trabajo académico en lugar de hablando de sí mismo.

Peter trabajaba como teclista de un grupo con el que llevaba tocando desde hacía quince años. Complementaba esos ingresos con un trabajo regular de afinador de pianos. Vivía solo en un apartamento y no tenía pareja de ninguna clase. Cuando le pregunté en qué podía ayudarlo, me dijo:

–Sobre todo, me siento solo. Quiero tener una relación con una chica, pero no lo consigo.

Le pregunté si se refería a una relación sexual.

–Sí –contestó en voz baja mirando al suelo–. No puedo practicar el coito, pero también quiero tener una relación emocional. Quiero que haya alguien con quien hablar y hacer cosas.

Cuando le pregunté si anteriormente había intentado tener alguna relación, me dijo que sí, pero de una forma muy restringida. Luego añadió con una sonrisa ligeramente avergonzada:

–Sobre todo en mi mente.

Le dije que los psicólogos recopilábamos siempre información sobre los antecedentes familiares del paciente, fuera cual fuese el problema, ya que esas relaciones sientan la base para todas las demás. Los padres de Peter eran chinos. Habían llegado a Canadá procedentes de Vietnam en 1943, y para 1952 la pareja tenía dos hijos. Su hermana, cuatro años mayor que Peter, estaba casada y tenía una hija. Me pareció que tuvo especial interés en que supiera que el marido de su hermana no era chino.

El padre de Peter murió cuando él tenía nueve años. Cuando le pregunté cómo había muerto, hizo una mueca mientras buscaba las palabras.

–Fue una especie de suicidio. Mi padre era diabético y se negaba a llevar una dieta. Todos los días, mi madre le preparaba dulces y le decía que ya era hora de que se muriera. Llegó a engordar tanto y tenía los pies tan hinchados que no podía andar. Se pasó años sentado, o más bien sofocado, en una silla sin decir nada, consumiéndose en lo que imagino que era una depresión, y al final un día tuvo un ataque al corazón y se murió.

Cuando le dije que lo sentía, y que tuvo que ser muy duro perder a su padre a los nueve años, respondió:

—Yo estaba triste, pero mi madre dijo que era lo mejor para la familia.

Peter había contado que su madre estaba deseando que su padre muriera, que le daba dulces a diario para acelerar el proceso y, finalmente, que se había sentido aliviada cuando murió como si todo ello fuera normal. Me dejó sobrecogida el comportamiento malévolo de la madre, pero no quise dar muestras de preocupación en nuestra primera visita. Necesitaba que se estableciera una relación de confianza con Peter e ir armando poco a poco su historia. En lugar de eso, quedándome obviamente muy corta, le dije que su madre había sido un poco severa. Pero él la defendió.

—Mi madre quería lo mejor para nosotros y tenía tres trabajos a jornada completa.

Cuando comenté que no había tantas horas en el día, dijo que hacía dos trabajos a la vez y luego otro más. Tenían el único restaurante chino-canadiense de una pequeña ciudad de Ontario llamada Port Hope,* un nombre irónico, como se verá.

Un día Peter me contó que su padre era el cocinero del restaurante, y que su madre hacía el trabajo de camarera y se encargaba de todo lo demás para mantener en marcha el negocio. Y si le quedaba un poco de tiempo libre, hacía complejos bordados con abalorios

---

* En castellano, Puerto Esperanza. (*N. de la T.*)

que vendía a unos grandes almacenes muy elegantes de Toronto. Además, en verano cultivaba ella misma la mayor parte de los alimentos (hortalizas chinas) en grandes huertos y dirigía un negocio al por mayor para proveedores de alimentos chinos. Peter se detuvo un segundo y dijo:

–Todavía me acuerdo, en mitad de la noche, que si miraba por la ventana veía a mi madre, con una linterna de minero en la frente, recogiendo verduras y escardando durante horas.

–¿Además de tener tres trabajos y atender a sus hijos?

Vaciló un momento, y luego con calma explicó que en la cocina de casa había una cuna para su hermana, y después una trona en el restaurante. Tenía prohibido hablar ni hacer ruido.

–Siempre se portaba bien, en cambio yo era muy malo. Cuando era pequeño, de menos de dos años, me subía a los taburetes y los hacía girar mientras mi hermana estaba sentada tranquilamente junto a la entrada de la cocina. Me acuerdo de que una vez hice un avión con un menú e intenté echarlo a volar. Mi madre sencillamente no podía permitir aquel comportamiento en el restaurante. La agobiaba a ella y molestaba a los clientes. Y, aun así, yo no obedecía.

Comenté que los niños suelen ser más activos que las niñas, y que él se estaba comportando con toda normalidad. Asintió con cortesía y luego repitió la cantinela:

–Mi madre hacía lo que era mejor para la familia.

Me di cuenta de que había interiorizado el mensaje de su madre, y estaba convencido de que había sido «muy malo» por hacer lo que cualquier niño normal habría hecho a esa edad. Le pregunté cómo reaccionaba ella cuando él se portaba así.

–Desde que tengo memoria, salvo ese día del avión, me dejaba encerrado en el desván del restaurante. Me ponía comida por la mañana para todo el día. Estaba dormido cuando me llevaba a casa, si es que me llevaba.

Cuando le pregunté cuánto había durado el aislamiento, contestó que hasta los cinco años. Su madre lo encerraba todos los días, dijo Peter, porque ella y su padre tenían que trabajar desde las seis de la mañana hasta la medianoche.

Me erguí en la silla para recuperar el aliento, consciente de que tenía ante mí un caso nada común: el de un hombre que había pasado la parte más fundamental de su infancia encerrado en un desván. Erik Erikson y Jean Piaget, dos pioneros de la psicología infantil, sostenían que hay etapas cruciales en el desarrollo del niño, y que cada etapa se basa en la anterior. Si Peter había estado aislado desde antes de los dos años hasta los cinco, es indudable que después tuvo que costarle mucho salvar ese lapso. No había vivido las primeras etapas: la etapa del apego, de la vinculación afectiva, del desarrollo del lenguaje, entre otras. De niños, todos tenemos lo que se denomina «ventanas de oportunidad» para aprender habilidades concretas, y esas ventanas se corresponden con periodos temporales precisos de nuestro desarrollo mental; de forma gradual, esas ventanas se cierran. Si un niño se salta cronológicamente una etapa, puede tener grandes dificultades para compensarla. Por ejemplo, los niños que han estado aislados por completo no suelen ser capaces de compensar el déficit lingüístico.

Tras asimilar la impactante información que Peter me acababa de comunicar, lo miré con otros ojos: tenía un paciente en el que la impotencia era la punta del iceberg. Si lo alarmaba o le hacía sentir que no era normal, podía asustarse. Así que proseguí con cautela; le pedí que describiera lo que recordara de aquella vez que había sido diferente.

–Bueno, en invierno hacía frío y mucho calor en verano. Mi madre me dejaba en una cuna. Recuerdo bien el día que aprendí a pasar por encima de los barrotes y a salir de la cuna. Me puse muy contento, pero luego muy triste cuando vi que la puerta estaba cerrada.

–¿Cuál es el recuerdo más vívido que tienes de aquella época?

–Es un recuerdo un poco vergonzoso, pero quiero ser sincero.

Peter contó que tenía que utilizar una lata de salsa de tomate vacía para defecar. Era una lata grande, y tenía el borde tan afilado que no se podía sentar encima.

–Eso me preocupaba mucho, porque si no acertaba dentro de la lata, mi madre se iba a enfadar, y si me cortaba con el borde se enfadaba también.

–Vamos, un sistema de inodoro con el que el fracaso estaba garantizado –dije.

Sonrió ligeramente y asintió. Luego su rostro volvió a ser la máscara de hacía unos instantes.

–Me acuerdo de que le tenía miedo a esa lata. Porque si a mi madre le daba todavía más trabajo, me pegaba con un látigo de bambú que me dejaba ronchas y me hacía sangre.

Cuando comenté que debía de ser doloroso, reiteró su mantra de que su madre no tenía elección, porque necesitaba ocuparse de su trabajo y no podía perder el tiempo con él. Hizo una mueca y añadió:

–La peor paliza me la llevé el día que arranqué un trozo de fibra aislante para hacerme un juguete. Quería algo que sujetar en la mano y con lo que jugar.

Comenté que quizá habría facilitado un poco las cosas que su madre le hubiera dado algún juguete. Respondió que eran pobres, y que todos los inmigrantes chinos tenían que hacer los mismos sacrificios; era la única manera de salir adelante en Canadá.

Por supuesto, no era cierto. Los inmigrantes chinos no tenían que encerrar solos a sus hijos en un desván dieciocho horas al día todos los días de la semana durante años. Lo mismo que Laura había hecho con su padre, Peter trataba de dar un aire de normalidad al comportamiento patológico de su madre. A los dos les parecía normal que nadie cuidara de ellos ni les hiciera ningún caso, y querían proteger a su padre o a su madre, respectivamente.

A medida que pasaban las semanas, empecé a cuestionar en las sesiones la idea que se había formado Peter de lo que significaba haber sido un inmigrante chino. En cierto momento, le pregunté si realmente pensaba que todos los varones chinos se habían pasado la mayor parte de sus primeros cinco años de vida encerrados en un cuarto. Su respuesta me dejó pasmada.

—Bueno, era culpa mía —dijo en voz baja—. Hacía girar los taburetes del mostrador y me ponía a correr de un lado a otro. Mi madre no podía permitirse pagar a alguien para que me vigilara. Mi hermana aprendió a estarse quieta en silencio. Yo no aprendía.

Era obvio que no estaba preparado para mirar de frente lo que, a todas luces, había sido negligencia y maltrato infantil.

De hecho, el recuerdo que más atesoraba de su infancia —el único que calificaba de recuerdo feliz— era ver a su madre por la ventana del desván, en verano, sentada en los escalones de la parte de atrás del restaurante picando verduras. Ella subía a veces al segundo piso a por una bolsa de arroz. Oía sus pasos y deseaba desesperadamente que subiera a la cárcel del tercer piso; la esperanza de que fuera a rescatarlo lo llenaba de una intensa alegría. Casi nunca era el caso. La oía volver a bajar al restaurante, y a él se le encogía el corazón. (Su madre solo subía al desván después de la medianoche, cuando él estaba ya dormido, para llevarlo a casa; y al amanecer, mientras él seguía durmiendo, lo llevaba de vuelta a su encierro).

–Lo peor era la soledad –dijo al recordar aquellos años–. Las palizas y el frío llegaban de vez en cuando, pero la soledad era un sentimiento constante, era un dolor que no desaparecía nunca.

Recordaba que veía a las ardillas en los árboles y les suplicaba que se acercaran a su ventana.

–Entonces no sabía ninguna palabra, pero recuerdo que aprendí la palabra *soledad* mucho después de la época del desván. Debía de tener siete u ocho años y estaba viendo en la tele *El Increíble Hulk*. Decía que se sentía solo porque tenía que aislarse de todos para que nadie descubriera que era Hulk. La música del final de cada episodio, cuando tenía que irse de una ciudad, era tan triste... Recuerdo que me sorprendió mucho que hubiera gente, además de mí, que se sentía así de sola. Además, ahora tenía una palabra, *soledad*, para nombrar aquel sentimiento horrible.

La terapia seguía su curso, y un día le pregunté a Peter si su madre había tenido en alguna ocasión un gesto amable con él. Respondió que una vez le había regalado un pianito blanco de juguete. Muchos años después, su hermana le contó que unos clientes que tenían un hijo pequeño se lo habían olvidado en el restaurante. El piano y la lata de salsa de tomate fueron cuanto tuvo durante años en aquel desván inmundo. Dijo:

–Me encantaba el piano, y hacía como que era mi amigo.

Cuando le pregunté cómo jugaba a que el piano era su amigo, contestó:

–Se llamaba Pequeño Peter. Yo no sabía ningún otro nombre, porque nunca había conocido a ningún otro chico, excepto a mi padre.

Quería que el Pequeño Peter me hablara, así que tocaba las teclas y hacía como que el plin, plin, plin era una conversación. Podía hacer que el Pequeño Peter estuviera triste o contento.

(Cada vez que oigo a George Harrison cantar «While My Guitar Gently Weeps», me acuerdo del Pequeño Peter).

Desde la llegada del piano, la vida emocional de Peter mejoró; tenía un amigo de verdad, y dejó de vivir pendiente en todo momento de una madre que estaba siempre enfadada con él y le hacía sentir que era solo una carga.

Antes de nuestra siguiente sesión, fui a la sala de consulta de la biblioteca para ver si aparecía en el ordenador alguna información sobre Peter (eran los años ochenta, y faltaba mucho todavía para que los ordenadores fueran omnipresentes). Descubrí que era un teclista muy conocido que tocaba en un grupo de renombre. Una reseña lo describía como «un hombre capaz de hacer que su teclado hablara, gimiera, llorara o saltara de alegría». Después de lo que Peter me había contado sobre el papel que tuvo en su vida aquel piano de juguete, me maravilló lo acertada que era la crítica.

El Pequeño Peter era el más íntimo y único amigo de Peter; en lenguaje psicológico, su «objeto transicional de apego». El apego de un niño a su madre es psicológicamente complejo, pero crucial. En el desarrollo normal del bebé, al principio su madre lo es todo para el niño o la niña. Luego, en algún punto intermedio entre la etapa de lactante y el momento en que ya ha empezado a andar, se da cuenta de que es un ser separado de su madre; esa separación le provoca ansiedad, y llora en cuanto pierde a su madre de vista. A menudo, para evitar esa ansiedad, adopta un objeto que representa la seguridad del apego maternofilial, y que se convierte en el objeto transicional de apego. Suele ser una mantita o un peluche, y se lo lleva consigo a todas partes, especialmente a la cama. El objeto transicional ayuda al niño o la niña a salvar la distancia entre la dependencia y la independencia.

Peter tenía con su madre una relación de apego truncado. Su madre nunca le había demostrado ningún afecto. Desde que era muy pequeño lo dejaba solo, y si era revoltoso en el restaurante, o hacía ruido o se reía porque estaba contento, incluso si decía una sola palabra, lo castigaba. Únicamente el Pequeño Peter le permitía expresarse. Lo canalizaba todo a través de él; y con el tiempo, entre Peter y el Pequeño Peter se estableció un sólido apego.

Como Peter no contaba nada sobre su padre, le pregunté dónde encajaba él en todo esto.

–Mi padre no tenía relación conmigo ni con nadie de la familia. No era un mal hombre; nunca me insultó ni me pegó. Su trabajo era cocinar en el restaurante. Siempre escuchaba jazz americano en la radio. En verano, cuando las ventanas de la cocina estaban abiertas, la música subía hasta el desván y yo intentaba reproducirla en el Pequeño Peter. Disfrutaba mucho con aquellos conciertos de verano.

Cuando le pregunté qué había ocurrido para que hubiera tal desavenencia entre sus padres, dijo:

–Mi madre ahorraba todo el dinero que ganaba en sus tres trabajos y nunca gastaba un centavo si no era imprescindible. La ropa que llevábamos, la de mis padres también, venía toda de unos primos que teníamos en Toronto. Mi madre cruzaba la ciudad de punta a punta cargada con unas bolsas muy pesadas; no tenía coche. Nunca cogía el autobús. Mi padre iba a Toronto una vez al mes a traer productos para el restaurante. Nunca he sabido qué pasó exactamente, pero en uno de sus viajes invirtió en un negocio fraudulento, y todo el dinero que tenían fue a parar a una empresa de importación ficticia de Saigón. Mi madre había ahorrado treinta y un mil dólares, y de repente habían desaparecido.

En mis notas, escribí que treinta y un mil dólares eran muchísimo dinero en 1950 –una suma difícil de ahorrar en aquel tiempo, más aún para una mujer que no hablaba inglés–, teniendo en cuenta que el precio de una casa en Canadá rondaba los siete mil dólares. Insistí un poco, para que Peter pensara en qué pudo haber estado metido su padre, pero dijo que era demasiado pequeño como para poder acordarse de nada. Tal vez su padre tuviera problemas con el opio, o con el juego, o sencillamente hizo una mala inversión. Nunca quedó claro. Después del incidente, la madre, que era ya de por sí irascible, echaba chispas; todos los días repetía cuánto deseaba verlo muerto.

Hubo que vender el restaurante para saldar las deudas, y la familia tuvo que empezar de cero. Peter, que había cumplido ya cinco años, fue liberado de su aislamiento al trasladarse la familia a Toronto. Su madre se pasaba el día en una fábrica y además trabajaba a destajo en casa hasta la medianoche. Montó de nuevo un negocio de importación de alimentos que Peter nunca acabó de entender en qué consistía. Después de vender el restaurante, su padre no volvió a trabajar. Vivían en la zona más pobre del barrio chino con unos primos bastante antipáticos que no querían acogerlos, pero que al final se sintieron obligados.

Cuando apenas llevaban un mes en Toronto, Peter empezó la educación preescolar. Al llegar a esta parte del relato se le veía profundamente dolido, más dolido que cuando había hablado del aislamiento.

–Me suspendieron en preescolar –susurró–. Es mi mayor vergüenza. Mi madre me dijo que era un idiota y una humillación para ella ante la comunidad china.

Hicieron falta varias sesiones para que se desvelara lo que había pasado en el parvulario, pero todo indicaba que para Peter había sido una experiencia aterradora. Hasta entonces, apenas había estado con otros niños, salvo con su hermana, y con sus primos durante unas semanas antes de que empezaran las clases. Además, Peter no hablaba ni inglés ni chino. Durante los primeros años de su vida, no había oído más que unas pocas frases sueltas al día, no sabía en qué idioma. Ni su hermana ni él aprendieron nunca a hablar chino, lo cual les avergonzaba, sobre todo en las bodas y actos sociales chinos.

Cuando consulté a expertos en lingüística, me dijeron que o bien los niños habían sido maltratados hasta el punto de sufrir un bloqueo frente el idioma, o bien sus padres les hablaban con tan poca frecuencia que no lo habían aprendido a la edad crucial para adquirir y manejar el lenguaje. (Su padre había enmudecido voluntariamente después de arruinar a la familia). Ninguno de los dos podría tener amigos ni parejas chinos; cuando oía hablar chino, Peter se ponía un poco nervioso.

–Cuando una mujer habla en chino, se me pone la carne de gallina todavía hoy. Si grita, me muero de miedo.

Así que Peter empezó preescolar sin ser capaz de comunicarse verbalmente. Cuando los niños le hablaban en chino, no les entendía, ni entendía tampoco el inglés. Cuando jugaban al corro, no se atrevía a darles la mano.

–Una vez necesitaba ir al baño. Estaba acostumbrado a la lata de tomate y a que mi madre me pegara por una razón o por otra, así que me hice pis encima porque no sabía qué hacer.

El contacto visual también le asustaba. Decía que era como estar desnudo a la vista de todos. Lo vivía como un exceso de intimidad, y le entraban ganas de salir corriendo cada vez que alguien lo miraba a los ojos. Tampoco había aprendido qué era lo normal a la hora de compartir el espacio con los demás: como siempre había estado solo, tenía la sensación de que todo el mundo se le acercaba demasiado. Cuando se agobiaba, se escondía debajo del gran piano vertical negro que había en la clase y se agarraba a los largueros de madera de los lados para sentirse seguro. De hecho, para Peter aquel piano era una de las pocas cosas buenas de la escuela. Veía en él a un padre para el Pequeño Peter, y sentía un intenso deseo de abrazarlo, acariciarlo y acurrucarse con él. (Seguía siendo un objeto de apego, solo que de mayor tamaño).

Lo más triste es que, antes de oír la traumatizante noticia de que le habían suspendido en preescolar, creía sinceramente que su estancia allí había sido un éxito. Aparte del piano, la otra influencia benéfica había sido una profesora. Le sorprendía lo buena que era. Al principio, Peter le tenía miedo y se sentía cohibido en su presencia. Pero ella le sonreía —algo que él no había visto nunca—, y él intuía que aquello era una señal de aceptación. Además, como la profesora se había dado cuenta del amor de Peter por el piano, un día que se sentó a tocar «Tres ratones ciegos» le dejó que estuviera de pie a su lado. Él puso la mano en el lateral y lo sintió vibrar y respirar; la dejó allí apretada como un niño habría agarrado la mano de su madre. Peter vio las grandes teclas blancas como dientes, el piano sonriéndole todo a lo ancho y dándole la bienvenida. Fue el momento más trascendental que había vivido nunca. Al oír cómo salían las notas y se convertían en una canción, se le llenaron los ojos de lágrimas. Creyó que el piano le hablaba. Fue lo primero que entendió, en medio de la cacofonía que el parvulario había sido para él hasta ese momento.

Cuando Peter se enteró de que le habían suspendido, se quedó desolado. Él pensaba que le caía bien a la profesora, y ahora pensó que lo odiaba. Su madre le dijo que todos los demás habían aprobado, y que ahora un niño grande como él tendría que ir a preescolar con los nenes pequeños. Peter estaba convencido de que había fracasado en el mundo, igual que su padre.

—Fue muy humillante descubrir que sencillamente era un inútil.

Traté de explicarle que, para superar la etapa preescolar, es necesario haber aprendido un montón de comportamientos que no se pueden adoptar y desarrollar cuando se vive aislado en un desván. Peter se había saltado tantos pasos de desarrollo que era imposible que estuviera preparado para empezar la educación primaria. La profesora se dio cuenta y quiso que se quedara un año más. Le expliqué a Peter que, para desenvolverse en el mundo, el niño va haciéndose independiente por etapas. Si algo interfiere en el ritmo natural de esas etapas, como había ocurrido en su caso, el desarrollo se retrasa.

En primer lugar, el amor de una madre es un requisito básico para que una persona pueda lanzarse al mundo con seguridad. Peter siempre protestaba cuando me oía decir esto, e insistía en que su madre quería de verdad a la familia. Todo el trabajo que hacía era por la familia. Yo le contestaba que su madre había sido incapaz de transmitirle cariño directamente, y que a él no podía llegarle su amor si estaba aislado el día entero.

Es necesario que la madre abrace a su bebé y se sienta unida a él, y viceversa. Alrededor de los dos años, los niños se dan cuenta de que están separados de sus madres. Para comprobar cuánta fuerza tienen como individuos, empiezan a rebelarse contra los adultos y a decir que no (de ahí eso de «los terribles dos años»). El niño y la niña pequeños que se desapegan de sus madres de una forma sana son curiosamente los que dicen básicamente: «No, no voy a comer lo que tú quieras, no me voy a poner las botas ni voy a hacer lo que tú digas. Soy independiente». En esta etapa los niños aprenden el concepto de lo que es «mío», y aprenden además a autoafirmarse. Sin embargo, Peter no tuvo ocasión de desapegarse de su madre y establecer un yo separado de ella. De hecho, dijo que jamás se le ocurriría –ni siquiera ahora, no hablemos ya de cuando era niño– pedirle algo a su madre, es decir, diferenciarse de ella de ninguna manera.

Además, a Peter le aterrorizaban los demás niños porque no tenía ni idea de cómo jugar con ellos. Las reglas del béisbol o de cualquier otro juego le parecían demasiado complejas y enigmáticas y era incapaz de aprenderlas. Volví a explicarle que no era en absoluto porque fuera tonto; la mayoría de los niños habían tenido cuatro años de aprendizaje sobre cómo comportarse en grupo antes de llegar a preescolar. Sus padres habían jugado con ellos a la pelota cuando eran pequeños, o los habían llevado al parque a que vieran jugar a otros niños. Viendo a otros niños deslizarse contentos por el tobogán y luego hacer cola al pie de la escalera, un niño de dos o tres años aprende lo que es esperar su turno, y la primera vez que ese niño baja por el tobogán, su padre o su madre están allí con él. Pero Peter no tenía ni idea de lo que significaba «es tu turno». Cuando lo oía, pensaba que tenía que girar en círculo sin moverse del sitio. Y era incapaz de jugar a encajar pelotitas en una cesta con alguien en medio intentando distraerle; demasiado caótico.

Le expliqué que el cerebro se construye pieza a pieza; no está formado por completo cuando nacemos. En los primeros cuatro años de vida, normalmente un niño desarrolla lo que se denomina «función ejecutiva». La corteza prefrontal tiene que crear en el cerebro vías neuronales y establecer conexiones que relacionen y aúnen el aprendizaje. Por ejemplo, la función ejecutiva ayuda a desarrollar la atención selectiva; el niño aprende a ignorar los sonidos que no son relevantes y a establecer prioridades entre sus múltiples necesidades y deseos. Es un mundo complejo el del desarrollo humano, y aprendemos paso a paso.

Después de repetir el curso de preescolar, Peter mejoró mucho. Tuvo otra profesora que, en su opinión, fue increíblemente buena con él. Cuando le pregunté qué quería decir con «increíblemente buena», respondió:

–No me gritaba ni me pegaba con un látigo de bambú.

Aquella profesora era joven y solía tocar canciones al piano, entre ellas «Las ruedas del autobús», que a Peter le encantaba. Peter pensaba que él y el Gran Peter lo pasaban muy bien juntos.

Aquel piano, de hecho, le cambió la vida al joven Peter. Su hermana solía ir a recogerlo a la salida de clase, pero un día no apareció. Ni la profesora ni él sabían que su hermana había tenido que ir a la enfermería a que le curaran porque se había caído jugando en el patio. La profesora fue a averiguar cómo era que no había ido a recoger a Peter y lo dejó solo en la clase con el piano.

Peter se acercó y abrazó al Gran Peter. Al abrazarlo, apretó sin querer una de las teclas y sonó una nota. Peter empezó a tocar. Me contó que al principio tocó «Las ruedas del autobús» en tono alegre, como la tocaba la profesora, pero que luego la había tocado en tono triste. No sabía muy bien lo que significaba alegre o triste, pero era capaz de reproducirlo con el piano. Peter no tenía ni idea de cómo era capaz de tocar la canción; él no había hecho más que observar atentamente a la profesora. Después tocó «Tres ratones ciegos», improvisando la carrera de los ratones como una especie de tonada de jazz. Los pies no le llegaban a los pedales, y tenía que deslizarse de lado a lado de la banqueta para alcanzar algunas notas, y luego retroceder. No sabía cuánto tiempo había pasado, pero, cuando levantó la vista, había varios profesores de pie en la puerta observándolo, y también su hermana, la enfermera del colegio, el director y el conserje. El conserje empezó a aplaudir y todos los demás se unieron a él.

Había nacido el Peter artista. Fue uno de los momentos más felices de su vida, y mientras caminaba de vuelta a casa se sintió otra persona. Su amigo el Gran Peter había hablado por él y, milagrosamente, le habían entendido. Se acordaba de que era un día de otoño, y todas las hojas lo saludaban. Veía los colores intensamente vivos: se dio cuenta de que hasta ese momento había estado viendo el mundo en blanco y negro, y con una literal visión de túnel. No había percibido la periferia. Incluso su percepción de la profundidad era más nítida, dijo, y ya no se sentía tan torpe. Era la primera vez en su vida que lograba comunicar una emoción, y era una sensación gloriosa.

2. Un acto de amor

Habían pasado casi cuatro años desde que la familia Chang había dejado atrás la pequeña ciudad de Port Hope para trasladarse a Toronto. Aunque Peter, que ahora tenía nueve años, ya no vivía encerrado, su vida en casa seguía siendo un infierno. Se habían ido de la casa de sus primos y vivían en un apartamento inmundo de un solo dormitorio en Queen Street, en la zona oeste. Al volver del colegio, su hermana y él se sentaban a ver la televisión en aquella casa diminuta hasta que llegaba su madre. Peter hablaba inglés cada vez mejor, gracias a la escuela, a la televisión y a lo que le enseñaba su hermana. Se llevaba el piano de juguete a todas partes, y reproducía cada canción que oía.

–El Pequeño Peter tenía solo ocho teclas, así que me sentí muy orgulloso cuando toqué el tema de la serie *La isla de Gilligan* y mi hermana lo reconoció y aplaudió.

Para entonces, el padre de Peter, que hasta el momento había aparecido muy poco en el relato, era un diabético con sobrepeso, despreocupado por completo de la insulina, y que comía azúcar en abundancia a sugerencia de su esposa. Desde que vendieron el restaurante de Port Hope, la diabetes, el sobrepeso y la depresión lo habían convertido en un hombre al que nadie habría contratado. Se pasaba el día sentado en una silla escuchando discos de jazz. De vez en cuando, si sonaba una tonada particularmente buena, señalaba con un leve gesto el disco, y Peter comprendía que su padre, que había dejado de mirarles a los ojos casi al momento de perder el dinero de la familia, intentaba compartir su música con él. Peter había oído decir a sus primos mayores que de niño su padre era muy aficionado a la música y podía interpretar una pieza musical en cuanto veía la partitura, pero que su familia lo disuadió de dedicarse a la música porque les parecía una frivolidad propia del corrupto mundo occidental.

La madre de Peter no perdía ocasión de humillar al padre, que había «arruinado el futuro de la familia». No le daba dinero, ni siquiera para sus amados discos o cigarrillos. Peter se enteró al cabo de los años de que su padre venía de una familia de músicos que, según decía su esposa, estaba corrompida por la música occidental y era sospechosa de estar involucrada con el tráfico de opio en Vietnam. Para su esposa, la música occidental era indisociable del licencioso fracasado en que el padre se había convertido.

Un día, la madre llegó inesperadamente del trabajo cuando la hermana de Peter estaba ocupada haciendo bordados con abalorios que su madre vendía luego a unos almacenes y Peter y su padre, a los que no les había pedido que hicieran nada, estaban sentados escuchando jazz. La madre se puso furiosa.

—Era comprensible que se enfureciera con nosotros —dijo Peter—. Al fin y al cabo, ella llevaba todo el día trabajando y nosotros estábamos allí sentados cómodamente. Dijo que mi padre y yo éramos como dos gotas de agua, que estábamos los dos corrompidos por el pensamiento y la música occidentales y que éramos igual de decadentes que los franceses y toda la demás escoria europea.

—Durante la infancia de su madre, Vietnam era una colonia francesa. Por lo visto, la mujer se puso frenética y su voz adquirió un tono familiar y peligroso que aterrorizó a Peter.

—Entró como un torbellino en el salón y rompió uno a uno los discos de mi padre contra la rodilla. Yo estaba petrificado, confiando en que no arremetiera contra mí, pero lo hizo. En cuanto terminó de romper la colección de discos, me miró, y entonces entró furiosa en mi dormitorio, agarró al Pequeño Peter y lo lanzó por la ventana. Lo tiró con tanta fuerza que la mosquitera de la ventana salió disparada con él.

Peter tenía nueve años y, aparentemente, su madre lo castigó por no haber estado trabajando con los abalorios. En realidad, lo había castigado por ser como su padre. Le pregunté si se había sentido desolado al perder al Pequeño Peter. Dijo que estaba acostumbrado a las pérdidas, que experimentó solo una ausencia de sentimiento.

–Es difícil de explicar. Miré por la ventana y sentí pena por el Pequeño Peter, como si fuera Humpty Dumpty* que acabara de caerse desde lo alto del muro. Pero no me sentía triste por mí, solo vacío. –Dudó, buscando las palabras–. Era como si no estuviera en mi cuerpo.

Comenté que, de los millones de recuerdos que hubiera podido tener de hacía veinticinco años, recordaba la muerte del Pequeño Peter. Le dije que, a mi entender, era porque había sido una experiencia muy traumática.

–Sufriste una despersonalización, que es como se llama a sentirse divorciado del yo personal. No hay percepción de las emociones ni de las sensaciones corporales. Parece que el mundo estuviera envuelto en una especie de bruma, y se rompe la conexión con uno mismo.

---

* Humpty Dumpty es un personaje de una canción infantil inglesa que suele representarse como un huevo con rasgos humanos sentado en lo alto de un muro. En algunas versiones en castellano se ha traducido como Zanco Panco. Su aparición más famosa es quizás en *A través del espejo y lo que Alicia encontró allí* (1871), de Lewis Carroll. (*N. de la T.*)

–A mí me pasa muchas veces. ¿Qué hace que pase eso?

–Una infancia traumática, normalmente en las primeras etapas de la diferenciación del yo, combinada con una ansiedad intensa.

Peter dijo que él creía que recordaba el incidente con tanta claridad por lo que ocurrió unos días después. Era verano y no había clase, así que su hermana se dedicaba a los bordados con abalorios desde el amanecer hasta entrada ya la noche. El padre le hizo un gesto a Peter para que lo siguiera. Aunque solo tenía treinta y tantos años, casi no podía andar; se arrastraba cojeando apoyado en un bastón. Peter y él se dirigieron lentamente al centro comercial. El padre estaba exhausto; tenía los tobillos hinchados y el sudor le caía a chorros. Pero cuando llegaron, fue directo al departamento de música de una de las tiendas, se puso un sintetizador debajo del brazo y salió a la zona común del centro comercial. Un guardia de seguridad los detuvo y llamó a la policía. Los policías se dieron cuenta de que algo le pasaba al padre, que no contestó cuando le interrogaron. Llevaron a Peter y a su padre en coche a casa con el sintetizador, después de que Peter les asegurara que tenían dinero en casa para pagarlo.

–Ahora al mirar atrás, supongo que los policías sabían que no éramos ladrones, debieron de pensar que teníamos los dos algún problema mental. Nos llevaron amablemente a casa en silencio, yo agarrado con fuerza al sintetizador.

Por suerte, la madre de Peter no estaba en casa en ese momento; su hermana pagó el sintetizador con parte de sus ahorros. La policía miró con desconfianza la enorme cantidad de bordados de abalorios que había amontonados por la habitación; parecía una fábrica. Preguntaron por qué estaba la hermana sola en casa, trabajando a su edad. Peter les oyó decir luego entre ellos que tal vez no fuera más que una «costumbre china». Parecían confusos y no presentaron cargos. Entonces llegó la madre; los policías le explicaron la situación justo antes de marcharse.

Fue entonces cuando perdió la cabeza por completo. Era una mujer que daba miedo hasta en los momentos de calma, comentó Peter, pero nunca la había visto así, tan aterradora. Se ensañó con el padre, empezó a golpearlo salvajemente hasta hacerlo caer al suelo. Le gritaba en chino, así que Peter no tenía la menor idea de lo que le decía. El padre se levantó, empezó a tambalearse y se desplomó contra la pared, se quedó allí respirando con dificultad unos minutos, y entonces tuvo un infarto y se murió. Peter me dijo que siempre se había sentido responsable de su muerte porque, si no le hubiera comprado el sintetizador, aún estaría vivo.

Tenía muy pocos recuerdos de infancia, pero el del robo del sintetizador era uno de ellos. Me confesó en voz baja lo humillado que se había sentido en aquel momento, porque robar estaba mal; él no conocía a nadie que hubiera robado nunca nada. Y sin embargo, por otro lado, aquel era el único acto de amor que había recibido en su vida. Su padre no tenía dinero, pero intuía que se estaba muriendo y quería que su hijo tuviera un piano que reemplazara al que su madre le había tirado. Así que, sin pensárselo dos veces, entró cojeando en una tienda y se llevó un sintetizador. Ni siquiera se molestó en esconderlo. Peter veía en aquel gesto un desesperado acto de amor de un moribundo.

Admitía también que la muerte de su padre había sido un lento suicidio. Le pregunté cómo había respondido su madre.

–Por mucho que deseara su muerte –dije–, ¿crees que quizá sintió un dolor inesperado cuando ocurrió?

Peter inspiró hondo y expulsó muy lentamente el aire.

—De ninguna manera. No era de esa clase de mujer. Quería verlo muerto y sintió un gran alivio cuando murió, porque así tendría una carga menos. Después de su muerte nunca volvió a referirse a él, salvo para decirme que yo era igual de vago y de idiota que mi padre.

—¿Eras como tu padre?

Peter dijo que sí. Los dos tenían talento musical; podían tocar de oído e interpretar al instante una partitura en cuanto la veían. Además, los dos eran tranquilos y silenciosos, les encantaba la música, y no les importaba demasiado ganar dinero ni competir. Peter tocaba el sintetizador exclusivamente en su cuarto por miedo a que, si su madre se daba cuenta de lo importante que era para él, lo destruyera.

Unos años después de la muerte del padre, la madre de Peter compró un pequeño edificio de cuatro apartamentos y, cuatro años más tarde, otro igual. Con el tiempo, llegó a tener la hilera de edificios entera. Ella misma se encargaba del mantenimiento, las reparaciones y el cobro del alquiler, y sin ayuda de nadie se enfrentó al ayuntamiento para rebatir la regulación de los alquileres. Cuando Peter tenía veinte años, le dio uno de los apartamentos de un edificio próximo al suyo. Seguía haciéndole la cena todas las noches; corría a casa a cocinar y luego salía corriendo al siguiente trabajo. Entretanto, en cuanto su hermana tuvo edad para irse de casa, se casó con un hombre que no era de ascendencia china, y ahora se ocupaba de hacer de madre y de las tareas del hogar, lo que la madre de Peter llamaba «la holgazanería canadiense».

Peter estaba convencido de que su madre lo veía como una carga; le decía constantemente que «no valía para nada» y que a ver si se buscaba de una vez un trabajo de verdad. Lo cierto es que estaba empezando a ser muy conocido en el mundo de la música, aunque miraba poco por sus intereses económicos y no ganaba demasiado haciendo giras con el grupo.

Estaba claro que la madre de Peter le había colgado el cartel de malo, vago y lento cuando era un bebé y era así como lo seguía viendo; nada iba a convencerla de lo contrario. Imposible saber si se debía al odio que había sentido por su marido y a que Peter se le pareciera, a sus ideas morales sobre la maldad de la música occidental o a su aversión a los hombres. Lo que sí sé es que cuando tu madre te dice que no vales para nada, tú le crees; ¿quién, si no, forma la imagen que tienes de ti? Y, sin embargo, a medida que pasaba el tiempo e iban saliendo a la luz más y más detalles fascinantes sobre la vida de la madre, más comprensible me resultaba su conducta. Como dicen los freudianos: «En Viena no hay misterios».

Estaba a punto de terminar nuestro primer año de terapia. Durante ese tiempo, la voz de Peter se había vuelto más modulada, y en los últimos meses había empezado a mirarme a los ojos. Había estado privado de contacto emocional hasta tal punto que le había costado todo un año poder confiar en mí. Tuvo que asegurarse de que me importaba de verdad, y creer en que trabajando juntos encontraríamos una cura.

Me preocupaba, no obstante, el pronóstico de Peter. Se había saltado tantos pasos de desarrollo en la infancia que no estaba segura de cómo construiríamos un ego. Con tan poca materia prima, ¿sobre qué base íbamos a construir? Era un poco precario construir un yo sobre unos cimientos tan inestables. Sentía la misma inquietud que sentiría un arquitecto si tuviera que levantar una casa sobre unos pilotes tambaleantes.

Una cosa que me dio esperanzas fue su gran generosidad. Si alguien estaba sin dinero, él se lo prestaba. Un día que había una mujer llorando en la sala de espera, no le preguntó qué le pasaba sino que salió a la calle y le trajo un café, y se lo dio diciéndole que todo se iba a arreglar. Y la lealtad a su madre, por muy inmerecida que fuese, era conmovedora. La bondad y el perdón pueden hacer milagros.

A la vez, Peter sufría episodios de despersonalización e intensa ansiedad cada vez que alguien se enfadaba o estaba físicamente demasiado cerca. Me daba la impresión de que estos episodios eran también el origen de la impotencia. La intimidad le provocaba tal ansiedad que daba lugar a una experiencia extracorporal, y difícilmente podía realizar el coito si estaba fuera de su cuerpo y no sentía ninguna clase de excitación sexual.

El objetivo del tratamiento era fortalecer su ego para que pudiera hacer frente a la situación y no abandonara emocionalmente su cuerpo en momentos de estrés. El ego –el sentido de ser quien somos– es un concepto abstracto, difícil de definir con precisión. Imagina que es como una casa construida ladrillo a ladrillo. Te protege del estrés del mundo exterior y te proporciona un metafórico hogar en el que refugiarte: un lugar seguro. Si la madre de Peter hubiera sido una mujer más equilibrada, le habría dicho que era un niño sensible, bondadoso, intuitivo, brillante y con un don para la música. Haber elogiado esos atributos le habría ayudado a establecer unos cimientos más firmes. Cuando el lobo llegara llamando a su puerta, Peter, como el cerdito del cuento infantil, habría estado protegido en su sólida casa de ladrillo.

Pero, por el contrario, durante décadas su madre le había dicho solo que era vago, inútil e incapaz de afrontar la vida. Peter no había tenido ni un solo ladrillo con el que construir su casa; vivía en una casa de paja. Así que cada vez que estaba a punto de tener un contacto íntimo, ya fuera emocional o sexual, en esa casa de paja se sentía desprotegido. Su ego no era lo bastante fuerte. Así que tenía que salirse de su cuerpo, que despersonalizarse.

Yo confiaba en que pudiéramos conseguir dos cosas en la terapia: en primer lugar, quería que Peter se diera cuenta de que su madre sufría un desequilibrio mental y había tenido siempre una perspectiva distorsionada de él; en segundo lugar, quería actuar como «la buena madre» que le ayudara a dejar atrás la casa de paja y a instalarse en la casa de ladrillo. Mi trabajo consistía en hacer que se diera cuenta de todas sus magníficas cualidades para que pudiera estar a salvo del lobo. Quería que fuera capaz de decirle al lobo: «Soy Peter Chang y esta es mi casa. Me siento seguro en ella y no tengo por qué abandonarla; tú sí».

Al comenzar el segundo año de terapia, había llegado el momento de centrarnos en el problema de la impotencia, es decir, en que Peter no fuera capaz de tener una erección cuando intentaba practicar el sexo con una mujer. Como teclista de un grupo, tenía muchas ocasiones de conocer a chicas; de hecho, con frecuencia eran ellas las que se le insinuaban. Lo cual, explicó Peter, no ocurría porque él fuera atractivo; era simplemente «lo que les pasa a los chicos que tocan en un grupo». Comenté que, entre los posibles riesgos laborales, sin duda era preferible a un cáncer de pulmón por trabajar en una mina.

Deseaba con todas sus fuerzas tener relaciones sexuales, pero estar cerca de una mujer lo violentaba profundamente. Hablamos de la posibilidad de dejar que una relación se fuera consolidando poco a poco y establecer una amistad, lo que le permitiría avanzar a un ritmo controlado.

Le dije que, para tratar el problema de su impotencia, era necesario que examináramos su perfil psicológico entero desde el día que nació. La falta de atención materna le había causado lo que el famoso psiquiatra británico John Bowlby llamó un «trastorno de apego». La conexión afectiva con la madre es lo más importante de todo para un bebé, más aún que la comida. Un bebé está dispuesto a renunciar a todo lo demás por ese afecto. Sin él, está ansioso y es incapaz de explorar o enfrentarse al mundo con normalidad. Y el trastorno de apego no afecta solo a la relación con la madre, sino a todo el desarrollo social, emocional y cognitivo. Si el niño no experimenta esa interacción afectiva con la madre, no puede dar el siguiente paso, que es confiar en los demás, establecer vínculos emocionales con ellos y, más adelante, una relación de intimidad sexual. En pocas palabras, no podemos evolucionar emocionalmente con normalidad si no hemos tenido un vínculo afectivo desde el momento de nacer.

El zoólogo Konrad Lorenz descubrió –y esto es en parte lo que le valió el Premio Nobel– que, desde el punto de vista evolutivo, el apego materno le da al bebé una sensación de seguridad. Y dado que el apego supone una ventaja evolutiva, puesto que aumenta las posibilidades de supervivencia del bebé, la necesidad de recibirlo es innata, está integrada en el cerebro. El bebé necesita que la madre lo estreche entre los brazos, lo acaricie, le dé amor.

Sin embargo, a Peter le costaba conectar las dificultades y la confusión que experimentó en su primer año de colegio, y mucho más su impotencia, con la falta de afecto materno durante sus primeros años de vida. A veces, en el curso de la terapia, una se topa con un obstáculo que impide que las cosas avancen, y tiene que tomar medidas extremas y hacer algo poco ortodoxo para que el paciente se dé cuenta de un patrón esencial. Así que, para ayudar a Peter a comprender lo que significaba la vinculación materna, conseguí que la Universidad de Toronto (donde impartía clases ocasionalmente) me permitiera organizar una proyección privada de los documentales sobre Harry Harlow, filmados en la década de 1950, y sus experimentos con monos, probablemente las películas más famosas que jamás hayan salido del laboratorio de un psicólogo social. El proyeccionista había accedido a pausar la película cada vez que apareciera algo en particular que me interesara mostrarle a Peter. Aunque estos experimentos se considerarían poco éticos según los criterios actuales, ofrecen una posibilidad sin igual de examinar en vivo el trastorno de vinculación afectiva. En aquellos tiempos solo tenían acceso a ellos los estudiantes de psicología, pero en la actualidad cualquiera puede verlos en YouTube.

Los documentales de Harlow marcaron un antes y un después en la terapia de Peter. Al principio de la película, aparecía el profesor Harlow explicando el concepto de vínculo materno, al que él llamaba «amor», por el que los bebés se vinculan con su madre. Los experimentos consistían en estudiar las reacciones que tenían dentro de una jaula los monos recién nacidos cuando se les presentaban, alternativamente, dos madres artificiales. La «madre de alambre» sostenía un biberón de leche, y el monito tenía que subirse a esa madre de un salto para llegar a él. La «madre de felpa» era igualmente una figura de alambre, pero estaba envuelta en una toalla; lo que ella ofrecía, en lugar de alimento, era una sensación táctil, y el monito podía abrazarla y acurrucarse contra ella. Para Harlow y su equipo fue toda una sorpresa descubrir que la sensación de caricia era más importante para el mono que el alimento. Los monitos se pasaban abrazados a la madre de felpa hasta diecinueve horas al día, mientras que acudían a la madre de alambre solo cuando tenían mucha hambre, y permanecían con ella los minutos justos que tardaban en tomarse la leche. Cuando en determinado momento los investigadores quitaron a la madre de felpa, el monito empezó a llorar y a chillar lleno de ansiedad, aterrorizado por la separación. Cuando le quitaron también a la madre de alambre, empezó a balancearse adelante y atrás y a lastimarse.

Peter, cuya voz seguía siendo habitualmente algo monótona, comenzó a hablar lleno de emoción. Se había reconocido en aquel monito que se balanceaba y se mordía; estando solo en su cuna, él solía golpearse una y otra vez la cabeza contra los barrotes. Pero el pequeño piano lo había salvado.

–El Pequeño Peter era la madre de felpa que me cantaba –dijo–, que me calmaba y me abrazaba con su música.

Se acordaba, de hecho, o imaginaba quizá, los reconfortantes sonidos con que el piano apaciguaba su profunda desolación. Dijo que le parecía un sonido independiente de él, como si no estuviera conectado del todo con que él estuviera pulsando las teclas. Veía en el piano un objeto animado, un ser vivo que lo reconfortaba.

Al reanudarse la película, vimos cómo sacaban al monito de la jaula por primera vez y lo encerraban en otra habitación, sin la madre de felpa. Había en el cuarto diversos objetos que a los monos les suelen gustar, como escaleras y columpios, pero al mono le aterrorizaban y se retiraba a un rincón, y allí temblaba angustiado. En cuanto volvieron a introducir en la habitación a la madre de felpa, el mono se subió a ella y la abrazó. Tras unos momentos de consuelo abrazado a esta madre, se veía al monito empezar a explorar su entorno con interés.

Peter pidió que volvieran a pausar la película.

–Dios mío –dijo–, ahí está: la clase de preescolar. Todos los demás tenían una madre de felpa y yo no tenía nada. Estaba aterrorizado en un rincón. Me ha dado tanta pena ese monito. Ahora recuerdo que me preguntaba por qué los demás niños no estaban igual de asustados que yo. Corrían por la clase y se perseguían unos a otros dentro de un túnel que era una oruga de tela muy grande y que a mí me daba un miedo de muerte.

La película mostraba a continuación una figura que era como un monstruo, un gigantesco bicho metálico con dientes enormes y una cabeza giratoria. El mono, terriblemente asustado, corría a abrazar a la madre de felpa. Después de un rato de contacto con ella y de que su calidez le hiciera sentirse de nuevo seguro, se daba la vuelta y empezaba a hacerle sonidos amenazantes al gran monstruo.

Peter hizo una señal para que volvieran a pausar la película.

–Me acosaban, y no tenía dónde encontrar consuelo. Así que me escondía, y se convirtió en un ciclo; entonces me acosaban más todavía.

Vimos varios documentales más. Todos revelaban que aquellos monos que habían crecido privados del afecto maternal eran incapaces de defenderse posteriormente. Lo más impactante era que no querían aparearse. Y cuando a las monas se les forzaba a copular y a quedarse preñadas, después de parir no tenían ni idea de cómo hacer de madres. Tanto los machos como las hembras que habían estado privados de afecto eran crueles con sus crías; las maltrataban físicamente y demostraban un total desapego emocional hacia ellas, hasta el punto de que a menudo, por su seguridad, había que sacarlas de la jaula.

Terminó el último documental, se encendieron las luces y Peter se quedó sentado. Tenía el rostro ceniciento. Me miró atónito y dijo:

–Les aterra el sexo. ¡Dios mío!

Por fin lo había comprendido.

–Así es. El sexo es la etapa final –dije–. Primero hacen falta amor, luego caricias, luego proximidad, luego sentirse protegido, para poder salir al mundo y atreverse a correr riesgos. Cuando en la infancia a alguien se le aísla, no vive ninguno de esos pasos, y después, en la edad adulta, el sexo le da terror.

Peter me preguntó:

—¿Has visto lo asustada que estaba la monita que solo había conocido a la madre de alambre cuando tenía que aparearse con un mono normal? Así es como yo me siento.

Vi que tenía dos grandes manchas de sudor bajo los brazos y que apenas parpadeaba. Estaba demasiado alterado y desorientado para salir de la sala de proyección. Acababa de hacer un viaje aterrador a lo largo de su primera infancia.

Peter se había creído las palabras de su madre cuando le decía que era tonto, torpe, un inútil, y mis intentos por reencuadrar esa imagen no habían conseguido apartarle de la idea que su madre tenía de él. Hicieron falta los documentales de Harlow para que comprendiera que se había saltado fases cruciales de desarrollo humano. Más tarde, Peter me dijo que hasta el momento nada había tenido un efecto más poderoso en él que los estudios de Harlow. La terapia había encontrado al fin un cauce, y a partir de entonces al referirnos a ella hablábamos de la terapia «pre-Harlow y post-Harlow».

Peter empezó a darse cuenta de que no era tonto, de que no era un caso perdido, sino alguien que no estaba preparado para la vida. Lo que le confundía, no obstante, era que otros niños chinos cuyos padres trabajaban no hubieran corrido la misma suerte. Debía andarme con pies de plomo. Peter siempre había sido leal a su madre; nunca había dicho una palabra contra ella. El estribillo constante era: «Lo hacía todo por el bien de nuestra familia».

A mí, sin embargo, me parecía que aquella mujer tenía atrofiado el instinto maternal. Pero, como terapeuta, sabía que habría sido contraproducente decírselo a Peter. Era algo que tenía que descubrir él solo, en un momento en que lo pudiera aceptar. Si se le muestra a un paciente una «verdad», por así decir, antes de que esté en condiciones de oírla o admitirla, pierde la confianza en el terapeuta; sus defensas toman el mando, y si experimenta alguna mejoría será muy superficial. Solo un terapeuta novato o inseguro comunicará al cliente interpretaciones que fuercen el ritmo de la terapia. Un terapeuta puede guiar a sus pacientes hasta la puerta de la comprensión, pero no debería tirar de ellos para que entren. Entrarán cuando estén preparados.

La terapia estaba siendo un lento y serpenteante viaje de la despersonalización a la personalización. A Peter no lo habían tratado como a una persona, y eso le había hecho vivir con la sensación de que no lo era. Se miraba a sí mismo desde fuera del cuerpo. La terapia fue guiándole en el largo viaje hacia la personalización, hacia sentirse humano.

3. Una cuestión candente

El grupo de Peter estaba de gira por el sur de Estados Unidos cuando conoció a una chica que trabajaba de camarera en un bar de Arkansas. Iban a estar tocando allí toda la semana. En el momento de llevarles las bebidas, la chica le pidió a Peter que tocara «Georgia», y entonó con acento sureño: «Muéstrame cuánto echas de menos Georgia, porque allí nací». Cuando él tocó la canción, la sala se quedó en silencio. Al terminar se acercó al micrófono y dijo: «Iba dedicada a Melanie, que echa de menos su Georgia natal». Sus dos compañeros de grupo se giraron hacia él sin dar crédito: acababa de hablar en el escenario por primera vez en los dieciséis años que llevaban juntos. Peter se dio cuenta de cuánto se alegraban por él; aunque no sabían nada de la terapia, sabían que aquello marcaba un antes y un después en el sentido que fuera.

Melanie le estaba esperando después del concierto y tomaron una copa. Peter me dijo que intentó no pensar en sexo y vivir el momento. Ella le preguntó en qué hotel estaba; cuando le dijo el nombre, ella asintió con la cabeza y le miró. Peter me contó que se acordó entonces de lo que habíamos hablado en la terapia sobre tomarse las cosas con calma. Le dijo a la chica que estaba cansado después de dos sesiones, pero la invitó a comer al día siguiente. Ella aceptó.

Se dijo a sí mismo que no necesitaba preocuparse por el sexo en aquel momento, que podía entablar antes una amistad. Durante la comida, Melanie le contó que su padre coleccionaba viejos discos de *blues*, así que hablaron de música, un tema que le permitió relajarse. Quedaron varias veces más, pero no hubo sexo. No llegó a invitarla a su habitación.

Después de que Peter regresara a Toronto, escribía a Melanie con frecuencia; por carta era capaz de expresarse con más efusividad, incluso con cierto romanticismo. Decidió reservar un vuelo e ir a verla un fin de semana. Al acercarse la fecha, ensayamos lo que le diría. Insistí en que no tenía por qué hablarle de su problema sexual. Podía dedicarse simplemente a ser amable y cariñoso con ella; le aseguré que eso le resultaría fácil, ya que la amabilidad le salía del modo más natural.

—Creo que ahí, dentro de ti, hay una persona normal, cariñosa y amable que sería un amante sensible y maravilloso —le dije—. Lo único que pasa es que en tu infancia viviste demasiado tiempo aislado. Pero a pesar de esa experiencia traumática, sigues queriendo conectar. Tu música está llena de sensualidad, de expresividad, de emoción, y eso significa que están en ti esas cualidades. Recuerda, tienes magulladuras, pero no estás roto.

Hablamos de los abrazos, de cómo abrazar a alguien con ternura y que no pareciera artificial. Su hermana tenía una hija y la abrazaba a menudo, o lo que a Peter le parecía que era a menudo. La había observado atentamente para imitarla. A él no le salía espontáneamente dar un abrazo.

Llevó a Melanie a cenar, y después ella le sugirió que fueran a la habitación de Peter porque ella vivía con otras tres chicas. Se metieron en la cama, pero, desafortunadamente, volvió a interponerse el sentimiento de despersonalización. Peter se veía a sí mismo tumbado en la cama como si se estuviera mirando a través de la lente de una cámara cuya apertura se fuera haciendo cada vez más pequeña; no sentía que estuviera dentro de su cuerpo. Al final, se durmieron.

Al día siguiente salieron a dar un paseo. Melanie tenía que trabajar en el bar esa noche, de ocho a dos de la madrugada, y él le dijo que iría a recogerla a la salida. Pero cuando terminó su turno, la vio acercarse al baterista del grupo que había tocado esa noche e irse con él. El camarero, que sabía que Peter había estado esperándola, le dijo: «Lo siento. Pero es que los chinos no tienen mucha aceptación aquí abajo». Peter sabía que el camarero lo había dicho para consolarle, y que no tenía ni idea de lo insultantes que habían sido sus palabras.

Me entristeció oírlo, pero le dije que se lo tomara como una prueba. El sexo era la punta del iceberg. El noventa por ciento del iceberg está debajo del agua, en el inconsciente, y teníamos que centrarnos en eso.

Le propuse que a partir de ahora estuviera atento a sus sueños, ya que eran la mejor vía de acceso al inconsciente. Le sugerí que dejara un papel y un lápiz al lado de la cama para que por la mañana, en cuanto se despertara, pudiera anotar los primeros pensamientos que le vinieran a la cabeza. Resultó que sus sueños eran todos muy parecidos. Siempre ocurría algo sobre lo que no tenía control.

–Estaba de pie con los brazos y las piernas abiertos sobre el techo de un autobús que iba a toda velocidad; intentaba encontrar algo a lo que agarrarme, pero no había nada. Me caía hacia un lado y hacia otro cada vez que el autobús cambiaba de carril. Intentaba gritarle al conductor, pero no tenía voz. Al final, me acercaba a la parte delantera del autobús, donde terminaba el techo. Me agachaba, miraba por el parabrisas y veía que no había conductor.

Cada vez que Peter tenía este sueño, se despertaba aterrorizado. Hablamos de cómo su vida, lo mismo que el autobús, estaba fuera de control. Dijo que eso significaba que no podía tener una relación con nadie, y le contesté que no era cierto. Todavía no podía tener una relación *sexual*. Tenía una relación conmigo, con su hermana y con los músicos de su grupo, que al parecer le querían y le respetaban. Además, un músico se comunica con el público a través de la música, y eso no era un problema para él. De hecho, su música era íntima y les llegaba a muchos admiradores. El único momento en el que Peter no experimentaba ninguna clase de despersonalización era cuando tocaba el piano, sin importar que fuera ante un público reducido o ante una multitud.

El problema, replicó Peter, era que no sentía de verdad nada por nadie, así que ¿cómo iba a poder tener una relación de verdad? Cuando aquella noche en el bar vio a Melanie irse con otro hombre, no se sintió triste. Era lo que había pasado, nada más. Cuando la foto de Peter apareció en la portada de una importante revista de música, no sintió ninguna alegría. Luego se la enseñó a su madre, y su respuesta fue que solo a los consumidores de opio y a unos idiotas como los norteamericanos les interesaban revistas como aquella.

En la segunda mitad de nuestro tercer año de terapia, ocurrió algo que conmocionó a Peter y a su hermana. El incidente resultaría ser un segundo punto de inflexión en la terapia.

La hermana de Peter había sido una niña tranquila, que se quedaba sentada en un rincón del restaurante y dibujaba con lápices de colores. Era el robot silencioso y obediente que su madre le exigía que fuera. Sin embargo, estaba mucho menos traumatizada que Peter: nunca la habían encerrado, y tenía la posibilidad de interactuar con los clientes y recibir su afecto. De adulta seguía siendo callada y deferente, pero nunca había permitido que su madre tratara mal a su hija: en esas ocasiones era como una madre osa protegiendo a sus oseznos. Peter iba con frecuencia a visitar a su sobrina de tres años y disfrutaba estableciendo una conexión con ella. Estaba aprendiendo lo que era comportarse con normalidad observando la cariñosa relación de su hermana con la niña.

Un día, su sobrina agarró una olla de carne en salsa que había al fuego y se le cayó encima; las quemaduras eran tan graves que tuvo que estar hospitalizada. Fue traumático para todos. Peter contó que su madre, su hermana y él habían ido juntos al hospital a visitarla en la unidad de quemados. Se quedó horrorizado al ver a los niños retorciéndose de dolor.

Estando allí, su madre empezó a comportarse de un modo extraño.

–Íbamos por el pasillo, y de repente mi madre comenzó a reírse y a decir: «¡Mírala, mírala», mientras señalaba con el dedo a una niña llena de quemaduras y se reía a carcajadas. Una enfermera la miró y le dijo: «Compórtese como un ser humano o salga de aquí».

Peter sintió una sacudida al oír hablar así a la enfermera.

–De repente me vino a la cabeza todo lo que me habías dicho sobre mi madre. Por increíble que parezca, siguió riéndose, y la enfermera le advirtió que, si no paraba, iba a llamar a seguridad. Se habían acercado otras enfermeras. Mi hermana solo miraba en silencio. Me daba tanta pena la niña, toda llena de cicatrices. Me indigné con mi madre y le dije: «Pero ¿qué te pasa? Estos niños están sufriendo. Cállate de una vez o márchate». Se calló, y mi hermana me puso la mano en la espalda, como para tranquilizarme.

Por primera vez, Peter estaba conscientemente furioso con su madre. (No puedo imaginar lo furioso que debía de estar inconscientemente). Quise que se diera cuenta de que, aunque no era capaz de sentir rabia contra su madre por lo que le había hecho a él, en estos momentos sabía lo que era experimentar rabia contra ella por cómo se había comportado delante de aquellos pacientes.

A continuación, desconcertada porque su madre hubiera tenido un comportamiento tan extraño, le pregunté qué sabía sobre su infancia. Peter me dio a entender que el pasado de su madre era para él un misterio. No tenía padres ni hermanos, que él supiera. En Toronto tenían primos que eran sobrinos del padre de Peter, pero ella había cortado la relación con todos; recurrió a ellos cuando necesitaba un sitio donde vivir, después de que su marido dejara a la familia en la ruina, y sin embargo, ahora que era rica y propietaria de varios pequeños edificios de apartamentos, se había negado a prestarles dinero para montar un negocio.

Peter dijo que ver la insensibilidad de su madre con aquellos niños llenos de heridas le había desatado la furia por lo que le había hecho a él. Decidió no volver a ir a cenar a su casa.

A su madre, aquel distanciamiento parecía confundirla, y le dejaba la cena cada noche en la puerta de su apartamento. A medida que pasaban los días, sus protestas iban siendo cada vez más frenéticas, y le gritaba por teléfono que tenía que ir a cenar a su casa. Finalmente, accedió a hacerle una visita. A sugerencia mía, intentó averiguar cuál podía ser el motivo de la reacción espeluznante que había tenido su madre en la unidad de quemados. Cuando Peter sacó el tema, ella se rio de nuevo con la misma risa macabra. Furioso por su falta de humanidad, Peter empezó a decirle atropelladamente lo dolorosa que había sido su vida cuando era niño. Su madre sacudía la cabeza de lado a lado riéndose, diciendo que él no tenía ni idea de lo que era una infancia dolorosa, y que ella le había protegido de la gente mala.

Peter le preguntó por su pasado. Ella hizo un gesto como dando a entender que no valía la pena entrar en detalles, solo dijo que lo importante era poder mantenerse a una misma para no tener que depender jamás de un marido. Luego añadió que ella nunca habría estado dispuesta a ser «la segunda esposa».

Pasaron varias semanas antes de que la historia de la madre saliera a la luz de una forma coherente. La abuela materna de Peter había sido la «segunda esposa» de un empresario chino establecido en Vietnam. (La familia pertenecía a la minoría hoa, de origen chino, pero asentada en Vietnam desde hacía varias generaciones). Una segunda esposa en aquel tiempo estaba a medio camino entre una amante y una concubina. Un hombre rico mantenía económicamente a una mujer a cambio de relaciones sexuales puntuales; la descendencia no estaba incluida en el trato. La abuela de Peter era muy bella, y había sido la favorita de su abuelo mientras fue un empresario rico. Pero luego este hombre lo perdió todo y empezó a tratarla mal. Había perdido su estatus social de antaño y no podía seguir relacionándose con nadie que mancillara su reputación. Se negó a ayudar económicamente a su segunda esposa y a concederle derechos legales a la hija concebida por accidente (la madre de Peter). Él no sabía a qué se refería su madre al hablar de «derechos», y el idioma era una barrera que le impedía aclararlo. Poco a poco, entendió que a su abuela no le estaba permitido trabajar, y tampoco podía obtener una licencia comercial ni un documento legal de identidad, puesto que a una segunda esposa no se la consideraba legítima. Con el tiempo, la abuela abrió un fumadero ilegal de opio para extranjeros «degenerados». También era un sitio al que iban a parar, dijo su madre, «los hombres a los que les gustaba el opio caliente». Peter no estaba seguro de lo que significaba esto; dedujo que era una especie de burdel y fumadero de opio, donde, además, había clientes pervertidos que daban rienda suelta a su sadismo haciéndoles quemaduras a las chicas. La abuela de Peter les procuraba el opio, y las chicas de su burdel, o fumadero, incluida la madre de Peter, se dejaban quemar con cigarrillos franceses.

–¡Peter! –Me quedé de piedra.

Le pregunté si los clientes eran franceses. Él suponía que sí, teniendo en cuenta que esto ocurría en Saigón en las décadas de 1920 y 1930, cuando Vietnam era todavía una colonia francesa. La etnia china, la minoría más numerosa del país, dirigía muchos de los negocios. Era obligación de la madre de Peter hacer felices a los hombres, lo cual incluía dejarse quemar y hacer «cosas malas», lo que quiera que significara eso. En inglés, ella lo había descrito como «sexo torcido» y «quemar con opio caliente». Cuando vio a aquellos niños marcados por las quemaduras en el hospital de Toronto, le recordaron a lo que había vivido en su casa. Peter le preguntó si su abuela se dejaba quemar, y su madre le contestó con toda naturalidad: «No tanto. Con las chicas jóvenes se gana más». Peter quiso saber cuántos años tenían su madre y las demás chicas en aquel tiempo. Ella eludió la pregunta con un: «No te entiendo, hablas un inglés raro». (Algo que acostumbraba a decir cuando no quería contestar).

Conoció al padre de Peter en el fumadero de opio. Su hermano y él tocaban en una banda de jazz en un local cercano y de vez en cuando iban allí a fumar. Cuando él le dijo que quería casarse con ella y llevarla a Canadá, no dejó pasar la oportunidad. Le explicó a Peter que lo único que le importaba era ganar dinero para no ser una «segunda esposa» y estar condenada a no tener derechos y a tener que montar un «negocio torcido». Por último, Peter le hizo una pregunta importante: «¿Alguna vez te encerró tu madre?». Su respuesta fue muy reveladora: «No, tú tuviste suerte de que te encerrara –dijo ella–. Yo tenía que cantar siempre para ganarme la cena».

Sacudí la cabeza despacio mientras miraba fijamente a Peter.

–Ya, ya sé –dijo–. Siempre he insistido en que hacía lo que podía. –Al cabo de unos instantes añadió–: Creo que, en parte, la razón por la que odiaba a mi padre y a mis primos era que ellos sabían lo que había sido.

–¿Alguna vez ha tenido relación con algún hombre después de que tu padre muriera?

–Jamás. Va vestida con ropa que le da la gente, incluso a las bodas. Se corta el pelo ella misma. Si alguien le presta un poco de atención, piensa que lo único que quieren es su dinero. Su dinero es lo que ama de verdad.

–El dinero es lo que la protege de que le hagan quemaduras –le expliqué–. Tuvo una madre que ofrecía a su única hija a unos clientes sádicos para que les diera placer. Cuando su madre le veía las quemaduras, se reía con ellos, igual que se rio tu madre en el hospital.

La madre de Peter, pobrecita, no tenía la menor idea de cómo hacer de madre, dado que ella nunca había tenido una madre o un padre que le demostraran ningún amor. Tras un largo silencio, dije:

–A mí también me da pena tu madre. Sus circunstancias la privaron de uno de los sentimientos más satisfactorios que ofrece la naturaleza humana: el instinto maternal y disfrutar de la maternidad.

El instinto maternal no surge espontáneamente si no se cumplen ciertos requisitos. Es necesario que ese instinto se despierte en la madre, al recordar su propio vínculo afectivo de infancia y seguir viendo ejemplos de él en su familia o en la sociedad.

Peter se quedó mucho tiempo en silencio. Al final añadí:

–No dejo de pensar en tu madre riéndose de los pacientes que habían sido víctimas de quemaduras. Ella también lo había sido.

Los clientes debían de reírse de ella, y aquel día en el hospital simplemente los estaba imitando. Al fin y al cabo, los clientes pagaban por el supuesto privilegio de infligir quemaduras a otro ser humano. Cuando eras pequeño, la pobre no tenía ni idea de cómo establecer un vínculo contigo, ya que ella nunca lo había tenido de niña. Su madre la abandonó emocionalmente cuando era muy pequeña. No solo eso, sino que se la ofreció a unos hombres sádicos a cambio de dinero. No es de extrañar que tu madre sienta que te ha protegido, dándote alimento y encerrándote para mantenerte a salvo de los malhechores.

–Mantenía también a su madre –dijo.

–Lleva toda su vida atendiendo las necesidades de los demás.

–Aborrecía a los hombres. A mi hermana la trataba mejor.

–¿Tú crees? Le exigía que estuviera callada y no se moviera.

–Siempre ha sido la proveedora. Es lo único que sabe hacer. No es de extrañar que cuando mi padre perdió el dinero lo odiara. No había nada peor. –Peter suspiró y preguntó luego–: ¿Por qué me grita todo el tiempo y me dice que soy un fracaso?

–¿Por qué crees que puede ser?

–Creo que está expresando sus miedos. Lo de la música le da terror. Piensa que lo siguiente será el opio y, tal vez, las quemaduras.

Asentí con la cabeza. Resultaba irónico que toda esta interpretación viniera de un chico que había suspendido el curso de educación preescolar.

Durante años, Peter había pensado que su madre debía de tener razón cuando se quejaba de sus deficiencias: ¿por qué, si no, lo trataba como lo hacía? Ahora se daba cuenta de que quizá su comportamiento no tenía nada que ver con él, sino con su trágica infancia.

Intentó volver a hablar con su madre sobre su vida cuando era niña, pero ella no quiso. Decía que era «el pasado muerto». Cuando

Peter le preguntó qué le había parecido a su abuela que se marchara a Canadá con el hombre que sería el padre de Peter, respondió: «A mi madre no le importaba. Solo le importaba su siguiente pipa». Peter se dio cuenta entonces de que la madre de su madre había sido una opiómana.

Ahora que Peter conocía los problemas de su madre y estaba empezando a reencuadrar su concepto de sí mismo, había llegado el momento de introducir una nueva forma de relacionarse con ella. Le regalé un libro titulado *Padres que odian*, de Susan Forward, y debió de verse reflejado en algo de lo que decía. Me contó que cuando su madre señaló a un cartero y le dijo: «Ahí, tonto. El trabajo que tú necesitas», estuvo a punto de soltar un grito. Luego, por primera vez, Peter añadió: «Ya no aguanto más su cantinela del hijo fracasado».

Todo esto me llenaba de alegría, pues estaba actuando como lo habría hecho cualquier hijo normal si su madre le repitiera continuamente que era no valía para nada.

Pensé en voz alta:

–¿Cómo podrías conseguir que pare? A ella no le importa discutir; es la única forma que conoce de conectar emocionalmente. No sabe cómo expresar preocupaciones o afecto. Nunca ha visto hacerlo.

–Se alarma mucho si ve a mi hermana con su hijita recién nacida en brazos demasiado tiempo seguido. Le dice cosas disparatadas, como: «No aprenderá a andar si la tienes en brazos todo el día» o «Se pasará la vida llorando si la sacas de la cuna cada vez que llora». Mi hermana nunca dice nada, salvo si la ve tratar mal a sus hijas. Entonces se pone como una fiera. Mi madre está aprendiendo a no meterse; ahora se limita a sacudir la cabeza cuando mi hermana abraza a la bebé.

Le dije que su madre podía aprender a comportarse con él de otra manera. Al fin y al cabo, su hermana lo había conseguido.

Sin embargo, Peter estaba plenamente convencido de que él jamás podría cambiar a su madre. Lo que sí podía cambiar, no obstante, era su forma de relacionarse con ella. Le sugerí que le dijera que la quería y que valoraba todo lo que había hecho por él, pero que no iba a tolerar más comentarios irrespetuosos. Tendría que explicarle a su madre lo que él consideraba que era una falta de respeto. Si volvía a decirle que era un músico degenerado igual que su padre, Peter se marcharía y estaría dos semanas sin verla. Dijo que esto no iba a ser fácil, dado que vivían muy cerca. Tenía un carácter bondadoso, y no le gustaba la idea de herir los sentimientos de su madre, pero le aseguré que pronto ella captaría el mensaje de lo que le estaba permitido decir y lo que no. Le recordé que tenía la prueba en que había aprendido a no meterse con la forma en que su hermana criaba a sus hijas. Su madre no era tonta. Había llegado a Canadá sin hablar el idioma y sin educación, y en la actualidad era propietaria de más bienes inmuebles que la mayoría de los canadienses. Aprendería las reglas del juego.

Peter era reacio a probar este sistema; no creía que fuera a funcionar. Dijo que si tuviera que vaciar cubo a cubo toda la arena que bordeaba el océano Atlántico, lo haría, a base de perseverancia. Pero pensar en tener que cambiar algo en la relación con su madre era como ver el océano y la arena, pero no tener cubo. Me di cuenta de que estaba cansado y abatido. Le dije que podía contar conmigo, que yo le daría el cubo y cavaríamos juntos. Accedió a intentarlo.

Uno de los pasos que dio Peter fue compartir su éxito profesional con su hermana. Al ver un nuevo artículo sobre él y su grupo que acababa de publicarse en una revista de música, le propuse que enmarcara la foto y se la regalara para Navidad. Su respuesta fue la que cabía imaginar: no podía hacer eso; para qué iba a querer su hermana una foto suya. Aun así, insistí en que se arriesgara, y aceptó. Cuando les regaló la reproducción enmarcada a su hermana y su marido, les encantó; incluso la colgaron en el salón. Después de aquello, empezaron a ir de vez en cuando a los conciertos de Peter.

Aquella foto resultó ser el catalizador de un cambio en la dinámica entre Peter y su madre. En la cena de cumpleaños de su cuñado, la madre de Peter comentó que no entendía cómo había podido colgar su hija la foto de un degenerado como aquel. Peter le dijo a su madre que había sido un comentario muy hiriente, y acto seguido se levantó y se fue. Era una de las contadas ocasiones en que Peter había expresado lo que él necesitaba. Me contó que fue aterrador, sabiendo además que nadie entendería por qué se había ido. Al día siguiente, no se lo podía creer cuando su hermana y su cuñado lo llamaron para decirle lo que le habían dicho a su madre: que si iba a menospreciar los logros de su hijo, no sería bienvenida en aquella casa.

Y eso no era todo. Su hermana le dijo a Peter que ella sabía que de niño había sido víctima de malos tratos.

—Me quedé pasmado al oírla, y defendí a mi madre —explicó Peter—. Pero mi hermana, que es por lo general una mujer mansa, replicó que tengo que abrir los ojos de una vez a lo que me pasó. Me contó que en una ocasión mi madre me llevó al pediatra cuando tenía unos tres años, y mi hermana nos acompañó para hacer de traductora. Al médico le preocupó ver que tenía el cráneo plano y preguntó si pasaba suficiente tiempo fuera de la cuna. Mi madre se limitó a sonreír e ignoró la pregunta.

Su hermana en aquel momento quería contarle al médico cuál era la situación porque sabía que no estaba bien.

–Pero –continuó Peter– sabía que decir algo sería traicionar a mi madre. Además, se habría llevado una paliza de muerte. Se quedó callada. Me dijo que lleva años sintiéndose culpable por no haber hablado.

Después del incidente en casa de su hermana, la nueva política de Peter era que, cada vez que su madre hacía un comentario castrante, simplemente se levantaba y se iba. Sin dar explicaciones. Me pareció una buena táctica.

–Créeme, lo acabará entendiendo –le dije–. Los ratones y ratas de laboratorio, por un proceso de asociación, acaban cambiando la forma de responder a repetidos estímulos positivos y negativos.

Poco a poco, la madre de Peter dejó de insultarlo y de insistir en que se buscara otro trabajo y se casara con una chica china. Nunca llegó a ser una madre cariñosa, pero, gracias a que Peter había modificado su conducta hacia ella, sí aprendió lo que no podía hacer si quería mantener la relación con su hijo. No quería quedarse sola. Quería procurarle a Peter techo y alimento, y si él se negaba a aceptarlos, se sentía desamparada. Esa pensaba ella que era su obligación como madre.

Había sido un interesante y fructífero año de terapia, en el que habíamos conocido la infancia tan terrible que vivió la madre de Peter y lo profundamente herida que estaba. Él se sentía unas veces furioso y otras muy triste al pensar en ella. También empezaba a darse cuenta de que las reacciones de su madre hacia él tenían, en realidad, poco que ver concretamente con él. Por otro lado, fue una inyección de energía el apoyo que había encontrado en su hermana.

En principio, se quedó conmocionado al oírla decir que de niño había sido víctima de malos tratos, pero aquello le ayudó a entender por qué había tenido tantos problemas en su vida. Además, Peter había sido inflexible en la determinación de no permitir que su madre le faltara al respeto, y vio en ella un favorable cambio de conducta. ¿Qué más podía pedir?

4. Pinzas de arranque

No es de extrañar que, una vez que Peter reconoció lo que era un comportamiento abusivo y le puso unos límites claros a su madre, empezara a fijarse en cómo le trataba la gente de fuera de la familia. Peter había aguantado durante años la actitud prepotente de Donnie, el cantante del grupo. Era un tipo egocéntrico que estaba convencido de que el público iba a los conciertos solo para verlo a él. Peter se sentía más valorado en otros grupos con los que tocaba ocasionalmente que tocando con Donnie. Finalmente, un día le plantó cara; le dijo que se había acabado aquello de que, cuando el público pedía un bis, fuera él quien decidía si concedérselo o no; a partir de ahora, esa decisión la tomarían juntos.

Donnie, que tenía treinta y siete años, alardeaba de ser un juerguista, y posiblemente fuera alcohólico. Quería ser una estrella del rock y acostarse con una chica distinta en cada ciudad donde tocaran. La única pega para poder ser el personaje tan detalladamente soñado era que llevaba diecinueve años casado con Amanda, y tenía un hijo de cuatro años y una hija de seis. Peter, que conocía a Donnie y Amanda desde el instituto, se horrizaba de la frecuencia con la que Donnie mentía a su esposa. Quería, además, que él lo encubriera y mintiera también.

Peter, decidido a ser de una vez él y a expresar sus puntos de vista, le comunicó a Donnie que no tenía intención de mentir a Amanda si ella le hacía alguna pregunta referente a si había otras chicas. La crisis del sida estaba en pleno apogeo y Peter no creía que Donnie estuviera teniendo suficiente cuidado. Donnie repuso que él pensaba que eran amigos, y Peter le dijo que sí lo eran, pero que su amistad no incluía mentir a Amanda.

Cuando un niño o una niña crecen en una familia en la que impera el maltrato, como la de Peter, o en una familia disfuncional, como la de Laura, les resultará difícil establecer límites. Sus padres no prestaron atención a sus necesidades, así que no tienen ni idea de que el resto del mundo les permitiría establecer algunas normas de relación social. Necesitan aprender que no tienen que hacerlo todo por todo el mundo. Me gustó que Peter le dejara claras las cosas a Donnie.

Amanda le confió a Peter lo mucho que su marido los ignoraba a ella y a los niños. Una vez, mientras el grupo ensayaba en el estudio de sonido que estaba en el sótano de su casa, Amanda apareció y le pidió a Donnie que subiera a la fiesta de cumpleaños de su hijo. Él dijo que no podía y, cuando ella insistió, levantó la mano para pegarle. Peter saltó de la silla, y los dos acabaron peleándose a puñetazos. Dijo que estaba harto de ver a Donnie comportarse como «un capullo».

La rabia que sentía contra él le llevó a pensar con detenimiento en otro asunto que le tenía desconcertado desde hacía años. No entendía cómo Donnie podía permitirse aquella casa y un estudio de grabación con la tecnología más avanzada cuando él a duras penas podía vivir de lo que ganaban; en definitiva, tenían los mismos CD en las listas de éxitos. Al final, Peter le dijo que quería ver el libro de contabilidad.

Me daba la impresión de que Donnie llevaba tiempo engañándole y Peter no se había permitido hacer caso de sus sospechas, lo mismo que no se había permitido saber lo que sentía sobre ninguna otra cosa de su vida. Le felicité por hacer caso de su intuición. Una cosa en la que su madre había acertado, me dijo Peter, era en que Donnie era un ladrón: llevaba dieciséis años robándole. Yo estaba al tanto de lo que decían sobre el grupo los medios de comunicación, y le comenté que la prensa apenas mencionaba a Donnie, que era a Peter al que más atención le dedicaban.

Peter estaba madurando emocionalmente y tomó una gran decisión: dejar el grupo y formar el suyo propio, llevándose con él al tercer miembro, un músico con mucho talento. Con el tiempo, llegó a alcanzar tal éxito que ya no necesitó seguir afinando pianos, y pudo dedicarse en exclusiva a la música.

Peter no fue el único que se armó de valor y abandonó a Donnie. Amanda pidió el divorcio y la custodia de los niños. No esperaba, ni obtuvo, ninguna oposición por parte de su marido. Cuando Donnie la echó de casa, se mudó a uno de los apartamentos de la madre de Peter. De hecho, vivía en el piso de encima de Peter. Amanda, que desde hacía un tiempo llevaba la contabilidad de varias pequeñas empresas, expandió el negocio. De vez en cuando, si tenía que reunirse con algún cliente, le pedía a Peter que se quedara un rato con sus hijos. Peter empezó a tener relación con ellos y le enseñó a la niña a tocar el teclado. Amanda no podía permitirse pagarle, así que acordaron intercambiar una clase a la semana por una cena en casa.

Peter llevaba de vez en cuando a la familia a algún musical, como *Disney sobre hielo* y *El Cascanueces*. Jugaba al hockey callejero con el hijo de Amanda. Los niños, que desde hacía mucho echaban de menos un poco de atención masculina, respondían con entusiasmo a la amabilidad y dedicación de Peter.

Una semana, Peter me dijo tímidamente que se sentía atraído por Amanda. En realidad, sentía algo por ella desde que estaban en el instituto, mucho antes de que se casara con el carismático y superficial Donnie.

La madre de Peter, y casera de Amanda, se enfureció al saber de su amistad. Le dijo que aquella chica solo quería heredar sus bienes, y que mejor haría en buscarse una novia china. Él le contesto que no hablaba chino y que no conocía a ninguna chica china, aparte de su hermana.

Cuando vinieron los Rolling Stones, Peter le pidió a Amanda que lo acompañara al concierto. Me aseguró que no era una cita. Aun así, tenía miedo de que esto cambiara su relación con ella, de que Amanda pensara que había alguna intención sexual por medio. Reconoció que tenía fantasías sexuales con ella, pero que le daba demasiado miedo pasar a la acción.

–Es mi vecina y somos amigos desde hace mucho, y me gusta estar con sus hijos –explicó–. Además de la vergüenza, podría convertirse todo en humo.

Yo entendía sus temores. Un encuentro sexual fallido podía ser un golpe terrible que le hiciera volver a cerrarse. Sin embargo, ¡aquel era el problema por el que había acudido a mí hacía cuatro años!

Le sugerí que observara atentamente las cosas que hacía su hermana, que era una buena madre, con su hijita pequeña. Me trajo una lista de conductas que expresaban ese vínculo afectivo: tenerla en brazos, arrullarla de cerca, acariciarle la mano, tumbarse juntas, sonreírle, comunicarse con ella por medio de sonidos y tranquilizarla cuando lloraba. Decidí arriesgarme y le sugerí que, si empezaba una relación romántica con Amanda, podía probar a hacer con ella algunas de las cosas que su hermana hacía con su hijita. Le dije que iba a tener que avanzar poco a poco, que el sentimiento sexual no se construye en un día; que tenía que aprender a establecer un vínculo afectivo, a tener intimidad física, y que el sexo sería la culminación de todos esos comportamientos de aproximación previos.

Pero algunos de esos comportamientos eran demasiado para Peter. Por ejemplo, dijo, no podía mirarla a los ojos. Se ponía nervioso de solo pensarlo.

Así que hicimos una lista, una jerarquía de intimidad, de mayor a menor, con el sexo a la cabeza, pasando por acciones, como cogerse de la mano, hasta llegar a la más fácil, las expresiones verbales de afecto. Le dije que podía ensayar algunos de los comportamientos afectivos de la parte inferior de la lista con su sobrina pequeña hasta que le resultaran naturales. En cuanto a la cita con Amanda, le aseguré que el sexo no estaba necesariamente implícito en la invitación; que la presión estaba más en su cabeza que en la de ella.

Unos días después, Peter me comunicó que Amanda y él habían ido al concierto y habían disfrutado mucho. De vuelta en casa de Amanda, se sentaron en el sofá, pero su hijo les había oído llegar y quiso que se lo contaran todo con detalle. Peter se sintió aliviado. Se despidió, sintiendo que había tenido una cita y prefiriendo no arriesgarse a más.

En su siguiente sesión, me relató un incidente que le había entristecido. Acababa de terminar la clase de piano con la hija de Amanda, y estaban los dos esperando mientras ella hacía la cena cuando un cliente llamó a la puerta para entregarle unos recibos que debía incluir en la contabilidad. Amanda lo invitó a pasar y le presentó a Peter diciendo: «Este es el hijo de mi casera», y luego siguió charlando con el cliente. Me sorprendió un poco lo enfadado que estaba Peter, teniendo en cuenta que le habían pasado cosas infinitamente peores en su vida. Sin embargo, no era la primera vez que veía algo así en un paciente. Cuando alguien abre por primera vez las compuertas emocionales, brotan tantos sentimientos que puede ser difícil detener la avalancha.

Peter estuvo callado durante la cena. La hija de Amanda se dio cuenta de que estaba en tensión y, cuando le preguntó si le pasaba algo, respondió que no le gustaba que le presentaran como «el hijo de la casera». La hija respondió:

—Mi mami debería haberle dicho que eras «mi profesor de piano».

—O amigo de la familia —dijo él.

Amanda no intervino. Entonces la hija añadió:

—O «mi amigo».

Peter se sintió profundamente conmovido por la conexión emotiva de la niña.

—Eso me habría gustado —respondió.

Tampoco esta vez Amanda dijo nada. Después de la cena, Peter se excusó diciendo que tenía que ensayar. Ella se limitó a decirle adiós.

Unas noches más tarde, Amanda llamó a su puerta a eso de las once. Lo único que dijo fue que se le había hecho tarde porque había tenido que acostar a los niños. Se sentó en el sofá con lágrimas en los ojos, pero seguía sin hablar. Peter me contó que le había resultado fácil cogerla de la mano y rodearla con el brazo. Ella apoyó la cabeza en su hombro. Estuvieron así sentados mucho rato, hasta que ella se levantó diciendo que tenía que volver a casa por si los niños se despertaban.

—¿Alguno de los dos dijisteis algo? —le pregunté.

—No.

Quise saber cómo se había sentido, y con su inexpresividad habitual contestó:

—Fue el momento más feliz de mi vida.

Cuando Peter fue a casa de Amanda una semana después para la siguiente clase de piano, ella le explicó que los niños iban a quedarse con los padres de Donnie esa semana y que estos eran los primeros días que tenía para ella sola desde el divorcio. Peter la ayudó a recoger los juguetes y a limpiar. Salieron a cenar y se cogieron de la mano de camino a casa.

Él recordaba toda la velada a la perfección, como si fuera una película que hubiera visto una y otra vez. Al llegar a casa se sentaron a ver *Saturday Night Live** porque tocaba un grupo que les gustaba. Luego Amanda fue al cuarto de baño y ya no volvió. Al final, Peter salió al pasillo y ella le dijo: «¡Eh, entra!». Estaba tumbada en la cama, vestida, fumándose un porro. Añadió: «Tengo que aprovechar ahora que no están los niños». Puso un disco. Peter se sentó a su lado y, mientras escuchaban la música, Amanda apoyó la cabeza en su pecho. Le contó que Donnie decía que era frígida, pero, ahora que él ya no estaba, no se sentía frígida. Cuando leía libros o veía películas, tenía sentimientos románticos. Era solo que, siendo adolescente, le pasaron dos cosas. Alguien de la familia abusó sexualmente de ella, y Donnie, su primer novio, la dejó embarazada en el último año de instituto. Se casó con él y perdió al niño en el séptimo mes.

–Le dije que entendía lo horroroso que debió de ser. Me dijo que el sexo le daba un poco de miedo. Entonces me di cuenta de que era ella la que me estaba pidiendo perdón a mí porque no hubiéramos tenido todavía una relación sexual.

---

* *Saturday Night Live* es el programa de comedia en vivo más importante de la historia de la televisión estadounidense. Ha sido cantera de actores de comedia como Eddie Murphy, Steve Martin, Bill Murray, Billy Crystal o Ben Stiller, entre muchos otros. Empezó a emitirse en 1975, y desde entonces ha ganado ochenta y siete premios Emmy. Se emite cada sábado en directo desde los estudios de la NBC de Nueva York. (*N. de la T.*)

Peter decidió hablarle un poco de sus problemas, aunque no tanto como para asustarla. Le explicó que había pasado mucho tiempo aislado cuando era niño y que estaba encantado de que se tomaran las cosas con calma. Le pareció que para Amanda era un alivio oír esto. Después de un silencio largo, Amanda le dijo lo mucho que admiraba su música.

–Luego me contó que su hija le había preguntado si yo tenía una novia china. Cuando Amanda le contestó que no lo sabía, su hija le dijo que iba a buscarme una en el aparcamiento. –Peter me miró con un atisbo de sonrisa que nunca le había visto antes y añadió–: Le dije que su hija se iba a cansar de buscar en vano, porque «tengo una novia aquí mismo».

¡Me alegré tanto por Peter! Le dije que hay gente que tiene relaciones sexuales, pero no llega a saber lo que es la intimidad emocional nunca en su vida. Peter y Amanda habían sido sinceros el uno con la otra y se había establecido un vínculo emocional íntimo entre ellos.

Unas semanas más tarde, me contó que Amanda y él habían tenido un encuentro sexual. Estaban juntos en la cama fumándose un porro cuando ella le preguntó si le importaba que se quitara la blusa. A continuación, él le dijo que era precioso el sujetador de encaje. A medida que ella le desabrochaba la camisa, Peter empezó a tener una erección. Luego Amanda comentó que no tenía mucho vello en el pecho.

–Perdí toda la confianza, me sentí fuera de juego –recordaba–. A pesar de estar como aturdido desde que me había dicho eso, conseguí responder que los chinos tenemos poco pelo en el pecho.

Amanda se había limitado a asentir con la cabeza y había dicho «Mmm». Entonces Peter se sintió languidecer; no era solo que perdiera la erección, sino como si el cuerpo entero se le encogiera.

–Estaba abandonando mi cuerpo en silencio. Tuve la misma sensación que tenía en el desván cuando mi madre venía hacia mí con el látigo de bambú. Ya no estaba en mi cuerpo. –Era una vez más un niño solitario mirando desde un rincón a una versión adulta de sí mismo sentado en la cama con Amanda–. Cuando recuperé el aliento, puse una excusa para levantarme y volver a casa.

Si has tenido una madre crítica o, como diría Freud, «castradora», vives hiperalerto a las críticas. Incluso un sonido levemente ambiguo como «*mmm*» hace que te encojas como una babosa en contacto con la sal. Le dije a Peter que iba a tener que aprender a hablar con Amanda de lo que en verdad sentía.

A Peter le parecía muy arriesgado expresar sus emociones. Pero unos días después fue a ver a Amanda para hablar de lo ocurrido. Era tal la ansiedad que se mareaba, pero encontró la valentía para llegar hasta el final. Y se enteró de que, aquella noche, Amanda creyó que Peter se había ido porque su cuerpo no le había gustado, mientras él pensaba que ella le estaba diciendo que no era masculino porque no tenía demasiado pelo en el pecho. El incidente recuerda un poco a un cuento de O. Henry, repleto de malentendidos. Ambos se rieron de su respectiva hipersensibilidad.

El 1 de abril –Día de los Inocentes en Canadá–, Amanda llamó a la puerta de Peter vestida con su largo abrigo de invierno para decirle que se había quedado sin batería en el coche. Cuando él sacó los cables de arranque, ella le pidió que se los diera, enganchó una de las pinzas a la camisa de Peter y se quitó el abrigo. Estaba completamente desnuda. Luego se enganchó el otro cable al pezón y gritó: «¡Inocente!». Los dos se desplomaron en el sofá, riendo, abrazándose y besándose. Ni Peter ni Amanda habían tenido ocasión de divertirse de niños, pero ahora estaban exultantes, disfrutando el momento. Él se quitó la ropa, y las cosas fueron progresando hasta que, finalmente, a los treinta y ocho años, Peter gozó del sexo con una mujer.

Al ir consolidándose la relación con Amanda, Peter no siempre tenía una maravillosa experiencia sexual. Vio que necesitaba que las circunstancias fueran propicias. Si había entre ellos algún problema sin resolver, no era capaz de mantener una erección. Tenían que resolver hasta el mínimo conflicto y conectar emocionalmente antes de poder tener intimidad sexual. Era como una rara orquídea que solo florecía en condiciones óptimas.

La madre de Peter continuó sermoneándole sobre Amanda. Cuando Peter le dijo que, si no paraba, se iría a vivir a otro sitio, ella se rio con sorna.

–Se lo advertí, pero ella pensó que solo un loco querría pagar un alquiler teniendo una casa gratis. Pensó que me tenía bien agarrado.

Un día, cuando su madre fue al apartamento a llevarle comida y ni siquiera saludó a Amanda al entrar, aquella fue la gota que colmó el vaso. Peter, Amanda y sus hijos se fueron del edificio para poder vivir todos juntos en una casa de alquiler.

–Sabía que tenía que cumplir mi amenaza si quería que mi madre me tomara en serio –dijo.

Aun así, la visitaba todas las semanas y comía con ella. Peter era feliz con Amanda y disfrutaba haciendo de padre para sus hijos, con ligas de hockey, clases de música y reuniones de la asociación de familias incluidas.

Peter había pasado por un auténtico infierno, pero ahora, en sus sueños, era literalmente él quien conducía el autobús. A veces, de todos modos, la carretera era tan estrecha que el autobús casi no cabía entre los márgenes, y tenía que parar.

Un día tuvo un sueño en el que estaba yo allí tratando de indicarle cómo pasar entre las casas por una calle muy estrecha, pero él miraba al frente y conseguía llegar al otro extremo sin dañar el autobús ni quedarse atascado. Le dije que aquello era, para los dos, una señal de que la terapia había llegado a su fin. Ahora podía conducir el autobús él solo sin hacerse daño.

Peter había empezado la terapia convencido de que su madre tenía razones para haberlo encerrado en un desván. Tuvimos que reencuadrar la experiencia y redefinirla como maltrato para que pudiera comprender que aquello había sido la causa de que le suspendieran en preescolar, del sentimiento de soledad que lo acompañaba desde siempre y de su impotencia sexual. En cuanto vio los documentales de Harlow, donde quedaba patente la importancia del vínculo materno, se produjo en él un cambio profundo: dejó de culpabilizarse, y los episodios de despersonalización disminuyeron. Luego, enterarse de que su madre había sido maltratada en Vietnam le ayudó a verla con otros ojos, y dejó de parecerle tan aterradora. Creo que los últimos pasos del proceso terapéutico, ilustrados en el episodio del vello pectoral, fueron identificar sus sentimientos, valorarlos y expresarlos. Una vez que desapareció la necesidad de despersonalizarse y Peter se permitió sentir, pudo tener relaciones sexuales. Había tomado posesión de su cuerpo y de su condición de persona.

La transferencia de Peter en la terapia, por la que me convertí en la madre que nunca había tenido, surtió efecto. Le fue posible revivir muchas de sus pesadillas de infancia mientras yo estaba allí para comprenderlo y tranquilizarlo. Sin embargo, era tan fuerte el vínculo que había establecido conmigo que no quería poner fin a la terapia. Le dije que podía quedarse todo el tiempo que quisiera, pero que, en definitiva, yo no era más que una madre de felpa. Además, al llegar a la edad adulta, los jóvenes tienen que separarse de sus madres y abrirse camino por su cuenta. Y Peter, que no era dado a llevar la contraria, se lanzó al mundo él solo.

Se puede ser un héroe de maneras sorprendentemente distintas. Peter, a diferencia de Laura, no era a simple vista un guerrero. Su nobleza residía en su capacidad de perdonar. Me recordaba a mi primer héroe, cuando empecé las clases en una escuela católica: Jesucristo, que había dicho en la cruz: «Perdónalos, porque no saben lo que hacen». Es fácil asumir el papel de víctima; Peter, sin embargo, perdonaba a quienes le ofendían. Fue quitándose, una a una, cada espina de la corona. Después de la terapia, resucitó, era un hombre nuevo. Empezó a tener más éxito en el terreno musical, tenía una novia a la que quería, le gustaba ser un padre para sus hijos, disfrutaba de una íntima vida sexual, e hizo las paces con su madre hasta donde le fue posible.

Fue la naturaleza compasiva de Peter, creo yo, lo que más le ayudó a recuperarse. En comparación con otras personas que vivieron encerradas a la misma edad y durante el mismo tiempo, la recuperación de Peter fue milagrosa. Fue capaz de apartar con gran esfuerzo la roca que tapaba la entrada de la tumba y resucitar como persona sintiente.

Peter había dicho en una ocasión que, si tuviera que vaciar toda la arena de la costa atlántica cubo a cubo, podría hacerlo a base de perseverancia. Así es como luchó por su equilibrio mental, lenta y metódicamente; no de un solo golpe formidable, sino a base de muchos pequeños golpes. Nunca consiguió que su madre hiciera un esfuerzo por entender el daño que le había hecho –estaba demasiado herida como para darse cuenta–, pero consiguió ponerla en un dilema y que dejara de maltratarlo verbalmente.

Sentí compasión por ella oyendo hablar a Peter. Debe de ser muy doloroso saber que, aunque no tienes ni idea de dónde te equivocaste, has sido una «mala» madre. Ella nunca ofreció a su hijo a unos sádicos, como hizo su madre con ella; al contrario, trabajó sin descanso toda su vida para darle un techo, y eso desde su punto de vista significaba protegerlo de todo mal. Aquella niña que no tenía nada, indefensa, hija de una madre opiómana, le dejó a Peter mucho dinero en su testamento. Dada su limitadísima capacidad emocional, estaba orgullosa de haber sido una madre fuerte que había protegido a sus hijos.

Casi siempre, el comportamiento abusivo de unos padres viene de generaciones anteriores; cuando un padre o una madre maltratan a sus hijos, es probablemente porque a ellos los maltrataron antes. De ahí que en estos casos no haya enemigos, sino solo capas y capas de conductas disfuncionales que desentrañar.

Al llegar la Navidad, casi un año después de que Peter concluyera la terapia, llegué al trabajo y, al entrar en la sala de espera, vi un pequeño regalo envuelto en papel rojo brillante y con un lazo morado. Dentro encontré el nuevo CD de Peter, que había fichado por una gran compañía discográfica. El regalo estaba colocado en un cubo de plástico rojo con una pala azul de plástico, uno de esos cubos de playa que usan los niños para ir echando la arena a paladas.

Veinticinco años más tarde, Peter y yo quedamos para comer en un restaurante vietnamita. Cuando lo vi, me pareció mucho más alto y musculoso de lo que yo lo recordaba. Entró con una gran sonrisa; al instante me miró a los ojos y me abrazó. Me encantó ver lo expresivo que se había vuelto.

Estuvimos charlando muy a gusto durante dos horas, prolongando el té de sobremesa. Me contó que había vivido ocho años con

Amanda antes de que, de repente, ella hubiera vuelto con su marido Donnie, que era ahora un alcohólico rehabilitado. Fue una auténtica sorpresa para todos.

Poco después de la separación, Peter vivió una súbita conversión religiosa. Me dijo que un día se había sentido «cargado de energía religiosa». Comenté que era muy curioso, dado que yo en este libro había hablado de su bondad y su capacidad de perdón asimilándolos a los de Cristo. Se sintió halagado de que fuera así como le veía. Había participado activamente en varios movimientos cristianos, y había conocido en la iglesia a una mujer, a la que amaba más de lo que imaginaba que fuera posible. Llevaban cuatro años viviendo juntos y tenían pensado casarse por la iglesia.

Peter se había cansado del mundo de la música, de los bares y de estar siempre de gira, pero seguía sintiendo el mismo amor por el piano. Daba clases magistrales por todo el mundo, lo que significaba volar a menudo a costas extranjeras. Trabajaba además como asesor para empresas de pianos de todo el mundo, y se le conocía coloquialmente como «3-P»: Perfect Pitch* Peter.

Su madre había muerto a causa de un derrame cerebral a los setenta y ocho años, pero diez años antes había empezado a dar señales de demencia. Sorprendentemente, tuvo un cambio radical de personalidad. Peter dijo que se había vuelto «alocada», como una jovencita en su primera cita. Era amable y generosa con todo el mundo y dejó de vivir obsesionada con el dinero y el futuro de sus hijos. Se mostraba agradecida cada vez que Peter iba a visitarla a la residencia.

---

* *Perfect Pitch* es lo que se denomina oído absoluto, o perfecto, y hace referencia a la capacidad para identificar, al momento de escuchar un sonido, las notas musicales que le corresponden sin necesidad de recurrir a una referencia auditiva previa. (*N. de la T.*)

Una de las cosas más impactantes que me dijo fue que, si tuviera que volver a vivir su vida, no cambiaría nada. Había sufrido tanto que me quedé atónita.

–Si me hubieran criado como a cualquier otro niño, si no me hubieran encerrado en un cuarto donde nadie me hablaba, no habría necesitado que el piano fuera mi amigo y mi interlocutor, ni vehículo de todo lo que sentía. Puede que nunca hubiera establecido con él un vínculo afectivo, por expresarlo con palabras tuyas.

Continuó diciendo que tocar el piano le había dado las mayores alegrías de su vida, y que si hubiera tenido amigos y una educación normal quizá no lo habría necesitado.

–Ahora me gusta ser quien soy, y creo que todas las cosas por las que pasé tenían un propósito. Creo que era el plan de Dios hacer de mí la persona que soy ahora.

Danny

> En la jungla social de la existencia humana,
> un individuo no puede sentir que está vivo
> si carece de sentido de identidad.
>
> Erik Erikson, *Identidad, juventud y crisis*

Tanisi

Danny era un hombre cri.* Provenía de una tradicional familia indígena de cazadores y tramperos, que llevaba una vida nómada en la tundra y vendía sus pieles una vez al año a la Compañía de la Bahía de Hudson.** Me pareció asombroso que entrara en mi despacho alguien que de verdad había vivido de un modo que formaba parte sustancial de la historia de Norteamérica. Danny y yo éramos de la misma edad; es decir que, mientras él y su familia cazaban en la tundra, yo estaba viendo en la televisión las versiones hollywoodienses de «indios y vaqueros».

Fue un caso nuevo para mí en muchos sentidos. Me obligó a darme cuenta de la carga cultural tan grande que había implícita en los métodos psicoterapéuticos, hasta el punto de resultar casi inservibles para tratar a un hombre como Danny. Ahora sé lo que sintió el famoso psiquiatra suizo Carl Jung en 1925 después de pasar un tiempo con un indígena: Jung se dio cuenta de que vivía «encarcelado en la conciencia cultural del hombre blanco».

---

* El pueblo cree, pronunciado «cri», y escrito con frecuencia de este modo en castellano, es una nación amerindia de la región subártica de América del Norte constituida por más de doscientos mil individuos, lo que la convierte en uno de los grupos indígenas más numerosos de Canadá. Una parte del pueblo cri habitó durante siglos los bosques y la tundra orientales, en torno a la bahía de Hudson, y otra, los bosques occidentales de la región del río Churchill. (*N. de la T.*)

** La Hudson's Bay Company (HBC) fue fundada en 1670 para el comercio de pieles en la bahía de Hudson. Es la corporación más antigua de América del Norte y una de las más antiguas del mundo todavía en funcionamiento. (*N. de la T.*)

Freud, y todos los demás padres fundadores europeos de la psicoterapia, no sabían prácticamente nada de la cultura indígena, y yo tampoco. Pero como solía decir mi padre: «Sabiduría es saber lo que no sabes». Así que me puse en contacto con curanderos nativos, que dedicaron mucho tiempo a traducirme una diversidad de costumbres indígenas. Sin su ayuda, estoy convencida de que habría fracasado.

En el caso de Danny, más que en ningún otro del libro, debemos tener en cuenta el momento histórico. Estábamos todavía en los años ochenta del pasado siglo, una época en la que muchos norteamericanos blancos aún no teníamos noticia de todos los horrores que se cometían en las escuelas residenciales,* atestiguados más adelante por la Comisión de la Verdad y la Reconciliación. También la terminología ha quedado desfasada: Danny se refería a sí mismo como «indio» y «nativo», términos comunes en los años ochenta.

Danny llegó a mi consulta en 1988 por mediación de un antiguo paciente que era propietario de una gran empresa de transporte por carretera y que solía remitirme clientes a través del departamento de recursos humanos. Danny era uno de sus conductores de larga distancia. Pensé que debía de tratarse de un empleado especial, para que el propietario me llamara personalmente.

Lo primero que me dijo fue que Danny Morrison era su mejor conductor. Cuando le pregunté qué significaba eso exactamente, lo

---

* El sistema de escuelas residenciales de Canadá era una red de internados de asistencia obligatoria para niños indígenas fundada en 1876 por el Departamento de Asuntos Indios del Gobierno de Canadá y administrada por iglesias cristianas. El sistema se creó para apartar a los niños indígenas de la influencia de su propia cultura y forzar su asimilación a la cultura dominante. La última escuela se cerró en 1996. (*N. de la T.*)

expuso con su característica forma de hablar cadenciosa, de frases cortas y contundentes, que sonaba como la de un pregonero de circo.

–Llevar cargamentos caros de costa a costa es un trabajo peligroso. Para eso se necesita a alguien leal, valiente y fuerte. Supongamos que llega por barco un contenedor de relojes Rolex enviado desde Suiza. Los estibadores lo descargan, y esos estibadores podrían estar asociados con bandas de ladrones. Les avisan de que un camión cargado ha salido de Halifax hacia Vancouver. Entonces los ladrones siguen al camión de punta a punta de Canadá, esperando a que en algún momento esté sin vigilancia, aunque sea durante unos minutos, y lo roban.

Y si su empresa utilizara un sistema de transporte por relevos, añadió, y la carga fuera pasando de un conductor a otro, sería imposible considerar a ninguno de ellos responsable del robo.

–Cada conductor le echa la culpa al otro –dijo–. Así que lo que hago es gastarme una fortuna para asegurarme de que la entrega del contenedor de Rolex la hace un solo hombre, en la fecha acordada, transportado en exclusiva. Ese conductor es Danny Morrison. Tiene que dormir en la cabina. No puede perder de vista el camión en ningún momento.

»Déjame darte un ejemplo del trabajo que hace Danny –añadió–. Una vez llevaba una carga doble de platino industrial de un lado a otro del país, y mientras estaba en un restaurante, en Medicine Hat, tres ladrones forzaron la cerradura y entraron en la cabina. Danny estaba mirando por la ventana mientras esperaba a que le trajeran la comida. Salió como una centella y los sacó del camión a puñetazos uno detrás de otro. Los tres estuvieron hospitalizados, uno de ellos durante más de un mes. Al parecer, la ambulancia se los llevó tumbados uno al lado de otro como sardinas. Danny solo sufrió un esguince en la muñeca. No se quejó ni pidió ayuda; se montó en el camión y siguió hasta Vancouver. Todo esto es para que entiendas –concluyó– que le debo una.

Cuando le pregunté por la naturaleza del problema, empezó diciendo que Danny tenía alrededor de cuarenta años, era fornido, de hombros anchos y medía más de un metro noventa.

–Tiene las manos más grandes que he visto en mi vida. Los tipos del muelle le llaman Fork, diminutivo de Forklift.*

Danny no era hablador, de hecho hablaba en monosílabos, y evitaba el contacto visual. Pero era inteligente.

–Traza las rutas y calcula los gastos de kilometraje de cabeza, y nunca se equivoca ni en un centavo.

Hubo un largo silencio en el teléfono. Al final, mi interlocutor respiró hondo y continuó.

–Hace unos dos meses, recibimos una llamada diciendo que la esposa y la única hija de Danny, de cuatro años, habían muerto en un accidente en la autopista 401.

–¿Cómo está? –le pregunté.

–Eso es lo extraño. En el momento, parecía como si no le hubiera afectado en absoluto, y sin embargo sé que era un hombre familiar. Al nivel que sea, debe de estar sufriendo. Le pregunté si quería tomarse un tiempo de permiso retribuido, y negó con la cabeza. Estaba de vuelta en el trabajo al día siguiente del funeral.

El propietario ofreció pagarle a Danny unas sesiones de terapia; Danny tenía dudas.

–Así que le conté que yo había estado haciendo terapia contigo y que me había ayudado enormemente –dijo.

---

* *Forklift* significa «montacargas» o «carretilla elevadora». (*N. de la T.*)

—¿Se sorprendió?

—Si a Danny le sorprenden las cosas o no, es imposible saberlo.

Unas semanas después, Danny accedió a probar la terapia.

El hombre que estaba en la sala de espera tenía la piel oscura y el pelo negro, largo, recogido en dos trenzas. Iba vestido con una camisa de franela, una chaqueta de cuero, tejanos y botas con puntera grises de piel de tiburón.

Me presenté. Asintió con la cabeza sin mirarme, y cuando entramos en mi despacho, se quedó en la puerta hasta que le pedí que se sentara. Su rostro, de treinta y tantos años, era una máscara perfecta. Para romper el hielo, le dije lo bien que me había hablado de él su jefe. Se limitó a mirar al suelo. Al estudiar su cara, vi lo guapo que era. Con su altura, su anchura de hombros, su perfil perfecto, aquellos ojos negros penetrantes y la piel tersa, era sin duda muy atractivo.

Cuando le expresé mis condolencias por la pérdida de su esposa y su hija, tuve la sensación de que prefería que hubiera más distancia entre nosotros. Así que le dije que lo mejor era empezar por un historial personal y familiar. Le pregunté por sus padres, y si le estaban siendo de ayuda en estos momentos tan difíciles. Me dijo que su madre había muerto y que su padre y sus hermanos, que vivían en una reserva del noroeste de Manitoba, no sabían lo que había pasado. Cuando le pregunté si quería hablar de lo que sentía, negó con la cabeza. Se quedó sentado en silencio durante el resto de nuestra primera sesión; y durante todas las sesiones de los tres meses siguientes.

Nuestro silencio no era el silencio pegajoso de la depresión. Danny parecía querer sencillamente que lo dejaran en paz. Sin embargo, seguía viniendo todas las semanas. Había algo magnético en aquel hombre, y descubrí que podía estar sentada frente a él en silencio con una sensación de agradable compañía. Aquello era nuevo para mí.

Aun así, yo era consciente de que para tratar el caso de Danny necesitaba ayuda; a fin de cuentas, no me pagaban para que estuviera sentada en silencio. Así que busqué en los catálogos de las bibliotecas a algún psiquiatra indígena, pero no encontré ninguno. (En 1988, yo no sabía nada sobre los círculos de sanación ni otros rituales y ceremonias indígenas). Después intenté ponerme en contacto con las distintas oficinas de las Naciones Originarias y el Departamento Federal de Asuntos Indígenas,* como se llamaba en aquel tiempo; nadie me devolvió las llamadas. En la unidad psiquiátrica del hospital de Toronto que atendía a la mayor parte de los indígenas, el encargado de las admisiones me dijo: «A los indios no les va bien la terapia. La mayoría de las derivaciones están relacionadas con el alcohol, así que hay algunos grupos de Alcohólicos Anónimos a los que puedo remitirla. A veces se reúnen, a veces no».

Amplié la búsqueda. Finalmente encontré una referencia al doctor Clare Brant, un psiquiatra indígena que había estudiado en Harvard. También resultó ser descendiente directo de Joseph Brant,** el famoso jefe que luchó durante la Revolución Americana. Le escribí una larga carta explicándole el caso y mis dificultades para

---

* Naciones Originarias de Canadá (en inglés, First Nations; en francés, Premières Nations), también conocidas por su traducción literal de estos idiomas como Primeras Naciones, es la denominación moderna de los pueblos indígenas (y sus descendientes) de Canadá. (*N. de la T.*)

** Thayendanegea, también conocido como Joseph Brant (Nueva York, 1742-Ontario, 1807), fue un caudillo del pueblo mohawk. Peleó en el bando de los lealistas al Imperio británico en la guerra de independencia de Estados Unidos. Estudió en escuelas británicas, y provocó la ruptura de la Confederación Iroquesa cuando, en 1777, se puso de parte de los británicos contra los estadounidenses (*N. de la T.*)

comunicarme con Danny. Su respuesta fue un gran alivio. Decía que entendía que me sintiera como un pez fuera del agua, así que había incluido en su carta los trabajos académicos que había escrito sobre la concepción indígena del universo. Son unos trabajos fascinantes que deberían ser de lectura obligatoria para todos los canadienses. Le estaré eternamente agradecida a este hombre. Mantuvimos una larga correspondencia que aún conservo.

Según explicaba el doctor Brant, en las comunidades de pequeño tamaño cuyos miembros estaban fuertemente unidos, sobre todo en los duros entornos del norte, era necesario evitar a toda costa los conflictos entre individuos. Para poder vivir en estrecha proximidad y mantener al mismo tiempo la privacidad individual, era esencial que los miembros no interfirieran unos en la vida de otros, por lo cual se habían establecido ciertas convenciones sociales. Algunas formas de «interferir» eran, por ejemplo, hacer preguntas, dar consejos y tratar al otro con demasiada familiaridad.

Comprendí que a Danny la terapia debía de parecerle una falta de respeto. Había estado interfiriendo en su psique al hacerle reiteradas preguntas íntimas. Cuanto más hacía yo por que Danny se abriera, más se cerraba. Sin embargo, cuando conseguía quedarme callada, me daba cuenta de que él habría podido continuar así indefinidamente; a ese juego, él me ganaba con mucho.

Así que decidí que lo mejor sería explicarle lo frustrada que me sentía. Le dije a Danny que sabía lo que debía de parecerle que insistiera en hacerle preguntas, pero que no estaba en mi mano alterar demasiado el procedimiento: era mi cultura, era la forma en que funcionaba la terapia blanca. Le pedí que me ayudara, que me dijera qué podía cambiar. Para mí era muy importante que la terapia funcionara, le dije, y era consciente de cuánto me quedaba por aprender.

Danny hizo su primera pregunta, aunque sin mirarme a los ojos.

–¿Por qué es importante para ti?

–Es mi trabajo, y me gusta hacerlo bien.

–Pensaba que ibas a decir alguna imbecilidad, como que me has tomado mucho afecto.

–No te conozco lo suficiente como para haberte tomado mucho afecto. –Y a continuación añadí–: Sin embargo, por alguna razón que no sabría explicar, siento una conexión contigo y quiero ayudarte a procesar tu dolor.

–Yo no tengo dolor –dijo con la misma gravedad monótona con que hablaba siempre.

–De acuerdo, es lo primero que me cuentas de ti. Así que debe de ser importante para ti que yo te considere un hombre que no tiene dolor.

–Si tú lo dices.

–Lo digo. –Esta vez decidí mantenerme firme en mi postura–. ¿Por qué es importante para ti? ¿Quieres que entienda que no puedo hacerte daño porque, haga lo que haga, no vas a sentir dolor?

Se quedó en silencio unos diez minutos, quizá más. Luego dijo:

–Sí.

No volvió a abrir la boca en los últimos veinte minutos de la sesión.

Por fin, después de cuatro meses, había conseguido hacer algún progreso. Danny había admitido, o yo había interpretado, que estaba defendiéndose del dolor. Decidí ir despacio. Si despacio significaba intercambiar dos frases a la semana, que así fuera. Si le presionaba, estaba segura de que se cerraría.

Semana a semana, iban saliendo algunas cosas. Intenté ser simple testigo. Decidí no preguntarle por su esposa o su hija, ni por el motivo de que no hubiera manifestado ninguna señal de duelo; si no había sentido conscientemente ningún dolor, no era de extrañar que no hubiera llorado su muerte.

En determinado momento, no obstante, sí le dije:

–La gente que no siente dolor no puede sentir alegría.

Me miró a los ojos por primera vez.

–Puedo vivir sin alegría.

–¿Me estás diciendo que no hay dolor en tu corazón –aventuré–, o que lo tienes encerrado?

No dijo nada más. Pero una semana más tarde, entró, se sentó y, como si estuviéramos teniendo aún la misma conversación, dijo:

–Está encerrado.

–¿Y si el dolor fuera saliendo poco a poco en la terapia –le pregunté– y pudieras librarte de él? Entonces la alegría podría entrar y ocupar el espacio que el dolor dejara libre.

–¿Alegría? –contestó en tono burlón, como si le estuviera sugiriendo alguna clase de empalagosa experiencia pentecostal.

Reformulé la pregunta.

–Bueno, pues si no alegría, bienestar.

–Estoy bien –dijo como para tranquilizarme.

Le pedí que me hablara de su infancia, y puntualicé que podía omitir hablar de dolores y alegrías. El siguiente relato fue tomando forma poco a poco a lo largo de nuestro primer año de terapia. Tuve mucho cuidado de no ofrecerle compasión ni consuelo; sabía que, si lo hacía, se quedaría mudo. Me limité a ser testigo.

Danny venía de una familia de tramperos que vivía en el extremo noroeste de Manitoba, muy por encima del límite arbóreo ártico. La mayor parte del año sobrevivían solos en la tundra, pero al final de cada temporada, cuando vendían las pieles a la Compañía de la Bahía de Hudson, se trasladaban a un pequeño asentamiento comercial.

Danny tenía una hermana, Rose, tres años mayor que él. De niños, ayudaban a su padre a desenredar las trampas de lazo. Rose ayudaba además a su madre a curtir las pieles y Danny daba de comer a los perros.

Su primer recuerdo giraba en torno a la línea de trampas. Un día, su padre advirtió a Danny y Rose que era mejor que no lo acompañaran; la ventisca de nieve había removido el terreno y era peligroso recorrer la línea de cepos y trampas, pero ellos le siguieron de todos modos. El padre entendió que, si aun habiéndoles advertido del peligro decidían adentrarse con él en el límite arbóreo, era por su cuenta y riesgo. Los marcadores habituales del sendero habían quedado enterrados en la nieve, y la hermana de Danny no era capaz de localizar las trampas. En determinado momento corrió para alcanzar a su padre y se le enganchó un pie en un gran cepo que le cortó la piel del tobillo hasta el hueso. Hubo que trasportarla en trineo hasta el asentamiento más cercano, lo cual llevó días. La herida no se curó debidamente, y desde entonces su hermana arrastraba una pierna. Danny aprendió aquel día a tener cuidado cuando trabajaba con trampas.

Era curioso oír que el padre, una vez que hubo advertido a sus hijos del peligro, vio que no le hacían caso, pero no insistió ni intervino de ningún modo, lo cual es un ejemplo entre muchos otros de hasta qué punto difieren las técnicas de crianza de blancos y nativos. Según explicaba el doctor Brant, el estilo de crianza indígena es servir de modelo a los hijos, pero no interferir, mientras que los blancos creemos en una enseñanza activa e insistente para moldearlos. Más adelante, esta diferencia de estilos de crianza volvería a aparecer en la vida de Danny y lo atormentaría.

Me di cuenta por su sonrisa casi imperceptible de lo mucho que disfrutaba Danny recordando sus días de trampero. Empezó a contarme más detalles de su vida en la tundra. En una ocasión, incluso sacudió la cabeza y dijo: «Vaya, hacía años que no pensaba en todo esto». Sus recuerdos me fascinaban, y a Danny le sorprendía que me interesaran tanto los detalles sobre el arte del «trampeo». A veces le paraba y le preguntaba por qué se hacían las cosas de determinada manera. ¿Por qué, por ejemplo, su padre utilizaba un trineo tirado por perros en lugar de una moto de nieve? Danny me explicó que, si una moto de nieve se averiaba en medio de la tundra, estabas muerto. Con un equipo de perros, en cambio, lo peor que podía ocurrir era perder a un perro o que se rasgara un arnés, que podía repararse. Además, el combustible para una moto de nieve se llevaría el escaso margen de beneficios.

Danny me contó que su trabajo era dar de comer a los perros su ración de pescado congelado. Además, con cuatro o cinco años, estaba orgulloso de ser él quien llevaba el hacha para cortar el hielo mientras su padre desenganchaba de las trampas a los castores. Su padre no hablaba mucho, pero Danny decía que, aunque él era solo un niño, trabajaban como una máquina con los engranajes bien aceitados. Y por supuesto no se le ocurría quejarse del frío; todos sabían que la temporada de caza era corta y que de ella dependía su subsistencia.

Danny estaba encantado de pasarse meses en la tundra con su padre, que, por cierto, tenía poco más de veinte años. Al final de la temporada recorrían cientos de kilómetros para entregar las pieles en un puesto comercial donde vivían como mucho trescientas personas. Allí Danny veía a los niños jugar juntos y se preguntaba cómo sería tener un compañero de juegos que no fuera su hermana.

En casa no tenían televisión, ni música, ni electricidad, ni un inodoro con cisterna. Pero una vez, cuando Danny tenía cuatro años, el negociante de la Compañía de la Bahía de Hudson, que tenía un despacho y un escritorio que Danny contemplaba con admiración, le regaló un libro. Aún no sabía leer, así que se inventaba historias mientras pasaba las páginas. (Los personajes principales eran siempre castores que hacían alguna fechoría). A Danny le encantaba el libro; lo «leía» todas las noches y muchas veces se lo «leía» a Rose, que escuchaba fascinada. Me dijo que su amor por la lectura empezó con aquel libro, el primer objeto que tuvo. Todavía recordaba a su madre utilizando la forma posesiva de la lengua cri para referirse a él: el libro de Danny.

2. Zapatos de cuero

Un día, la familia estaba en casa, disfrutando la calidez acogedora de la cabaña durante las semanas que transcurrían desde que ponían las trampas hasta el momento de recoger las pieles. Danny y su padre estaban sentados a la mesa haciendo una talla de madera cuando, de repente, se oyó a su madre gritar «como un animal rodeado por los coyotes». Nunca hasta ese momento la había oído hablar en tono más alto que el de un murmullo.

Estaba discutiendo en la puerta con dos hombres blancos que, claramente, no eran cazadores, «pero tenían un aire peligroso». Danny recordaba sus extraños zapatos de cuero, un calzado ridículo para abrirse paso por dos palmos de nieve. Para que no se te congelaran los pies, tenías que usar *mukluks*, unas botas altas, blandas, hechas tradicionalmente de piel de foca y forradas de piel de castor u otros animales de pelaje largo. Los hombres entraron y anunciaron que tenían que llevarse a Danny y Rose a una escuela residencial a más de mil kilómetros de distancia. Era la ley, y si los padres no entregaban a sus hijos de inmediato, podían ir a la cárcel.

Los hombres hablaban en inglés, pero nadie de la familia entendía lo que decían. Al final, sus padres captaron lo esencial: aquellos dos hombres blancos del gobierno les estaban robando a sus hijos.

–No creo que mis padres imaginaran que era para siempre –añadió Danny–. Mi madre fue al dormitorio a empacar nuestras cosas y los hombres le gritaron que no necesitábamos nada. Nuestros padres estaban allí de pie, pero parecía que una flecha les hubiera atravesado el corazón.

En 1988 yo no tenía ni idea de lo que era una escuela residencial. Suponía que era un internado para indígenas que vivían en los bosques o en la tundra y estaban demasiado lejos para ir a la escuela. No era así. Formaba parte de una política decidida a erradicar las culturas de las Naciones Originarias. John A. Macdonald, primer ministro de Canadá desde 1867 hasta 1891, dijo que las Naciones Originarias eran «tribus de salvajes». Posteriormente, en 1920, los funcionarios federales hicieron explícito su objetivo: el genocidio cultural. Aquel año, en la Cámara de los Comunes, el superintendente adjunto de Asuntos Indios anunció su objetivo de mantener en funcionamiento las escuelas residenciales hasta que no quedara en Canadá «ni un solo indio que no haya sido absorbido por la organización central del Estado, y ya no existan ni la cuestión india ni el Departamento Indio».

A Danny y a su hermana los metieron en un coche; allí sentados, miraban cómo cientos de kilómetros de tundra iban desapareciendo a sus espaldas. Muchas horas después, los hicieron subir a un tren lleno de niños nativos tan aterrorizados como ellos. Nadie llevaba equipaje. Viajaron durante días en un silencio ominoso. Danny miraba con desconcierto los grandes campos de ganado: nunca había visto pastar a animales que no tuviera que cazar, y no tenía ni idea de lo que eran un rancho o una granja. Los álamos y las cumbres escarpadas fueron una sorpresa para los dos hermanos. Danny observaba los colores chillones y sentía que se adentraba en un alarmante universo en llamas. Finalmente, en un pueblo, los recogieron a todos y en autobús los condujeron al campo, muy lejos. Luego, «en medio de la nada», se detuvieron delante de un edificio enorme de ladrillo rojo y ventanas con barrotes.

Lo primero, nada más llegar, fue que a Danny lo separaron de Rose. Vio cómo dos curas con sotana, «que parecían osos negros», la arrastraban a otro edificio mientras ella lo llamaba a gritos.

Lo segundo fue que, sin saber por qué, le raparon la cabeza. Entonces y ahora, muchos indígenas consideran que el cabello es una prolongación física de su ser espiritual. En muchas tribus, un individuo se corta el pelo si se produce una muerte en la familia. En otras, existe la creencia de que el pelo está conectado al sistema nervioso y es necesario para procesar la información del entorno, como los bigotes de un gato. La tribu de Danny tenía la creencia de que cortarse el pelo era una forma de humillarse por un mal que se había perpetrado, o una humillación pública por una presunta transgresión. Danny no tenía ni idea de qué delito había cometido.

A todos los niños les dieron un uniforme y les asignaron un número. A Danny lo llamaron «número 78» hasta los dieciocho años. Nadie se creyó que tuviera cinco o seis años, porque era alto para su edad, así que lo pusieron con niños de ocho y nueve. Pensando que sus padres irían a recogerlo en cualquier momento, no dejaba de mirar furtivamente por la ventana.

—Creí ver venir a mi padre con su pipa varias veces —dijo—, pero supongo que me lo imaginé.

El primer día de clase les dijeron que ser un «indio» o un «salvaje» (los términos se usaban indistintamente) era malo, y que para cuando salieran de la escuela ya no serían indios; serían canadienses que hablaran inglés. Danny no hablaba inglés, pero entendió lo de que «los nativos eran malos». Se le escapó la parte de que nunca más volvería a hablar cri.

La segunda semana de clase, mientras estaba en el recreo jugando un partido de balompié arbitrado por el cura, Danny miró a través de un largo campo y vio a su hermana detrás de una valla. Fue la primera emoción que Danny expresaba en la terapia.

—Estaba tan contento que empecé a temblar, y corrí hacia ella gritando «*tanisi*», que en cri significa «hola». El cura me agarró del brazo para detenerme, pero yo me resistí. Delante de los demás chicos, me pegó con un látigo hecho de una vieja brida de caballo, con hebillas y arandelas metálicas. Me dijo que no podía hablar indio ni ahora ni nunca más.

Entretanto, la hermana de Danny lo miraba desde detrás de la valla sin poder hacer nada, llorando.

—Aun así, le grité: «*Nimis*», que significa «hermana mayor». (En lengua cri, los nombres de los parientes se definen por la relación que tienen con el que habla).

El cura, indignado porque se le hubiera desafiado en público, le dio a Danny tal paliza que estuvo postrado en cama durante días en la enfermería.

—Me dolía mucho que mi hermana Rose tuviera que ver cómo me pegaban, y verme lleno de sangre desde el otro lado de la valla. La entristeció tanto… —Hizo una pausa—. Durante los doce años que estuve allí no volví a decir ni una palabra más en cri. Con el tiempo, se me olvidó del todo. Ya no podía hablar con mis padres.

Pensé en mis gemelos, que acababan de cumplir siete años. Intenté imaginar que me los quitaban y les decían que el inglés era una lengua salvaje, que eran malos y que tendrían que abandonar su cultura y remodelarse para convertirse en niños de otra etnia. Y que, por querer saludar a su hermano de nueve años en inglés, les daban una paliza. Era una imagen terrible y desgarradora.

Hizo falta un año entero de terapia para que Danny y yo tuviéramos un mínimo de confianza. Al echar la vista atrás, me sorprende que, dada la experiencia que había tenido Danny con la gente blanca, fuera siquiera posible que confiara en mí.

Una de las cosas que le ayudaron a sobrevivir emocionalmente fue todo lo bueno que había recibido de sus padres hasta los cinco años. Le pasara lo que le pasara después, al menos tenía una base firme. Pero estaba tan traumatizado por aquel secuestro y la crueldad que vino después, por que le hubieran arrebatado a sus padres, su lengua y su cultura, que sufrió una especie de congelación emocional. En aquel tiempo fue la manera de sobrevivir, pero ahora le impedía llorar la muerte de su esposa y su hija.

Durante ese primer año de terapia, lo más importante que me dijo Danny fue que podía «vivir sin alegría». Era mi trabajo devolverle la capacidad de sentir alegría, aun sabiendo que eso significaría volver a sentir tristeza también. Y eran tantas más las experiencias dolorosas que había vivido Danny hasta entonces que, para que recuperara la capacidad de sentir, tendríamos que avanzar a un ritmo que pudiera tolerar. Para él, la terapia sería salir lentamente de un largo estado de congelación.

3. Desencadenantes

Para nuestro segundo año de terapia, había aprendido a interactuar mejor con Danny. Como me dijo uno de los memorables curanderos indígenas de la isla de Manitoulin: «No lo claves en la cruz; habla con él». Descubrí que la mejor manera de trabajar con Danny era hacerle preguntas inocuas que luego él podía llevar a áreas psicológicas más profundas si así lo quería. Si le hacía preguntas psicológicas directas, se quedaba paralizado, a veces durante toda la sesión. Como él mismo comentó más adelante, «los indios tenemos nuestra propia manera y nuestro propio tiempo».

En una sesión, le pregunté por su vida escolar. Dijo que había asistido a la escuela «como un blanco», que se había esforzado al máximo por ser blanco. Aceptó la ideología que le enseñaron: los indios eran malos.

–¿Por qué, si no, iban a hacernos aquello las monjas, los curas y todos los demás blancos? Éramos una gran familia católica. Yo creía en las monjas y los curas. –Y añadió–: Cualquiera de la escuela que tuviera un cargo mínimamente importante se había creído de verdad que los indios eran malos.

Cuando llegó, tenía cinco años y era uno de los más pequeños, pero ninguno de los niños mayores lo ayudó ni lo consoló.

–Las reglas eran que cada uno se ocupara de sus cosas, y eso es lo que hacían todos. Un día me desperté y el niño que dormía a mi lado estaba muerto. Tenía miedo de informar a nadie por si pensaban que lo había matado yo. Cuando no se presentó a la hora del desayuno (todavía me acuerdo de que su número era el 122), lo encontraron allí muerto. En una hora había desaparecido. Y nadie dijo una palabra.

Cuando investigué un poco sobre las escuelas residenciales, encontré un informe de 1907 publicado en el periódico *Montreal Star* que citaba una tasa nacional de mortalidad del 24 por ciento de los niños y niñas nativos que vivían en las escuelas (del 42 por ciento si se contaban aquellos que morían en casa poco después de que fueran devueltos porque estaban gravemente enfermos). Morían de tuberculosis, de inanición o de puro abandono. Muchos, sencillamente desaparecían; no se informaba a los padres de su muerte. En 2015, la Comisión de la Verdad y la Reconciliación hizo saber que habían muerto entre cuatro mil y seis mil niños. La cifra sin duda era considerablemente mayor, ya que en muchos casos no se sabía qué había sido de ellos. En el transcurso de ciento cincuenta años, murieron y desaparecieron más de ciento cincuenta mil niños y niñas. Como las cifras eran tan altas, las escuelas residenciales dejaron de contar las bajas.

A Danny le iba bien en la escuela y nunca dio ningún problema.

–Me daban pena los chicos que no eran capaces de hacer las cosas a la manera del hombre blanco; su vida era un infierno.

Me contó que, si no se sabían las tablas de multiplicar, les hacían salir al patio en pleno invierno sin abrigo, con solo una bolsa de basura encima con agujeros para los brazos. A Danny lo nombraron el mejor de la clase en varias asignaturas, pero era algo que le parecía vergonzoso, incluso humillante.

Forma parte de la ética nativa no competir ni alardear de los éxitos: podría ser insultante para la persona menos capacitada. Se entiende que alguien juegue en un equipo de hockey, pero jactarse de los triunfos de su equipo se considera una falta de sensibilidad, ya que puede ofender al equipo contrario. En su artículo titulado «Ética y normas de comportamiento de los nativos», el doctor Brant escribió: «Esta ausencia de competitividad se extiende incluso a la vida laboral, aunque los empleadores no nativos suelan entenderla como una falta de iniciativa y ambición». En lugar de regocijarse por sus buenos resultados académicos, Danny prefería no tenerlos en cuenta. Al fin y al cabo, los que le felicitaban por sus «logros» eran los mismos que lo mataban de hambre (a final de curso había crecido, pero pesaba la mitad), los mismos que le hacían la vida imposible, que lo habían separado de sus padres y metido en aquella cárcel.

Al terminar de contar esto, me preguntó:

—¿Entiendes que no fuera un honor?

Yo estaba muy contenta de que, después de más de un año juntos, Danny me contara cosas y de ver que se tomaba la terapia lo bastante en serio como para que le importara si yo lo entendía. A estas alturas, sabía que Danny tenía incorporado un sensibilísimo detector de mentiras. Me tocaba ser completamente sincera. Así que le dije:

—Lo entiendo, pero me pregunto si había alguna parte de sus elogios que te enorgulleciera.

Pareció decepcionado, así que añadí:

—Quiero decir, con el paso de los años, ¿no empezaste a creer ligeramente en el sistema de recompensa del hombre blanco, dado que era lo único que tenías?

Danny dijo que nunca, ni por un momento, quiso estar en aquel sitio.

—Sabía que era un prisionero y quería seguir sintiendo que lo era. No quería unirme a ellos. —Se quedó en silencio unos quince minutos. Luego dijo—: No es del todo verdad. Me gustaba atender a los animales y ponerles la comida y cruzarlos. Me enviaron con mi cerdo al torneo 4H,* y me sentí orgulloso cuando gané un premio, sobre todo porque no tenía nada que ver con la escuela.

Danny tenía mano para los animales, y llegó a ser el jefe de zootecnia de la escuela siendo todavía un adolescente.

–También me gustaba la agricultura: la tierra, el crecimiento, la cosecha. Tenía algunos secretos agrícolas.

–¿Cómo cuáles?

–En primavera calentaba agua al sol en cubos de basura, y luego regaba con el agua tibia los tomates que tenía en el invernadero... Los míos eran siempre los primeros en madurar.

Cuando le pregunté cómo había aprendido esos trucos, vaciló.

–Había un cura que me lo enseñó todo.

Danny se quedó en silencio durante los siguientes treinta minutos. Absolutamente quieto, mirando por la ventana. Hasta su parpadeo parecía más pausado.

Cuando regresó una semana después, se sentó y dijo:

–Ese cura que me enseñó tantas cosas me tocaba.

–¿Te tocaba cómo?

–Cosas sexuales. En el granero, una y otra vez. Repetía cuánto le gustaba. Era vomitivo; quiero decir, me hacía vomitar literalmente.

Una vez les pilló un hombre que limpiaba el granero, y se limitó a sacudir la cabeza.

–Todavía siento la quemazón de aquella vergüenza. Entonces

---

* 4H (*Head, Heart, Hands and Health*: cabeza, corazón, manos y salud) es una red de organizaciones juveniles con sede en Estados Unidos cuya misión es ayudar a los jóvenes a alcanzar su máximo potencial. Está administrada por el Departamento de Agricultura y tiene filiales en cincuenta países. (*N. de la T.*)

entendí que el cura no me enseñaba porque se me diera bien la agricultura; solo quería hacer aquellas cosas conmigo. Duró años.

Creo que me leyó en la cara el estupor. Aún no habían salido a la luz pública los abusos sexuales cometidos por sacerdotes, y nadie podía imaginar la magnitud de los cometidos en las escuelas residenciales. Danny me contó esta historia escalofriante tres décadas antes de que los gobiernos pidieran públicamente disculpas a los pueblos indígenas y crearan la Comisión de la Verdad y la Reconciliación.

Cuando Danny no había llegado aún a la adolescencia, había otro sacerdote, uno de la Congregación de los Hermanos Cristianos conocido por sus perversiones, que abusaba sexualmente de todos los niños de la escuela. Me contó que, cuando en primavera estaban jugando al béisbol, el hermano cristiano abría la ventana, llamaba a cualquiera de los chicos y lo violaba brutalmente.

–Era humillante, porque en el equipo todos sabían lo que iba a pasar. Media hora después, se asomaba y gritaba otro número, y los demás teníamos que seguir jugando como si no ocurriera nada. Pero todos sabíamos para qué lo llamaba, porque la mayoría habíamos pasado por ello. –Tras una pausa, añadió–: A mí me pasó desde que tenía ocho o nueve años hasta que llegué a la adolescencia y les paré los pies. Cuando tenía doce años, me llevaron a la enfermería porque tenía mucha fiebre, y el médico, o lo que fuera, hizo cosas sexuales conmigo. Me desperté delirando, con él encima. Lo que no podía entender era por qué eso me seguía pasando particularmente a mí.

Me miró buscando una respuesta.

–Aquellos hombres eran unos enfermos –dije–, probablemente por eso los enviaron a ese sitio. Sospecho que la Iglesia católica sabía que eran unos depravados y, en lugar de excomulgarlos, los envió más allá de la línea arbórea, donde imaginaba que nadie denunciaría sus transgresiones.

–Pero ¿por qué a mí? No a todo el mundo le pasó tantas veces.

(En aquella época, no teníamos ni idea del enorme porcentaje de niños que eran víctimas de abusos sexuales en las escuelas residenciales).

–Sospecho que fue porque eres alto y guapo. Probablemente, les daba igual lo inteligente que fueras. Tenían que elegir a alguien, así que ¿por qué no al más atractivo? A fin de cuentas, eran depredadores.

Entonces ocurrió algo que me dejó helada. Danny se levantó y se fue en mitad de la sesión. Yo no tenía ni idea de por qué. No se presentó a la siguiente cita, ni a la siguiente. Al final, un día tuve que aceptar que había abandonado la terapia. No quería «interferir» llamándolo, así que no lo hice. Normalmente, en las raras ocasiones en que un paciente abandona la terapia sin previo aviso, le escribo una nota o lo llamo, diciéndole que agradecería que tuviéramos una entrevista y habláramos de sus motivos para finalizar la terapia; le explico que es importante resolver los conflictos. Pero nadie se había ido nunca en mitad de una sesión.

Estaba claro que en algo había fallado estrepitosamente. Supuse que había cometido algún error de esos que solo una persona blanca puede cometer y no tener ni idea de cuál ha sido. Tenía la sensación de que Danny se había ido para siempre. Fue entonces cuando me di cuenta de lo importante que estaba siendo para mí el trabajo terapéutico con él. Todo lo que iba descubriendo me tenía fascinada: las diferencias culturales, la participación del gobierno en el trágico intento de erradicar una cultura. Pero lo más importante de todo era que había algo cautivador y honorable en Danny como persona. Me di cuenta de lo mucho que lo admiraba; había soportado más de lo que la mayoría de la gente habría podido resistir.

No hay nada como el fracaso para abrir la mente. Sentí la necesidad de ponerme en contacto con más curanderos de la comunidad indígena. Les escuché mucho más atenta, y viajé por toda la provincia para asistir a ceremonias de purificación. Los sahumerios me resultaban igual de extraños que debía de haberle resultado a Danny la psicoterapia. Pero durante ese tiempo empecé a comprender que las prioridades psicológicas y la manera de entender el mundo indígenas eran realmente diferentes de las de la sociedad blanca eurocéntrica.

La mayoría de las personas blancas acuden a terapia para tener más control sobre sus vidas o, como dijo un curandero, «para manejar cada momento de sus vidas». Si la psicoterapia tradicional se basa en el paradigma del hombre contra la naturaleza, la curación indígena se centra en la armonización del hombre con la naturaleza.

Al cabo de varias semanas, Danny volvió. Cuando empezó a hablar, como si no hubiera pasado nada, le interrumpí. Le dije que me parecía que teníamos que examinar por qué se había marchado en mitad de una sesión.

–Los indios no damos explicaciones –fue lo único que respondió.

Finalmente rompí el silencio que se instaló tras sus palabras.

–Danny, me dejaste plantada y quiero saber por qué. Quizá lo que te pido viole alguna tradición nativa, pero yo soy una terapeuta blanca, y tengo que dar cabida también a algunas de mis tradiciones. –No hubo respuesta, y entonces dije algo que salió de mi propia rabia–. Danny, ¿te has parado alguna vez a pensar que quizá no todas las tradiciones nativas son buenas, lo mismo que no todas las tradiciones blancas son malas? Tal vez podamos aprender la una del otro. Yo estoy dispuesta a ser flexible si tú también lo estás.

–Sabías lo que estabas haciendo –murmuró.

Yo estaba desconcertada. Se levantó y recorrió el despacho de punta a punta como un tigre enjaulado. Al final, dio un golpe contra la puerta con aquel cuerpo enorme.

–Eras como el cura: engatusándome, diciéndome lo guapo que soy. Ya sé cuál es el siguiente paso.

Ahora me quedé de piedra. Lo miré y le dije:

–Te agradezco que me hayas hecho saber que traspasé un límite y que te sentiste incómodo. Lo siento.

Le expliqué que, al decir que era alto y guapo y que destacaba entre los demás alumnos, intentaba que entendiera que un zorro elegiría al pollo más grande y mejor de un gallinero.

–Era mi manera de decirte que no hiciste nada para atraer deliberadamente a aquellos curas. Era solo tu físico, sobre el cual no tenías ningún control.

Le dije que en este momento entendía que hubiera malinterpretado lo que le dije, dado que los encuentros sexuales en la escuela solían empezar con comentarios halagadores.

–La verdad es que no utilicé la palabra *guapo* como un cumplido –añadí–, sino como una descripción. Tal vez a ti te sonara a flirteo. Te aseguro que no lo fue.

Danny hizo su primera acusación.

–Yo a ti nunca te habría llamado guapa.

Me eché a reír. No lo pude evitar. Le dije que podía unirse a la legión de hombres que nunca me habían llamado guapa. Hasta él sonrió.

Llamarle guapo a Danny fue para él un desencadenante emocional.* Otros pacientes que habían sufrido repetidos abusos sexuales

---

* Un desencadenante o detonante emocional no es una causa en sí mismo, sino un mecanismo que hace aflorar determinados sucesos del pasado que siguen sin reaccionaban con la misma fuerza a detalles concretos que actuaban como detonantes emocionales y reavivaban la experiencia. Le dije que era así para la mayoría de las víctimas de abusos sexuales, y que mis palabras habían activado en él uno de esos desencadenantes.

–¿Víctima de abusos sexuales? –repitió en voz baja.

Nunca había oído esa expresión o nunca había pensado que tuviera que ver con él. En aquella época, hablar públicamente de abusos sexuales no era ni mucho menos lo habitual; la gente mantenía en secreto su vergüenza y vivía con ella, convencida de que debía ocultársela a la sociedad. Le conté a Danny que las víctimas de abusos sexuales sufren una serie de síntomas, entre ellos una especie de anestesia emocional. A continuación, apunté delicadamente a que eso era lo que él había experimentado ante la muerte de su esposa y su hija.

Asintió con la cabeza, como si acabara de entender algo en ese instante. Para entonces, estaba familiarizada con su forma de procesar cada descubrimiento. Cada vez que captaba una posible verdad, lo reconocía; y luego, a su debido tiempo, exponía sus objeciones o hablaba sobre ella. A veces, al cabo de los meses volvía de repente al tema como si lo acabáramos de tratar en la sesión anterior. En este caso, dijo que hablaría de los abusos cuando estuviera preparado. No era eso lo que yo hubiera querido; yo quería atacar mientras el hierro estaba candente, abordar las cosas de una forma lineal. Pero Danny no era así. Y sentí que debía respetarlo.

---

resolver y provoca reacciones sobre las que el individuo no tiene ningún control. Los estímulos en sí pueden ser inofensivos –un gesto, una canción, una palabra, un olor–, pero activan una parte emocional que se siente en peligro. (*N. de la T.*)

4. Medallas de vacas

Como Danny no estaba preparado para enfrentarse directamente a los abusos que había sufrido en la escuela, le pregunté por los familiares a los que había dejado atrás. En una ocasión, cuando terminó de contar detalladamente algo que su padre le había enseñado sobre el rastreo, comenté que era extraño que nunca mencionara a su padre al referirse a épocas más recientes.

–Me has dado una descripción detallada de un hogar ideal hasta que las autoridades te apartaron de tu familia. Luego hay un vacío. Sé que tu madre murió y que tu padre sigue vivo. Pero no sé más.

–Sabes lo esencial. Mi padre sigue en el norte.

Los periodos de silencio eran ahora más breves, y, después de dos años, yo había empezado a percibir sutiles matices emocionales en su tono habitualmente plano.

Le pedí que me contara cómo eran las cosas cuando volvía los veranos a su casa. Dijo que, el primer año que volvió, sus padres se quedaron petrificados cuando le oyeron hablar en inglés a Rose. Casi se le había olvidado hablar cri; se lo habían sacado a golpes. Sospecho que le provocaba demasiada ansiedad recordar las palabras. Su propio idioma se había convertido en un desencadenante emocional.

Sus padres interpretaron que se avergonzaba de sus orígenes.

–Lo mismo que yo me había alejado de ellos, ellos se alejaron de mí. Así es como sobrevivieron a todo lo que se les vino encima. A Rose le costó menos que a mí recuperar la indianidad.

Probablemente fuera porque tenía unos años más que Danny cuando se la llevaron, y era por naturaleza más habladora y quería sentirse incluida, explicó.

—Recuerdo que Rose les contó a mis padres que un cura me había dado una paliza y ella lo había visto desde detrás de la valla. Mi madre, que era católica, le dijo que no quería oírla hablar mal de los curas. En ese momento supe que nunca podría contarles la verdad de lo que pasaba en la escuela.

Cuando le pregunté cómo había evolucionado su relación con ellos al pasar los años, me contó que sus padres tuvieron otros dos hijos después de él y que sus vidas cambiaron drásticamente a consecuencia de las nuevas políticas gubernamentales.

—Cuando yo aún vivía en casa, mis padres pasaban la mayor parte del año en la tundra. Llevaba tiempo colocar las trampas, y luego había que esperar a que llegara el momento de ir a recoger los animales. Después, cuando iban al puesto comercial a vender las pieles a la Compañía de la Bahía de Hudson, teníamos una cabaña en un pequeño asentamiento próximo, donde vivían unas docenas de personas, pero pasábamos allí muy poco tiempo —contó sobre sus primeros años de vida con ellos.

La cuestión era que Rose y él habían estado entre de los últimos niños indígenas a los que se envió a las escuelas residenciales. Durante los años que Danny estuvo en la escuela residencial, el gobierno decretó que los indígenas tenían que trasladarse a un asentamiento donde hubiera una escuela.

—Eso significó que mis padres tuvieron que dejar la caza, y además el gobierno les quitó a los indígenas gran parte de las tierras de caza amparándose en un tratado que el gobierno tergiversó como quiso. A cambio, construyó unas pequeñas casas endebles para los tramperos y les dio una ayuda social. Vivían todos hacinados alrededor de la escuela; lo llamaban «reserva».

–¿Qué hacían tus padres?

–No tenían nada que hacer. Ya no podían poner trampas porque estaban demasiado lejos de la tundra. Hacía demasiado frío para poder cultivar nada ni para tener animales. Cuando Rose y yo volvíamos a casa en verano, cada año lo encontrábamos todo más descuidado. Mi padre había empezado a beber mucho. Le pregunté a Rose si mi madre había ido quedándose sin dientes de tanto masticar pieles para ablandarlas, pero me contestó que mi padre se los había roto a puñetazos.

Sus padres parecían alegrarse cada vez menos de ver a Danny y Rose, y su madre empezó a beber también.

–Los golpes duelen menos si estás borracha –dijo Danny–. La primera vez que vi a mi padre pegar a mi madre porque ella le dijo que se preparara para ir a la iglesia, algo que a él solía gustarle hacer, decidí que no bebería en mi vida. No quería que jamás un hijo mío sintiera lo que yo sentí por mi padre en ese momento.

Entonces Danny habló con una emoción que pocas veces manifestaba. Me contó que, cuando él era pequeño, sus padres estaban ocupados en todo momento. El campamento estaba siempre inmaculado; cuidaban hasta el último detalle para que todo funcionara a la perfección. Nunca había un plato sucio, y los regalos de Navidad eran todos auténticas obras de arte que hacían en los ratos libres.

–Nunca los vi descansar a ninguno de los dos antes de que llegara la hora de acostarse. Se levantaban al salir el sol.

Ahora, decía, llenaban sus vidas vacías bebiendo, discutiendo y durmiendo.

Mientras Danny describía su estado de degeneración, se frotaba las manos como si estuviera pulverizando entre ellas los malos recuerdos, y entrecerraba los ojos como si estuviera mirando directamente al sol. Parecía que quisiera destruir lo que aparecía en su mente.

Hubo un largo silencio, luego reanudó el relato.

–Una vez cometí un error; confundí la cultura blanca con la india. Ocurrió porque llevaba demasiado tiempo en la sociedad blanca.

Cuando tenía unos trece años, le enseñó a su padre las medallas que había ganado en el concurso provincial de la 4H. Danny bajó la voz.

–Se burló de ellas –dijo casi en un susurro–. Se rio de mí. Estaba borracho, y empezó a hacer ruidos como mugidos de vaca y a preguntarme si tenía todos los tallos de maíz en fila. Mi madre se reía y Rose estaba callada, con mirada confusa. Fue la última vez que traté de compartir algo con mi familia.

Cabe destacar que la única ocasión en que el doctor Brant critica abiertamente en sus estudios una práctica de las Naciones Originarias, a las que él mismo pertenece, es al referirse a la costumbre indígena de reprimir la ira. Explica que los nativos no se enfadan abiertamente con sus hijos cuando consideran que es necesario corregirlos en algún aspecto, sino que dejan salir la ira de modos que no supongan un enfrentamiento directo, riéndose con malicia de ellos, avergonzándolos y ridiculizándolos. En un artículo académico, escribía: «El avergonzamiento y el escarnio utilizados como alternativa al castigo y la ira parentales pueden erosionar la autoestima y dar lugar en los hijos a un abrumador sentimiento de humillación cuando se encuentren frente a una burla más adelante en la vida». Sigue explicando que, como es tan difícil para un niño que se ha sentido repetidamente menospreciado saber cuáles son las normas y cómo responder a las chanzas y burlas, es posible que se retraiga, que una burla le provoque timidez social, vergüenza o incluso terror.

–Y allí estabas tú –le dije–, el chico que había ganado el primer premio de matemáticas y de ciencias, el premio al mejor estudiante y la medalla de la 4H provincial por la cría de animales, menospreciado por tus padres. No me extraña que llegara un momento en que dejaras de sentir ni mostrar ninguna emoción. ¿Por qué no desconectarte, si recibes agresiones desde todos los frentes? Es lo único que uno puede hacer para sobrevivir.

Hizo un gesto con el brazo, indicándome que siguiera hablando. Me quedé callada. Al final dijo:

–¡Suéltalo de una vez!

Sonreímos los dos. Lo mismo que yo estaba aprendiendo a detectar cuándo había algo que le rondaba por la mente, él estaba aprendiendo a detectar cuándo empezaba yo a impacientarme.

Le pedí que imaginara lo que su padre le habría dicho si no hubiera estado borracho y si no hubiera recurrido a las burlas y el menosprecio, si hubiera podido decir lo que realmente sentía.

–Sé tu padre y dímelo –le imploré–. De verdad, quiero saber por qué respondió así.

Sorprendentemente, Danny lo hizo. Habló en voz más baja y más despacio, haciendo ver que era su padre.

–*Ningozis*, te han apartado de nosotros y te han dicho que somos unos salvajes y que «el único indio bueno es un indio muerto»; sin embargo, te encantan sus baratijas y, como dices tú, sus «premios». ¿A los enemigos que tanto dolor nos causaron los adoras como a dioses? Te arrancaron de nuestro lado. –Danny hizo una pausa y yo asentí con la cabeza. Continuó–: La agricultura, la ganadería, ¿qué es eso? Encerrar a los animales en establos y plantar verduras en hileras. Eso no es un arte. Es un oficio. Para cazar hay que ser un hombre; tienes que usar el ingenio cada momento del día. Tienes que fundirte con la mente de cada animal que atrapas…, no encerrarlos, alimentarlos y comértelos. Sin embargo, tú no muestras ningún interés por la caza. Te parece que es cosa de salvajes, y crees que, porque vivimos con suelos de tierra y sin agua corriente, estás por encima de nosotros.

Asentí de nuevo; al fin comprendía. Danny siguió hablando, esta vez con auténtica emoción.

–Me juzgas porque bebo. No tengo trabajo; no puedo cazar ni un ratón. Tus hermanos pequeños no ven al trampero orgulloso que llegaba cada año con más pieles que ningún otro hombre del asentamiento. Ven a un borracho que hace solitarios delante de una mesa y que demuestra su hombría pegándole a su esposa, que siempre ha sido buena con él. El hombre blanco me quitó a mis hijos, me quitó mi medio de vida y mi dignidad, ¿y tú te enorgulleces de sus medallas de vacas?

Me sequé las lágrimas. Su soliloquio había retratado a la perfección la agonía muda de su padre y su familia. Era lamentable que de niño no lo comprendiera, cuando las palabras ebrias de su padre le apuñalaron el corazón.

Cuando Danny se marchó aquel día, sentí que habíamos alcanzado en la terapia un punto de confianza. En lugar de insensibilizarse a todo sentimiento, había sido capaz de imaginar el dolor de su padre, empatizar con él y compartirlo conmigo.

5. Fuga de dolor

Para el tercer año de sesiones, Danny parecía más ligero. Todavía se paseaba por delante de la consulta durante media hora, fumando un cigarrillo detrás de otro, pero cuando iba a buscarlo a la sala de espera, sus pasos sonaban como si llevara menos peso a cuestas.

Una semana después de aquel discurso imaginado, dijo con toda tranquilidad:

–Esta semana he llamado a mi padre.

Me quedé sorprendida. Como de costumbre, Danny había hecho las cosas a su manera y en el momento en que a él le había parecido oportuno.

–¿Cuándo habíais hablado por última vez? –le pregunté, todavía aturdida.

–Hacía dieciocho años, en el funeral de mi madre.

–¿Cómo reaccionó cuando lo llamaste?

–Le conté que había perdido a mi esposa y a mi hija. Dijo: «No es fácil, ¿verdad?». Luego me preguntó si tenía noticias de Rose.

Danny me explicó que su hermana Rose desapareció de Winnipeg hacía más de diez años.

Esto ocurría cuarenta años antes de que aparecieran en los periódicos los informes sobre el gran número de mujeres indígenas desaparecidas y asesinadas. En la actualidad, todo el mundo sabe que la policía no investigó aquellas desapariciones. (En 2017, la agencia gubernamental Statistics Canada publicó que las mujeres indígenas tenían una probabilidad casi tres veces mayor de ser víctimas de delitos violentos que las demás mujeres).

–¿Qué fue de aquella chica tan dulce, que tanto hacía por cuidarte y que estaba siempre contenta?

–Ella seguía yendo a casa e intentaba recibir cariño de dos borrachos –dijo Danny, refiriéndose a sus padres–. Lo intentó hasta bien pasado el duodécimo asalto. Yo me cansé pronto de aquella mierda y me retiré. A ella la fueron rebajando hasta que acabó siendo como ellos. Ella y mis dos hermanos pequeños participaban de sus borracheras. Mi madre murió, y entonces Rose se quedó con mi padre hasta que consiguió salir de aquel sitio y se fue a Winnipeg. Después de eso, nunca la volví a ver.

–Supongo que irte a Toronto te libró de acabar en la misma situación.

–No sé; al menos ella seguía siendo india.

–¿Y tú no eres indio? –Me quedé mirando a aquel hombre de largas trenzas.

–No soy blanco. Eso lo sé. –Luego, tras un silencio, dijo–: Mi esposa era blanca.

Finalmente, en nuestro tercer año de terapia, Danny mencionaba por primera vez a su esposa muerta. No quería dejarlo escapar, y sentí ganas de lanzarme sobre ello como una pantera. Pero me obligué a contar hasta cien.

–Era de Noruega.

Noruega. ¿En serio? ¿Cómo ocurrió?, me pregunté.

–Trabajaba de enfermera en cuidados intensivos. Yo estaba allí ingresado después de meterme en una pelea en un bar de Winnipeg. Había recorrido todos los bares intentando encontrar a mi hermana. Un tipo habló mal de Rose y nos peleamos. Me rajó el vientre con un cuchillo. Me vendaron, regresé a Ontario y volví al trabajo al día siguiente, pero la herida se infectó y acabé en cuidados intensivos, aquí en Toronto, y estuve allí algún tiempo.

La enfermera, Berit, tenía treinta y tantos años, igual que Danny, y compartía su afición por las novelas de misterio.

–Dijo que no le gustaban los hombres habladores, y le contesté que había encontrado a su tipo. Se quedó embarazada y quiso que nos casáramos, así que le dije que de acuerdo. Luego tuvimos a Lillian, nuestra hija.

–¿La querías? ¿Querías a Berit?

–No lo sé.

Quince minutos de silencio.

–Era una buena mujer. Nunca me mintió ni me engañó y era muy trabajadora.

Más silencio.

–Nos distanciamos. Quería cosas de mí que no podía darle.

–¿Como intimidad?

Asintió con la cabeza.

–Nunca tuve más intimidad con ella de la que había tenido estando en el hospital. Ella decía que había un muro de ladrillo entre nosotros. Yo sabía que era verdad. No sentía. Llegó un momento en que el simple hecho de estar los dos en la misma habitación empezó a resultarme violento.

–¿Por qué?

–Una mezcla de culpa y cabreo. Sabía lo que ella quería de mí, y se lo merecía. Pero yo no tenía nada que dar, así que empecé a evitarla.

–¿Y Lillian?

–Ella era más como yo. Se parecía a mí físicamente, y era callada y tímida. Observaba. En la guardería estaban preocupados por ella, decían que no se juntaba con los demás niños, pero yo la veía bien. Era feliz en su habitación con sus muñecas y sus juguetes. A veces me sentaba con ella en el suelo y pensaba que estábamos... –Danny vaciló– compartiendo un espacio cómodo; es lo más que puedo decir. –De nuevo su rostro adoptó aquella expresión, como si estuviera intentando evitar un sol cegador. Al final dijo–: Berit quería que me sentara a Lillian en las rodillas, pero a mí me incomodaba, sobre todo por lo que me había pasado casi a la misma edad.

–Habías sufrido abusos sexuales y, además, habías tenido poca oportunidad de incorporar un ejemplo de cómo hacer de padre; aun así se te exigía que supieras hacerlo.

–Estaba en mitad de un bosque y no había camino, pero todo el mundo esperaba que supiera cómo salir.

–¿Era una buena madre, Berit?

Danny asintió.

–Al estilo de la mujer blanca. Se pasaba el día enseñándole cosas a Lillian. No paraba nunca. Yo quería decirle a cada momento que dejara a la niña en paz. «¡Deja de repetirle cómo sujetar bien el tenedor!». Lillian y yo podíamos pasarnos horas en el coche sin hablar, y esos eran para mí los momentos más felices. Cuando estaba Berit, le decía todo el tiempo *vaca* o *caballo* o *coche* o lo que fuera, para que Lillian aprendiera la palabra. Desde el punto de vista indio, eso es interferir.

–Tú querías reproducir la manera en que tu padre y tu madre habían sido contigo cuando eras niño, dejarla que aprendiera las cosas a su ritmo.

–Cuando se caía y se hacía daño, yo no le daba importancia, pensaba que ya se levantaría, pero Berit iba corriendo, como si fuera el fin del mundo, y entonces todo eran lamentaciones.

Le pregunté si Berit tenía noción de cómo veían el mundo los nativos, de que tienen una idea diferente de cómo resolver los conflictos, cómo lidiar con la ira, o de que lo normal para ellos es contener cualquier emoción; dicho de otro modo, que cada persona se ocupa de lo suyo, incluso aunque se trate su propia hija.

–No.

–¿Y por qué no se lo explicaste?

–Porque no lo sabía. Me doy cuenta de ello ahora, al contarlo. Entonces, simplemente no dejaba que nada me cabreara. Era como un bloque de madera.

–¿Berit conoció a tus padres?

Negó con la cabeza. Cuando le pregunté por sus amigos, dijo:

–Soy un hombre solitario.

A continuación, le pregunté por los padres de Berit. Danny me contó que vivían en Noruega en una granja, al lado de la granja de su hijo y su familia. Aunque los había visto solo una vez, dijo:

–Son todos iguales que ella: buenos, amables, gente honrada que se mata a trabajar. Los padres apenas hablaban inglés. O si era inglés lo que hablaban, yo no les entendía.

Cuando le pregunté si les había sorprendido que su hija volviera a casa acompañada de un indígena con trenzas hasta la cintura, Danny respondió:

–Creo que pensaron que en Canadá todo el mundo era así.

Me hizo mucha gracia, y nos echamos a reír los dos. (Segundo chiste en más de dos años de terapia).

Nos quedamos un rato largo en silencio. Después dijo:

–Creo que si hubiera hecho esta terapia en aquel tiempo y Berit no hubiera existido, Lillian y yo habríamos tenido una oportunidad. Era como yo, tranquila y seria. Creo que Berit pensaba que yo era un mal padre. Ni siquiera quería dejarla a solas conmigo. Tenía la impresión de que mi hija me daba igual.

–Sé que conscientemente no sentías nada. Pero inconscientemente debía de dolerte y enfadarte que pensara que tu hija no te importaba. Es un poco insultante, cuando el único problema era que teníais maneras distintas de entender la paternidad. –Danny no respondió, y añadí–: No me extraña que os distanciarais.

–Era un alivio estar en la carretera semanas enteras, solo en el camión, sin que nadie me exigiera lo que no podía dar.

–¿Discutiste alguna vez con tu esposa?

–No. Me marchaba, y volvía a casa cuando suponía que se le habría pasado el enfado, o quizá fuera solo frustración.

–¿Le hablaste de la escuela residencial?

–Sí, pero solo le dije que había estado en un internado del gobierno.

–¿Así que no tenía ni idea de todo lo que habías vivido allí?

–No. Pero tampoco yo lo sabía.

–¿Ahora lo sabes?

–Estoy empezando a descongelarme un poco. A veces me da tristeza pensar en Lillian y no quiero ni ver su foto. Tiene mis ojos, tristes.

–¿Alguna vez ves al niño triste que eras detrás de esos ojos?

–El niño solo.

–El niño abandonado –añadí.

–Mis padres no quisieron abandonarme.

Le dije que a su mente inconsciente eso le daba igual: el sentimiento de abandono estaba en él de todas maneras.

–Al inconsciente no le interesan las razones. Solo sabe que eres un niño de cinco años que está solo. Tenías la edad de Lillian.

–Nunca he tenido la imagen de que fuera tan pequeño cuando ocurrió –dijo Danny–. Luego, estaba tan loco que volví a la escuela voluntariamente a terminar la secundaria, de los dieciséis a los dieciocho años. Pensé que «más valía lo malo conocido…».

No se planteó ir a la universidad porque no tenía dinero.

–Además, la universidad era para los blancos. Estaba ya harto del mundo blanco.

Tampoco volvió a la reserva, dada la relación tensa que tenía con su familia. Además, no bebía, y eso a algunos les resultaba extraño.

–Es curioso que tuvieras tal determinación –aventuré.

–Soy terco –respondió–. Me acuerdo de que mi madre me lo decía cuando era pequeño.

Comenté que la palabra *terco* tiene una connotación levemente negativa.

–¿Por qué no decir: «Sí, tengo fuerza y tenacidad y he aguantado mucho, pero sigo en pie»? ¿Alguna vez has sentido esto? –pregunté.

–No.

–Ningún sentimiento. Para evitar que un río de lava te abrasara el cerebro, tapaste el cráter del volcán. Era eso o volverte loco, o hacerte alcohólico y desahogar tu rabia en borracheras como las de tu padre. Después de todo lo que te hicieron, a ti y a la mayoría de los nativos en aquel genocidio de las escuelas residenciales, tenías que encontrar una manera de sobrevivir. Elegiste uno de los caminos menos destructivos porque tienes una enorme fuerza personal. Cerraste el grifo de los sentimientos.

–Sí, pero está empezando a gotear. Se ha desgastado la arandela, supongo, y hay una fuga.

Cuando le pedí que se explicara, contó que solía mirar la foto de Lillian por la noche.

–Siento algo, no sé qué exactamente, pero hace que se me hunda el corazón en el pecho. Solo quiero estar sentado a su lado en el sofá.

Durante varias sesiones, hablamos de que la tristeza que sentía por la muerte de su hija era normal, de que la pérdida de un hijo es el dolor más terrible. Después, un día dijo:

–Tristeza no es el único sentimiento que me entra furtivamente en el cerebro. Hay otros al acecho. –Estiró la espalda, y luego se inclinó hacia delante con las manos en las rodillas. Su lenguaje corporal me decía que también la rabia empezaba a dejarse ver. Volvió a entrecerrar los ojos–. Voy a soltarlo de golpe. Hay un tipo en el trabajo, el operador del muelle de carga, que me llama Tonto.* Y no me gusta.

Dijo que no le importaba que le llamaran Fork, porque había muchos otros que tenían también apodos de trabajo.

–Pero Tonto es un insulto para un indio.

–Estoy de acuerdo –asentí–, es insultante. ¿Has pensado alguna vez en decirle que no te gusta que te llame así?

–No. Es simplemente un tipo blanco que se cree gracioso.

–La rabia tiene mala fama, ¿sabes? La rabia es el combustible que utilizamos para sacar del inconsciente las ofensas y el dolor. Es la forma que tenemos de decirle a alguien que nos disgusta su comportamiento. Ese hombre que te llama Tonto te está faltando al

---

* Referencia a *El Llanero Solitario* (en inglés, *Lone Ranger*), personaje de ficción creado por el escritor Fran Striker, que galopa para enmendar injusticias con la ayuda de su astuto y lacónico secuaz, el nativo potawatomi llamado Tonto (en los países de habla hispana, debido a que el nombre original se consideró peyorativo, se sustituyó por Toro). A partir de entonces, en Norteamérica se usaba despectivamente el término Tonto para referirse a los nativos americanos que adoptaban una actitud servil con una persona blanca. (*N. de la T.*)

respeto, y puede que ni siquiera lo sepa. ¿Qué pasaría si la próxima vez que te llame Tonto le dices: «Por favor, no me llames así»? No le debes ninguna explicación.

–¿Y si me pregunta por qué?

–Le dices: «No me gusta». –Danny se me quedó mirando como si nunca hubiera oído nada tan absurdo, así que aclaré–: A la mayoría de la gente del mundo le importaría que no te gustara algo.

–¿En serio? –Puso cara de incredulidad.

–Creciste en un sitio donde los curas y las monjas tenían la misión de ignorar e incluso extinguir todo lo que sintieras. Era un genocidio cultural. El gobierno y la Iglesia se habían propuesto convertir a los nativos en blancos, y no podían cumplir su objetivo y escuchar a la vez lo que sentías. Su trabajo era pisotear cada uno de tus sentimientos.

Asintió con la cabeza.

–Danny, llevamos más de tres años juntos y me gustaría que trabajáramos, no solo para procesar cosas del pasado, sino para que las cosas funcionen mejor en tu vida en el presente.

–Oh, Dios. Presiento que algo malo se avecina –dijo sonriendo ligeramente–. ¿Quién me habrá mandado abrir la boca?

Era ya un experto en leerme la mente.

–Es poca cosa. Quiero que le digas al operador del muelle de carga que no quieres que te llame Tonto. Díselo con amabilidad, y si fuera necesario, añade un ligerísimo tono de enfado.

Me miró con recelo. Le sugerí que lo ensayáramos y, antes de que tuviera ocasión de objetar nada, le dije, con un poco de insolencia en la voz:

–Hola, Tonto.

Respondió como un látigo.

–No me llames así, tío.

–Perfecto.

–¿Y si me pregunta por qué? –A Danny le inquietaba obsesivamente esta parte de la interacción, como si no tuviera derechos emocionales.

–Simplemente le contestas: «No me gusta». No le debes una conferencia sobre las relaciones entre nativos y blancos.

–¿Y si lo vuelve a hacer? –replicó.

–No creo que lo haga. Mides un metro noventa y estás cuadrado. Eres tan fuerte que te llaman Fork.* Ya no eres un niño de cinco años indefenso. Y si me equivoco, hablaremos entonces de cómo actuar.

La semana siguiente, Danny me dio parte de lo sucedido.

–Entré en el almacén y, como era de esperar, el operador dijo por el micrófono: «Hola, Tonto». Y luego volvió a poner la vista en el portapapeles, dentro de la caseta acristalada del muelle de carga. Me acerqué a la ventanilla y le dije: «No vuelvas a llamarme así». Me miró desconcertado, dio una calada al cigarrillo y dijo: «Vale, perdona, tío. El tuyo es el camión treinta y uno». Y se acabó. No ha vuelto a llamarme Tonto. He odiado ese saludo durante años, todos los días.

Me alegré mucho por él. Era la primera vez que se rebelaba contra su entorno desde que tenía cinco años, cuando le gritó hola a su hermana en cri («*tanisi!*») y le dieron una paliza. Tuve ganas de gritar: «¡Cuidado, mundo, que aquí viene Danny Morrison!».

---

* Veáse nota de la página 178. (*N. de la T.*)

6. Descongelación

A veces, la terapia se acelera cuando los pacientes empiezan a comprender cómo funciona el inconsciente y cuando se dan cuenta de que tienen derecho a establecer límites personales. Con esto en mente, le pregunté a Danny si me permitía reproducir un incidente de nuestro primer año de terapia. Parecía tener dudas. Le dije que no podía hacerlo sin su permiso. Aceptó de mala gana y murmuró:

–Dios, cómo detesto venir aquí.

Le expliqué cuál era mi intención: quería recrear un determinado momento y que él, el nuevo Danny, el hombre que tenía derecho a controlar su universo, respondiera. Con una sonrisa casi imperceptible respondió:

–Oh, oh. Ahora sé lo que es.

Era un riesgo, pero estaba decidida.

–Danny, creo que los curas te escogían tan a menudo como víctima de sus abusos sexuales porque eres alto y guapo. –Contuve la respiración.

Se sentó en el borde de la silla, y vi cómo se le formaban pequeñas gotas de sudor en el nacimiento del pelo.

–Doctora Gildiner, por favor, no me llames guapo. No creo que sea parte de tu trabajo, y me incomoda.

–Danny, siento haberlo dicho. No es así como quiero que te sientas en la terapia. No lo volveré a decir.

–Increíble, así de fácil –comentó sonriendo–. Y pensar que estuve a punto de dejar la terapia por ese comentario. Ahora veo que fueron los abusos del pasado lo que me dio escalofríos. –Era la primera vez que Danny utilizaba la palabra *abusos* y la asociaba a su experiencia.

–Al margen de cuál fuese o sea la razón –repuse–, tienes derecho a pedir lo que es importante para ti. No tienes por qué soportar que algo te dé escalofríos, como tú dices.

Luego, cada vez que me refería a esta reproducción como «la distensión de la guapura», sacudía la cabeza con fingida incredulidad y decía:

–¡A todo tienes que ponerle nombre!

Hasta ahora Danny se había limitado a aludir a sus abusos sexuales, pero una vez que resolvimos el asunto de Toro y el de la guapura, se le veía más fuerte. Había empezado a definir sus sentimientos y a discernir lo que era culpa suya y lo que no. Ahora estaba preparado para hablar de los detalles de su historia de abusos sexuales.

Después de que Danny se sacara de dentro cada detalle horroroso y repugnante de aquel prolongado abuso, parecía no atormentarle tanto. Lo que más le dolía era que hubiera ocurrido con un cura que le había ayudado y apreciado de verdad. El cura que lo había llevado al club 4H y que había sido una figura paterna. Que le había dedicado a Danny palabras cariñosas. Que le había dicho que era guapo y lo había acurrucado en su regazo, un sentimiento maravilloso para un niño de siete años muy solo. Pero luego había abusado sexualmente de él, sin herirle físicamente (por eso había sido un detonante sentarse a Lillian en las rodillas, y fue un detonante que yo pronunciara la palabra *guapo*).

A Danny le habían marcado menos los violentos abusos sexuales del sacerdote de la Congregación de los Hermanos Cristianos que los avances tiernos del cura. Cuando se sufren agresiones sexuales violentas, se sabe que hay un depredador al acecho, que es el enemigo. No hay confusión. Sin embargo, a Danny le confundía a nivel emocional que alguien que era cariñoso y amable con él abusara a la vez sexualmente de él. Cuando era pequeño y se sentía solo, había agradecido la cercanía y el afecto del cura, pero al cabo del tiempo, cuando se dio cuenta de lo que estaba pasando, se sintió culpable por haber participado. No solo había perdido la inocencia, sino que le había traicionado un amigo en el que confiaba. A nivel emocional, es más fácil tener claro quiénes son tus enemigos.

Después de hablar de los abusos, Danny pensaba que ahora habría podido sentarse a su hija en las piernas porque había resuelto algunos de sus sentimientos. La idea de acunarla y estrecharla entre los brazos había estado asociada en su mente con las trasgresiones sexuales. Estaba tan confundido que evitaba tocarla.

Ya no estaba tan traumatizado por la sexualidad como en el pasado. Después de que muriera su esposa, había tenido algún fugaz encuentro sexual. Pero la verdadera intimidad le asustaba.

Hablamos de cómo habría sido su matrimonio si hubiera podido compartir sus sentimientos con Berit. Contó que ni siquiera podía rodearla con el brazo sin que le resultara forzado. A veces la sensación de malestar era tan intensa que se sofocaba y le costaba respirar. Lo que más le gustaba de la vida en familia era conducir, pues le obligaba a tener las manos en el volante mientras su esposa y su hija estaban cerca. Le parecía la distancia justa. Contó también que, cuando salía de ruta, estuviera donde estuviera, llamaba a casa todas las noches. Le encantaba hablar con ellas por teléfono. De nuevo, la distancia le permitía sentirse cómodo.

La semana siguiente, Danny llegó para la sesión y me comunicó que había ido a visitar las tumbas de su esposa y su hija. Había tratado de decirles cosas que ojalá les hubiera dicho en el pasado.

–Era demasiado débil para decirlas cuando estaban vivas.

Intenté disipar ese mito diciéndole que era muy fuerte. Se había prometido a sí mismo no beber y lo había cumplido. En la escuela residencial, cuando tenía cinco años, cometió el «error» de saludar a su hermana en cri, le dieron una paliza y no volvió a cometer otro «error» en la escuela. A mis ojos, Danny era un héroe. Incluso en el internado había intentado cambiar su entorno. Cuidaba de sus animales y de sus tomates. Era un gran trabajador y un luchador; el dueño de la empresa de camiones veía eso en él. A pesar de todo lo que le había ocurrido a lo largo de los años, quería no solo vivir, sino ser lo mejor posible como ser humano. Eso nadie se lo podía quitar.

Con el paso de los meses, Danny empezó a verse a sí mismo con más objetividad. Esta vez no se quedó desconcertado cuando por Navidad recibió una sustanciosa paga extra.

–Bueno, le he dado mucho a la empresa –comentó–. Aun así, estoy agradecido.

Cuando le pregunté si sus compañeros recibían primas similares, me dijo que nunca se lo había preguntado, ni le había contado a nadie lo que recibía él.

–No es mi estilo –dijo.

–¿Así que ahora tienes un estilo? –apunté bromeando. (Tercer chiste en tres años).

Danny estaba contento con su trabajo. Lo comparaba con cabalgar por las llanuras: estaba solo, lo cual le gustaba; estudiaba los mapas; había recorrido la mayor parte de Norteamérica. Se sentía como un nómada moderno que era su propio jefe y tenía libertad para pensar lo que quisiera y leer un libro durante la comida. (Siempre asomaba del bolsillo de su chaqueta de cuero alguna novela de tapas maltrechas). Además, tenía muy buen olfato para detectar cualquier anomalía en el entorno: ningún ladrón había conseguido adelantársele y tenderle una trampa para hacerse con alguna de sus cargas multimillonarias. No eran solo sus habilidades innatas y su experiencia a edad temprana las que hacían de él un excelente rastreador; a ellas se sumaba lo que se denomina trastorno por estrés postraumático (TEPT). Quienes tienen TEPT viven en permanente estado de alerta. Su sistema inmunitario nunca descansa: han tenido que soportar situaciones de tanto peligro que están constantemente escaneando el entorno. Esa es una de las razones por las que es tan difícil vivir con TEPT.

Estaba a punto de terminar el tercer año de terapia, y Danny había hecho grandes progresos emocionales. Se permitía experimentar la profunda soledad y los remordimientos que le perseguían. Estaba en contacto con los sentimientos que le despertaba pensar en su esposa y, sobre todo, en su hija. Había aprendido a hacer cambios en su entorno y estaba empezando a sentir respeto por sí mismo y a valorarse.

Ahora que Danny se había «descongelado», como decía él, era hora de empezar una nueva fase del tratamiento. Habíamos pasado tres años dedicados a lo que solo podía describirse como «la terapia del hombre blanco». Habíamos trabajado para que Danny reconociera sus sentimientos, aprendiera a expresarlos a los demás y, por último, estableciera unos límites personales. En palabras de Danny, esto último fue como poner «una valla electrificada alrededor de lo que uno considera sagrado». Habíamos cumplido nuestros objetivos.

Aun así, no quería evaluar su éxito en los términos psicológicos de la gente blanca y considerar que estaba curado. Sabía que le quedaba trabajo por hacer y que, para poder ayudarle, necesitaba que alguien me aconsejara.

Uno de los curanderos indígenas a los que consulté el primer año del tratamiento me había dicho: «Un indio tiene que ser indio, o está hueco». Treinta años después, en 2018, el escritor indígena estadounidense Tommy Orange escribió en su novela *Ni aquí ni allí*: «Es importante que vista como un indio, que baile como un indio, aunque no le salga con naturalidad, aunque sienta todo el tiempo que es un impostor, porque la única forma de ser indio en este mundo es parecer y actuar como un indio».

Sentí que Danny necesitaba reconectar con su cultura y experimentar la clase de sanación espiritual que nunca ha formado parte de la psicoterapia basada en Freud. (A menudo me he preguntado hasta qué punto se habrían adoptado las teorías de Freud si no hubiera sido un racional judío vienense con pacientes mayoritariamente judíos. ¿Cuánto habría cambiado el proceso psicoanalítico si Freud se hubiera encontrado con pacientes indígenas en su consulta?).

En el transcurso de los más de cuatro años de terapia con Danny, hice muchos viajes al norte para reunirme con curanderos y psiquiatras indígenas; necesitaba que me aconsejaran sobre cómo ayudar a Danny a integrarse. Fueron extraordinariamente generosos con su tiempo, y aprendí muchísimo de ellos. Su voluntad de prestarme ayuda siendo una mujer blanca, después de todo lo que la sociedad blanca había hecho para destruir la cultura indígena, me dejó admirada. Sabía que, sin un enfoque combinado, yo sola no habría podido tratar a Danny para que completara de verdad el proceso terapéutico.

Aunque no quería hacerme ilusiones, había una razón de peso por la que me sentía optimista sobre el éxito de nuestra última etapa de viaje juntos. Y esa razón era que, a pesar de los cientos de años invertidos en intentar extinguir la cultura indígena, los esfuerzos habían sido en vano. Danny era la encarnación de eso. Sus largas trenzas eran una declaración visible, pública, de su identidad indígena. Y tras haber pasado años en escuelas y trabajos de blancos, seguía teniendo una vida onírica indígena en la que los animales le hablaban. En ese universo espiritual, Danny contaba con la ayuda de los lobos, y una vez un somorgujo albino le regaló un huevo gigante en el bosque. (Durante los veinte años siguientes, tuve otros pacientes indígenas que me contaron también sus sueños con espíritus animales, marcadamente diferentes de los sueños de los blancos).

Parecía claro que Danny necesitaba plantearse reconectar con lo que él llamaba su «indianidad». Pero como hombre solitario que era –según su propia descripción–, además de comprensiblemente cauteloso en cuanto a reabrir viejas heridas, iba a resultarle difícil. No sería un camino liso y llano.

7. Por encima de la línea de congelación

Tal vez una forma de que Danny conectara con sus raíces, pensé, fuera a través de los miembros de su familia, que a su vez podrían ayudarle a establecer vínculos con la cultura indígena. La oportunidad de hablar del tema surgió cuando Danny me contó que tenía pensado hacer muchas horas extras próximamente. Le pregunté a qué se debía ese interés por trabajar más, si entre las horas extras que ahora hacía y las primas cobraba ya un sueldo muy sustancioso.

–No tengo mucho más que hacer –dijo–, y el trabajo me gusta.

–¿Nunca sales con algún amigo?

–Muy de vez en cuando salgo con los demás conductores. Pero lo único que hacen es sentarse en un bar y beber.

–¿Alguno de ellos es nativo?

–No.

–¿Tienes alguna relación con la gente nativa?

–Si paso por Winnipeg, siempre voy a unos cuantos bares para ver si alguien sabe algo de mi hermana; pero, francamente, no es lo mío.

–¿Qué no es lo tuyo? ¿Ser nativo?

Como si me leyera el pensamiento, contestó en voz baja:

–Supongo que la escuela residencial consiguió su propósito. ¿Sabes?, cuando nos confesábamos en la escuela y no se me ocurrían suficientes pecados, confesaba que era indio.

Un día, cuando se acercaban las Navidades, Danny dijo que iba a llevar una carga al otro lado de las Montañas Rocosas, por una paga doble.

–¿Alguna vez has pensado en pasar por la reserva cuando estás por ahí de ruta? –le pregunté.

–¿Pasar? –Me dirigió una mirada de desdén–. No se puede ir a la reserva por carretera. Vas en avión al norte, luego en avioneta hasta el sitio donde un todoterreno va a recogerte. Eso es medio día más de viaje a través del hielo.

–Estoy segura de que, si se lo pidieras a tu jefe, te lo pagaría encantado.

–Puedo pagármelo yo. Solo que no quiero ir.

Entonces le pedí que me diera detalles de su padre y sus hermanos. Su padre tendría sesenta y tantos años, calculó Danny, pero a sus dos hermanos pequeños apenas los conocía porque habían nacido mientras él estaba en la escuela.

–¿Y Rose?

–Sigo preguntando por ella en Winnipeg. Ahora tendría cuarenta y cinco años. Probablemente haya muerto… asesinada. He ido a la policía tres veces.

–¿Pusieron interés?

–Rose no le interesa a nadie.

–Excepto a ti.

Asintió. Por primera vez, se le humedecieron los ojos. Estuvimos largo rato sentados sin hablar.

Poco antes de las vacaciones de Navidad, volví a plantearle la posibilidad de que le hiciera una visita a su familia. Él volvió a decir que no.

—Tengo la sensación de que empiezo a estar bien, y no quiero arriesgarme a perderlo todo y congelarme de nuevo —dijo—. Hace mucho frío allí arriba. Nada es por casualidad.

Tenía razón: se encontraba en una situación precaria, y tal vez necesitaba más solidez y estabilidad antes de volver a la reserva. Solo él podía saberlo.

La primera semana de enero, Danny entró en la consulta, se sentó y dijo:

—Al final, fui a ver al viejo y a mis hermanos pequeños.

Típico de Danny. Se opuso a la idea cuando se la propuse, pero luego la llevó a cabo en el momento en que a él le pareció oportuno. Me contó que había hecho la segunda etapa del viaje en helicóptero, y que luego un policía local que estaba recogiendo unas medicinas para llevar a una clínica lo había acercado a la reserva.

—Era indio, y me preguntó quién era mi familia. Cuando nombré a mi padre y a mis hermanos, no respondió lo que se hubiera podido esperar: «Ah, sí, uno de los antiguos tramperos, ahora es un anciano, sigue hablando en cri». No dijo nada. —Danny hizo una pausa—. Mala señal.

A medida que pasaban los kilómetros, Danny, que tenía ahora cuarenta y dos años, pensaba en su padre, en que hacía casi veinte años que no lo veía, desde el funeral de su madre.

—El recuerdo que tenía de él era de un hombre de veintitantos años que podía estarse el día entero colocando trampas, y ahora es un anciano.

El asentamiento era un espacio árido, dijo Danny, unas cuantas casas endebles hechas de tablas alrededor de una moderna escuela de ladrillo. El policía lo llevó hasta su casa, que tenía la pintura desconchada y la puerta sin pomo; había papel de periódico taponando el agujero para que no entrara el frío.

–No sabía si llamar a la puerta o entrar como lo haría un hijo.

Llamó, pero le entraron dudas; temía de repente que no fuera una buena idea aquella visita. Cuando entró, vio a su padre tumbado en un sofá destartalado.

–Parecía muy mayor, mayor de lo que era; tenía la cara hinchada y amarilla y, por alguna razón, marcada con cicatrices de acné. Nunca le había visto que tuviera nada raro en la piel –dijo Danny–. Solía ser un tipo fornido, delgado, muy parecido a mí, pero era como si hubiera disminuido de altura, y tenía barriga.

Al principio el padre no reconoció a Danny, pero luego lo miró fijamente y con sorpresa dijo: «¿Quién te ha dicho que vinieras? Debo de estar más enfermo de lo que pensaba».

Danny le dijo que estaba en Winnipeg y había decidido subir a verlo.

–Se me quedó mirando y en tono socarrón dijo: «Nunca imaginé que te dejarías trenzas». Ignoré el comentario, porque sabía que en realidad me estaba diciendo que era «una manzana»: roja por fuera y blanca por dentro.

Me pareció un comentario improcedente y desconsiderado. El padre de Danny tenía que saber lo difícil que debía de haber sido para su hijo llevar dos largas trenzas e intentar hacerse un sitio en la sociedad blanca de la época. Tras un largo silencio, durante el cual Danny tuvo ocasión de ver el desorden en que estaba todo y las botellas de whisky desperdigadas por el suelo, su padre dijo:

–He oído que estuviste en Winnipeg buscando a Rose.

–Eso fue hace años. No la encontré.

–Nadie la encontró.

Su padre hablaba poco inglés, pero se las arreglaron. Cuando Danny le preguntó por sus hermanos pequeños, el hombre señaló con la mano las cajas de cerveza repartidas por el cuarto.

–Aquí no se puede hacer otra cosa –dijo–. Si no tienes enchufe en el consejo de banda y consigues trabajo de conserje en la escuela,* no hay nada que hacer. Aun así, se quedaron conmigo.

A Danny le pareció que su padre le estaba diciendo con esto que sus hermanos habían sido leales, pero él no. Al ver que Danny se había fijado en el desorden reinante, el padre dijo:

–Necesita el toque de tu madre. –Luego encendió la televisión.

–Estuvimos allí sentados durante una hora –recordaba Danny–. Yo notaba que estaba impaciente por que me fuera para poder beber, pero no tenía adónde ir. No conocía a nadie. Al final, fui a comprar tabaco, y cuando volví, me di cuenta de que había estado bebiendo.

Al cabo de un rato llegaron sus hermanos, que también habían estado bebiendo.

–Creo que trabajan recogiendo botellas vacías por la reserva con las motos de nieve y devolviéndolas al almacén, aunque supuestamente en esta reserva impera la ley seca.

–¿Cómo reaccionaron al verte? ¿Se parecen a ti?

–Llevan la cabeza rapada y tienen los ojos de mi madre. Se parecen un poco a los inuits, pero tienen la estatura de los cris. Rose y yo nos parecíamos a mi padre. Nos dimos la mano y luego se sentaron a beber cerveza delante de la tele. No daba la impresión de que les sorprendiera verme, ni demostraron mucha curiosidad.

---

* Los consejos de bandas [*band councils*, en inglés] fueron impuestos por el Estado canadiense en el siglo XIX a través de la Indian Act y funcionan como una estructura de gobierno local dentro de las reservas. (*N. de la T.*)

–¿En serio? No sintieron curiosidad por su hermano mayor al que apenas conocían?

–Eso no me molestó, porque es la forma de ser nativa, no dar una importancia exagerada a las cosas ni meter las narices en los asuntos de los demás.

Danny se levantó y se paseó por el despacho, lo cual no era propio de él. Finalmente dijo:

–Había ira en el aire, y cuanto más bebían, más iba creciendo. Cuando estaban ya borrachos y llegaron sus amigos, empezaron a hablarles mal de mí, a «cachondearse», en palabras suyas, a decirles que era un lobo solitario que nunca echaba un polvo..., ese tipo de cosas. Decían que solo había vuelto a casa para ver morir a mi padre, pero que, como hacen los blancos, llegaba demasiado pronto. Todos se rieron del chiste.

–¿Se está muriendo tu padre?

–Sí, eso dio a entender el policía que me llevó hasta allí. Me dijo que tiene pancreatitis, cirrosis, cáncer de hígado o algo parecido. Básicamente, se está matando poco a poco a base de alcohol; es solo cuestión de tiempo.

–¿Y nadie en la familia habló de ello?

–Solo la broma esa de que yo había llegado demasiado pronto.

No se me escapaba que aquel viaje desastroso había sido idea mía.

–Mi padre no decía nada. Solo bebía y se reía a carcajadas cuando se burlaban de mí. Yo veía que mis hermanos querían la aprobación del viejo, así que las burlas iban subiendo de tono por momentos. Tenían ganas de pelea –dijo Danny con gravedad.

Al final decidió marcharse. Llamó a la policía local y lo llevaron hasta el pequeño aeropuerto, donde pasó la noche.

—Sabía que pensaban que me iba porque no era más que un blanco, en vez de quedarme y abalanzarme sobre ellos con un casco de cerveza roto, lo que me habría convertido a sus ojos en un indio de verdad. Creo que tienen también algún negocio de drogas, porque no dejaban de pasar por allí tipos que entraban en el dormitorio, hablaban un momento con mis hermanos y de repente se iban. Lo triste es que... –Danny se quedó callado–. Bueno, supongo que hay muchas cosas tristes. –Después de un largo silencio, añadió–: Mis hermanos creen que eso es ser indio. Emborracharse y pelearse. Me fijé en que tenían el cuero cabelludo picado de cicatrices. Me recordaron a esos elefantes marinos que están marcados de arriba abajo.

—Más triste todavía es que tu padre sabe que no es así. Él sabe que ser nativo no es eso. ¿Qué crees que pensó al verte allí otra vez? Quiero decir, ¿por debajo de todo el alcohol y el dolor?

—¿Preguntas si se acordaba de mí, de Rose y de mi madre todos juntos en la tundra, felices? No lo sé. El sitio donde vive es una pocilga, todo tirado por todas partes, y te aseguro que mi padre nunca, en ninguno de los campamentos donde vivimos, tenía ni una sola cosa que no estuviera ordenada. Todos los cuchillos estaban afilados y alineados por tamaños. Había un espacio dedicado expresamente a desollar, otro a estirar las pieles, otro a la comida de los perros y los arneses; hasta el objeto más mínimo tenía su sitio. Mi padre trabajaba día y noche. Bebía una o dos veces al año cuando vendía las pieles en el asentamiento, pero era algo puntual.

—¿Se sintió humillado porque vieras cómo está ahora? –le pregunté.

—Tiene la cabeza demasiado embotada para saber cómo se siente. –Dudó un instante–. No sé, quizá en el fondo. Pero, por encima de todo, no quiere que esté allí «juzgándole». Su justificación es que ha tenido una vida difícil. –Danny se quedó un momento callado y miró por la ventana–. Y es verdad. Perdió sus tierras, su medio de vida, a su esposa, a dos de sus hijos, que nunca volvieron, y perdió su dignidad, que tampoco volvió nunca. Ahora debe de pensar que ya es tarde para cambiar. Creo que está demasiado embotado por el alcohol como para poder pensar con claridad.

Danny caminó hasta la puerta del despacho arrastrando las piernas, rígidas como si llevara un enorme peso en cada bota. Con la mano en el pomo, dijo:

–Quisieron hacerle blanco, y eso no lo consiguieron, pero le arrebataron la indianidad. No es más que un cascarón amarillo con el cerebro empapado en alcohol. Le destrozaron.

Oí las botas de Danny rozando los escalones mientras bajaba despacio las escaleras. Sus pasos sonaban como los de un anciano.

Lo que Danny estaba describiendo se denomina trauma intergeneracional, una expresión que se oiría mucho décadas más tarde, cuando los supervivientes de las escuelas residenciales empezaron a contar su historia. Si había un caso en el que estaba claro lo que significaba, era el de la familia Morrison. A Danny y Rose los apartaron de sus padres y de su cultura y los metieron en una escuela residencial, de la que salieron traumatizados por los abusos psicológicos, físicos y sexuales. A la generación de más edad, los padres, el secuestro de sus hijos los dejó tan desolados que ya no fueron capaces de cuidar con amor a sus hijos pequeños y se dieron a la bebida. Los hermanos pequeños de Danny crecieron en una familia de alcohólicos, en la que el padre se dedicaba a maltratar a la madre, después de que hubieran perdido su tierra y su medio de subsistencia. Esos hermanos, alcohólicos ya a su edad, no sabrán ser en un futuro unos buenos padres para sus hijos.

En la siguiente sesión, por primera vez, Danny estaba deprimido.

–Hemos trabajado durante tanto tiempo para que pudiera volver a tener sentimientos que casi se me había olvidado por qué me deshice de ellos –dijo–. Era demasiado doloroso sentir, y ahora, esta última semana, me han bombardeado los recuerdos. –Los ojos se le llenaron de pequeñas lágrimas que se quitó con aquellas manos como horquillas de un toro–. Soy un hombre sin país ni identidad. No soy ni indio ni blanco. No soy padre ni marido. Mis hermanos al menos se tienen el uno al otro y tienen a mi padre, o al cascarón que ha quedado de él. Saben que son nativos. A veces siento que no vale la pena vivir.

Fue una declaración impactante, un grito de socorro de Danny Morrison, habitualmente muy poco expresivo. Me preocupaba que tuviera pensamientos suicidas.

Cuando Danny era mi paciente, la tasa de suicidio entre los indígenas era seis veces superior a la media nacional, según la Enciclopedia Canadiense. (Actualmente, en algunas zonas del norte, es veinticinco veces superior a la media nacional. En el caso de los jóvenes inuit, es cuarenta veces superior a la media). Sabía que Danny nunca hablaba por hablar.

Uno de los grandes riesgos a la hora de tratar la despersonalización –el trastorno por el que una persona pierde por completo el sentido de identidad– es lo que sucede cuando esa persona se reconecta consigo misma. Es cierto que recupera la capacidad de sentir auténticamente, pero cabe la posibilidad de que vuelva a sentirse atrapada en la mismas circunstancias insoportables que en su día le causaron aquella angustia tan extrema. En el caso de Danny, «congelarse» había sido un mecanismo de defensa muy efectivo. Es verdad que no podía sentirse triste ni contento, pero funcionaba bien en el mundo. No se había quedado destrozado al perder a su esposa y a su hija. En las más de dos décadas que llevaba trabajando para la empresa de transportes, no había faltado al trabajo ni un solo día. Era un camionero excepcional, ahorraba dinero, no tenía adicciones, no sufría una depresión consciente. ¿Habría sido mejor dejar las cosas como estaban?

He cometido muchos errores como terapeuta, pero haberle sugerido a Danny que hiciera el viaje a la reserva, por muy triste que resultara todo, me daba la impresión de que no era uno de ellos. Danny tenía que mirar de frente lo que le había pasado a su familia, igual que tenía que mirar de frente sus propios problemas. Llevaba evitando a su padre muchos años, y la evasión no ayuda a nadie a curarse. Ahora Danny tenía una historia, aunque fuera trágica.

Esto no significa que el camino que tenía por delante no fuera escabroso. Al cabo de un tiempo, estaba tan deprimido que ni se levantaba de la cama, y ni siquiera llamaba al trabajo para avisar de que no podía ir. Faltó a una cita conmigo. Su jefe me llamó para decirme que Danny no era capaz de concentrarse, y que aquel hombre siempre pulcro llegaba con aspecto desaliñado. Cuando le preguntó si estaba recibiendo ayuda de mí, Danny respondió con una risa amarga. Me tenía preocupada. Llamé a su médico de cabecera y le pedí que le recetara antidepresivos. (Aunque los psicólogos tengamos un doctorado en ciencias sociales, no es un doctorado en medicina, así que no podemos recetar medicamentos). El dueño de la empresa de transportes fue a casa de Danny y le dijo que, por favor, se tomara la medicación en su presencia. Dos semanas después, alarmada porque seguía sin saber de él, le pedí a su jefe que lo trajera a la consulta él mismo si hacía falta.

Danny vino por su propio pie. Los antidepresivos habían empezado a hacer efecto, y ahora al menos se movía. Se encorvó en la silla y dijo una sola cosa:

—Nunca me he enfrentado a nada.

—¿En serio? —A continuación le informé—: Tienes lo que se llama trastorno de estrés postraumático complejo. —Le enseñé un libro titulado *Trauma y recuperación: cómo superar las consecuencias de la violencia*, de Judith Herman, y con el codo apoyado en la mesa, fui señalándole dedo a dedo cada una de las características que enumeraba:

1. *Haber crecido en un ambiente de abandono y privaciones.*
   «Tú te criaste en una escuela residencial donde nadie te quería ni te cuidaba. Pasabas hambre y frío, y veías morir a niños con regularidad».

2. *Tener un sentimiento de impotencia e indefensión.*
   «No había nadie que te ayudara, nadie a quien acudir. Cuando volviste a casa en verano, tu madre dijo que los curas, tus agresores sexuales, eran buenos».

3. *Experimentar subordinación social, psicológica y legal.*
   «Te obligaron a abandonar tu casa, te apartaron de tus padres y te encerraron en una institución durante la mayor parte de tu infancia. Cuando acudiste a tus padres, te dijeron que te habías pasado al bando enemigo».

4. *Ser objeto de racismo.*
   «Te pegaron por decir una palabra en cri, *tanisi*, para saludar a tu hermana. Todavía tienes cicatrices físicas y mentales de

aquella paliza. Te dijeron que los nativos eran malos. Reemplazaron tu nombre por un número. Te despersonalizaron hasta el punto de que confesabas entre tus pecados el de ser un nativo».

5. *Vivir sin hogar y en condiciones de pobreza extrema.*
«En la escuela te obligaban a trabajar y comías lo justo para sobrevivir. Cuando volvías a casa, tus padres vivían del subsidio social y el dinero no les daba para comprar comida allí en el norte, porque era muy cara. Sin embargo, tenían dinero para alcohol».

6. *Vivir una sensación de repetida victimización interpersonal, ya sea por malos tratos u otro tipo de violencia física durante la infancia.*
«El hombre que te acogió bajo su protección abusó sexualmente de ti durante la mayor parte de tu infancia. Otros, menos amables, también abusaron sexualmente de ti de forma violenta. Luego, tu padre y tu madre, en su embriaguez, te dijeron que te habías vendido a los blancos y se burlaron de tus medallas de la 4H».

Lancé el libro sobre el escritorio.

—Esta lista ni siquiera incluye la muerte de tu esposa y tu hija. ¿Dices que nunca te has enfrentado a nada? Te enfrentaste heroicamente a tus demonios y ganaste. De acuerdo, desactivaste algunos sentimientos, y ya hemos picado ese iceberg y descongelado tu psique, pero veamos lo que no hiciste. El alcohol es la droga preferida cuando se tiene este trastorno. Mata el dolor, y luego lo desinhibe a uno lo suficiente como para que deje salir parte de la ira latente que acompaña al maltrato y el abuso de toda una vida. Sin embargo, tú no te has tomado ni una sola copa. –Continué–: Dijiste que no querías que un hijo tuyo sintiera jamás lo que tú sentías al ver a tu padre borracho. Lamentablemente, muchas víctimas de las escuelas residenciales que sufrieron abusos sexuales han repetido el mismo patrón de abuso sexual y violencia. Era lo único que conocían. Eso fue lo que tú también aprendiste de niño en la institución, esa fue tu «crianza». Sin embargo, tú nunca has hecho ninguna de esas cosas. Te preocupaba tanto hacer algo indebido que ni siquiera dejabas que tu hija se te sentara en las rodillas.

A continuación saqué el tema de su hermana.

–Nunca te resignaste a darla por perdida, como hicieron los demás. La única pelea que has tenido en tu vida, aparte de aquella con los ladrones en el camión, fue con un hombre que la difamó.

»Encontraste trabajo, y pronto eras el mejor conductor de la empresa. Ahorraste dinero. Te casaste con una buena mujer e intentaste que la relación funcionara. Nunca le pegaste ni le hiciste nada de lo que te habían hecho a ti. Te negaste a ser el conducto a una nueva generación del horror. Sobreviviste a un intento de genocidio cultural. Eres fuerte, valiente y aguantaste a pesar de todo lo que te echaron encima.

»Hay héroes de guerra que tuvieron que soportar menos que tú. Reciben una medalla de honor por un acto de valentía que tuvieron una mañana, mientras que tú has librado una batalla en todos los frentes durante la mayor parte de tu vida ¡y has ganado! Así que no vuelvas a decir: "¡Nunca me he enfrentado a nada!".

Sé que tengo mal carácter, lo cual muchos han atribuido a mi herencia católica irlandesa. Hasta terminar esta diatriba no me di cuenta de que había levantado la voz, y ajena por completo a la hora hice algo que nunca había hecho antes: hablar hasta mucho después de la hora en que debía haber comenzado la siguiente sesión. Pero estaba indignada por que Danny fuera un héroe psicológico y ni siquiera lo supiera.

Parecía sorprendido.

–De acuerdo, entonces –dijo simplemente, y luego salió del despacho y cerró la puerta sin hacer ruido.

¿Por qué tuve aquel arrebato tan poco ortodoxo? ¿Tenía miedo de que Danny se suicidara? No estaba del todo segura. Confiaba en que hubiera interpretado mi preocupación como lo que era: una reacción de afecto sincero. Me sentía frustrada. Estaba ante un reto hasta entonces desconocido: ¿cómo hacer que un hombre vuelva a identificarse con una cultura después de que se le haya programado durante sus años más sensibles para que crea que esa cultura es salvaje y mala? Incluso la lengua cri se había convertido para Danny en un detonante emocional.

Danny y yo ya habíamos superado con mucho el ecuador de lo que acabaría siendo una colaboración de cinco años. Habíamos pasado mucho tiempo juntos. Danny dijo que había hablado conmigo más de lo que había hablado con nadie en su vida.

Creo que le estaba ayudando, pero sé con certeza que él me estaba ayudando a mí a resolver un problema muy particular.

En el primer capítulo del libro, sobre Laura, hablaba de la contratransferencia: los sentimientos del terapeuta hacia el paciente. Y de entrada, el aspecto de Danny, con su cara indígena y sus trenzas, había sido un desencadenante para mí, porque una vez estuve hospitalizada porque un paciente cri con trenzas me agredió físicamente cuando trabajaba en un hospital psiquiátrico. Después de aquello, cada vez que me encontraba con alguien que se parecía a mi agresor, me invadía una sensación de miedo, se me aceleraba el pulso y me faltaba el aire.

Una noche oscura y lluviosa de invierno, cuando llevaba cuatro años de terapia con Danny, volvía del trabajo por el centro de Toronto y, al doblar hacia el camino de entrada a mi casa, vi a un indígena con trenzas sentado en los escalones del porche casi en penumbra. (Vivíamos a unas manzanas del Native Canadian Centre, una organización cultural y de asistencia social para la gente indígena). Me preguntó si podía tomar prestada la pala quitanieves. «Quiero ganar un poco de dinero quitando nieve, pero no tengo pala –me dijo–. He visto esta en su porche al pasar, pero no había nadie en casa cuando he llamado al timbre. Se la devolveré por la mañana». Le dije que sí y no le di más vueltas, y la pala estaba de nuevo en el porche a la mañana siguiente.

Cuando entré en casa, me di cuenta de que no había tenido ninguna reacción fisiológica ni psicológica de miedo. Un hombre indígena con trenzas ya no era para mí un desencadenante emocional. Mi creciente transferencia positiva hacia Danny había acabado con cualquier síndrome postraumático que hubiera podido tener.

8. El retorno del cazador

Danny consiguió capear la depresión grave a la que lo había llevado el duelo tardío por su hija, su esposa, su hermana, sus padres y su propia infancia perdida. Todo se le había venido encima de golpe. Ahora que volvía a sentir de verdad, se dio cuenta de que lo peor de su infancia no habían sido los abusos sexuales, el maltrato físico, el hambre ni el frío; había sido, con diferencia, la soledad desesperada.

Estuvo tomando los antidepresivos durante dos años más para asegurarse de que no tendría una recaída. En determinado momento, le recomendé que esa semana descansara mucho y tomara la medicación porque en nuestra siguiente sesión íbamos a iniciar un nuevo camino. «Estupendo», contestó en su habitual tono inexpresivo, un término que yo empezaba a entender que utilizaba con ironía.

La expresión y el tono de voz son diferentes en cada cultura. Cuando conocí a Danny, su voz me sonaba plana, pero después de haber pasado casi doscientas horas hablando con él me di cuenta de que su forma de hablar contenía particulares acentos e inflexiones tonales para expresar humor, dolor, frustración y otros sentimientos. Ahora que lo conocía mejor, comprendía cuánto me había perdido durante los primeros años por no haber sabido interpretar sus sutiles modulaciones tonales.

Si a mí él me parecía callado, yo a él le parecía excesiva y altisonante (a decir verdad, a la mayoría de la gente blanca se lo parecía también). Un día al entrar en la consulta, Danny comentó que me había oído hablar en la CBC Radio y que le había gustado. Nunca antes me había hecho un cumplido, así que le pregunté qué le había gustado. Respondió: «Podía bajar el volumen».

En la siguiente sesión, Danny hizo un intento de defensa anticipada contra la «nueva dirección» que le había anunciado que íbamos a tomar.

–Sé lo que vas a decir y no estoy preparado.

–Ah, no sabía que además de camionero fueras adivino. ¿Cómo te da tiempo a todo? Explícamelo, por favor.

–Quieres que conozca a una mujer.

–¿En serio? No te iba a decir eso, pero es interesante que tú hayas pensado que las cosas iban por ahí. Me dice mucho.

–¡No, ni lo sueñes! –respondió Danny, consciente de que se acababa de delatar, lo cual no era propio de él.

Sacudió la cabeza para dejar claro que no iba a hablar del tema. Sospeché que había conocido a alguien o que deseaba hacerlo, pero decidí dejar el asunto para otro momento.

Lo que le quería plantear estaba relacionado con la curación indígena. Le dije que había estado informándome sobre ella a lo largo de los años y creía que era lo que necesitaba.

–Una cosa que he comprendido con toda claridad es que yo puedo llevarte solo hasta cierto punto –dije, y vi que sus ojos se entrecerraban ligeramente, lo cual sabía que era una señal de miedo, o al menos de alerta–. No te estoy diciendo que nuestra terapia haya terminado. Voy a estar aquí todo el tiempo que me necesites. –Luego añadí con ironía–: Sé lo importante que es mi ayuda: he conseguido hacerte pasar de un estado en el que no sentías nada a una profunda depresión.

–Sí, gracias –contestó en tono inexpresivo.

–Creo de verdad que necesitas un tratamiento de sanación nativo. Todos tus sueños son de animales inmovilizados en las trampas, o de animales que se transmutan en seres mitad humanos y mitad animales. Tu psique lo está pidiendo a gritos –le imploré.

Le expliqué que necesitaba un tratamiento que tuviera una dimensión más espiritual; que la tradición europea occidental se ocupa de la mente, el cuerpo y las emociones, mientras que la perspectiva indígena tiene una visión más holística del mundo. Por lo que había observado y había aprendido de los curanderos indígenas, el propósito de sus ceremonias de sanación era el contenido espiritual, la fusión con la naturaleza y el universo. Añadí que la idea de lo que constituye una psique sana es diferente en cada cultura.

Luego le pedí que escuchara bien lo que le iba a decir, y le propuse que considerara la posibilidad de una curación en grupo.

–Grupos. ¡Dios, no! –Me miró horrorizado.

–Danny, sufriste un trauma de grupo, y por lo tanto necesita una curación de grupo –le dije con sentimiento–. Solo alguien nativo puede entender de verdad los efectos de que a su pueblo se le haya traumatizado desde hace cientos de años.

Me parecía obvio. Eran tantos los indígenas que habían sufrido los mismos traumas, que habían perdido sus tierras y sus medios de subsistencia, que habían sido víctimas de abusos sexuales y físicos en las escuelas residenciales, y que sentían el mismo odio hacia sí mismos por el simple hecho de ser nativos... Y es un trauma multigeneracional: una parte muy grande de los niños y niñas a los que encerraron en esas escuelas quedaron tan marcados por los malos tratos que luego, de adultos, no tenían ni idea de cómo hacer de padres y madres para sus hijos.

–Es necesario que las generaciones se escuchen unas a otras, que entiendan el dolor que siente cada una de ellas para poder sanarse juntas de una manera que esté enraizada en sus tradiciones culturales –le expliqué.

Danny seguía negando con la cabeza. Hice un último intento.

–Es parecido a lo que ocurre en una reunión de Alcohólicos Anónimos, en cuanto a que a los indígenas os atraparon a todos en la misma red, y tenéis la oportunidad de contaros unos a otros cómo habéis conseguido salir de ella. Cada individuo puede servir de ejemplo a los demás.

Le dije que yo solo aceptaba tratar a personas alcohólicas si se comprometían a asistir a las reuniones de Alcohólicos Anónimos: sesenta reuniones en sesenta días, para empezar.

–Es escuchar a otras personas contar cómo superaron ellas su problema, lo que inspira a las demás a cambiar –añadí.

Danny volvió a negar con la cabeza; no había conseguido convencerlo.

–Vivo en Toronto. ¿Cómo lo voy a hacer para ponerme en contacto con todo eso? –objetó–. ¿Aporreando un tambor en mitad de un centro comercial? Tengo claro que no voy a volver a la reserva.

–Lo entiendo perfectamente –respondí, consciente de cuál era su situación familiar y de que su reserva era una de las más conflictivas del país. Le recordé que en aquellos momentos había más indígenas que nunca que vivían fuera de la reserva, muchos de ellos en Toronto.

–Hmm –fue lo único que dijo Danny. Luego, tras veinte minutos de silencio, preguntó con una mezcla de sorna y nerviosismo–: ¿Qué hacen para la curación espiritual en una ciudad?

–Para la curación se usan cabañas de sudar, círculos de tambores, círculos de plumas, hay grupos de tramperos..., toda clase de cosas. No todo se puede hacer aquí en Toronto, pero dentro de la provincia de Ontario hay bosques, como bien sabes –dije–. De todos modos,

¿por qué no empezar aquí mismo, por ejemplo con unas lecciones de cri?

–*Namoya* –contestó, que en cri presumiblemente significaba «no».

Puedo llegar a ser muy cabezota, así que no me rendí.

–Me da la impresión de que es una lengua fascinante, sobre todo por la forma en que refleja las costumbres y valores de la cultura; la lengua expresa lo esencial que es el parentesco para los cris.

–¿El cri expresa eso? ¿En serio? Tendría que empezar de cero. Solo con oír a mi padre hablar en cri, se me disparaba el corazón cada vez que volvía a casa. Me habían arrancado mi idioma a golpes. –Luego en tono desafiante añadió–: ¿Quieres que te lo diga en tu idioma? Pues allá va: para mí el cri es un desencadenante emocional.

No hice caso de esto último, y le dije que probablemente recordara más palabras en cri de lo que pensaba.

–Oíste hablar cri desde que naciste hasta los cinco años, y eso es tiempo suficiente para integrar una lengua; además, volviste a casa algunos veranos. Vamos a no dejarles a las monjas y a los curas ganar esta batalla. Son ellos los que tendrían que confesarse, no tú.

Intentó escabullirse de nuevo citando toda una serie responsabilidades laborales.

–Deja de hacer horas extras para la empresa y haz horas extras para ti –le pedí con seriedad–. Protege tu psique igual que proteges tu carga. –Le vi entrecerrar los ojos de nuevo, lo que significaba que estaba ansioso o que quería salir corriendo–. ¿Te da miedo ser más nativo? A mí me lo daría si me hubieran hecho olvidar mi cultura a golpes.

–Conservé las trenzas.

–Así es. Dice mucho de ti. Nunca he conocido a nadie que tenga un aspecto más nativo que tú.

—Yo nunca he conocido a nadie tan blanco como tú.
Nos reímos de esto. Tengo el pelo blanco y la piel muy blanca.
—Le he dado a la frase «rostro pálido» un nuevo significado –dije.
No volví a mencionar el tema de la curación nativa. Danny decidiría dar el paso o no darlo, a su debido tiempo. Y su tiempo no era, ni mucho menos, el mío.

Unos meses más tarde, justo antes de las Navidades, Danny quería comprarle un regalo a la secretaria del trabajo, que lo había invitado a cenar con su familia en Navidad. Tenía una hija nativa adoptada a la que varios entendidos habían calificado de «problemática»; hoy le habrían diagnosticado síndrome de alcoholismo fetal. La secretaria blanca no intentó ocultarle a Danny que lo había invitado para que su hija conociera a otro indígena. Tenía pensado hacerles un regalo para la casa, así que le sugerí que comprara algún objeto nativo.

—¿Dónde? No quiero un atrapasueños fabricado en China.

—A dos manzanas de aquí, en el Centro Nativo Canadiense. Allí tienen una tienda.

Cuando Danny llegó para la sesión la semana siguiente, dijo:

—*Tanisi*. –Recordé que significaba «hola», así que le devolví el saludo.

—Cuando me enviaste al Centro Nativo ese, ¿sabías que daban clases de cri dos veces a la semana?

—No, de verdad, te lo juro –protesté. Danny me dirigió una mirada un poco incrédula–. El único sitio donde yo sabía que daban clases era la biblioteca de al lado del Centro Nativo. Es a donde llevo a mis hijos los sábados a la hora que hacen una lectura de un cuento, y me he fijado en que tiene la mayor colección de escritos y cintas de audio aborígenes de todo Toronto.

Danny dijo que había ido al Centro Nativo a comprar el regalo y había visto el cartel de la biblioteca de al lado.

–El cartel decía *Mahsinahhekahnikahmik*, que en cri significa «la cabaña o lugar del libro» –explicó.

–¿Te acordabas de eso? –le pregunté sorprendida.

–Supongo que sí. Me apunté a clases de cri.

Resultó que aquellas clases de cri, así como conectar con el Centro Nativo, donde los indígenas urbanos se reunían para mantenerse en contacto con su cultura, sería una bendición para Danny en todos los sentidos. Durante nuestro quinto y último año de terapia, se dedicó de lleno a reconectar con su identidad indígena.

Su primera tentativa fue una incursión en la vida silvestre. Danny se dio cuenta de que llevaba muchos años simulando ir de caza –«rastreando desde el camión»– y decidió hacerlo ahora de verdad. Empezó haciendo senderismo por los bosques canadienses. (También yo soy senderista, así que tuvimos un momento de conexión y risa cómplice, al encontrarnos en la sala de espera vestidos con la misma chaqueta, que los dos habíamos comprado en el departamento de equipamiento de montaña de los mismos almacenes). Acampó solo en varios bosques, desde Ontario hasta la Columbia Británica, y recorrió cientos de kilómetros de senderos. Luego empezó a cazar alces por su cuenta en el norte de Saskatchewan, y le pareció apasionante.

Una semana, Danny acudió a nuestra sesión y me anunció que, estando en Manitoba, se encontró con un hombre de su reserva, que le informó de que su padre había muerto hacía ocho meses. Nadie de su familia se había puesto en contacto con él. No parecía disgustado; dijo que para él su padre murió cuando él tenía cinco años. Al referirse a él, utilizó el calificativo «exterminado». No parecía tener ningún interés en conectar con sus hermanos, a los que calificaba de «perdidos». Sin embargo, sí tenía interés en conectar con otros nativos que quisieran explorar sus raíces.

Por esa misma época, Danny amplió su vestuario: seguía llevando los vaqueros negros y la chaqueta de cuero, pero había sustituido sus camisetas negras y camisas de franela por camisas de algodón planchadas. También había establecido la costumbre de venir a la terapia e ir luego dando un paseo hasta el Centro Nativo para las clases de cri.

No es muy ortodoxo que los terapeutas les tomen el pelo a sus clientes, pero a esas alturas Danny y yo nos conocíamos ya bastante bien. Así que no pude resistirme a decirle:

–¿Cómo es que nunca te habías arreglado para venir a mi consulta hasta ahora, que te pilla de camino al Centro Nativo?

–¿Intentas insinuar algo? –murmuró.

–Aprender cri no suele llevar implícito hacer un viaje a la tintorería.

–Supongo que lo sabes por todos los tipos que conoces que van a clases de cri.

–Era solo un comentario. –Esta era una de las frases típicas de Danny, y la dije imitando bastante bien su tono bajo, discreto.

–Vale, vale –sonrió–. Se llama Sasina. Es ojibwe.* Se ocupa del intercambio de libros en el Centro Nativo.

–Háblame de ella.

---

*   Los ojibwes –también ojibwas, chippewas o saulteaux– son uno de los pueblos originarios, o Primeras Naciones (*anishinaabe*), de lo que es actualmente el sureste de Canadá y la zona norte de Estados Unidos que rodea el Lago Superior. En Canadá, son la segunda población más numerosa de las Naciones Originarias, superada solo por los cris. (*N. de la T.*)

—No hay mucho que decir.

¿Qué otra respuesta se podía esperar de Danny? Finalmente, me dijo que era guapa, ocho años más joven y que, como él, quería conectar con sus raíces. Sus padres habían estado en una escuela residencial y luego se habían hecho alcohólicos. Su hermano y ella formaron parte de la Sixties Scoop,* cuando el gobierno entregaba a muchos niños indígenas en adopción a hogares blancos (una práctica que continuó hasta la década de 1980). A los dos los adoptó una pareja germano-canadiense de Waterloo, y eran sus únicos hijos.

—Dice que sus padres adoptivos eran buenas personas, pero nunca mencionaron que ella o su hermano fueran nativos. Se casó con un blanco y se divorció al cabo de un año —contó Danny—. Luego su hermano y ella empezaron a indagar en sus raíces, hace unos diez años. Ahora organiza toda clase de programas sobre cosas indias.

—¿Trabaja a jornada completa en el Centro Nativo?

—No. Es trabajadora social en el Hospital SickKids.**

—Entonces, ¿estáis saliendo juntos? —le pregunté mirándolo fijamente.

—Hemos ido juntos a algunas charlas indias. Y yo he ido a algunas cosas ojibwe con ella. Está muy unida a su hermano. Viven los dos en una casa que compraron en la zona este.

—¿La has invitado a salir?

---

* La denominada Sixties Scoop fue un periodo en la década de 1960 en el que se promulgaron una serie de políticas en Canadá que permitían a las autoridades de bienestar infantil llevarse a los niños indígenas de sus familias y comunidades para depositarlos en hogares de acogida, donde podrían ser adoptados por familias blancas. (*N. de la T.*)

** El Hospital for Sick Children (HSC) [traducido literalmente, Hospital para Niños Enfermos], conocido como SickKids, es un importante hospital de enseñanza pediátrica afiliado a la Facultad de Medicina de la Universidad de Toronto. (*N. de la T.*)

–No. Ella me despertó el interés por cosas del Centro Nativo. Yo simplemente iba a la sala de intercambio de libros y me sentaba a leer. Luego un día me presentó a su hermano y todo eso.

–¿Cómo es Sasina?

Se quedó pensando unos minutos.

–Yo diría que serena. Lo mejor de todo: le gustan los hombres silenciosos.

–Pues ha encontrado lo que buscaba. –Al verlo asentir, no pude evitar reírme.

–Así que no te sientes presionado cuando estás con ella.

–Puedo ser sencillamente un nativo sin tener que dar explicaciones –dijo, reclinándose en la silla.

–Debe de ser un gran alivio –comenté–. Aunque tu esposa fuera cariñosa y amable, tenías que hacer un esfuerzo constante por comportarte como si fueras blanco. Tuvo que ser agotador.

–Como la escuela residencial.

A lo largo de las siguientes semanas hablamos con frecuencia de Sasina (su nombre significa «ruiseñor» en ojibwe), y estaba claro que Danny le había tomado un profundo afecto. Lo mismo que él, se sentía una extraña en un mundo de blancos y, cuando consiguió dar con sus padres biológicos en la reserva, descubrió que estaban demasiado trastornados como para que fuera posible establecer con ellos una verdadera conexión. Sin embargo, sus raíces eran importantes para ella. Siempre se había sentido diferente en la sociedad blanca, y aunque les tenía respeto, e incluso cariño, a sus padres adoptivos, sabía que no estaba hecha para ser como ellos. A pesar de todo, le habían pagado unos estudios universitarios; Sasina tenía una sólida ética laboral, lo mismo que Danny, y como a él, se le daban bien las «tareas de blancos» (a diferencia de su hermano, al que no le había ido bien en los estudios).

Se entiende que una terapeuta necesita tener información sobre la vida sexual de sus pacientes, pero yo sabía que Danny era una persona muy reservada. Sin embargo, teniendo en cuenta que había sido víctima de abusos sexuales, y que yo no conocía la historia de Sasina, tuve que preguntarle.

−¿Y el sexo?

−¿El sexo qué? −respondió mirándome como si estuviera loca por hacerle esa pregunta.

−Bueno, ha sido un tema de infancia sobre el que hemos trabajado.

−Al menos esta vez no necesito dar explicaciones de por qué no tengo vello en el pecho −dijo evitando ir directo al grano.

Sonreí y asentí con la cabeza, sabiendo que era la forma indirecta que tenía Danny de decir que no estaba nervioso, que la relación sexual con una mujer nativa por la que sentía afecto era reconfortante.

Tras un silencio, casi en un susurró, añadió:

−Una vez se me sentó en las rodillas durante el desayuno, mientras me tomaba el café.

Los dos sabíamos que ese era uno de sus desencadenantes emocionales, porque aquel cura católico le había obligado a sentarse en su regazo desde que era pequeño. Danny miró por la ventana y luego me miró.

−Pensé en ti, y en el trabajo que hicimos con el episodio aquel de Toro. Le dije a Sasina: «No me gusta que nadie se me siente en las rodillas». Se levantó al instante. Parecía que estaba dolida y avergonzada, así que le dije: «Me recuerda a cosas muy malas de la escuela residencial. No tiene nada que ver contigo». Creo que lo entendió y que dejó de sentirse mal. La verdad es que me dio miedo decírselo. Me dolió mucho, pero lo dije. Tenía que decírselo, o sabía que nos distanciaríamos, como me pasó con mi esposa. No quiero que pase eso.

–El lenguaje de la intimidad es difícil de aprender, sobre todo si se te prohibió hablarlo. Pero lo has conseguido.

–Apenas tenía acento –dijo con ironía.

Cuando le pregunté si estaban viviendo juntos, sonrió y dijo que suponía que sí, dado que Sasina había ido a pasar un fin de semana a casa de Danny y seguía allí.

Otro objetivo alcanzado fue que Danny, según me contó un día nada más llegar, había acompañado al hermano de Sasina a un *powwow*.* Dijo que había demasiado ruido y demasiada gente; «no va conmigo». Volví a animarlo a que participara en alguna ceremonia curativa indígena.

Lo hizo. Fue a una cabaña de sudar en Hamilton, una ciudad cercana a Toronto, con otros ocho hombres. Durante la ceremonia se sentaron en círculo en un espacio con cubierta abovedada, y había rocas calientes en el centro. Aprendió que esta clase de tipi en forma de cúpula representa a la Madre Tierra embarazada; a las rocas se las llama «abuelas», porque son muy antiguas y lo han visto todo. Se calientan las rocas y los participantes hablan y sudan. Danny me contó que hacía un calor increíble dentro de la tienda. Que hubo cuatro rondas de calentamiento, y en la segunda ronda, uno a uno, los hombres desahogaron sus emociones mientras el sudor les corría por el cuerpo. Duró el día entero.

Me dijo que estar en aquella oscuridad era como estar en un útero

---

* Un *powwow* es una reunión de pueblos indígenas de Norteamérica. Tradicionalmente, era un evento religioso (chamánico) o con el que se celebraba alguna hazaña bélica, pero actualmente es un encuentro festivo en el que los indígenas americanos se reúnen para cantar, bailar, socializar y honrar su cultura. (*N. de la T.*)

caliente. Oyó cómo la misma «mierda horrible» que a él le había obsesionado durante años salía de los demás hombres. Sintió cómo los venenos de la infancia abandonaban su organismo; los sudó y se los quitó de encima con una toalla. Cuando escuchaba a los hombres lamentarse de cuánto habían decepcionado a sus familias a causa del alcohol, se preguntaba qué habría querido decir su padre si hubiera podido compartir su dolor.

Durante los seis meses siguientes, Danny participó en todo tipo de curaciones nativas, como la ceremonia de la pipa, en la que intentó conectar con la Madre Tierra y expresar algunas de sus esperanzas. Acudía a círculos de conversación donde la gente hablaba, como él decía, «hasta que lo habían dicho todo, y eso podía llevarles mucho tiempo». Su ritual favorito era la limpieza con sahumerios, un baño de humo purificador que se utiliza para centrar a una persona y eliminar la energía negativa. Sasina y él lo hacían casi a diario, para purificar su hogar y sus almas. A Danny le gustaba porque le obligaba a pensar en la energía de cada día; le ponía en el camino propicio cada mañana.

Una vez, casi al final de la terapia, me miró y me dijo:

–¿Sabes?, tenías razón.

–Es un gusto indescriptible oírte decir eso –le contesté.

Sacudió la cabeza.

–A los blancos os encanta tener razón. Necesitáis contarlo cincuenta veces, cada vez que tenéis razón en algo.

–Este pelo y esta piel extremadamente blancos hacen juego con lo blanca que soy en lo que se refiere a cuánto me gusta tener razón. Dime en qué tenía razón, para que pueda regodearme en mi éxito –contesté riendo.

–La terapia blanca no tiene espíritu: es un dónut con un agujero en el medio. Gracias a ti, supe que tenía dolor, cómo llegar a él y todas esas cosas, pero no había en ello nada espiritual, y eso es lo que más cura. Necesitaba la parte nativa.

En los últimos meses de terapia, Danny se fue de acampada al norte en mitad del invierno con una partida de caza de la que formaba parte el hermano de Sasina.

–Teníamos que estar muy quietos, al acecho de un alce –me contó–. Son animales que se asustan con facilidad y hay que verlos venir desde la distancia. Perciben si el cazador está cerca. Pero ninguno de los cazadores fue capaz de esperar a que apareciera, a cuarenta grados bajo cero. Así que dije que yo lo iba a intentar.

Tuve que hacer un esfuerzo para no gritar triunfante:

–El sigiloso cri no tenía nada que envidiarles a los viejos ojibwes.

–En eso también tienes razón. Me pasé días tumbado boca abajo, pero lo atrapé.

Empecé a aplaudir. Había perdido toda objetividad. Es de suponer que una terapeuta debe mostrar una fachada impasible. Pero como nuestra terapia básicamente había terminado, quería ser algo más que una terapeuta freudiana para Danny. Necesitaba una hincha entusiasta, alguien que estuviera de su parte, pero sin pedir nada a cambio, alguien que quisiera de todo corazón que Danny estuviera bien. Las personas que han sufrido un trauma grave viven anestesiadas hasta que encuentran a un testigo compasivo. Cuando creen que ese individuo va en serio y que se puede confiar en él, tienen la posibilidad de convertirse en una persona «de verdad» y atreverse a sentir afecto.

Danny dijo que la excursión de caza había sido magnífica. A la hora de poner las trampas, se acordaba de todos los pequeños trucos que había aprendido de niño sobre cómo enterrarlas en la nieve. Se acordó también del cariño y la paciencia con que su padre le enseñaba las técnicas de caza. Se acordó de tantas cosas que estaba exultante de alegría. Por primera vez desde que tenía cinco años, sintió que los espíritus estaban con él. Sonreía mientras me lo contaba, y era una sonrisa que nunca le había visto antes. Mostraba todos los dientes, blancos, rectos.

Después de haber visto aquella sonrisa desprotegida, supe que nuestro trabajo juntos había terminado. Me daba tristeza, pero lo tenía que decir.

–Danny, nuestro trabajo acaba aquí. Tú también sientes que el momento ha llegado.

Se levantó y ambos supimos que aquella había sido nuestra última sesión. No hizo ninguna demostración emotiva ni yo tampoco. Se dio media vuelta y salió.

Lo observé por la ventana. Me quedé mirando al hombre que un día lejano me había dado miedo y que ahora sentía que era como un hermano. Lo vi alejarse con su chaqueta de cuero y sus botas de piel de serpiente, con las trenzas balanceándose a su espalda.

9. Reunidos

Danny luchó y ganó la batalla, cuando, en sus circunstancias, la mayoría de los seres humanos habríamos sucumbido al trastorno mental y a una u otra adicción. ¿Cómo fue capaz? En primer lugar, creo que el mayor aliado de Danny fue su temperamento, ciertos rasgos esenciales de su personalidad. Cuando era pequeño, su madre –que poco podía imaginar la importancia que esto tendría en la vida de Danny– solía decirle «¡Siempre tan terco!». Es decir, cuando decidía algo, era inamovible. Tomó la decisión de no dejar que nadie lo destruyera, y se atuvo a ella. Decidió no beber, y con terquedad, como habría dicho su madre, o con resolución, como decía yo, se atuvo a ello también. En segundo lugar, incluso de pequeño, tenía un carácter solitario e independiente. No tenía las mismas necesidades sociales que la mayoría. Su hermana Rose, por ejemplo, se quedó con sus padres y trató de conseguir su cariño, a pesar del estado de decadencia en que se encontraban, y luego ella misma se fue consumiendo con ellos. En tercer lugar, y la importancia de esto es mayor que la de cualquier cualidad innata, Danny había tenido el amor de unos padres que lo educaron con el mayor afecto desde que nació hasta los cinco años, que son los años más sustanciales en la formación de un niño. Si los padres de Danny hubieran sufrido las consecuencias de haber asistido ellos también a una escuela residencial, como era el caso de tantos padres, es posible que Danny hubiera tenido un perfil muy diferente y mucho más triste.

Danny utilizó una de las defensas psicológicas más poderosas que se conocen: la despersonalización. Se desconectó de todos sus sentimientos. Era la armadura perfecta. El único problema que presentaba esta arma perfecta era que apenas le permitía a Danny sentir nada por nadie ni saborear los placeres de estar vivo. Como dijo al principio de la terapia, «No necesito alegría». Tenía sus razones. Al fin y al cabo, ¿es mejor sentir, o conservar la cordura? Durante muchos años, eligió lo segundo.

Aunque durante trece años lo programaron a conciencia para que renunciara a su identidad indígena, se negó tercamente a hacerlo. Hubo momentos de su vida en los que vaciló: de niño en el confesionario, había confesado más de una vez el «pecado» que era esa identidad, y al volver a casa en verano le creaba ansiedad oír hablar cri. Sin embargo, Danny era un guerrero feroz. Llevaba el pelo largo recogido en trenzas, como proclamación de sus raíces, y acudió durante cinco años a las sesiones de terapia, en las que trabajó poco a poco para recuperar la identidad que le habían robado.

Para mí, el de Danny fue un caso insólito. En primer lugar, me enseñó mucho sobre la terapia multicultural. Ilustró el triste hecho de que las instituciones y actitudes de la sociedad blanca no solo habían destruido la dinámica de su familia, sino que las repercusiones de esto se extenderían más allá de una sola generación. Tuve que enfrentarme a la incómoda realidad de que yo pertenecía al grupo que había intentado extinguir la cultura de los pueblos indígenas y asimilarlos a la cultura blanca. No es de extrañar que Danny no se atreviera de entrada a confiar en mí.

En segundo lugar, este caso me enseñó las limitaciones de la psicoterapia. La psicoterapia no estaba pensada para tratar la aniquilación cultural, algo que el doctor Brant me había dejado claro desde el principio. Recluté a un pequeño ejército de curanderos indígenas para que le procuraran a Danny lo que la psicoterapia no le podía dar: curación espiritual. Hasta entonces, yo no era consciente de que la psicoterapia llevara el sello de una determinada cultura, y tuve que enfrentarme a esas limitaciones con honestidad y seriedad.

Varios años antes de que Danny fuera mi paciente, me inscribí en un curso de cestería en el Museo Real de Ontario. Tardé meses en hacer la cestita que tenía sobre la mesa del despacho; era tan diminuta que solo cabían en ella cuatro clips. A Danny le hacía gracia aquella cestita minúscula.

Unas semanas después de la sesión de despedida con Danny, entré en la sala de espera y encontré allí una gran cesta de hierba dulce trenzada, preciosa, con vistosas y originales cenefas. Era una maravillosa creación nativa, una pieza de coleccionista. Sabía que era antigua, y que la habían teñido utilizando una patata para hacer aquellos exquisitos dibujos.

Me conmovió profundamente, y ocupó un lugar de honor en el vestíbulo de mi casa. Diez años después, durante una reforma, los empleados de la mudanza empaquetaron todos los objetos de la casa y los guardaron en un almacén. Cuando deshice el equipaje, solo faltaba la cesta de hierba dulce. La compañía de seguros me dijo que aquella cesta valía miles de dólares, que era una pieza de museo. Me daba igual lo costosa que fuera, yo solo quería recuperarla. Pero nunca la volví a ver, ni a Danny tampoco.

Tiempo después me enteré de que Danny había empezado a ayudar a otras personas en su camino espiritual y de que participaba activamente en ceremonias de curación. Era muy respetado. Viajaba por todo el país a una u otra conferencia para compartir sus conocimientos. Sé todo esto porque, de vez en cuando, llegaba a la consulta algún cliente indígena por recomendación de Danny. El cliente explicaba: «Me ha dicho Danny que antes de empezar a trabajar con él necesito venir aquí para una puesta a punto y un recauchutado». Sabiendo que a Danny le encantaban los automóviles y los motores de cualquier tipo, me lo tomaba como un cumplido.

Habían pasado casi treinta años desde la primera vez que vi a Danny. Quería hacerle saber que estaba escribiendo sobre él como un caso de estudio. Danny tendría ahora setenta años.

Localicé a su antiguo jefe, que ahora tenía más de ochenta. Cuando le pregunté qué sabía de Danny, sonó un suspiro al otro lado del teléfono.

–Danny murió de cáncer de garganta a los cincuenta y tantos años.

Fue un golpe demasiado fuerte como para que me salieran las palabras.

–No se quejó nunca –continuó–. Bajó de peso, tosía sin parar, estaba ronco, pero siguió trabajando…, como cuando murieron su esposa y su hija. Cuando se derrumbó, duró solo unos días. Pidió que lo enterraran al lado de su hija.

Me contó que fue al funeral y se quedó sorprendido de ver allí a cientos de personas, la mayoría indígenas vestidas con atuendo ceremonial. Una mujer, que supuso que sería la novia de Danny, cantó una canción en una lengua nativa y los hombres tocaban unos grandes tambores planos.

Justo cuando estaba a punto de colgar, comentó en tono reflexivo:

–Es tan raro que tuviera cáncer de garganta. Nunca trabajó con amianto ni con ninguna de las sustancias que provocan ese tipo de cáncer. Yo nunca habría permitido que mis empleados estuvieran en contacto con esas cosas. Me pregunto cuál fue la causa.

Habría querido contestarle que quizá fuera el haber tenido que tragarse tal cantidad de palabras en cri durante toda su infancia. Se quedaron allí encerradas en la oscuridad y enfermaron. La escuela residencial le arrancó el cri a golpes, pero el dolor se le quedó literalmente incrustado en la garganta, como recordatorio físico de lo que heroicamente había soportado.

Ikosi (adiós), Danny.

Alana

> La crueldad, como cualquier otro vicio,
> no necesita motivos;
> solo la oportunidad para practicarla.
>
> GEORGE ELIOT

1. El club de fans de Ted Bundy

Pierre Janet, el famoso psicólogo francés, dijo sobre la psique humana: «Cada vida es una obra de arte, creada con todos los medios que un ser humano tiene a su alcance». Alana –una de las pacientes con las que más aprendí en el plano profesional y personal– utilizó todos y cada uno de los medios que tenía a su alcance, y el ingenio de algunos de los métodos que empleó para mantener la cordura los eleva a la categoría de arte.

Alana había sufrido a diario abusos terribles. Pero comprendí gracias a esta mujer que ninguna depravación, por horrible que sea, puede hacerle sombra a la grandeza del espíritu humano. La fuerza de carácter, la inteligencia y el instinto maternal de esta joven la ayudaron a superar el trauma. Alana, más que nadie que yo haya conocido, demuestra lo que la mente es capaz de soportar, pero, sobre todo, que es capaz de salir intacta de cualquier trauma.

Alana me fue remitida por una colega psicoterapeuta cuya especialidad eran las cuestiones de género. Esta colega empezó por explicarme cómo había tenido conocimiento de Alana.

Años antes, tuvo un paciente llamado Christopher al que trató durante el proceso de convertirse en Jane. Christopher, profesor de lingüística, se divorció de su esposa cuando sus hijos empezaron a ir a la universidad; entonces comenzó su larga y ardua transición de hombre a mujer. En la actualidad son más frecuentes los casos de personas transgénero, pero hace cuarenta años, cuando Christopher hizo la transición, era algo excepcional. No solo era mayor la intolerancia social, sino que las hormonas y las operaciones de transición de género eran mucho más rudimentarias que hoy. Mi colega lo ayudó durante la etapa más dolorosa del proceso: la extirpación de los órganos sexuales y la introducción de hormonas femeninas, que tuvieron un efecto explosivo en el organismo. En aquella época, cuando el campo de la transexualidad era una pequeña subespecialidad reciente, la transición duraba años. Aun así, a pesar de todos los peligros, Jane, que era una inconformista, se recuperó bien tanto física como mentalmente.

En octubre de 1996, mi colega recibió una llamada de Jane (antes Christopher) para preguntarle si podía tratar a su pareja, Alana. Jane le explicó que Alana era lesbiana, y que ella misma se había identificado como lesbiana hacía tiempo. Las dos tenían un enorme interés por los lenguajes informáticos, y gracias a eso se habían conocido en la sección de informática de la biblioteca universitaria. Llevaban once años de feliz convivencia.

Como no es aconsejable que una psicóloga trate individualmente a miembros de la misma familia –ya que puede poner en riesgo la lealtad a cada paciente–, mi colega pensó que podría tratarla yo en su lugar. Cuando le pregunté por la naturaleza del problema, contestó que su expaciente Jane solo le había dicho lo siguiente: «No hay palabras para describirlo». Viniendo de una lingüista, eso era mucho decir.

Acepté ver a Alana, que tenía treinta y cinco años, lo que significaba que era casi veinte años más joven que Jane. Para mí, este caso suponía muchas novedades, y empezaron desde el primer momento, cuando entré en la sala de espera y la vi por primera vez. Si lo habitual es que los pacientes estén sentados, Alana estaba de pie frente a mí, pegada a la única ventana como un soldado en posición de firmes, con los ojos muy abiertos y mirada de terror.

Tenía el encanto de una duendecilla; los huesos finos, el pelo corto y rizado de color rubio fresa, la piel clara y una cara ligeramente pecosa, sin maquillar. Llevaba una camiseta gris debajo de la camisa de franela a cuadros desabrochada, pantalones cargo de color caqui y zapatillas deportivas negras de caña alta. (Durante todos los años que la traté, solo le vi ligeras modificaciones de este modelo).

Pensé que quizá una taza de té la tranquilizaría. Serví dos tazas y la conduje a mi despacho, donde se sentó en el borde de una silla, como preparada para huir. Una vez que las dos nos relajamos un poco, cada una con nuestro té en la mano, le pregunté qué podía hacer por ella.

–Probablemente nada –contestó; no en tono hostil, sino como si estuviera simplemente exponiendo un hecho.

Le pregunté qué le preocupaba. Bajó la mirada, sonrió y se rascó las manos, igual de rojas que si las hubiera tenido sumergidas en zumo de remolacha.

–Supongo que estoy nerviosa.

Respiraba con fuerza a intervalos regulares, breves, como Tillie en *La pequeña locomotora que sí pudo* subiendo la montaña.* Estaba tan pálida que hasta las pecas se le habían difuminado. Para que no se desmayara, insistí en que se tomara el té.

Cuando le pregunté por su vida familiar, Alana me dijo que había crecido en Prince Rupert, en la Columbia Británica. Su madre se

---

* Película de animación dirigida por Elliot M. Bour en 2011. (*N. de la T.*)

marchó cuando Alana no había cumplido aún los tres años porque la Organización de Ayuda a la Infancia la declaró no apta para cuidar de sus hijas. A partir de entonces, fue su padre, que era alcohólico y drogadicto, el que las crio a ella y a su hermana pequeña, Gretchen. Alana me explicó que su padre había incriminado a su madre metiéndole varias papelinas de heroína en los bolsillos y llamando a continuación a la policía. Mientras la policía estaba en la casa, el padre les contó que, cuando era una adolescente, la madre de Alana había sido prostituta en Calgary, así que, comentó Alana, «no tengo lo que se dice unos antecedentes de ensueño». Después de esto, su madre, que entonces tenía solo veintidós años, luchó en los tribunales por la custodia de sus hijas, pero el juez consideró que el padre era el progenitor más responsable, porque todo el mundo decía que era un «genio» y tenía un trabajo impresionante como programador en una de las grandes empresas informáticas. Años más tarde, la empresa lo despidió debido a su adicción a las drogas y al alcohol y a su extraña conducta.

Le pedí a Alana que me diera algún ejemplo de esa conducta. Me contó que una vez había matado a un gato, al que todos llamaban Tiovivo, que vivía en el almacén de la empresa. Para divertirse, le dio una descarga eléctrica y luego le puso alrededor del cuello una tira de papel que decía: «Ahora solo me llamo Tio». Cuando lo despidieron, descubrió que a los demás no les había hecho la misma gracia que a él.

Los sádicos –la gente que siente placer infligiendo dolor o humillación– no suelen tener ni idea de lo repelente que a los demás les resulta su conducta. Con el tiempo, como en el caso del padre de Alana, no les queda otro remedio que relacionarse con otros sádicos, que aprueben sus aberrantes inclinaciones.

Cuando seguí haciéndole preguntas sobre su padre, Alana me dijo que le molestaba llamarlo así. (También a él le molestaba. Les exigió a sus dos hijas que lo llamaran Art, que era su nombre de pila). Me pidió que no volviera a utilizar el término *padre* ni al hablar ni al escribir sobre él, que lo llamara Art.

Al final de la primera sesión, quise entender el motivo de que a Alana la alterara tanto estar en la consulta.

—Me da miedo que, si descubres lo que tengo dentro de la cabeza, hagas que me encierren —confesó.

Para una terapeuta, es siempre peliagudo lidiar con este temor, ya que, si Alana resultara ser en verdad un peligro para sí misma o para los demás, habría que hospitalizarla. Teniendo el antecedente de su madre, arbitrariamente acusada de ser una drogadicta inmoral e incompetente, quizá temiera exponerse a que se tomaran medidas similares contra ella. No la quise asustar, así que decidí no abordar el tema directamente y le pregunté si podía describirme uno solo de sus síntomas.

—Dime alguno que no ponga en peligro tu vida y lo analizaremos la semana que viene —le propuse.

—Hay cosas que me dan náuseas, me entran ganas de vomitar. Si no me alejo rápidamente, tengo un vómito en proyectil, incontrolable.

Me daba la impresión de que intentar obtener de esta paciente un historial completo tal vez fuera someterla a una presión intolerable. Sus respuestas físicas (la acumulación de sangre bajo la piel de las manos, la hiperventilación, las pupilas dilatadas) eran síntomas visibles de su extrema agitación interior. Tendríamos que avanzar con cautela.

La semana siguiente, Alana trajo a la sesión una lista de desencadenantes emocionales que le provocaban náuseas o vómitos. Le pregunté si estos síntomas interferían en su trabajo. Me contó que llevaba ya unos años trabajando en un bufete de abogados y que, cada vez que se encontraba mal, salía del despacho y no volvía hasta que se le pasaba; nadie se había quejado nunca.

Cuando le pregunté por sus estudios de abogacía, me dijo que había estado solo unos meses en la universidad. Con poco más de veinte años, había conseguido trabajo en el departamento de informática del bufete y había ido ascendiendo; ahora se dedicaba sobre todo a preparar informes para los tribunales. Al parecer, por lo que iba contando, se ocupaba de importantes tareas jurídicas en casos multimillonarios para uno de los mejores bufetes de Toronto. Pero, como no era abogada, nunca había ganado lo mismo que los demás. Tenía memoria casi fotográfica y un coeficiente intelectual bastante alto, así que podía trabajar en varios casos a la vez y tener, no obstante, los detalles de cada uno de ellos perfectamente organizados en la cabeza. Aunque la rama que más le interesaba era el derecho de familia –había investigado su propio caso de infancia–, lo que el bufete más valoraba de ella eran sus conocimientos de derecho de patentes. Necesitaban a Alana.

–Les he salvado el pellejo cientos de veces –dijo–. Saben que soy rara y me dejan en paz. Me dejan ir y venir a mi antojo porque saben que, si tienen un caso importante en los tribunales, puedo pasarme varias noches seguidas trabajando sin pestañear.

La pregunta obvia parecía ser por qué no era abogada, con todas las ventajas que eso supondría. Pero me abstuve de hacerla; lo último que convenía en la situación tan precaria en que nos encontrábamos era cualquier clase de confrontación.

Al terminar de hablar de esto, Alana adoptó una actitud más pragmática y sacó la hoja de papel en la que había escrito sus desencadenantes emocionales.

–Lo primero de la lista de causas de vómitos en proyectil –empezó diciendo– es el olor a pescado. En los centros comerciales, no puedo pasar por el área de los restaurantes por miedo a empezar a vomitar encima de las mesas.

Cuando le pregunté por qué, me reveló tranquilamente que Art la había violado desde que tenía cuatro años hasta los catorce. Le había dicho además que, si no daba muestras de disfrutar cuando se acostaba con él, la sustituiría por su hermana Gretchen, que estaba en la habitación de al lado. La joven Alana no tenía ni idea de cómo hacer que pareciera que disfrutaba de lo que en realidad era doloroso y humillante.

–Siempre me han encantado las matemáticas, así que solía contar las flores del papel pintado y luego me inventaba problemas matemáticos con las flores mientras él me violaba –contó–. Al final, a los ocho años, aprendí a hacer sonidos y a excitarme para que se me humedeciera la vagina. Me odiaba por hacerlo y le odiaba a él, pero salvé a mi hermana. Me obligaba a hacerlo hasta que olía, como él decía, «a pescado». Así que el pescado me da asco.

Conseguí no delatar el impacto que me causó una crueldad tan espantosa. Trabajando con otros pacientes que habían soportado también situaciones extremas, había aprendido que, si les transmitía la sensación de que sus experiencias se salían con mucho de la norma, se asustaban y no decían una palabra más. Alana no estaba acostumbrada a recibir comprensión o empatía; con el tiempo, me iría dando cuenta de que le resultaban falsas, extrañas y alienantes. Más adelante, en una ocasión explicó la sensación que le producía la empatía de la siguiente manera:

–Si un día llegaras a casa y tu padre te empezara a hablar en tono empalagoso, como un profesor de parvulario, te quedarías de piedra probablemente, o al menos te parecería que había gato encerrado. Pues así es como me siento cuando la gente me trata con empatía.

La segunda cosa de la lista era una caricia delicada: así era como Art se acercaba a ella. Le daba náuseas. La tercera era el sonido de masticar o, como ella lo llamaba, «ñam ñam». Una vez más, esto tenía que ver con las cosas repulsivas que hacía Art: le mordía los genitales si Alana no expresaba placer.

La cuarta cosa eran los cuartos de baño. Mientras estaba en cualquier cuarto de baño, tenía que aguantar la respiración. Cuando le pregunté por qué, salió corriendo del despacho y vomitó en el lavabo del aseo. En todos los años que Alana estuvo en terapia conmigo, nunca reveló qué le había hecho su padre en el cuarto de baño. Decía que, si hablaba de ello, sería realidad; quizá luego no pudiera «volver al mundo».

La reticencia de Alana a tocar ese tema me creaba dudas. En cualquier terapia freudiana o basada en la creencia en el inconsciente, el objetivo es sacar a la luz el material oculto para que los pacientes dejen de actuar dominados por imperiosas necesidades inconscientes. Es fundamental que los sucesos traumáticos se revelen en presencia de un terapeuta, para que el paciente pueda revivir la ansiedad, la vergüenza o la culpa y superarlos con su ayuda. Sin embargo, para entonces yo llevaba suficiente tiempo dedicada a la psicoterapia como para saber que no existe la práctica ortodoxa y que no hay dos pacientes iguales. Trabajando con Alana, llegaría a comprender que hay experiencias demasiado terribles como para vivirlas dos veces.

La lista entera de «elementos vomitivos», como los llamaba ella, se basaba en sus frecuentes violaciones. Lo que más asco le daba, decía, era que Art la forzara a aparentar complicidad fingiendo orgasmos.

–La tortura física de la violación la podía soportar –dijo–, y créeme, una niña de cuatro años tiene una vagina muy pequeña. Pero el daño más terrible, el horror que me persigue cada día de mi vida, son los *flashbacks* de mí fingiendo disfrutar y llegar al orgasmo con Art. Esa imagen se me presenta con nitidez en la mente, y la vergüenza de recordarla me corta la respiración, es como si tuviera el pecho metido en una prensa.

Asentí. A la larga, la vergüenza sobrevive siempre al dolor físico.

–Es lo que ocurre. Al recordar una acción vergonzosa, la experimentamos al menos igual de vívidamente que cuando ocurrió –dije.

Alana, a pesar del horror que había experimentado en su vida, podía ser bastante divertida, y el humor negro era su fuerte. Me contó, por ejemplo, que había ido a ver *Cuando Harry encontró a Sally* y, al llegar la famosa escena en que Meg Ryan finge un orgasmo en una cafetería, pensó que eso había aprendido a hacerlo ella a los cinco años; un día al final había descubierto la clave para que su padre la dejara en paz el resto de la noche.

–Porque Art no era solo un violador, además era un ególatra. Necesitaba creer que era un buen amante.

También solía obligar a Alana a tener relaciones sexuales con sus amigos. Les decía que era una ninfómana con la vagina prieta, lo que en su mente y en la de sus amigos borrachos, drogados y sádicos era el no va más; esto le otorgaba a Art un puesto de honor en su pandilla de pederastas. A veces, si tenía problemas de dinero, les cobraba delante de ella.

Taxi Driver era la película favorita de Art; tenía fijación con Jodie Foster en el papel de la prostituta preadolescente. La actriz había nacido el mismo mes y año que Alana, y se parecían bastante, sobre todo a los doce años. Art compró unos pantalones cortos rosas y una blusa floreada como los que llevaba Jodie Foster en la película y obligaba a Alana a vestirse así cada vez que la iba a violar. Quería que además le hablara en la misma jerga que utilizaba Jodie Foster en sus diálogos con Robert De Niro.

Por si fuera poco, durante sus encuentros sexuales, Art la obligaba a consumir alcohol y drogas, desde marihuana hasta cocaína y alucinógenos. Entre los seis y los catorce años, una vez a la semana Alana tomaba LSD. Sorprendentemente, no le habían provocado psicosis, ni le venían a la mente imágenes de una realidad distorsionada. (El consumo de drogas en grandes cantidades suele provocar *flashbacks* y alucinaciones, delirios persecutorios y confusión incluso años después).

Alana se presentó como lesbiana; dijo que había «nacido así» y que no creía que la explotación que sufrió en el pasado tuviera nada que ver con «haberla hecho» lesbiana. Desde que tuvo conciencia del concepto de orientación sexual, siempre se había considerado homosexual. Nunca la habían atraído los hombres, y le interesaban cosas tradicionalmente masculinas, desde montar un ordenador hasta practicar kárate, judo y *kickboxing* (lucha a puñetazos y puntapiés) o jugar a videojuegos violentos. Para Alana su homosexualidad no era un problema, así que para mí tampoco.

Cuando le pregunté por su actual vida sexual con Jane, contestó que no tenía deseo sexual de ninguna clase.

–Tengo muchas cicatrices físicas y psicológicas, y Jane también. A ninguna de las dos nos importa demasiado el sexo. Eso del «sexo fabuloso» a mí me suena a oxímoron.

Jane y ella habían sufrido ya bastante, y solo querían poder vivir una vida tranquila, digna y sin sobresaltos.

—Tengo cosas más importantes de las que ocuparme —dijo Alana—, como mantener la cordura.

En vista de que ella no consideraba que fuera un problema la falta de deseo sexual, decidí centrarme en las cuestiones más acuciantes.

Cuando le pedí que me hablara de las manifestaciones de violencia física de su padre, me dijo que rara vez iban dirigidas contra ella. Normalmente, iba unos pasos por delante de Art: sabía cuándo desaparecer y cómo apaciguarlo. Sin embargo, él solía pegar a la madre de Alana cuando todavía estaban juntos.

Uno de los sucesos más aterradores de su infancia ocurrió cuando ella tenía unos seis años y Gretchen tres. Bajaban por un río con Art en una balsa de fabricación casera. Él estaba colocado de LSD.

—De repente montó en cólera, de un empujón nos echó de la balsa a mi hermana y a mí y volvió a la orilla sin nosotras —recordaba.

Desde la orilla les gritaba que eran unos súcubos,* y que dejaran de portarse como bebés y aprendieran a nadar.

—Gretchen estaba empezando a ahogarse y yo también, de tanto intentar sacarla a flote.

El amigo de Art, Tim, un hombre que había estado en la cárcel por pornografía infantil y otros delitos sexuales, se había estado riendo desde la orilla de las payasadas de Art.

—Al final se dio cuenta de que nos estábamos ahogando de verdad. Gretchen ya se había hundido.

Tim se lanzó al agua y las salvó. Cuando llegaron a la orilla, ja-

---

* Espíritu, diablo o demonio que, según la superstición vulgar, tiene comercio carnal con un varón, bajo la apariencia de mujer. (*N. de la T.*)

deando y aterrorizadas, a Gretchen tuvieron que reanimarla. Tim le dio un manotazo en la boca a Art, le dijo que había ido demasiado lejos. Art contestó: «Supongo que tienes razón. Casi mato a la gallina de los huevos de oro».

Alana dijo que recordaba aquel día como si fuera una película a cámara lenta. Gretchen nunca volvió a ser la misma, y empezó a tener fobias; Alana comprendió que a Art no le importaba dejarlas morir.

–Pero lo más increíble, lo que realmente me ayudó a mantener la cordura, fue que Tim le había llamado a Art «un puto enfermo». Esa fue la primera vez en mi vida que algo me decía que las cosas que hacía Art no eran normales. Hasta entonces yo creía que las culpables éramos mi madre y yo. Art solía gritarme que era como mi madre, una «maldita frígida». Yo no sabía lo que significaba eso, pero captaba que era algo muy malo.

–Eras una niña y no tenías ni idea de que te estaban violando, solo sabías que eras pasiva y frígida, significara lo que significara –resumí.

Tuve curiosidad por saber si Tim las había ayudado en alguna otra ocasión. Alana contestó que el único motivo por el que las salvó aquella vez fue que no quería ser cómplice de un asesinato. A diferencia de Art, él había estado en la cárcel y no quería volver. Solía tener grandes peleas con Art, pero siguió siendo su amigo toda la vida.

–¿Dónde encuentras, si no, a unos amigos sádicos aficionados a la pornografía infantil y a los abusos sexuales? –dijo.

Estuve de acuerdo en que era un grupo de lo más selecto.

Art había conocido a Tim a través del Club de Fans de Ted Bundy. Ted Bundy, un famoso asesino en serie estadounidense, finalmente fue ejecutado en 1989 tras violar, matar (o a veces en orden inverso) y desmembrar a treinta mujeres. Escapó dos veces de la cárcel, y en cuanto estaba libre, cometía nuevas matanzas. Al igual que Art, era muy inteligente. Bundy había estudiado derecho y se había encargado de su propia defensa. Art, a imitación de Bundy, actuó como su propio abogado en el juicio en el que su esposa fue declarada madre no apta. Bundy era alto, moreno y atractivo. Art era un pelirrojo bajito, delgado y pecoso que se creía igual de malvado y devastadoramente guapo que Ted Bundy. En lo primero tenía razón, en lo segundo no podía estar más equivocado. Alana relató lo siguiente como si estuviera hablando alguien cuyo padre fuera miembro del Rotary Club local:*

—Todos los años, el 24 de noviembre, Art y sus amigos degenerados le cantaban cumpleaños feliz y brindaban a su salud. Celebraban reuniones periódicas del Club de Fans de Ted Bundy.

Bundy recibía miles de cartas de amor de sus fans femeninas. Art se deleitaba hablando de lo popular que era Bundy entre las damas, diciendo que, en el fondo, a todas las mujeres les gustaban los asesinos y los violadores. Ambos, Tim y Art, lo idolatraban, y querían que las mujeres los adoraran igual que las fans de Bundy lo habían «adorado» a él. Hasta llegar a adolescencia, Alana no descubrió que Ted Bundy no era en realidad un héroe.

He omitido la mayor parte de los escalofriantes detalles de este caso, ya que para muchos lectores y lectoras serían demasiado angustiosos de procesar. De hecho, cuando consulté a una psiquiatra sobre la

---

* Rotary International es una organización y club cuyo propósito es reunir a líderes empresariales y profesionales, universitarios y no universitarios, con el fin de prestar servicios humanitarios en sus comunidades, promover elevadas normas de ética en todas las ocupaciones y contribuir a fomentar la buena voluntad y la paz en el mundo. (*N. de la T.*)

posibilidad de medicar a Alana, incluso a ella le costó escuchar su historia. Con lágrimas en los ojos, me preguntó cómo podía tomarme con tanta calma semejante horror.

Estuve pensando en estas palabras durante algún tiempo, y comprendí que casi con seguridad la razón estaba en mi infancia. Me crie principalmente con mi padre. De los cuatro a los trece años trabajé con él en la farmacia, y ayudaba también a repartir los medicamentos a los clientes.* Veía a diario muchas situaciones terribles: pobreza, prostitución, gente moribunda que estaba sola, mujeres maltratadas, trastornos mentales de toda clase. Pero, como me decía mi padre, no era mi trabajo querer comprender la situación de cada cliente al que visitaba. Si alguien necesitaba ayuda, lo que debía hacer era ofrecerme a llamar a la policía o a una ambulancia. Mi responsabilidad era seguir con el trabajo y hacer todas las entregas. Si me tomaba interés por cada persona que estaba necesitada, si me dejaba llevar por la emoción, no podría acabar lo que tenía que hacer. Muchas veces, el repartidor y yo no terminábamos hasta bien entrada la noche. En resumen, aprendí a compartimentar a edad muy temprana.**

---

* En el primer capítulo de su autobiografía de infancia, titulada *Too Close to the Falls* [Demasiado cerca de las cataratas], la autora cuenta: «Era una niña hiperactiva […] Estaba en el corazón del pueblo porque a los cuatro años empecé a trabajar en la farmacia de mi padre. No era explotación infantil; lo hacía por indicación del pediatra. Cuando mi madre le contó que el verano anterior había pasado por encima de los columpios haciendo un bucle de 360 grados, y que otra vez los bomberos habían tenido que bajarme de un cerezo […], el doctor Laughton dijo que […] lo mejor era que quemara toda esa energía haciendo trabajo manual en la farmacia de mi padre». (Penguin Books, 2002) (*N. de la T.*)

** La compartimentación es un mecanismo de defensa psicológico subconsciente para evitar la disonancia cognitiva, o el malestar mental y la ansiedad, que pueden derivarse de un conflicto interior entre valores, cogniciones, emociones, creencias, etc., contrapuestos. (*N. de la T.*)

También Alana aprendió a compartimentar, e incluso a utilizar el humor negro como forma de desviar el dolor. Un día me contó que su padre muchas veces se iba a trabajar y no les dejaba nada de comida, así que Gretchen y ella rebuscaban en los armarios para ver si encontraban algo, lo que fuera; a veces comían incluso harina o azúcar. Decía que había sido «la creadora del movimiento crudívoro». Una se pregunta cómo es posible encontrarle la gracia a esa situación, pero Alana lo conseguía. Ese era su arte.

2. A casa de la abuela

Algunos episodios de la vida de Alana parecían sacados de *Caperucita Roja*, salvo que, en este caso, la abuela y el lobo eran uno.

Durante un tiempo, Art vivió de la indemnización que le dio la empresa de informática. Cuando se terminó el dinero, y le denegaron el subsidio social, encontró trabajo en una mina a cuatro mil kilómetros de Port Rupert, en Kirkland Lake, Ontario. Tardaron apenas dos semanas en despedirlo, pero luego se quedó en el pueblo vendiendo drogas. Antes de irse, había dejado a Alana y a Gretchen en casa de sus padres, en Kitimat, Columbia Británica, mientras ellos estaban en la iglesia, ya que los dos eran miembros activos del movimiento religioso de los Testigos de Jehová. Art les dejó una nota diciendo que volvería a recogerlas en seis meses, que acabaron siendo dos años.

Me alivió saber que Alana, que tenía siete años en aquel momento, había quedado libre de las garras de Art y estaba en un hogar religioso, con una madre y un padre. Muy pronto, sin embargo, Alana me quitó esa idea de la cabeza. La abuela era igual de malvada que Art, solo que de distinta forma.

Utilizo el término *malvado* –impropio del lenguaje psicológico– para describir a Art y a su madre porque no existe ningún término ni diagnóstico psicológico que abarque adecuadamente la magnitud de su crueldad. *Psicópata* es el que más se acerca. Los psicópatas carecen de empatía, tienen un encanto superficial y una personalidad megalómana, y son mentirosos patológicos. Son también astutos y manipuladores, incapaces de sentir remordimientos, emocionalmente frívolos, se niegan a aceptar responsabilidad por sus actos y llevan una cómoda vida parasitaria. Sin duda, Art hacía gala de todas estas características, y su madre exhibía varias de ellas. Eran dos personas psicópatas y sádicas; pero tenían muchos más rasgos malignos de los que engloban estas dos categorías. Art y su madre formaban una categoría que no está descrita en ningún manual.

Los abusos de Art, aun siendo horrorosos, se producían a rachas. Era tan narcisista que en general la disciplina le traía sin cuidado a menos que le afectara directamente: si, por ejemplo, Alana se llevaba el tenedor a la boca antes que él, montaba en cólera; si Alana no iba al colegio, ni se inmutaba. No ocurría lo mismo con la madre de Art. La abuela de Alana era una fanática religiosa de mente perturbada, y con mucha energía para hacerle la vida imposible a todo el que estuviera a su lado. Art tenía una hermana que llevaba ingresada en alguna clase de institución hospitalaria desde que era una adolescente. Nadie sabía bien qué le pasaba y rara vez se hablaba de ella. En cambio Art, el hijo predilecto, no había cosa que no hiciera bien. La abuela de Alana era una mujer lista pero inculta, y veía en su hijo, que recibió premios a lo largo de sus años de estudios, una prueba fehaciente de la inteligencia que había heredado de ella. Los logros de su hijo eran alimento para su megalomanía. Por el contrario, su marido era un hombre obeso que llevaba los pantalones sujetos con tirantes y se pasaba el día sentado en una mecedora sin decir nada; mostraba los signos vegetativos de la depresión. La madre de Art tenía que obligarle a que se bañara.

A Gretchen y Alana, su abuela les administró un enema el día que se las encontró en su casa y todos los días que vinieron después. Les decía que eran unas «mocosas sucias, asquerosas por dentro y por fuera» que le habían arruinado a su padre la vida y las posibilidades de ganar un Premio Nobel. (Su abuela creía que había un Nobel para la programación informática, una de sus fantasías más benignas).

En las sesiones, Alana hablaba con voz tenue pero era una elocuente narradora. Sus relatos estaban aderezados con observaciones jocosas sobre, por ejemplo, la decoración tan hortera de la casa de su abuela, que incluía un portarrollos para el papel higiénico adornado con encajes rococó y una imagen de María Antonieta. Inevitablemente, sin embargo, a medida que se adentraba en los hechos ocurridos en casa de su abuela, la presentación cómica se tornaba en un cuento de terror. Las manos de Alana se convertían en apéndices rojos que se rascaba con furia. Tenía arcadas y vomitaba. Me aseguraba de que hubiera siempre un cubo a su lado.

Pasaron varios meses hasta que salió a la luz la historia completa de lo ocurrido en casa de la abuela. La campaña de la abuela para «quitarle la mugre a Alana» se tradujo en mutilación. A los veinte años, tuvo que someterse a una reconstrucción de la vagina y el ano porque el tejido cicatricial interfería en diversas funciones corporales. Ningún médico le preguntó nunca qué le había pasado. El cirujano se limitó a decir que «haría lo que pudiera». No podría tener hijos. Su médica de cabecera me confirmó estos datos.

Por otra parte, Alana había tomado píldoras anticonceptivas desde que tenía ocho años. La primera vez que Art se las dio, le dijo simplemente: «Tómatelas», así que ella se tomó todo el paquete de una vez. Al cabo de un tiempo se enteró de que tenía que tomarse una pastilla al día. Cuando a los trece años fue a un ginecólogo de Prince Rupert a causa de una hemorragia interna, el médico le preguntó cuánto tiempo llevaba tomando la píldora. En ningún momento le preguntó por qué había empezado a tomar la píldora una niña de ocho años. Los abusos sexuales que había sufrido Alana me dejaban horrorizada, pero no menos inquietante me resultaba que, a pesar de las innumerables señales de maltrato físico y mental, nadie de la escuela ni de los servicios de salud interviniera jamás. Era como si Alana fuera invisible.

Hasta que se fue a vivir con sus abuelos, Alana no tenía ni idea de cómo funcionaba el mundo. En la casa de campo donde había vivido hasta entonces no tenían televisión, ni había vecinos cerca, y Art la había aleccionado para que en el colegio no hablara con nadie.

–Art y sus amigos dementes del Club Bundy eran mi versión de lo que ocurría en el mundo –me dijo–. No tenía demasiado parecido con «el camino de baldosas amarillas» de *El mago de Oz*, pero asumí que así era la vida.

La llegada a casa de su abuela le abrió los ojos a otra realidad, aunque se trataba de una realidad horrenda y fanática.

–Estaba la iglesia, y los desayunos de iglesia donde la gente hablaba y oía hablar de los tormentos del infierno en castigo por la corrupción moral.

Alana no entendía demasiado qué era la sexualidad cuando llegó a casa de sus abuelos; no tenía ni idea de que lo que había estado haciendo con Art se considerara «sexual». Sin embargo, una vez que empezó a asistir a los servicios de los Testigos de Jehová en el Salón del Reino, intuyó que había sido algo abominable. En la iglesia, los ancianos mojigatos despotricaban sobre los males de la sexualidad. Alana comprendió que su padre había violado un tabú, y que también ella había cometido un acto execrable. Imagínate a una niña pequeña que de repente descubre que lo que Art la había obligado a hacer se consideraba tan repugnante que podía quedar excluida para siempre del «Reino de Dios».

–Yo no tenía ni idea de quién era Dios –dijo–, pero, por lo que contaban de él, parecía muchísimo mejor que Art y la abuela. Aunque ¿quién no? Al principio me gustaba eso de que Dios aceptaba a todo el mundo en su Reino. Pero luego se me rompió el corazón, cuando caí en la cuenta de que, después de lo que había hecho, a mí nunca me aceptaría.

Fue durante esa época cuando tuvo su primera alucinación de distorsión corporal. Su abuela se empeñaba en que llevara todos los días vestidos de algodón bien planchados. Alana empezó a imaginar que tenía unos genitales enormes y que todo el mundo los veía asomar por debajo del vestido. Sentía latir la sangre con fuerza en su interior; eran de color morado, muy grandes, y le colgaban casi hasta el suelo. Durante esta época estuvo casi catatónica. (La catatonia es un estado de inmovilidad acompañado de estupor mental, parecido a la hibernación en los animales). Se pasaba el día sentada en una silla, y no quería levantarse por miedo a que la gente viera balancearse aquellos genitales gigantescos mientras iba andando. Se negaba a ir a clase, y nadie la obligó a hacerlo.

Con la esperanza de que Alana hubiera vivido aunque solo fuera un acto bondadoso en medio de este mar de crueldad, le pregunté si recordaba al menos una cosa buena que le pasara estando en casa de sus abuelos. Se quedó pensativa un buen rato.

–Una vez, el abuelo, que nunca se movía de su mecedora salvo para ir a la iglesia, extendió el brazo en silencio, sin mirarme, y me dio el tebeo que venía con el periódico dominical. –A Alana se le empañaron los ojos y se atragantó–: Todavía veo la portada con la tira cómica de Jiggs y Maggie. –Cerró los ojos y, con una sonrisa, añadió–: Todavía huelo la tinta del periódico. Podría hasta dibujar ahora mismo cada línea de cada viñeta y cada globo del tebeo.

Cuando le conté que la tira se llamaba «Educando a papá», sacudió la cabeza y dijo:

–Habría debido titularse «Vomitando a papá».

Su abuela la hacía dormir en el garaje que había al lado de la casa. En invierno, le daba un saco de dormir. Incluso a esa edad, Alana prefería quedarse sola en el garaje y trastear con las herramientas mientras su hermana se ocupaba de limpiar la casa. Por la noche, tenía tanto frío que usaba la funda de la barbacoa y las alfombrillas del coche para taparse.

Art nunca fue de visita. Sin embargo, la Policía Montada acabó echándolo de Kirkland Lake; lo escoltaron hasta los límites de la ciudad y le dijeron que no se le ocurriera volver por allí. Después de eso, fue a recoger a las niñas. La siguiente vez que violó a Alana, le dio asco verle los genitales, que su propia madre se había encargado de mutilar. Pero dijo que «haría lo que pudiera con lo que quedaba». Alana estuvo a punto de desmayarse; me contó que había sentido como si la penetrara un hierro candente.

En ese momento, Alana decidió suicidarse. Al día siguiente consiguió llegar con gran esfuerzo hasta la orilla del río Skeena, se tumbó sobre una roca y se quedó esperando a morir de frío. Recordaba que allí tumbada se decía que no podía seguir, que estaba tan cansada que ya no tenía fuerzas ni para levantar el brazo, que no podía soportar un día de tortura más. Ahora que era mayor –tenía ocho años–, sentía no solo la confusión, el dolor, la desesperanza y la soledad de siempre; desde que estaba en casa de su abuela, a esto se añadían la culpa y la vergüenza. Pasó toda la noche encima de la roca, y cuando se despertó, tenía las piernas paralizadas: era el principio de la hipotermia. Sintió un gran alivio: estaba empezando a morir.

Detenerme a reflexionar sobre esa escena me dio una nueva perspectiva. Creo que fue el momento más importante de la vida de Alana. Estaba decidiendo si vivir o morir. Son muchos los seres humanos que han llegado en la vida a esta coyuntura, si no literal, metafóricamente. ¿Por qué, si no, sería el monólogo de Hamlet el fragmento más famoso de toda la historia de la literatura occidental?

> *Ser o no ser... He ahí el dilema.*
> *¿Qué es mejor para el alma,*
> *sufrir insultos de Fortuna, golpes, dardos,*
> *o levantarse en armas contra el océano del mal,*
> *y oponerse a él y que así cesen?**

Cualquiera que piense seriamente en el suicidio tiene que decidir si ser o no ser. Sin embargo, a uno u otro nivel, ¿no es esa una decisión que alguna vez todos hemos tenido que tomar? Hay momentos en los que tenemos que decidir si cambiar o dejar que todo siga como hasta ahora. ¿Vamos a continuar siendo esclavos de unas rutinas mundanas solo porque nos dan seguridad, o estamos dispuestos a romper con ellas y rehacer nuestra vida, a hacerla tal y como la imaginamos? El auténtico cambio puede conllevar riesgo, dolor, probablemente ansiedad, y mucho trabajo, pero es la posibilidad de «ser» frente a no ser. Todos hemos sido héroes o cobardes en nuestras propias narraciones, dependiendo de la ocasión y de las decisiones que hayamos tomado. En esta escena de la roca, Alana, como Hamlet,

---

* William Shakespeare. *Hamlet*. Acto III, escena II. Edición bilingüe del Instituto Shakespeare dirigida por Manuel Ángel Conejero; versión definitiva de Manuel Ángel Conejero y Jenaro Talens. Madrid: Cátedra, 1996, pág. 347.

tuvo que decidir si «levantarse en armas» contra los golpes y los dardos de la insultante Fortuna.

En su libro *El hombre en busca de sentido*, Victor Frankl cuenta que se vio enfrentado al mismo dilema estando en un campo de concentración nazi. Frankl describe cómo los prisioneros experimentaban tres reacciones psicológicas concretas ante su terrible situación. La primera era el shock; la segunda, la apatía y la tercera la despersonalización y la deformidad moral. Frankl subraya que solo aquellos que eran capaces de darle sentido a su vida salían adelante. Dice que en toda situación hay siempre libertad de elección, incluso en el sufrimiento extremo. Para Frankl, la meta más elevada era el amor. Trataba de ser bondadoso con los demás prisioneros, y vivía con la esperanza de volver a ver a su esposa. Los nazis no pudieron arrebatarle ni la esperanza ni la bondad.

Alana vivía a diario «los insultos de Fortuna», y difícilmente puede haber golpes y dardos más hirientes y afilados que los que ella soportó. Sin embargo, tuvo elección. Como decía Frankl, es necesario encontrar sentido en el sufrimiento; y cita a Nietzsche, que lo dijo de otra manera: «Quien tiene un porqué para vivir puede soportar casi cualquier cómo».

Cuando a los ocho años Alana yacía medio congelada sobre una roca, nunca había oído hablar de Frankl ni de Nietzsche, pero su crisis coincidía exactamente con lo que ellos habían descrito. Alana pensó en lo que tendría que soportar Gretchen si perdía a su hermana mayor. Gretchen estaba ya más afectada que ella por las drogas que Art les obligaba a tomar y era más complaciente por naturaleza. Alana sabía que era una madre para Gretchen, y la única persona que podía interponerse entre ella y Art. Este había elegido a Alana como compañera sexual nocturna y enemiga acérrima diurna; si ella desaparecía, Gretchen sería la siguiente víctima. Alana decidió que suicidarse sería un acto egoísta: por el bien de su hermana, tenía que vivir.

Intentó levantarse para volver a casa, pero tenía las piernas demasiado entumecidas y no se sostenía en pie. Esperó hasta el mediodía, a que el sol le calentara los huesos. Al principio tuvo que avanzar arrastrándose; los brazos se le reavivaron antes que las piernas. Nadie le preguntó siquiera dónde había estado.

Cuando Alana me habló de aquella decisión, citó el mito de Prometeo. Había leído que Zeus, decidido a infligir a Prometeo un castigo eterno, lo había encadenado a una roca en una montaña donde cada día un águila descendería y le devoraría el hígado. Como Prometeo era inmortal, el hígado se regeneraba cada noche. Alana dijo que sabía exactamente cómo se sentía Prometeo. Cuando aquel día a orillas del río Skeena decidió vivir, la decisión significaba dejar que su cuerpo fuera devorado por un depredador, una y otra vez. La mayoría de los actos heroicos ocurren en un breve espacio de tiempo. Pero Alana, como Prometeo, decidió permitir la tortura diaria. Fue un acto *en verdad* heroico.

El instinto maternal desconoce el egoísmo, y ayudó a Alana a levantarse de la roca.

–Toqué fondo –me dijo–. Eso no quita que me sienta un ser humano despreciable por haber pensado siquiera en abandonar a mi hermana. Además, habría estado tan triste sin Turing…

Turing era su gato y lo quería con locura; era una de las pocas presencias constantes en su vida. Los dos, Alana y él, se llamaban así por Alan Turing, el británico aclamado como padre del ordenador. No deja de ser curioso que Turing, ídolo de Art, fuera también sometido a tortura, acusado de «indecencia grave». En la Inglaterra de su época, los actos homosexuales se consideraban un delito, y el tribunal lo obligó a elegir entre la cárcel y la castración química. Finalmente se suicidó, en 1954, a los cuarenta y un años.

Intenté convencer a Alana de que no tenía de qué avergonzarse; todo lo contrario.

–Eres una heroína. Fuiste prisionera de guerra durante toda tu infancia, y aun así te levantabas cada mañana y mantenías la cordura. Lo hiciste para salvar a tu hermana y evitarle pasar por lo que estabas pasando tú. Eres la persona más valiente que he conocido.

Debería haber una medalla para los niños y niñas como ella. Sentía tan profundamente cada palabra que dije que no me di cuenta de que había alzado la voz hasta un *crescendo* emocional.

En casi un año de terapia, era solo la segunda vez que Alana mostraba verdadera emoción. Se le llenaron los ojos de lágrimas cuando me preguntó si lo decía en serio.

–Muy en serio. Me gustaría incluso escribir un libro sobre personas valientes como tú. Para mí, la valentía no es un acto aislado; es saber que se tienen todas las de perder y, aun así, levantarse cada mañana y afrontarlo todo de nuevo.

Lo dije espontáneamente porque era lo que de verdad pensaba. A la vez, en términos psicológicos era un recurso terapéutico llamado «reencuadre», que había utilizado también en el caso de Laura. Quise que, en lugar de sentir que era una cobarde por haberse querido morir, Alana comprendiera lo valiente que había sido por soportar aquella tortura y hacer lo imposible por seguir cuerda. Fue este método del reencuadre, creo yo, el que la ayudó más que ninguna otra técnica que hubiera utilizado con ella hasta entonces. Conocía su pasado, y podía ofrecerle un reencuadre de cada incidente y patrón emocional.

Estábamos llegando al final de nuestro primer año de terapia, y poco a poco me iba dando cuenta de que, de todos los pacientes a los que había tratado, Alana era la que más abusos había sufrido. La mayor parte del tiempo no había hecho más que escucharla, pero oírla contar todas las brutalidades de las que había sido víctima me permitió reencuadrarlas para que descubriera en ellas su increíble fortaleza.

La autoestima de una persona, o su sentido de importancia personal —el ego— empieza a desarrollarse en la infancia, normalmente con la ayuda de un padre y una madre. El ego hace de mediador entre nuestros instintos básicos y la realidad. El ego de Alana, en el mejor de los casos, era muy frágil. No había tenido la oportunidad de construirse un yo. Cada vez que había intentado apuntalar alguna percepción de la realidad, o un sentido de sí misma y de cómo desenvolverse en el mundo, su padre o su abuela lo habían hecho trizas. Lo que me preocupaba era que, a veces, cuando alguien tiene un ego débil, pierde el control de la realidad. Así que con Alana quería avanzar muy despacio, para dar tiempo a que fuera fortaleciéndose su sentimiento de sí misma, y luego construir sobre él.

Al comenzar nuestro segundo año de terapia, advertí que parecía dar poco valor a su inteligencia. Si el bufete de abogados salía airoso de algún caso difícil gracias a ella, decía que había sido capaz de resolver el problema solo porque los abogados con los que trabajaba eran «tontos del culo». Yo dudaba que fuera simplemente la menos tonta de una pandilla de imbéciles. Alana tenía una memoria extraordinaria, escribía poesía y por las noches leía libros de matemáticas y física. Además de practicar *kickboxing* y kárate, se le daban tan bien los videojuegos violentos que participaba en los campeonatos nacionales. Incluso les daba ideas a las empresas de videojuegos sobre cómo mejorar sus productos, y una de ellas hasta le ofreció un puesto de programadora. Pero cuando la felicité, contestó:

—Todos los que juegan a esto son frikis con la cabeza hueca, así que los dueños debieron de alucinar al encontrar a alguien que tuviera cerebro.

Otra razón por la que se negaba a admitir que fuera inteligente era que no quería tener ninguna cualidad heredada de Art. No solo se parecía a él físicamente –la misma palidez y fragilidad, las pecas, el pelo cobrizo–, sino que tenía también su mismo cerebro prodigioso. Padre e hija eran capaces de realizar las mismas proezas de programación y tenían los dos una agilidad excepcional para otros ejercicios mentales, entre ellos el juego de palabras.

—Acuérdate de que era un puto enfermo –me dijo–, ¿por qué iba a querer parecerme a él en nada? Me revuelve el estómago ser como él.

Así que, lo mismo que saboteaba su delicado atractivo, por ejemplo cortándose el pelo con unas tijeras de manicura, saboteaba su agudeza mental negando que fuera inteligente.

Además, se había creído lo que Art pensaba de ella, que era una pobre idiota. Cuando te dicen algo miles de veces, te lo crees. Añadió que simplemente se le daba bien engañar a la gente (yo debería haber hecho más caso de esta confesión), que no es que fuera lista, solo astuta. Así que un día, según llegó para la sesión, le tendí una emboscada: le puse delante la denominada prueba WAIS (Escala de Wechsler de Inteligencia para Adultos) para evaluar su coeficiente intelectual. No la había avisado, porque sabía que se pondría nerviosa. Pensé que esto la haría abandonar de una vez la idea de que no tenía una mente brillante.

Alana obtuvo la puntuación de coeficiente intelectual más alta que yo había visto: estaba por encima del 99,2 por ciento de la población. Consternada, dijo:

—¡No! Es exactamente el mismo coeficiente intelectual que según la abuela tenía Art.

Le recordé que, aunque su padre tuviera un alto coeficiente intelectual, era también un sádico y un pervertido, y por lo tanto estábamos hablando de tres categorías independientes.

—Ted Bundy era estudiante de derecho y un asesino —le dije—; eso no significa que todos los abogados sean asesinos. A millones de personas les encantaría tener un coeficiente intelectual como el tuyo.

Añadí que debía estar agradecida por haber sacado algo bueno de él. Era guapa e inteligente, y aunque la belleza y la inteligencia no garantizan que alguien vaya a tener una buena vida, sí pueden facilitar las cosas. Durante sus años de terapia, Alana empezó a valorar su inteligencia y a valorarse más como persona.

Un mes después del test de coeficiente intelectual, a sugerencia mía, Alana pidió un aumento de sueldo en el bufete. A quienes nunca han sentido que tuvieran derechos personales les cuesta hacerse valer de la noche a la mañana, y la perspectiva le provocaba ansiedad. Ensayamos la reunión muchas veces.

Después, Alana me contó que, cuando se dirigió al socio fundador del bufete para el que trabajaban cuatrocientos empleados, se burló de ella. Le dijo que, teniendo en cuenta que ni siquiera era asistente jurídica, habría debido estar más que contenta con las «libertades sin precedentes» que se tomaba. Alana se sintió tan menospreciada que se empezó a desmoronar, pero entonces ocurrió algo muy extraño.

—Gild —me dijo dirigiéndose a mí por el apodo que me había puesto—, resucité como el ave fénix. Fingí que era tú. Me encasqueté tu mente hasta las orejas y lo dejé tieso. Le dije que se buscara a otro que agilizara sus solicitudes de patentes importantes y fuera capaz de leerse todas las patentes similares y detectar en qué se diferenciaba un dispositivo de ingeniería de otro, y escribir un informe de treinta páginas sobre esas diferencias en veinticuatro horas. Soy la reina de las diferencias entre artilugios y él lo sabe.

La gente del departamento de patentes, y de otros departamentos, se volcó con Alana. Dependían de sus habilidades. Hacían dinero gracias a su trabajo, y a menudo, además, eran ellos los que se apuntaban el tanto. A Alana le doblaron el sueldo. Al cabo de un año, le dieron una prima muy sustanciosa.

Aunque Alana avanzaba e iba dando pasos importantes en su vida, que es el objetivo de la terapia, este periodo fue muy estresante para ella. La presioné un poco para que presentara una solicitud en la facultad de derecho o hiciera un curso de matemáticas avanzadas. Se negó, dijo que no sería capaz de concentrarse. Cuando le pregunté por qué, decidió que había llegado la hora de hablar. Después de más de un año de terapia, Alana empezó a contarme al fin lo que realmente le pasaba dentro de la cabeza.

3. Las cintas

Alana había dicho de Art en una ocasión: «es el Art-ista que me persigue cada día de mi vida». El legado que Art le había dejado a Alana era su voz, que, según me contó, tenía grababa en «cintas» magnetofónicas que se reproducían en bucle dentro de su cabeza. Y cuanto más se apartaba de la zona de ineptitud para la que estaba programada, más se estresaba, y más invasivas eran las cintas.

Le pedí que me explicara el contenido.

–Por ejemplo, ayer estaba leyendo un documento sobre un termómetro de pozo que tengo que demostrar que es diferente de otros termómetros de pozo y defender por qué este en concreto merece tener su propia patente –empezó a explicar–. La cinta que sonaba en ese momento era Art diciendo: «Con esto tú no puedes. No sabes ni hacer una suma. No sabes nada de ingeniería». Luego en tono frívolo me llama «zorrita», «zorrita drogada», y la cinta sigue así durante una hora. Tengo que intentar ignorarla y pensar mientras los gritos me retumban en la cabeza.

Me pareció obvio que era su alto coeficiente intelectual lo que le permitía funcionar. Incluso aunque una voz la distraía a cada momento, conseguía ser extremadamente eficiente.

La voz de las cintas se intensificaba en situaciones de mucha presión.

–Por eso no quiero tener demasiadas responsabilidades –dijo–. Cada vez que consigo sacar al bufete de algún aprieto y alguien me felicita, Art chilla «puta farsante» tan alto que parece que me va a explotar el corazón.

Alana se iba poniendo cada vez más nerviosa mientras lo contaba. Cuando le pregunté si Art solía gritar a menudo en la vida real, respondió:

–Rara vez. Tenía otras maneras de imponerse con las que disfrutaba más. Le encantaban los juegos de ingenio.

Comenté que una competición de habilidad mental con una niña que te tiene terror y depende de ti no es precisamente un juego limpio. De hecho, es un juego de cobardes.

Describió una situación que ilustraba la malevolencia de Art.

–Cuando era pequeña me gustaba jugar con números. Jugaba con dados, los apilaba de menor a mayor. Pero en la escuela estaba aterrorizada. Pensaba que la profesora me engañaba para confundirme.

Yo no entendía a lo que se refería, hasta que me contó que Art le había enseñado las cosas mal a propósito.

–Me había dicho que dos más dos eran cuatro, pero que dos más tres eran seis. Me llamó estúpida por pensar que eran cinco.

Alana empezó a tener espantosos dolores de cabeza y náuseas tratando de entender algo en medio de aquella confusión.

–Al final, no era capaz de hacer una suma. Entregaba los folios en blanco en la escuela. Era mejor que hacer el ridículo.

Ni un solo profesor llamó jamás a su casa preocupado.

Alana era una lectora insaciable, y contó que Art le rompía los libros que sacaba prestados de la biblioteca.

–Así que los bibliotecarios, a los que admiraba tanto, me quitaron el carnet.

Al llegar a este punto del relato, se quedó en silencio con la cabeza colgando sobre el pecho y aspecto abatido. Le pregunté qué pasaba, y señaló la flor de Pascua que alguien me había regalado ese día. Comentó que se acercaban las Navidades y que Art siempre hacía cosas para que todo el mundo pensara que era un tipo normal, como poner un árbol de Navidad. Pero normalmente no había regalos debajo. Un año, Art le preguntó qué quería de regalo y ella le dijo que, más que nada en el mundo, soñaba con tener un pupitre. Art le regaló una muñeca; y a Gretchen, que había pedido una muñeca, le regaló el pupitre.

–Yo tenía ya nueve años, demasiado mayor para jugar con muñecas, y además nunca me habían gustado. Si alguna vez me sentaba en el pupitre de mi hermana, Art me castigaba. Aprendí a no decirle nunca lo que me gustaba o lo que quería, porque o se burlaba de mí o me lo quitaba. Intentaba continuamente enfrentarnos a Gretchen y a mí. Pero nunca funcionó.

–Esa batalla la ganaste tú –quise que entendiera.

Alana describió a continuación un incidente horroroso relacionado con su querido gato Turing. En una ocasión, estaba demasiado cansada como para fingir que estaba disfrutando del sexo. Art, quitándole importancia, le dijo que no se preocupara, que no siempre las cosas dan el mismo placer. Alana recordaba ahora que la sorprendió mucho que fuera tan comprensivo. Más tarde, esa misma noche, las llevó a ella y a su hermana a dar una vuelta en la camioneta, diciendo que le apetecía ver la luna desde el otro lado de la montaña.

–Así que Turing, Gretchen y yo nos amontonamos en el asiento delantero de la camioneta a medianoche. Art agarró a Turing, lo sacó por la ventanilla y siguió conduciendo. Lo estrelló contra la primera señal de stop que había a la salida de la ciudad. Turing cayó muerto al instante y Art siguió conduciendo. Entonces supe que yo sería la siguiente si lloraba o decía cualquier cosa. Todos mirábamos inmóviles al frente, mi hermana y yo luchando por contener las lágrimas.

–Así que aprendiste que tenías que fingir que no te importaba lo que de verdad era importante para ti, y aprendiste cuáles eran las consecuencias de no fingir una respuesta sexual.

–Exacto. No le hizo falta chillar ni pegarme.

Los juegos mentales de Art me recordaban a la película *Luz de gas*, de 1944, en la que un hombre intenta trastornar a su esposa haciéndole creer que se está volviendo loca. Le dejé el vídeo a Alana para que la viera, y al devolvérmelo comentó con sequedad que el marido aquel era un aficionado, y que hubieran debido consultarle a Art cuando escribieron el guion. Añadió que ella no había conseguido recuperarse tan rápido como Ingrid Bergman, que era la esposa en la película.

–De hecho, la confusión que me creó con sus putos juegos mentales fue por lo que tuve que dejar la universidad.

Para un psicoterapeuta, tratar a un paciente puede ser como resolver un misterio, y cuando Alana hizo este comentario sobre haber dejado bruscamente sus estudios, se me escapó una pista importante. Aunque para entonces yo llevaba más de una década en esta profesión, no había aprendido aún que no es recomendable fiarse sin más de la descripción de los hechos que hace el paciente. Como lectora, a veces me había encontrado con un narrador poco fiable en una novela, pero no pensaba que, como psicoterapeuta, pudiera ocurrirme lo mismo en la consulta.

En primer lugar, me sorprendió saber de repente que Alana había ido a la universidad. Me contó que el Rotary Club le había concedido una beca completa en premio a una redacción titulada «Cómo cambiar el mundo», que era el tema sobre el que debían escribir los aspirantes.

–¡Como si yo tuviera alguna idea de cómo cambiar el mundo!

Me dieron ganas de escribir «Deshaceos de Art y sus amigos, y el mundo será al instante un sitio más feliz». Probablemente, la razón por la que gané fue que en Prince Rupert no se presentó casi nadie.

Contó también que Art pensaba que le habían dado la beca porque todos los demás eran idiotas. Qué coincidencia; le hice ver que no le hacían falta las «cintas» de Art; había interiorizado hasta tal punto sus críticas que ella sola se bastaba para soltarse el mismo discurso.

Tras descartar todas las asignaturas en las que Art había destacado, Alana se había decidido por la literatura y, en concreto, por la poesía. Uno de sus profesores, que era un poeta muy respetado, pidió a los alumnos que le entregaran unos poemas de creación propia. Al cabo de un tiempo, dijo en clase que había un conjunto de poemas que le habían causado verdadera admiración, y acto seguido pronunció el nombre de Alana y la invitó a que leyera uno en voz alta. Ella sintió que se moría de vergüenza.

–Pensé que era una broma de estilo Art y que se estaba burlando de lo que había escrito, así que salí corriendo de clase y no volví a la universidad.

Después de este episodio, tuvo un largo periodo de lo que, a su entender, había sido catatonia; lo único que sabía con seguridad era que durante un tiempo indefinido no se acordaba de nada.

En lugar de preguntarle por este periodo de pérdida de memoria –que, visto en retrospectiva, es lo que debería haber hecho–, puse la atención en cómo había reaccionado a los elogios de su profesor.

–¿En este momento entiendes que jamás se le habría ocurrido menospreciarte, al estilo de Art? –Me miró con expresión confundida, así que reformulé la pregunta–: ¿Te das cuenta ahora de que aquel hombre admiraba de verdad tus poemas?

Tras una larga pausa, respondió:

–Sí y no. Una parte de mí sabe que fue un disparate lo que pensé, pero otra parte simplemente no quería volver a caer en la trampa. Tenía miedo de traspasar el límite. En aquellos momentos, creí totalmente que aquel profesor era otro Art.

Tuve que recordarme que Art era lo único que conocía; Alana no había tenido amigos ni había recibido orientación de ninguna otra persona adulta sobre cómo desenvolverse en el mundo. El profesor era el primer hombre que había sido amable con ella.

–Así que en aquel momento creíste que se estaba riendo de ti, y ahora tu lado intelectual sabe que no estaba jugando contigo como hacía Art, pero tu lado emocional todavía no está del todo seguro. ¿Es así?

–Exacto, aunque el profesor me escribió durante todo el año pidiéndome que por favor me pusiera en contacto con él. Pero es que Art era tan listo, tan astuto. Era como si hubiera tejido a mi alrededor un capullo con hilo de locura. Las hebras eran de gasa, y veía lo que había al otro lado como si estuviera mirando a través de una malla, pero no podía atravesarla y salir.

Confusa, le pedí que me diera algún ejemplo de aquella atmósfera opresiva por la que se había sentido envuelta.

–Cuando jugábamos al ajedrez, si yo iba ganando, se inventaba reglas, como que, si movía determinada pieza, me quedaba sin reina las tres jugadas siguientes –recordaba–. No descubrí que me había estado mintiendo hasta que volví a jugar al ajedrez después de haberme ido de casa. Me parecía increíble no jugar en desventaja. Pero al mismo tiempo, cuando ganaba, tenía la sensación de haber hecho trampas, porque aquellas no eran las reglas que yo conocía, las reglas en las que yo tenía siempre todas las de perder.

Me contó a continuación las distintas maneras en que Art cambiaba las reglas para que Alana perdiera en todos los juegos. La hacía dudar hasta tal punto de que sus percepciones de la realidad fueran ciertas que se quedaba constantemente suspendida en el vacío. Así día tras día, semana tras semana y año tras año.

Hablamos de que los padres están en una posición en la que pueden influir positiva o negativamente en la autoestima de sus hijos cientos de veces al día. Con cada mirada que nos dirigen, nuestros padres nos dicen quiénes somos y qué lugar ocupamos en la jerarquía mundial. En otras palabras, inconscientemente nos programan. Pero la programación de Alana había sido un auténtico lavado de cerebro.

Seguía oyendo sonar las cintas; y cuanto más se distanciaba de la niña patética y estúpida que Art le decía que era, más alto sonaban.

–Por eso te chillan cada vez que pruebas algo nuevo y tratas de salirte de la programación –le expliqué–. Cuanto más intentas avanzar en el mundo y alejarte de la creencia de que eres un caso perdido, más fuerte suena la voz de las cintas.

Alana me corrigió.

–No solo soy un caso perdido, sino una maldita mentirosa y además una puta. Al fin y al cabo, él me veía rogarle que me llevara al orgasmo. Claro que era él quien me obligaba a rogárselo, pero eso le da igual. Si trabajara en algo donde fuera mi responsabilidad decirle a cada cual lo que tiene que hacer y tuvieran que respetar mis instrucciones, las cintas no me dejarían funcionar.

Le recordé que trabajaba para uno de los mejores bufetes de abogados de Toronto, que valoraban tanto su trabajo intelectual como para pedirle que redactara argumentos que utilizar en los tribunales. Me explicó que, cuando estaba sola en su despacho, todos sabían que era mejor no molestarla. Le enviaban el trabajo y ella escribía las respuestas. A veces entraban a hacerle una pregunta y ella respondía. Muy de vez en cuando le pedían que fuera al juzgado, pero a eso se negaba; no quería tener que trabajar con otros, y menos aún tener a nadie a su cargo.

—No puedo saber si algo me va a provocar un cortocircuito mental, si la mente va a ausentarse sin permiso («ausentARTse», suelo decir), así que necesito estar en un sitio del que pueda salir a toda velocidad.

Le pedí que me explicara qué más podía jugarle mentalmente una mala pasada, aparte de las cintas, pero vi que le costaba responder. Dijo que a veces se quedaba en blanco de repente, y que podía tardar bastante rato en volver en sí. Lo describió como un estado vegetativo, una especie de catatonia, que no quería que nadie viera. No podía arriesgarse a tener un episodio de estos en el juzgado; así que tenía que trabajar ella sola en un despacho del que pudiera salir si perdía el control.

Era la segunda vez en pocas semanas que Alana mencionaba esta clase de episodios, a los que se refería vagamente como «catatonia». No les presté la debida atención; en aquel momento me importaba mucho más entender los juegos mentales de su padre que las reacciones que le provocaban a ella. Debería haberlas investigado con más detenimiento.

Después de que Alana se marchara aquel día, mientras escribía unas notas me di cuenta de que, aunque en general se la veía relajada y serena, esa era precisamente la actitud que había adoptado y perfeccionado para defenderse de Art. Si mostraba el menor sentimiento hacia algo, sabía que Art aprovecharía al instante esa vulnerabilidad, se le echaría encima y se lo quitaría. Alana era mucho más frágil de lo que aparentaba, lo cual no era extraño. Dados los trágicos acontecimientos que tuvieron lugar en la segunda mitad de nuestra terapia, sé que debería haberme dado cuenta de que su compostura era solo una máscara.

A veces, una terapeuta tiene que preguntarse por qué está empujando a una paciente en una determinada dirección. Yo había insistido en que Alana estudiara para que tuviera una vida profesional acorde con su talento, pero pronto comprendí que era algo que deseaba yo más que ella. Oía las voces de mis padres diciéndome que jamás me infravalorara, y que necesitaba tener una profesión; era un objetivo importante para ellos y acabó siéndolo también para mí. En otras palabras, había estado proyectando mis deseos en Alana. Me había dejado engañar un poco por su sentido del humor, su porte tranquilo, su frecuente vivacidad, y de repente me estaba dando cuenta de lo herida que estaba. Decidí ir más despacio.

En año y medio de terapia, Alana no había mencionado a su madre, salvo para referirse a su desaparición cuando ella todavía no tenía tres años. Finalmente, cuando se acercaba el Día de la Madre, le pregunté durante la sesión qué había sido de ella después de que la apartaran de sus hijas. Con voz monótona, dijo que se había ido a vivir a Inglaterra; tenía miedo de lo que Art pudiera llegar a inventarse contra ella en el futuro, y sabía que no podía competir ni con su mente ni con sus amenazas. Se gastó el poco dinero que tenía en solicitar al juzgado derechos de visita y, al final, cuando Alana tenía nueve años y Gretchen seis, le concedieron permiso para pasar una semana al año con sus hijas en Inglaterra.

Las primeras descripciones que Alana hizo de su madre fueron todo elogios: era la mejor madre del mundo; la vida sin sus hijas era un infierno. De niña, Alana debió de idealizarla y la echaba mucho de menos, aunque apenas se acordara de ella. Su recuerdo más vívido era de estar escondidas las dos en la camioneta mientras Art las buscaba por la casa como un loco.

Al ir pasando las semanas, Alana empezó a admitir que prefería a la madre de sus sueños que a la madre real que redescubrieron Gretchen y ella. La fantasía se resquebrajó cuando las niñas hicieron su primer viaje a Londres. Su madre les compró a las dos vestidos y muñecas iguales; era como si la verdadera Alana fuera invisible para ella. En defensa de la madre, imagino que Alana probablemente hizo la interpretación perfecta de una modosa niña urbanita jugando a ser turista. Visitaron el palacio de Buckingham, hicieron viajes en autobús a viejas mansiones, contemplaron muebles antiguos y fueron de compras. Cuando le pregunté cómo había sido la relación emocional, respondió:

–Apenas la conocía. No la había visto desde que tenía tres años. Ahora tenía nueve o diez, y para que estuviera contenta llevaba puesto un vestido ridículo y unas mercedits con calcetines blancos hasta el tobillo ribeteados con un volante.

–Ya, pero eso no me dice nada sobre la calidad emocional del tiempo que pasasteis juntas.

Contestó reproduciendo un diálogo bastante revelador. Cuando su madre le preguntó por qué estaban tan penosamente delgadas, Alana respondió que Art casi no les daba de comer.

–Mi madre empezó a llorar y dijo que esperaba que no fuera cierto. «Alana, dime que es mentira», me dijo con ojos suplicantes. Por supuesto, ella sabía que era verdad porque había vivido con Art y sabía lo loco que estaba. Pero no podía soportar oírlo.

Así que Alana, por compasión, dijo que no era verdad, lo cual confundió a Gretchen.

–No era fácil fingir que éramos dos inocentes niñitas paseándonos felices por Londres con nuestros vestidos almidonados.

Le hice ver los papeles tan contrapuestos que había tenido que asumir a los diez años. Tenía que adoptar una actitud voluptuosa con Art para que sintiera que era un gran amante; luego, delante de su madre, en el extranjero, representaba el papel de niña ingenua. No quedaba sitio para la verdadera Alana.

Me miró como si no entendiera adónde quería llegar. Alana, a pesar de todo, trataba de proteger a su madre.

—No la culpo —objetó—. Art era muy astuto. Mi madre había perdido la batalla contra él y había tenido que dejar a sus hijas diminutas con un pederasta. Debió de ser insoportable para ella.

Contó que su madre había luchado durante años contra los tejemanejes legales de Art hasta que se quedó sin dinero.

—Pero nunca se olvidó de nosotras.

No puedo imaginar peor tortura que perder a tus hijas y dejarlas en manos de un pedófilo. Sin embargo, esperaba que la verdadera Alana me explicara la auténtica reacción emocional que había tenido hacia su madre. Por mucho que intentara recuperar a sus hijas, Alana había seguido siendo a nivel emocional una niña abandonada.

—Debió de costarte mucho negar todo el dolor que sentías. Vivías drogada, pasabas hambre y eras víctima de continuos abusos sexuales —le dije—, y tu madre te dejó claro que no podía soportar oírlo.

Ella había hecho todo lo posible por recuperarlas, replicó Alana, ¿de qué le habría servido conocer los detalles de la vida tan horrible que tenían sus hijas si no podía hacer nada? Continuó explicando que su madre se había criado en el sistema de acogida, y había pasado por una familia detrás de otra. Le habían pegado, había tenido que huir siendo una adolescente y tenía antecedentes policiales por trabajar como prostituta a los catorce años. Eso explicaba en parte que hubiera acabado con alguien como Art: estaba acostumbrada a que la maltrataran y le parecía lo normal. En una batalla judicial, qué podía hacer ella frente a Art, un tipo con estudios, que, antes de perder del todo la cabeza, era capaz de fingir absoluta normalidad y era responsable en su trabajo.

Me daba la impresión de que, inconscientemente, Alana sentía más rabia contra su madre de lo que estaba dispuesta a admitir. El sentimiento de abandono en una niña pequeña no sabe de razones lógicas. Un niño puede sentir rabia contra su padre o su madre porque lo han abandonado incluso aunque el motivo sea que han muerto. Los padres no tienen la culpa, pero eso no hace que el dolor del niño sea menor.

Al día siguiente, Alana me envió un breve relato de uno de sus sueños. Lo había titulado «Arañas y agua» y reflejaba su estado psicológico tras la conversación que habíamos tenido sobre su madre:

Alana está de vuelta en Prince Rupert, y va caminando por la carretera de cuando era niña. Todas las casas están inundadas por dentro; la gente que vivía en ellas, la mayoría bebés, se han ahogado y flotan detrás de las ventanas. Al final, Alana llega a su casa, que no está inundada, sino solo abandonada y sucia. Entra en su habitación y hay una niña tumbada en su cama. Alana levanta la vista y ve docenas de arañas peludas del tamaño de pequeños caniches. A la niña que está en la cama no parece que la inquieten; repite que hay que darles de comer. Alana va a buscar unos cuencos y les pone comida a la arañas. Luego salta por la ventana y va caminando hasta un puesto comercial; el techo es tan bajo que tiene que entrar con la espalda doblada. Dentro hay una mujer con aspecto de loca, vestida como una payasa, con unas mallas y un blusón de lunares rojos enormes. Lleva en brazos a un bebé que chilla con desesperación. La mujer con aspecto de loca se marcha en cuanto le entrega el bebé a Alana, que lo abraza rápidamente e intenta pasearlo, pero le cuesta mucho andar con la espalda doblada. La última imagen del sueño es de Alana intentando calmar al bebé.

Cuando Alana llegó a la siguiente sesión, le pedí que rememorara el sueño e hiciera una asociación libre. La inundación, dijo, era un truco de Art: para seducirla, había hecho que pareciera que la suya era la única casa que no se había inundado. Las arañas también representaban a Art, que en aquella casa estaba por todas partes y su presencia era aterradora. Art solía hacer que era una araña, después de enterarse de que ella les tenía un miedo atroz.

—Además, solía traer arañas a casa y metérmelas en la cama, y luego se partía de risa y decía «¡Ya te tengo!». La niña que estaba en la cama era yo. Y también era yo la que se escabullía *art*ísticamente y escapaba por la ventana. La niña que se quedaba en la cama, la otra yo, sabía que alguien tenía que pagar, y que ella no podía huir. Tuve que darles de comer a todas las arañas…, a todas las asquerosas Art-arañas peludas que llenaban la casa. Ese era el terror que sentía de pequeña cada mañana cuando me levantaba a preparar el desayuno.

Alana no tenía ni idea de quién era la loca del blusón de lunares. Pero cuando le pregunté si había conocido a alguien que llevara un blusón como aquel, enarcó una ceja, como si acabara de tener una revelación íntima: a su madre le habían regalado uno por Navidad.

Parecía claro que su madre era la loca que la había dejado con el bebé, que era Gretchen. La casa era diminuta, con el techo muy bajo (bromeando, Alana dijo que Art era defensor de la reducción máxima de *techos*, económico, ideológico, moral…) y Alana tenía que andar agachada, lo que hacía que le costara más atender al bebé. Aun así, lo conseguía.

—En la vida real –dijo–, la diminuta era yo, no la casa. No tenía la menor idea de cómo cuidar de un bebé; casi no podía levantar a Gretchen. En el sueño tengo la espalda doblada. –Se quedó unos momentos en silencio, pensando–. Hablar de mi madre la semana pasada ha hecho salir cantidad de resentimiento que no sabía que tenía. En la vida real, no es ni mucho menos una loca. ¿Qué significa la loca del sueño?

Le expliqué que los sueños presentan cuadros, imágenes concretas de contenido emocional. Lo mismo que la mitología explica la psique humana a través de sus imágenes –sus arquetipos universales–, los sueños lo hacen a nivel individual. Le presentan al soñador imágenes de su mente inconsciente. En este caso, la clave fue el blusón de lunares, que en el sueño aparecían como enormes lunares de payasa. La madre de Alana no podía con Art, y él le tendió una trampa para que pareciera una loca incompetente (en el sueño, una payasa). Alana la reemplazó como madre, pero fue terrible.

—Aunque haya sido de una manera camuflada, ese sueño significa reconocer por primera vez lo duro que fue hacer de madre estando en edad preescolar. Estabas figurada y literalmente doblada –le dije.

Cuando vi que se le empezaban a enrojecer las manos, le aseguré que estar enfadada con su madre no era una falta de lealtad; sencillamente era lo que sentía, y lo que habría sentido cualquiera.

Cuando un niño o una niña tienen que asumir responsabilidades adultas a una edad en la que no están capacitados para desempeñarlas, viven el resto de sus vidas con la angustia de no haber estado a la altura; parece que les sea imposible aceptar que eran demasiado pequeños para cumplir con aquellas obligaciones, y lo que hacen es interiorizar su fracaso. Laura, a la que su padre había abandonado en el bosque, se atormentaba pensando que no había sabido hacer de madre para sus hermanos, y rara vez hablaba de lo que el abandono supuso para ella. A Alana le pasaba lo mismo. En lugar de sentirse orgullosa por haber cuidado, desde que tenía tres años, de su hermana Gretchen, se torturaba por haberla dejado sola con su padre cuando empezó a ir a la escuela.

La niña y el niño que sufren malos tratos suelen vivir en estado de hipervigilancia, porque sienten que están incesantemente en peligro. Aprenden a percibir en el aire la menor señal de amenaza, ya que a menudo su vida depende de ello. Una semana, Alana me contó un incidente alarmante que había ocurrido en el bufete. Se había presentado en recepción un hombre muy contrariado preguntando por un abogado en concreto. Más tarde, se supo que era un marido furibundo que había perdido la custodia de sus hijos en un proceso de divorcio y venía decidido a matar al abogado de su excónyuge. En aquel momento, nadie se dio cuenta de lo trastornado que estaba, salvo Alana, que se fijó en él en mitad de la sala de espera abarrotada. Llamó a seguridad y a la policía. Cuando los guardas se acercaron a él, sacó una pistola, y hubo que evacuar el edificio entero de veintiuna plantas mientras lo reducían y se lo llevaban.

Alana explicó que tenía un sexto sentido para detectar a los locos violentos.

–Los niños maltratados son como sabuesos –dijo–. Tienen que escudriñar en todo momento el entorno, intentando captar lo que puede ir mal. Si no lo haces, estás muerta. Yo diría que es lo contrario de sentirte protegida.

Estaba en sintonía con el peligro, como lo estaba Danny, quien por eso pudo detectar a los ladrones en la carretera. Ambos habían convivido con depredadores. Alana contó que, cuando Art estaba borracho y colocado de cocaína, solía apuntarles a ella y a Gretchen con una pistola, diciéndoles que más les valía ponerse juntas contra la pared y cantar sus alabanzas.

—La pared que teníamos detrás estaba llena de agujeros de bala. Al final acababa desmayado en el suelo, y entonces le echábamos una manta por encima y guardábamos la pistola.

—¿Alguna vez pensaste en coger la pistola y pegarle un tiro? Quiero decir, cuando eras ya adolescente —le pregunté.

—Claro. Solía fantasear con matarlo a tiros cada vez que me ponía delante de un videojuego, y lo sigo haciendo. Por eso soy tan buena. Pero llegué a la conclusión de que no se merecía que me pasara el resto de la vida en la cárcel. Matarlo me habría convertido en un ser igual de perverso que él.

—Era una guerra, y tú estabas luchando por tu cordura —dije sacudiendo la cabeza—. Seguro que fue una tentación difícil de resistir.

Mucho después, Alana me reveló que este fue para ella el punto de inflexión en la terapia. Por mi expresión y la manera en que entrecerré los ojos al decirlo, se dio cuenta de que lo decía en serio. Hasta ese momento, la empatía en general le había sonado siempre falsa y, en mi caso, le parecía que era parte de mi trabajo. Pero cuando le insinué que habría estado justificado matar a Art, supo con certeza que estaba de su parte.

Está claro que preguntarle a Alana por qué no había matado a su padre no fue lo que se dice mi acto más profesional. Sin embargo, afianzó nuestra relación. Fue no solo el oírme decir que comprendía la impotencia y el sentimiento de estar atrapada, sino también ver la rabia, la *rabia* a la que nunca se le había permitido ver la luz del día. Vio su rabia reflejada en mis ojos.

4. Detrás de la caldera

Aunque Alana fantasease con matar a Art, lo cierto es que escapó de él sin recurrir a la violencia. En consonancia con el tono grotesco de este cuento de hadas, fue otra persona de Prince Rupert quien tramó su rescate. Para entender mejor ese rescate, veamos cómo se relacionaba el mundo exterior de Prince Rupert con Alana y su familia.

Cuando Alana tuvo edad para empezar la educación preescolar, Art le dio un consejo pedagógico: la escuela era un sitio peligroso, así que lo mejor era que pasara desapercibida, o se la llevarían y no volvería a ver a su hermana. Este consejo, combinado con la confusión por haber recibido una enseñanza aritmética tergiversada y con la preocupación por su hermana cada vez que la dejaba sola con Art, hizo que Alana adoptara en la escuela una actitud retraída. Aunque en casa leía mucho, en clase entregaba las hojas en blanco. Resultó que Art nunca abusó de Gretchen; lo que hacía era dejarla en casa, desatendida, mientras él se pasaba el día visitando a sus amigos. Cuando Alana volvía de clase, su hermana se aferraba a ella con uñas y dientes. No solía llorar, pero le clavaba los dedos en la mano y no la soltaba.

Que Alana supiera –por increíble que suene–, en doce años nadie llamó nunca a Art para comentarle nada sobre su hija ni propuso que se le hiciera una evaluación psicológica. Ningún inspector escolar se inquietó por que Alana faltara a clase con frecuencia. Ni un solo funcionario de la escuela se extrañó de que llegara a clase con la misma ropa sucia durante años, o de que Art se negara por costumbre a firmar el permiso para que Alana fuera a las excursiones, o de que nunca llevara nada de comer ni el dinero para la leche. Ninguno de los médicos que la examinaron a los ocho años y le recetaron píldoras anticonceptivas, o de los que la trataron por infecciones vaginales al principio de la adolescencia y vieron el estado de sus genitales, se puso en contacto con nadie.

Mucho después de haber tenido a Alana como paciente, una vez tuve que pasar la noche en el aeropuerto de Digby Island, cerca de Prince Rupert, a causa de la niebla. La única persona, además de mí, que estaba allí esperando a que nos vinieran a rescatar era un importante funcionario de la zona al que yo había visto muchas veces en la cadena de televisión CBC. Me empezó a hablar de la cantidad de dinero que el gobierno había invertido en los servicios sociales de Prince Rupert. No pude resistirme a contarle que una vez había tenido una paciente, víctima de malos tratos, que en los dieciocho años que había pasado en aquella ciudad nunca había recibido ayuda de nadie. Me respondió que Prince Rupert tenía un índice de desempleo muy alto, que ya no quedaba nada de su antigua industria pesquera y forestal y las conserveras habían ardido hasta los cimientos, y que el 40 por ciento de la población era indígena, con todos los problemas sociales que eso supone. Así que, si a los servicios sociales se les había escapado una niña blanca, escolarizada, que tenía unos padres y un sitio donde vivir, no es que le sorprendiera lo más mínimo.

Cuando le pregunté a Alana por qué nunca había pedido ayuda a nadie ni había llamado a la Organización de Ayuda a la Infancia, me dijo que era demasiado peligroso. Quizá siendo ya adolescente la habrían creído, pero no quería arriesgarse a que la separaran de Gretchen. Además, no tenían adónde ir, salvo a hogares de acogida. De esto hace casi un cuarto de siglo, y en aquel tiempo rara vez se hablaba de incesto y abusos familiares. Si las autoridades no le creían y se fiaban de la versión de Art, como le había ocurrido a su madre, Alana no tendría más remedio que seguir viviendo con él después de haberlo acusado. Y sabía que entonces las mataría, a ella o a Gretchen, o las torturaría a las dos de alguna forma inimaginable. Era demasiado arriesgado.

Pero a los catorce años, se libró de las garras de Art. Un día iba caminando por la carretera rural y pasó por delante de una casa donde Rachael, una compañera de clase, estaba sentada en el porche con su madre. La madre la invitó a subir. Al ir a sentarse con cuidado en el borde de una silla, Alana hizo una mueca de dolor. La madre se dio cuenta y le preguntó si se encontraba mal, y el terror de Alana por el hecho de que alguien le hiciera preguntas alertó a la mujer de que allí pasaba algo muy serio. Había oído rumores. También su marido asistía a veces a las fiestas desenfrenadas de Art, que ella detestaba tanto. Llamó a la policía y denunció a Art.

En menos de una semana, la policía se presentó mientras Art estaba celebrando una de sus fiestas. Los agentes reconocieron entre los asistentes a varios pederastas locales y encontraron toda clase de drogas, en cantidad suficiente para detener a Art por posesión, así como su enorme colección de pornografía infantil. Había armas de fuego no registradas y agujeros de bala en la pared. No había comida. La casa daba asco. Nadie había usado sábanas desde hacía años. La policía se llevó a Alana y a Gretchen de inmediato. Ninguna de las dos volvió a ver a Art.

A Gretchen la llevaron a vivir con una familia alemana que tenía una panadería. Estaba a gusto con ellos y se aficionó a la repostería. De hecho, acabó siendo su profesión, e incluso llegó a dar clases de panadería y repostería en una Universidad de Toronto.

Los servicios sociales tuvieron más dificultad para encontrarle un sitio a Alana, dado que era una adolescente. Ella quería vivir cerca de su hermana en un hogar tutelado, no en un hogar de acogida: no quería correr el riesgo de que le controlara la vida otro lunático.

–Si había algún loco trabajando en el hogar de grupo –explicó–, sería solo durante un turno de ocho horas. Lo peor que podía pasarme era que nadie me hiciera ni caso, y eso era como estar en el paraíso. Durante los tres años siguientes, vivió efectivamente en un hogar tutelado cerca de Gretchen, hasta que por edad «quedó fuera del sistema». Más adelante, después de estrellarse en la universidad, se quedó cerca de Gretchen, y cuando ella también tuvo más de dieciocho años se mudaron juntas a Toronto.

Aunque Alana se había alejado geográficamente de Art, nunca llegó a liberarse emocionalmente de él. Tenía sus tentáculos enganchados al cerebro, y allí se reproducían las cintas de odio hacia sí misma. La cruel manipulación de Art la hacía dudar de cómo lo percibía todo. Los daños psicológicos que había sufrido eran tan profundos que tenía que luchar a cada instante por distinguir entre la realidad y el mundo demoníaco de Art. En la universidad, esa lucha llegó a un punto crítico y, tristemente, tuvo que dejar el programa.

Habíamos terminado el segundo año de terapia, y yo estaba empezando a comprender lo frágil que era Alana. Hacía tiempo que conocía en detalle las cosas que le habían ocurrido, pero hasta ahora no me había dado cuenta del daño que le habían hecho. Por otra parte, como quise que entendiera, había dado algunos pasos importantes. Había decidido hacerse valer en el trabajo exigiendo un aumento de sueldo, y lo había conseguido. Y, por otro lado, había empezado a ser realista al hablar de su madre y de lo difícil que había sido hacer de madre para Gretchen.

Alana estaba preparada para dar su «gran salto adelante», frase que tomamos prestada de Mao Zedong. Pero, al igual que en el gran plan del dictador chino, además de logros, hubo complicaciones imprevistas, que desembocaron en catástrofe.

La recuperación emocional de Alana fue progresando, como en los niños, a través de las sucesivas etapas de desarrollo psicológico. La mayoría de las etapas son sorprendentemente fijas: el niño permanece un determinado número de años en una de las etapas antes de pasar a la siguiente. Es asombroso que esto haya sido así en todos los momentos de la evolución humana, desde los tiempos primitivos hasta la época moderna (y hay adolescentes rebeldes en todas las partes del mundo; Nelson Mandela, por ejemplo, cuenta en su autobiografía que a todos los chicos de trece años de su tribu los llevaban a vivir a una casa separada, solo para adolescentes, con la idea de que en los hogares reinara la paz).

Los traumas pueden retrasar el desarrollo emocional. Mientras una niña tenga que dedicar todas sus fuerzas y su atención a sobrevivir, no tendrá energía para crecer emocionalmente. Cuando Alana empezó a mejorar en la terapia, y a madurar emocionalmente, fue pasando a toda velocidad por cada etapa comprendida desde la infancia hasta la adolescencia tardía, y de inmediato hasta la frontera de la edad adulta. Para mí era un poco desconcertante, ya que nunca sabía en qué etapa de desarrollo la encontraría cada semana.

Empezamos nuestro tercer año de terapia hablando de lo que Alana llamaba «rabietas infantiles», que desde hacía poco surgían de repente en su relación con Jane. Le daba un poco de vergüenza admitir que acababa discutiendo con ella, por ejemplo, sobre comida; a veces incluso tiraba la comida a la basura. (Jane, que tenía veinte años más que Alana, se limitaba a sacudir la cabeza y se iba a otra habitación).

Por la misma época, Alana se empeñó en comprarse ropa nueva. Tardó semanas en cambiar todo su vestuario, aunque a mi ojo inexperto le pareciera que las nuevas prendas eran casi idénticas a las viejas camisas de franela a cuadros y a los pantalones cargo. A Alana, sin embargo, le parecían «un paseo por el lado salvaje»,* y cada semana desfilaba con sus nuevos modelos informales de Mark's Work Wearhouse. Aun así, aquel comportamiento la confundía hasta a ella.

—Soy como mi sobrinito de dos años —comentó una vez—, que se enfada porque en invierno tiene que ponerse el abrigo encima del traje de Superman.

Le hice ver que, durante toda su infancia con Art, nunca se le había permitido tener ni una sola cosa que quisiera, y que ejercer el derecho a elegir es un elemento importante en la formación de una identidad. Alana estaba pasando por la clásica etapa de desarrollo llamada a menudo «los terribles dos años». Cuando ella tenía dos años, su padre intentaba deshacerse de su madre y a ella la tenían encerrada en una habitación; no tuvo ninguna oportunidad psicológica de expresarse y diferenciarse. La familia no podía con un bebé malcriado más: Art era ya suficiente. Ahora al fin empezaba a aprender lo que significa la palabra *mío*. Aunque estaba pasando por «los terribles dos años» en una época tardía de su vida, me complacía verla ascender por la escalera del desarrollo emocional.

Alana describía sorprendida y maravillada los cambios que iba notando.

---

* «Walk on the Wild Side» es el título de una canción del guitarrista y compositor estadounidense Lou Reed, que apareció en su segundo álbum en solitario, *Transformer*. La expresión suele utilizarse coloquialmente en Estados Unidos como referencia a un momento de desenfreno, una ocasión o incidente que implica un comportamiento aventurero, arriesgado o moralmente cuestionable. (*N. de la T.*)

–Me descubro haciendo bromas en el trabajo, el otro día estuve imitando al jefe del departamento de litigios. Pronuncia las frases con una entonación muy estudiada y tiene un vocabulario de lo más ostentoso. En lugar de participar sin más en una conversación, dice cosas como «Si se me permite intervenir en este momento». Y también, en vez de «Hola» cuando te cruzas con él por el pasillo, dice «Felicitaciones». Soy capaz de imitarle a la perfección, y de repente estoy descubriendo que soy divertida. Es tan nuevo. Nunca he querido que nadie me prestara atención, y ahora me gusta bastante.

Estaba entrando en una etapa sociable y quería interactuar con los demás; en lugar de esconderse, se quería diferenciar.

Estábamos en la segunda mitad de nuestro tercer año de terapia. Alana seguía enviándome relatos de sus fascinantes sueños, que eran una revelación de su inconsciente y a menudo precedían a sus sentimientos conscientes. Uno de ellos tenía que ver con una ballena varada, y lo describía así:

Jane y yo vamos andando por un parque hacia la orilla de un lago enorme. Hay con nosotras una mujer que se parece a Gild, y que va delante, explorando. Jane y yo encontramos una ballena azul varada. Llamamos a Gild, que retrocede corriendo, inspecciona la ballena y dice que está viva. Tenemos que conseguir meterla de nuevo en el agua. Gild saca una bolsa llena de un producto químico que hará que el agua del lago se vuelva salada y lo vierte dentro. Construimos un complejo sistema de poleas y arrastramos a la ballena hasta el agua. Entonces la ballena empieza a nadar con energía alrededor del lago, dando saltos, etc.

Empiezo a andar hacia el coche buscando a Jane, que ha desaparecido de repente. Está en la escalera, pintando un grafiti.

Montamos en el Volkswagen, Gild va al volante y ponemos rumbo a casa. Por el camino, Jane me recita poemas que escribió cuando era joven. Es una poesía muy triste, deprimente. Al final, estamos sentadas a la entrada de nuestra casa hablando. La poesía de Jane me ha creado una gran desazón, estoy muy preocupada por lo que pueda hacer. Podría tener intenciones suicidas.

Alana dijo que ella era la ballena y yo, Gild, era la exploradora que vertía la sustancia química en el agua para salinizarla. Cuando la ballena estaba en peligro, Jane y yo intentábamos mantenerla con vida, y utilizábamos todo lo que teníamos a nuestro alcance para que volviera a entrar en al agua salada que necesitaba tanto. Estábamos a su lado, intentando que se recuperara.

Le pregunté a Alana por la última parte del sueño, en la que Jane se distancia de la fase final del rescate y se pone a hacer pintadas, lo cual resulta un poco chocante (más aún cuando en la vida real era una fiel cumplidora de la ley), y además está triste, después de haber salvado a la ballena. ¿De dónde salen los pensamientos suicidas, ahora que Alana, la ballena, está a salvo? ¿Podía suponer una amenaza para su relación de pareja que Alana estuviera aprendiendo a expresar sus deseos y necesidades? Ella dijo que no (aunque yo lo archivé, por si tal vez era necesario volver sobre ello en un futuro).

Alrededor de un mes más tarde, Alana entró con paso decidido en la consulta y dijo:

—No te lo vas a creer. Estoy enamorada…, bueno, o al menos encoñada.

—¿Enamorada? —repetí un tanto confusa.

—Sí. La nueva estudiante en prácticas. Me la follé. El bufete tiene una suite en el Four Seasons para las convenciones, así que consiguió la llave y nos fuimos allí al mediodía. No te imaginas lo preciosa que es.

–¿Sexo? –No tenía capacidad para articular más que monosílabos.

Hasta el momento Alana había sido asexual, seguía «varada» en la fase de latencia, como una preadolescente. Claro, era lógico: ahora que emocionalmente había llegado a la adolescencia, quería tener su primer amor. Pero ¿y Jane? Cierto que no habían tenido lo que se dice una vida sexual, pero por lo demás eran una pareja feliz.

Mientras la miraba en silencio, Alana dijo:

–Pensé que te alegrarías.

Contesté que no era mi función alegrarme o entristecerme. Estaba intentando comprenderlo.

–Tuve un orgasmo y chillé, y ella también. Tiene un cuerpo normal... buenas tetas..., pero un cuerpo que responde con normalidad. No hice compartimentaciones, quiero decir que, de repente, no era frígida. Por una vez simplemente me dejé llevar. Volvimos al bufete con tres horas de retraso. Por lo visto, a ella le echaron una bronca importante, pero a mí nadie me dijo una palabra. No creo que supieran que estábamos juntas, ella trabaja en otra planta.

Siguió hablando sin parar sobre ese día, y sobre lo que era tener un orgasmo. Dijo que ahora entendía por qué Hollywood hacía tantas películas de amor y de atracción sexual. Yo estaba anonadada por aquellos cambios tan repentinos y la franqueza con que los comentaba. Era como si Alana hubiera retrocedido hasta hacerse invisible y hubiera emergido una mujer más parecida a Madonna.

La semana siguiente, oí unos pasos rápidos en las escaleras y entró Alana, y se dejó caer silla con expresión cansada y aspecto un poco desaliñado.

–¿Sabes por qué me casé con Jane? –dijo de sopetón–. La necesitaba. Necesitaba un padre y una madre, y ella cumplía las dos funciones. En muchos sentidos, fue una decisión acertada. Pero ahora quiero una mujer de verdad. Jane todavía tiene que afeitarse, tiene que ir a que le hagan una electrólisis. Nunca está contenta con la mujer que es ahora porque no acaba de ser del todo una mujer.

Alana reiteró que seguía queriendo a Jane por lo buena que era, pero dijo que no la atraía.

—Ahora quiero divertirme, tener sexo salvaje y bailar. Ella no es esa clase de persona.

Me sentí triste por Jane, que le profesaba una lealtad incondicional, y los sentimientos encontrados debieron de plasmárseme en la cara.

—Ya sé, ya sé —dijo—. Jane es inteligente, muy buena profesora, se preocupa por los demás y, de cabeza, es normal. Lo que pasa es que está atrapada en un cuerpo que no le corresponde. Lo del cambio de sexo nunca ha acabado de funcionar. Desde la distancia parecía que sí.

—¿Se lo has dicho? —le pregunté.

No contestó.

—Lo de la estudiante que está en prácticas, ¿va en serio?

—Ella es lo de menos. Quiero disfrutar la vida: salir de fiesta, viajar.

Explicó que Jane tenía problemas de salud que complicaban un poco lo de hacer viajes, y que, además, tenía veinte años más que ella. Nos quedamos en silencio. Luego su cara se hundió en una repentina expresión de abatimiento, y al final preguntó:

—Gild, ¿crees que he utilizado a Jane y que ahora quiero deshacerme de ella como si fuera un clínex usado?

Le dije que, a medida que crecemos, nuestras necesidades cambian. Alana no necesitaba ya una madre y un padre que la cuidaran con cariño; ahora necesitaba una amante. A nivel emocional, estaba a punto de entrar en la etapa adolescente, donde lo más importante son el sexo y la diversión.

–Y me alegro mucho de que, después de todas las cosas por las que has pasado, por primera vez en tu vida el sexo te haya dado placer. Todo el mundo se merece eso.

–Es como... ¡Quién lo iba a decir!

Alana alzó los brazos en un gesto eufórico al salir de la consulta. Sus ademanes y su vocabulario habían sido peculiares, exhalaban una estridencia adolescente que contrastaba con su habitual carácter reservado. Sin embargo, como yo tenía tres adolescentes en casa, no había mucho que me chocara en este aspecto.

Debería haber prestado más atención a los cambios de personalidad de Alana. Me tenía tan fascinada la rapidez con la que estaba evolucionando que no tuve suficientemente en cuenta lo errático que se había vuelto su comportamiento. Esto cambió cuando Jane me llamó a casa ese fin de semana. Alana estaba en el hospital, en la unidad de cuidados intensivos. Se había tomado media caja de paracetamol, acompañada de alcohol en abundancia, y luego se había escondido en el sótano detrás de la caldera y se había desmayado. Jane estaba de viaje en una conferencia, pero por alguna razón había adelantado la vuelta a casa. Al llegar, vio a su gato Font al lado de la puerta del sótano maullando de una forma extraña, y encontró a Alana. Estaba casi muerta.

La noticia me cayó como un rayo. La última vez que la había visto parecía una adolescente alborotada. Sin embargo, había contado que en su sueño Jane tenía pensamientos suicidas. En la vida real, la suicida era Alana. Mientras conducía hacia el hospital, confiando en que sobreviviría, lo único que se me ocurría era que le había dado terror dejar a Jane, porque la quería de verdad; y, sin embargo, necesitaba alejarse de ella para poder hacerse una mujer adulta. La situación le había resultado asfixiante, estaba aterrada. Para cuando aparqué el coche delante del hospital, llevaba rato tratando de ver si mi intervención había tenido que ver en esto. Debería haber oído la culpa y el desprecio hacia sí misma en las palabras de Alana, cuando me preguntó si yo creía que estaba «tirando a Jane como si fuera un clínex usado».

Estaba empezando a aprender –y volvería a encontrarme con situaciones similares varias veces más en el futuro– que cuando alguien ha sufrido serias carencias emocionales y empieza a mejorar, el estrés de tener que tomar decisiones trascendentales puede ser muy intenso. Alana había sido como una tigresa encerrada en una jaula diminuta. Era un infierno estar allí dentro, pero a la vez conocía cada centímetro cuadrado de su espacio. Cuando la tigresa quedó libre, la aterrorizó encontrarse en medio de la jungla; no tenía la menor idea de cómo maniobrar en ella. Mi hipótesis era que había pasado por las sucesivas etapas de desarrollo a un ritmo demasiado rápido, y su psique no había tenido tiempo de absorber lo que necesitaba aprender de cada una.

Había quedado con Jane a la entrada del hospital; estaba fuera, fumando. Lo primero que me llamó la atención de ella fue que era atractiva, pero mucho mayor que Alana. Llevaba zapatos caros, una blusa de seda, y un fular y pantalones a juego. Tenía una melena hasta los hombros de tono rubio ceniza con mechas más claras perfectamente peinada, y un maquillaje impecable, como si acabara de salir de un mostrador de Chanel. Nos saludamos, y me dijo que Alana seguía en la unidad de cuidados intensivos y que había sufrido una crisis convulsiva. Quizá tuviera dañado el hígado, pero se recuperaría probablemente. Mientras íbamos por el pasillo hacia la habitación, Jane me contó que durante esa semana Alana había estado hablando sin parar sobre poner fin al matrimonio, «insistiendo –dijo– en que no me quería y nunca me había querido». Siguió diciendo que Alana no parecía ella, que le había gritado palabras tan crueles que no podía ni repetirlas. Había hecho referencia también a las cosas espantosas que hizo en el pasado.

Jane le aseguró que la quería y la querría siempre; que fuera lo que fuese lo que hubiera hecho en el pasado, encontrarían la manera de arreglar las cosas. El episodio entero, me dijo Jane, había sido algo insólito en Alana, que rara vez se ponía dramática y no gritaba nunca. Las dos habíamos tenido que lidiar precisamente con su autocontrol y su rostro inescrutable. Me dijo también que, cada vez que necesitaban tener una conversación de carácter emocional, Alana se emborrachaba, y esto ocurriría aproximadamente una vez al mes. Aparte de eso, no bebía nunca. Finalmente, Jane había instituido un sistema de comunicación vía correo electrónico: Alana expresaba sus sentimientos por escrito, se los enviaba, y Jane respondía. La táctica funcionaba bastante bien, y evitaba los episodios de embriaguez que tanto les afectaban a las dos. Alana no soportaba la intimidad de una conversación cara a cara, pero por escrito era capaz de expresar las cosas maravillosamente.

Yo no tenía ni idea de que Alana bebiera. Empezaba a darme cuenta de que, después de tres años de terapia, había muchas cosas que no sabía. ¿A quién había estado tratando, a un personaje ficticio que Alana había creado a mi medida, otra personalidad falsa, como había hecho con Art? Sabía dos cosas: que el caso se me había escapado de las manos y que las dos teníamos mucho trabajo que hacer, cuando se recuperara, si es que se recuperaba.

Entré en la habitación y vi lo que parecía una cría de ballena azul, muy parecida a la que había descrito en su sueño. Tenía la piel de color gris pálido y los labios de un tono azul grisáceo. Aún estaba grogui, casi inconsciente. Tenía tubos insertados en cada orificio. Cuando Jane le acarició la mano, Alana la retiró. Vi el dolor en la cara de Jane.

Estaba comprensiblemente perpleja de que esto hubiera ocurrido ahora, justo cuando Alana parecía estar mejorando.

–Mejorar cuesta mucho trabajo –le dije–. Y Dios sabe que Alana ha trabajado de verdad. Ha tenido que rascar mucho para quitarse defensas que a estas alturas eran solo un impedimento, pero quitárselas la ha vuelto vulnerable. Jane, no creo que pueda decirte más que esto.

Me apretó la mano, respondió que lo entendía perfectamente. En lo poco que la conocí, me pareció una persona amable y equilibrada, que quería a Alana con todo su corazón y le había dado siempre un amor incondicional. Habían pasado más de diez buenos años juntas.

Alana estuvo una semana en cuidados intensivos y luego en planta, hasta que consiguieron repararle el hígado casi por completo. Jane me contó que se había enfurecido con ella porque me hubiera «molestado» llamando a mi casa. Dejó también instrucciones muy claras de que yo no volviera a visitarla al hospital; pagaría las sesiones a las que hubiera faltado y se pondría en contacto conmigo cuando pudiera volver a terapia. A Alana le costaba mucho aceptar ayuda o cualquier muestra de afecto, incluso después de un intento de suicidio. Respeté sus límites y no volví al hospital.

5. Chloé

Tras nueve días de hospital, a Alana le dieron el alta. Entonces desapareció tres días. Jane, que estaba desesperada, me llamó para contármelo.

Un par de días después, al pasar por la sala de espera encontré a Alana la desaparecida sentada en una silla en postura desgarbada. Tenía el ceño fruncido. Le dije:

–Hola, forastera. —En ese momento no sabía lo irónico que fue el saludo.

Se encogió de hombros, como si yo fuera una pulga o un teleoperador. Luego caminó a mi lado por el pasillo, pero, para sorpresa mía, al llegar a mi despacho pasó de largo; tuve que decirle que se diera media vuelta. Entró, se desplomó en una silla y dijo:

–¿Y?

Cuando le pregunté por el intento de suicidio, bramó:

–¿Dime cómo coño iba a salir si no de esa relación idiotizante? Tú eres la que te llevas la pasta, ¡así que dímelo tú!

Me pilló totalmente por sorpresa esta forma de hablar grosera, tan impropia de ella. Cuando hice referencia a haber estado con Jane en el hospital, me dijo:

–¿Qué hacías tú en mi hospital? La UCI es para los familiares. Tú no eres mi madre.

Me quedé en silencio, preguntándome si tendría el cerebro dañado por la sobredosis o si habría estado bebiendo. Esta nueva voz estridente sonaba totalmente distinta a la voz de Alana que yo conocía…, el tono, la entonación, el acento.

Al final le pregunté:

–¿Dónde has estado?

–La verdad es que no lo sé. De repente, estaba en las escaleras de Hart House –dijo, refiriéndose a las instalaciones recreativas de la universidad, que estaban a una manzana de la consulta–, así que he venido hasta aquí a tomarme un té, que por cierto todavía no me has ofrecido.

Le preparé un té y, mientras se lo tomaba, comenté que Jane estaba muy preocupada por ella.

–¿Cada puta palabra tiene que ser sobre Jane? –gritó con rabia–. Solo quiere seguir teniéndome acogotada. Está igual de destrozada físicamente que yo emocionalmente. Tengo treinta años y ocho años, y no quiero estar con un puto engendro mitad mujer y mitad hombre. Quiero una chica joven con las tetas grandes, joder.

Me quedé de piedra. Esta no era Alana. El tono cortante, el enfado, la vulgaridad... No encajaba nada. Empezó a pasearse por el despacho, algo que no le había visto hacer nunca, y luego se dio media vuelta para hablarme.

–¿Por qué lo único que importa siempre es Jane, Jane, Jane? Le digo que hemos terminado y me contesta que se quiere morir, que no puede seguir adelante ella sola, que prefiere estar muerta. ¿Quieres estar muerta, Jane? Te voy a enseñar yo lo que es que es estar muerta. Así que me tragué las pastillas. ¿Fue suficiente? No. Me estaba asfixiando, no me extraña que tuvieran que ponerme una máscara de oxígeno. Estoy tan harta de ella, de su bondad y su mojigatería. Necesito escapar. –Alana hablaba con el tono exasperado de una adolescente–. Ni siquiera pudo esperar a volver de la conferencia a la hora que tenía que haber vuelto. Tuvo que llegar antes, y encontrarme. El médico dijo que unas horas más, y se habría acabado todo.

–Quieres decir que ni siquiera te dejó morir. Qué egoísta –dije con total inexpresividad.

–Pues sí, a eso le llamo yo puto control. Sartre dice que lo único sobre lo que podemos decidir realmente en nuestra vida es sobre si vivir o morir.

Decidí ignorar las cuestiones filosóficas –o habríamos perdido el hilo psicológico– y le pregunté si alguien más la había echado en falta. Contestó que habían llamado sus jefes.

–Les dije que se fueran a la mierda, ellos y la panda de picapleitos sin escrúpulos que tienen de asociados.

No me molesté en mencionar que en el hospital vi que la empresa le había enviado un enorme ramo de flores a su habitación.

La rabia indiscriminada de Alana se volvió ahora en contra de mi patética ineptitud.

–Y hablando de otra cosa, quería comentarte algo sobre todas esas revistas que tienes en la sala de espera. ¿No te parece de mala educación tener *The New Yorker*, *The Atlantic* y *Harper's* sabiendo que los artículos son tan largos que a nadie le va a dar tiempo a terminar de leerlos? Las tienes ahí solo para que tus pacientes vean lo culta que eres. Pues entérate, ¡no cuela!

Más tarde descubrí que alguien había arrancado un artículo de *The Atlantic*.

–Un poco enfadada hoy, ¿no?

–No.

Ahora era con toda claridad una adolescente. Solo ellos pueden negar su rabia con un cinismo tan primitivo. No respondí, y al cabo de unos instantes dijo:

–En fin, vaya pérdida de tiempo. –Y salió dando un portazo.

Antes de irme a casa, esa noche escribí la siguiente nota para su expediente.

Sé que hoy no estaba hablando con Alana. Su manera de andar no era la misma, no hablaba con la misma voz ni tenía la misma personalidad. Era agresiva y maleducada. Era otra Alana. Otra personalidad. No parecía saber dónde estaba mi despacho cuando iba por el pasillo, y no me ha pagado al salir. Siempre deja un cheque y se marcha en silencio para no molestar a los demás clientes. Esta persona ha salido furiosa y ha dado un portazo. Ha sido extraño que se presentara sin cita. Debería haberle mencionado todas estas cosas a Alana, y haberle preguntado su nombre, y haberle dicho que no me creía que estaba hablando con la Alana a la que conocía.

Por primera vez, empecé a pensar que tal vez tuviera en las manos un caso de personalidad múltiple. Decidí revisar el caso entero con detenimiento. El problema con Alana era que, desde niña, había tenido que aprender a no exteriorizar nunca lo que sentía de verdad. A menudo mostraba *la belle indifférence*, expresión francesa para referirse a los pacientes cuya actitud displicente no se corresponde con la crudeza de sus circunstancias. Este encubrimiento suponía para mí todo un reto. Si Alana había aludido alguna vez a una posible personalidad múltiple, había sido una alusión tan velada que se me había pasado por alto. Ahora que acababa de salir a la superficie esta nueva personalidad enfurecida –alguien que hablaba y caminaba de forma diferente a Alana y que no recordaba dónde estaba mi despacho–, tenía que considerar la posibilidad de un diagnóstico de personalidad múltiple.

Me fijé tres prioridades. En primer lugar, tendría que estudiar y aprender todo lo posible sobre el trastorno de personalidad múltiple. En segundo lugar, revisaría minuciosamente tres años de notas para intentar descifrar lo que Alana había intentado decirme entre líneas. En tercer lugar, cuando estuviera lo bastante preparada, me enfrentaría a Alana y le preguntaría quién había estado ese día en mi despacho.

Leí todo lo que pude, y consulté a especialistas de Inglaterra y Texas. Les dije que Alana había sufrido más de una década de abusos sexuales y maltrato emocional y físico infligidos por miembros de su familia. Estuvieron de acuerdo en que eso era suficiente para dar lugar a un trastorno de personalidad múltiple. Un experto me preguntó si era además inteligente, fuerte y creativa. Cuando contesté que sí, me dijo que en su trabajo había descubierto que esas características de la personalidad eran factores fundamentales en el desarrollo del trastorno.

El trastorno de personalidad múltiple se redefinió en 1994, y su nombre se sustituyó por el de trastorno de identidad disociativo (TID), que reflejaba con más exactitud la naturaleza de esta afección. Si la denominación *personalidad múltiple* indica que la persona ha desarrollado varias personalidades diferentes, la de *identidad disociativa* expresa que se ha producido una fragmentación de la personalidad principal. Dado que en la edad adulta la personalidad principal sigue careciendo de ciertas aptitudes necesarias para la vida –por ejemplo, la capacidad de expresar ira, sexualidad o asertividad–, se desprenden de ella, como astillas, nuevas personalidades disidentes que son personificaciones de esos rasgos que están ausentes en la personalidad principal.

En las películas *Las tres caras de Eva* y *Sybil*, Hollywood hizo una presentación sensacionalista del trastorno de personalidad múltiple y a la vez lo simplificó. Creo que este diagnóstico alude a una realidad tan inaprehensible, y es aparentemente tan fantasioso, que nos cuesta asimilarlo.

Es un trastorno enrevesado. Después de leer libros, ver vídeos y consultar a expertos, llegué a la conclusión de que tienen que darse simultáneamente varios fenómenos para que se manifieste. El paciente tiene que padecer trastorno por estrés postraumático (TEPT) complejo, como era el caso de Danny, es decir, tiene que haber sufrido graves abusos emocionales, sexuales y, en ocasiones, físicos durante un periodo prolongado. Este paciente debe presentar, además, gran tenacidad y resistencia naturales, por las que se resiste a volverse completamente loco. Otros elementos asociados son una buena memoria, creatividad y un coeficiente intelectual relativamente alto. Esta combinación de variables no se da muy a menudo, y es una de las razones por las que este trastorno es tan poco común. El trastorno de identidad disociativo es básicamente una forma sofisticada de hacer soportable lo insoportable, una forma de proteger la mente para que una parte de uno mismo, la parte central, se mantenga a salvo.

Terminada la investigación, releí todas las notas de las sesiones de Alana para ver qué se me había escapado. Me sentía como una escriba dickensiana, inclinada noche tras noche sobre mi escritorio hasta altas horas de la madrugada, rodeada de papeles que iba sacando de un archivo de medio metro de profundidad. Finalmente, encontré una carta que Alana me había enviado una vez: una epístola de seis páginas a un solo espacio escrita con la intención obvia de explicar que su mente era como un ordenador. Alana les ponía título a todas sus misivas, y esta se titulaba «Mantengámoslos en la jaula». Estaba redactada en tono jovial, pero ahora, al deconstruirla, me di cuenta de que anunciaba veladamente su estado psicológico. Me estaba haciendo una advertencia, y yo en su momento no la comprendí.

A continuación enterraba la pista, mencionando como de pasada al final de la carta que había estado viendo *Sybil*, una miniserie televisiva basada en un caso psiquiátrico real. Sybil, que había sufrido abusos físicos, emocionales y sexuales por parte de su madre, desarrollaba un trastorno de personalidad múltiple. Alana se había quedado hechizada por la película; compró rápidamente el libro y se lo leyó en un día. Contaba en la carta lo sorprendida que estaba de que Sybil tuviera múltiples personalidades cuando, en opinión de Alana, «le había pasado tan poca cosa». (En realidad, la película era tan espeluznante que mucha gente no fue capaz de verla). Enterrado en el texto y camuflado por la jerga técnica, estaba el miedo de Alana al trastorno de Sybil. Lo que más la asustaba era que Sybil no tuviera control sobre sus personalidades. Sus personalidades la controlaban. Alana reconocía que también ella utilizaba diferentes personalidades, pero que se quedaban dentro de la cabeza y las controlaba ella. Comparaba su mente con el sistema operativo central de un ordenador, que podía ejecutar varios programas a la vez, con la sola diferencia de que en este caso los programas eran distintas personalidades. Las llamaba «sus subordinadas». Por ejemplo, si no quería comparecer ante un tribunal en representación de su bufete, enviaba a una de las personalidades –una subordinada asertiva– que les plantaba cara a los abogados y se negaba a ir. Aseguraba que nadie se había dado cuenta nunca de que no era la verdadera Alana. Luego comentaba que, en el caso de Sybil, era como si los programas informáticos «fueran por libre». Alana reconocía, de forma un tanto críptica, que le preocupaba haber experimentado últimamente alguna que otra «fuga». Al releer ese pasaje, comprendí al fin lo que había querido decir Alana: tampoco ella tenía ya control sobre todas sus personalidades.

Ahora que tenía las pruebas que necesitaba, había llegado el momento de presentarle a Alana el diagnóstico. La llamé al trabajo y me saludó cordial.

–Hola, Gild. Iba a llamarte. Ha pasado un siglo. ¿Quedamos para nuestra cita habitual del martes? –Era su voz de siempre, suave y educada.

Tenía que pensar detenidamente cómo plantear la siguiente sesión. ¿Era Alana realmente un caso de personalidad múltiple o, más exactamente, de trastorno de identidad disociativo? Las pruebas a favor eran que, cuando apareció inesperadamente en la consulta, tenía una voz y una personalidad diferentes; incluso caminaba de forma distinta, con las piernas arqueadas, como un vaquero de una película del Oeste. Sin embargo, había un par de razones para descartar el diagnóstico. En primer lugar, esa personalidad diferente había aparecido una sola vez en tres años. Eso era muy extraño de por sí. Atribuirle a alguien un trastorno que solo se ha manifestado una vez en presencia de un terapeuta es, en el mejor de los casos, arriesgado. En segundo lugar, me resultaba demasiado inverosímil. Llevaba veinticinco años tratando a toda clase de pacientes y nunca había visto nada parecido. Tenía que ser muy prudente. Había un gran debate abierto no solo sobre la legitimidad del diagnóstico, sino también sobre la posibilidad de que algunos terapeutas pudieran, consciente o inconscientemente, sembrar la idea de las personalidades múltiples en la mente del paciente.

Cuando Alana llegó ese martes para la sesión, me bastó ver la expresión de su cara para saber que había vuelto a ser la de siempre. Contó que su jefe estaba preocupado por el motivo de aquellos trece días de baja laboral, y que ella le había dicho que tenía un problema crónico de hígado y que había tenido un brote.

—No quería mentir, y al menos eso era verdad.

Para no darle pistas que pudieran influir en su respuesta, me limité a preguntarle:

—¿Qué estuviste haciendo los tres primeros días después de salir del hospital?

—No sé, no me acuerdo. —Tras un largo silencio, cambió de tema—. He dejado a Jane. Ahora vivo en un apartamento a pocas manzanas de aquí. La verdad es que no sé cómo pasó todo. Necesito un montón de cosas que me dejé en su casa, así que voy a tener que llamarla, lo cual me da pavor.

Cuando le pregunté cómo estaba Jane, me dijo que destrozada, que ni siquiera era capaz de ir a trabajar. Comenté que también para Alana debió de ser difícil marcharse de la casa que habían compartido.

—Si te digo la verdad, no tengo ni idea de cómo lo hice. No me gusta hacer daño a nadie, a menos que sea Art, e incluso a él prefiero ignorarlo. Pero, por lo visto, puedo ser muy cruel, Jane me dijo que había sido cruel con ella.

—No suena a algo propio de ti.

—Tenía que largarme de allí como fuera.

—Lo entiendo. Tenías que seguir desarrollándote. Jane había sido una figura parental. Fue una elección ingeniosa, porque el hecho de que fuera transgénero significaba que podía desempeñar el papel de madre y el de padre. Pero cuando empezaste a sentirte más segura, desapareció la necesidad de ser su hija. Querías ser una adolescente, y luego una joven, y tener relaciones con chicas de tu edad. —Alana me escuchaba con expresión confusa, así que le expliqué—: Estás empezando a madurar emocionalmente. Querer tener citas y alejarte de tus padres es el rasgo de desarrollo más importante en cualquier adolescente.

Le pregunté por qué le había costado tanto decirle a Jane que se quería ir.

–Es una crueldad, y no quiero ser cruel. Eso decidí dejárselo a Art hace ya muchos años –replicó–. Jane no se merece que sea despiadada con ella, menos aún teniendo en cuenta que prometí quererla para siempre. En cierto sentido, la quiero y siempre la querré. Es una persona maravillosa. Pero no estoy enamorada de ella.

En un esfuerzo por hacerle entender que tenía derechos emocionales y que no era una crueldad ejercerlos, le pregunté:

–¿Te parece que el casi cincuenta por ciento de la población que se divorcia es igual de cruel que Art? –En aquel momento, la tasa de divorcios era de algo más del cuarenta y cinco por ciento; desde entonces ha disminuido–. Ese cincuenta por ciento de la población se amó en una época, pero luego una de las dos partes, o las dos, cambiaron, y la relación dejó de funcionar. Ocurre. Todo el mundo ha roto con alguien alguna vez, a menos que una se case con la primera persona de su vida con la que tiene una cita. ¿Has oído alguna vez la canción «Breaking Up Is Hard to Do»?*

–Gracias, Neil Sedaka –dijo Alana–. Supongo que lo entiendo. Todo el mundo rompe con alguien en algún momento de su vida.

Subrayé que la terapia nos ayuda a madurar, y que a veces los daños colaterales suponen tener que cambiar de pareja, y de amigos, y dejar atrás a los anteriores. Alana se había encontrado en un dilema: necesitaba desesperadamente salir de la relación, pero no tenía

---

* «Breaking Up Is Hard to Do» (Es muy difícil romper una relación) es una canción grabada por Neil Sedaka con distintos arreglos en 1962 y 1975, coescrita con Howard Greenfield. (*N. de la T.*)

ni idea de cómo plantear y defender esa necesidad vital. Así que se había sentido atrapada.

–Intenté suicidarme, pero me salió mal. Una mierda. Entonces me enteré de lo que era estar de verdad arrinconada sin escapatoria posible.

–¿Qué pasó cuando estabas en ese rincón?

–No recuerdo nada en absoluto.

–Bien, pues te contaré que, la semana pasada, la chica que se presentó aquí inesperadamente no era Alana.

Parecía desconcertada.

–Yo no estuve aquí la semana pasada.

Cuando le aseguré que sí, exclamó:

–¡Nooo!

Fue hasta el perchero donde tenía el abrigo colgado, metió la mano en el bolsillo y sacó una página arrugada de la revista *The Atlantic*. Cuando le recordé el discurso enfurecido sobre la revista, se inclinó hacia delante con los codos en las rodillas y la cabeza entre las manos. Tenía la cara cenicienta y respiraba como una locomotora, pero había llegado el momento de presionarla.

–¿Quién estuvo aquí la semana pasada? No eras tú.

Al final estiró la espalda y dijo:

–Desgraciadamente, suena a que era Chloé, con acento en la e. Se enfada mucho si oye pronunciarlo mal.

Se quedó en silencio unos minutos y luego me miró fijamente a los ojos, algo poco frecuente en ella. Las cintas de Art le sonaban en la cabeza a todas horas, dijo, y había tenido que tomar medidas.

–No te imaginas lo agotador que es tener que oír todo el tiempo la voz de Art. Necesitaba ayuda. Hace años, inventé a otras personas para que se ocuparan ellas de las cintas y poder funcionar.

(Alana me dijo luego que ella imaginaba que todo el mundo tenía otras personalidades en la cabeza, aunque no hablaran públicamente de ellas: ¿cómo, si no, iban a arreglárselas en el mundo?).

–¿Personalidades alternativas? –le pregunté.

–Supongo, si quieres usar esa jerga. Yo las llamo programas.

Cuando le pedí más detalles, describió a Chloé:

–Es aborrecible, fétida como un turón. Le grita a Art hasta desgañitarse diciéndole que se vaya a la mierda.

Cuando me aventuré a preguntarle si Chloé era la única persona que emergía para plantarle cara a Art, Alana me informó de la existencia de otro suplente, un adolescente antipático llamado Roger.

–Le lanza a Art miradas fulminantes, como si no fuera más que una verruga repulsiva –dijo–. Art detestaba que no le siguieras el juego, y Roger lo ve venir de lejos y lo deja fuera de combate en un plis plas.

No pude resistirme, y le pregunté si había alguien más. Sonrió y me habló de un tal Amos.

–Es un tipo tosco, un paleto bienintencionado. Cuando Art me grita y me suelta guarradas, Amos se burla de él.

Entonces, por primera vez en tres años de terapia, Alana soltó una auténtica carcajada y empezó a dirigirse a Art con un cachazudo acento rural.

–Eh, tú, pequeño sapo baboso. Deja de croar ya de una vez.

A mí Amos no me hacía tanta gracia como a ella, pero Alana dijo que era lo mejor que le había pasado en la vida: su risa era capaz de arrebatarle a Art toda su prepotencia y revelarlo como la «cobarde comadreja» que era.

Quise saber cuándo salían estas personas. Alana insistió en que nunca «salían», en que era ella la que las dirigía.

–Chloé, Roger y Amos no son más que programas que ejecuto cuando yo quiero –dijo.

–¿Cómo es que, entonces, Chloé dejó de estar bajo tu control? –le pregunté, haciendo referencia a su última visita.

Tuve la sensación de que Alana pisaba terreno peligroso, de que podría volver a intentar suicidarse. Ya no me creía su pretendido aire de tranquilidad; teníamos que actuar con rapidez y determinación.

–Piénsalo –le dije, despacio, con voz muy seria.

Unos cinco minutos después, empezó a recapitular y relacionar los acontecimientos recientes. La ruptura con Jane, por muy necesaria que fuera, había sido una tortura para las dos.

–Ella seguía diciendo que éramos felices juntas y que podíamos solucionarlo –recordaba Alana–. Probé a asumir toda la culpa, diciéndole que el problema era yo, que estaba demasiado trastornada o era demasiado insensible para amar, pero ella no quería soltarme. Me sentía atrapada, y supongo que tuve que dejar salir a Chloé. La dejé que fuera exageradamente cruel con Jane, y me emborraché lo suficiente como para no oírla. Bueno, la verdad es que la oía vagamente, como si estuviera en el fondo de un pozo muy hondo y sonaran voces arriba.

Luego hizo referencia al intento de suicidio, y lo explicó sintetizando cuál era su estado de ánimo en aquel momento.

–Decidí que ya nadie me necesitaba. Art estaba a miles de kilómetros y no iba a poderle hacer daño a Gretchen, que además tenía un marido y dos hijos estupendos; le iba bien sin mí. Y a Jane, la única persona que lo había dado todo por ayudarme y que me quería, la estaba tratando con la mayor crueldad. Así que pensé: «Art tenía razón. Soy mala de verdad». Entonces me tomé las pastillas.

Alana no recordaba haber venido a la consulta la semana anterior, y mucho menos haber alquilado el apartamento en el que vivía ahora. Ese día había empezado a trabajar de nuevo, pero no sabía cómo había llegado hasta el bufete. Chloé, al parecer, se había encargado de todo.

–¿Estás segura de que esa era la primera vez que salía?
–Es la primera vez que yo sepa –admitió–. Después de salir corriendo de clase aquel día, cuando pensé que el profesor de poesía se estaba riendo de mí, tuve una semana de ausencia mental. Luego pensé que había estado catatónica. Ya me había pasado antes. Creo.

Ahora me preguntaba si las personalidades alternativas de Alana habían aparecido cuando dejó la universidad. Por otro lado, pensé en la posibilidad de que fuera Chloé la que me describió aquel encuentro de mediodía con la estudiante de derecho. Recordaba que también en aquella ocasión había hablado con un descaro y vulgaridad poco propios de ella.

Habría podido ser tema de debate psicológico si Alana sufría trastorno de personalidad múltiple o trastorno de identidad disociativo, en el que, como ya he explicado, los personajes alternativos que se escinden como astillas son personificaciones de rasgos de personalidad ausentes, pero esenciales. Como también he dicho, me inclinaba a pensar que el diagnóstico más acertado para los síntomas de Alana era el de trastorno de identidad disociativo, sobre todo después de haber «conocido» a quien vivía en su cabeza. Alana no se podía enfadar, pero Chloé era pura rabia; Alana no era invulnerable frente a Art y no podía ser insolente con él, así que ese era el trabajo de Roger; Amos, el palurdo que vestía pantalones de peto, defendía a Alana riéndose del pomposo de Art a carcajadas. No era de extrañar que Alana le tuviera tanto cariño: nadie más le había plantado cara a Art para protegerla. Me daba la impresión de que estos personajes no eran lo que se dice personalidades diferentes, sino más bien una personificación de los rasgos que Alana necesitaba para protegerse de las *cintas* de Art.

Ahora que tenía más información sobre la naturaleza y los detalles del trastorno, el siguiente paso era encontrar la mejor manera de ayudar a Alana. Una posibilidad era ayudarla a deshacerse de Chloé, Roger y Amos integrándolos en su personalidad principal. Si Alana aprendía a expresar su ira, por ejemplo, ya no necesitaría a Chloé. Si establecía unos límites personales claros, ya no necesitaría contar con personalidades alternativas. La otra posibilidad, menos ambiciosa pero posiblemente más realista, era que Alana mantuviera a Chloé, Roger y Amos en la cabeza para que la ayudaran a combatir las recurrentes cintas de Art. Podríamos trabajar para fortalecer su ego de modo que tuviera siempre control sobre las personalidades alternativas y no pudieran separarse. O, como dijo Alana:

—No puedo dejar que los programas de Chloé, Roger y Amos vayan por libre.

La solución ideal habría sido deshacerse definitivamente de las cintas, pero no estaba segura de que fuera posible. Alana había soportado privaciones y conductas sádicas durante mucho tiempo. Quienes han sufrido ese grado de trauma suelen quedar irreversiblemente dañados; a veces se quedan mudos, o se vuelven paranoicos o psicóticos y acaban en una institución psiquiátrica. Tuve que aceptar el hecho de que en el caso de Alana habría algunos daños residuales. Si a un bebé se le ha privado de alimento durante un periodo de su vida, sus huesos mostrarán para siempre las huellas de la inanición, por mucho alimento que reciba después. Lo mismo ocurre con el maltrato grave. El cerebro conseguirá adaptarse de las maneras más inverosímiles, pero nunca será completamente normal, signifique eso lo que signifique. (Como suele decir uno de mis hijos, «normal» no es más que uno de los ajustes de la lavadora). Necesitaba establecer objetivos realistas para la terapia, si quería que tanto Alana como yo nos sintiéramos al final contentas con los resultados.

Decidí que la mejor solución era aceptar que Alana necesitaba las otras tres personalidades para hacer frente a las cintas de Art que tanto la debilitaban. Podíamos hacer todo lo posible por fortalecer su ego para que esas personalidades alternativas no tuvieran que batallar por ella en el mundo exterior. Podíamos idear estrategias para compensar sus carencias, como que Alana aprendiera a poner límites personales, a ser enérgica, a percibir sus sentimientos y a darles espacio en su vida. Así, no se encontraría con una caja de herramientas vacía cuando llegara la siguiente crisis.

Poco a poco, a partir de ese día, hubo un acercamiento entre Alana y yo. Desde el intento de suicidio, su encantadora delicadeza se había tornado en lividez, las pecas casi translúcidas. Tenía la mirada vacía; los ojos tan pálidos que parecía una figurita de porcelana a la que la pintura se le hubiera ido difuminando con el tiempo.

–Sinceramente, me siento vieja –dijo un día casi en un susurro–. La guerra dura ya tanto…

No era habitual que Alana renunciara al humor negro y la ironía y admitiera que su vida había sido muy dura. Al final, había decidido ser de verdad.

Lo vi como un paso favorable, y aproveché ese momento en que estaba desprevenida para empatizar con ella.

–Tiene que haber sido un auténtico infierno luchar, y quiero decir combatir a brazo partido, por tu cordura y por tu vida desde que naciste –le dije–. No me extraña que estés cansada. Llevas batallando mucho más tiempo del que ningún héroe de guerra haya batallado jamás.

Mirando al suelo y asintiendo, dijo que una de sus canciones favoritas era «Starry, Starry Night» de Don McLean.

–Habla de Vincent van Gogh. La frase que canto a menudo en la cabeza es esa en la que dice que luchó por su cordura.

A mí también me gustaba esa canción. Las dos conocíamos los siguientes versos, que decían que no había nadie que escuchara su angustia, así que le dije:

–Espero que sepas que te escucho.

–Lo sé. –Y me sonrió.

Fue un maravilloso momento de unión, y nos quedamos en silencio mucho rato.

La semana siguiente recibí una copia del informe hospitalario de Alana, que explicaba que había estado a punto de morir, que no cooperó con el psiquiatra que la entrevistó y que se negó a tomar los antidepresivos que le habían recetado. «Dada de alta en contra de las indicaciones médicas», declaraba.

Cuando volvimos a vernos, le comenté a Alana lo que decía el informe. Imitó al psiquiatra, poniendo voz de hombre blanco entrado en años.

–«Hola, amiga, qué tal. Menudo alboroto has armado». ¿Qué quería que hiciera? ¿Pedir disculpas? Me di la vuelta en la cama y me puse de cara a la pared hasta que se marchó.

También la había ofendido que la llamara «amiga», cuando ni siquiera se había tomado la molestia de mirar el historial para ver su nombre. (Y cuando llamé al hospital para hablar sobre el seguimiento de Alana, el psiquiatra no se acordaba de ella. Tuvo que buscar su historial).

Cuando le comenté que en el hospital pensaban que necesitaba tomar antidepresivos, contestó:

–¡Qué listos! «Vamos a ver, esta chica ha intentado suicidarse, eso significa que no es feliz». No les van a dar un Premio Nobel por ese descubrimiento.

Dijo que de niña ya la habían obligado a tomar drogas más que suficientes, y que jamás se plantearía tomarlas ahora.

–Estoy dispuesta a trabajar seriamente en la terapia, iré a hacer *kickboxing* y judo, pero antidepresivos no. Además, créeme, de estado de ánimo me siento mejor que nunca.

Cedí, pero le dije que quería que me diera su palabra de que me avisaría si volvía a tener pensamientos suicidas.

Aceptó.

–No pienso suicidarme, Gild.

6. Hace falta todo un pueblo para educar a un niño

A veces, pacientes y psicoterapeutas tienen una opinión diferente sobre qué dirección debería tomar la terapia o qué temas son más relevantes. En la terapia centrada en el paciente, suele ser este quien marca la pauta, ya que solo él o ella sabe lo que es más importante en su vida. Yo suelo ser fiel seguidora de este método, como ya he mencionado en el libro, pero en el caso de Alana, actué de otra manera. Ella no quería hablar del intento de suicidio; ahora que se había separado de Jane, estaba convencida de que la crisis había pasado. Yo no. Le dije que discrepaba de su opinión y que me parecía importante que tuviera herramientas para hacer frente a posibles calamidades emocionales que se presentaran en el futuro. Ayudarla a integrar esas estrategias, para que pudiera defenderse ante cualquier adversidad, iba a ser la última etapa de nuestro trabajo juntas. Por si en algún momento se sentía acorralada, necesitaba equiparse de un arsenal con el que poder contraatacar; si se encontraba indefensa, tendría que volver a recurrir a Chloé, y eso no lo queríamos ninguna de las dos. En cuanto al suicidio, le dije que sería muy triste que renunciara a la vida justo cuando empezaba a ganar la batalla.

–¿Ganar qué batalla?

Le recordé que estaba madurando. Ya no necesitaba a Jane, porque había dejado ser una niña herida que necesitaba un padre y una madre. La vida adulta presenta muchas crisis, y en el mundo los límites no son nítidos.

–A veces no queda más remedio que excavar y atravesar la roca con una pala sin filo para establecer tu pequeño patio vallado –le dije–. El amor, el sexo y la madurez no llueven de repente. Lleva tiempo. Por eso los adolescentes son tan difíciles. Intentan descubrir la manera de tener esas cosas, y cometen una infinidad de errores, pero, en fin, todo en la vida se consigue a base de ensayo y error. Es imposible no encontrar detritus emocional por el camino. ¡Bienvenida a la edad adulta!

–Espero descubrir la manera cuanto antes, porque esta tierra de nunca-nunca-jamás me está matando –dijo Alana, con expresión cansada, pero sonrisa irónica.

La primera técnica con la que trabajamos para fortalecer su ego fue la de establecer límites. Quienes han tenido unos padres crueles no saben cómo poner unos límites saludables. Alana tuvo que aprender a decir no, incluso a las personas más queridas. A Jane necesitó decirle: «Ahora soy otra, he cambiado, y ya no quiero que estemos juntas». Reiteré que no estaba siendo cruel por expresar con sinceridad sus emociones y deseos.

–La vida es así de engorrosa –le dije.

Meses después de romper con Jane, Alana seguía obsesionándose con si hubiera podido actuar de otra manera. Expuse la situación sin andarme con rodeos.

–De niña, nunca tuviste la posibilidad de defender tu espacio. Quiero decir con esto que no pudiste decir: «No, Art, no quiero acostarme contigo. No, abuela, no puedes abusar sexualmente de mí. No, mamá, no me voy a poner un vestido de volantes y a hacer que soy Ana, la de Tejas Verdes.* Lo siento, Gretchen, tengo siete años y hoy no quiero hacer de madre tuya, después de haber tomado LSD y de que me hayan violado Art y sus amigos.

Asintió, pero no parecía muy convencida, así que le puse ejemplos de la rebeldía que es normal en la adolescencia. Ni siquiera aquellos adolescentes que tienen unos padres atentos y comprensivos obedecen siempre. A veces se enfrentan a ellos para defender su espacio. Si unos padres le prohíben a su hija que vea a un chico, es posible que lo siga viendo de todos modos: saldrá a escondidas, quedará con él y no le dará más importancia. Así es como los hijos se separan emocionalmente de sus padres. Empiezan a desafiarlos y a ser más independientes. Toman su propio camino.

–Se le llama crecer –dije.

Añadí que todas las personas a las que conocía y había conocido en su vida habían desafiado a sus padres en alguna ocasión.

Alana se recostó en la silla, sorprendida. Pensaba que defender su espacio era egoísta. No sabía que eran la crueldad y el narcisismo de Art los que no permitían que hubiera límites. No tenía ni idea de que, aunque Jane fuera una buena persona, ella tenía derecho a querer separarse.

---

* *Ana, la de Tejas Verdes* (en inglés *Anne of Green Gables*) es la primera novela de la escritora canadiense Lucy Maud Montgomery sobre la vida de Anne Shirley, una niña de once años que sale del orfanato para irse a vivir a Tejas Verdes, la granja de los hermanos Cuthbert. Gracias a su carácter imaginativo, inteligente, alegre y luchador, se gana no solo el corazón de sus padres adoptivos, Matthew y Marilla, sino también el de todos los habitantes de Avonlea. (*N. de la T.*)

Durante los meses siguientes hicimos sesiones de juegos de rol para ayudar a Alana a aprender a poner límites. Utilizamos el «aquí y ahora», como se hace en la terapia Gestalt, lo que significaba representar una escena de su presente, no de su pasado, para entrar en un problema y tratar de resolverlo. El problema en este caso tenía que ver con la vida familiar de Alana en Toronto. Vivía a una manzana de Gretchen, que tenía un marido y dos hijos en edad preescolar; se veían a menudo. También veían a su madre. Hacía doce años, cuando su madre se enteró de que habían detenido a Art y ya no tenía poder sobre las niñas ni sobre ella, regresó de Inglaterra rápidamente para estar cerca de sus hijas. Además salió del armario, y llegó con su novia, Peggy, que era su pareja desde hacía mucho tiempo. Ahora la madre y Peggy vivían a menos de cinco minutos de Alana y Gretchen, y se visitaban con frecuencia unas a otras.

En la sesión de juego de rol, Alana quería abordar la idea fantasiosa que tenía su madre de que había sido siempre una madre entregada. Alana se enfurecía cuando la oía decirle a Gretchen cómo tratar a sus hijos.

—Cada vez que dice «A ver, yo también fui madre, ¿no?», me hierve la sangre. Cada vez que dice cosas como «Cuando vosotras erais pequeñas, yo hacía esto y lo otro», me dan ganas de decirle: «Todo eso es mentira. Por favor, para de una vez, no quiero participar en esa fantasía nunca más».

Pero tenía la sensación de que su madre, que también había pasado por un infierno, era demasiado frágil para escuchar ninguna crítica.

La oportunidad se presentó un día que Gretchen, su madre y Peggy habían ido a visitarla. Cuando el hijo pequeño de su hermana empezó a llorar, la madre de Alana le dijo: «No le hagas caso, es lo que yo hacía». Alana tuvo ganas de añadir: «Sí, durante quince años», pero no lo hizo. En lugar de eso, repitió lo que habíamos practicado en la consulta. Le dijo que en realidad no había sido una madre en activo y que, aunque no quería culparla por ello, ya que fue Art quien se lo impidió, tampoco quería contribuir a mantener viva su fantasía de madre. La mujer empezó a llorar, repuso que no tenía por qué escuchar aquellas «chorradas» y se marchó.

Pero Peggy se quedó. Dijo: «Sé a lo que te refieres. Me he dado cuenta de que lo hace constantemente, y entiendo que te enfade. La verdadera madre eras tú. No te culpo. Dale tiempo». El comentario de Peggy significó mucho para Alana. Y cuando su madre llamó unos días después, charlaron sin mencionar la discusión. En lugar de eso, hicieron planes para verse uno de esos días.

Le pregunté a Alana cómo se había sentido al recibir la llamada de su madre.

–Me sorprendió mucho –dijo–. Yo pensaba que o se habría derrumbado o no volvería a hablarme. Seguro que Peggy tuvo algo que ver.

Cuando le pedí que definiera la diferencia entre enfado y crueldad, me dijo que le parecían gradaciones de lo mismo. Le aclaré que no era así, y que aprender a expresar el enfado era otro de los elementos que debían formar parte de su kit de supervivencia.

Como le expliqué una vez a Danny, la ira tiene mala reputación, pero es un instrumento de negociación que nos ayuda a defendernos, a decir, básicamente: «Sal de mi territorio; estás pisoteando mi sentido de identidad. Deja de meterte en mi terreno». Luego es asunto de la otra persona ver cómo responde a tu enfado, decidir si su conducta ha sido de verdad una transgresión y si le conviene cambiarla.

–Tu madre se sintió herida, después reflexionó y, desde entonces, no ha vuelto a salir su «fantasía de madre».

Subrayé que el enfado expresa que alguien quiere que se le trate de manera distinta, lo cual es un comportamiento sano; crueldad es querer hacerle daño a alguien deliberadamente. Para ilustrarlo, dije:

—Crueldad habría sido decir: «Mira, mamá, no te importábamos una mierda. Eras una pobre prostituta adolescente, te casaste con un sádico y no tuviste una hija, sino dos, y luego te largaste a todo correr en cuanto pudiste, y me dejaste con un psicópata para que cargara yo con las consecuencias».

—Ya, pero es que hay veces que es justamente eso es lo que siento.

—¿Y quién no lo sentiría en ciertos momentos? Pero no lo dices. Sabes que solo conseguirías hacerle daño, y que no cambiaría nada.

Poco a poco, Alana fue aprendiendo a actuar cada vez con más aplomo en las situaciones que hasta ahora habían sido causa de conflicto emocional. Le puso unos límites claros a su madre. Se reunió con Jane para firmar los papeles de la hipoteca; como de todas formas tenían que verse una vez a la semana para intercambiarse a su gato Font, empezaron a tomar un café juntas, como amigas, aprovechando la ocasión. Chloé, Roger y Amos seguían representando sus papeles dentro de la cabeza de Alana para que la afectaran lo menos posible las cintas de Art, pero no amenazaban con volver a salir.

Al terminar nuestro tercer año de terapia, me di cuenta de que había sido igual de vertiginoso que una montaña rusa. Continuaba inquietándome no haber percibido su estado suicida. Debería haber estado más alerta. Alana ya había intentado suicidarse cuando tenía ocho años y, según los estudios, una vez que alguien ha intentado suicidarse, hay muchas probabilidades de que lo vuelva a intentar.

Un día le pregunté a Alana por qué no me dijo que tenía pensamientos suicidas. Contesto que creía que la odiaba por lo mal que se había portado con Jane. Se sentía tan mala persona que ni por un momento imaginó que su vida me importara lo más mínimo.

–Ese es un pensamiento de estilo Art, ¿no? –le pregunté–. Él habría dicho que en realidad no me importabas, que fingía que sí porque me estabas pagando, igual que dijo que habías conseguido una beca completa solo porque todos los demás estudiantes de Prince Rupert eran idiotas.

Añadí que me dolía que se hubiera sentido tan sola en su angustia, y le pedí disculpas por no haberme dado cuenta de la profundidad de su desesperación.

Los psicólogos tenemos que aprender de la experiencia, y en este caso yo desde luego aprendí de mis errores. A partir de entonces, les hablaba a mis alumnos de psicología clínica sobre los casos en que el intento de suicidio se producía justo cuando parecía que el paciente empezaba a mejorar. La mejoría no consiste solo en derribar viejas defensas, lo cual es estresante, sino que, además, los pacientes que han vivido desatendidos y tienen un ego débil no saben pedir ayuda cuando están en crisis. No creen que se merezcan un cuidado especial, así que es fácil que su desesperación pase desapercibida.

Otro aspecto que me causaba malestar era no haber captado en las palabras de Alana ningún indicio de un posible trastorno de identidad disociativo. Los periodos de «catatonia» después de dejar la universidad, y aquel cambio repentino en su forma de hablar y sus modales cuando me contó su fugaz encuentro sexual en la suite del hotel deberían haberme alertado. Y cuando se presentó inesperadamente en la consulta, debería haber caído en la cuenta y haberle preguntado con quién estaba hablando. Sin embargo, es una afección tan rara –de hecho, nunca antes ni después de Alana he tenido un caso de personalidad múltiple– que ni siquiera se me pasó por la cabeza la posibilidad de ese diagnóstico.

Establecer un diagnóstico es un buen ejercicio intelectual; pero un diagnóstico sirve solo como pauta, no es una regla concluyente. Los psicólogos no deberíamos ser esclavos de una definición teórica. En todo hay gradaciones, y un paciente puede tener a veces un toque de algo y no la enfermedad en toda regla. Nunca estuve del todo convencida de que Alana fuera verdaderamente un caso de trastorno de identidad disociativo, dado que sus personalidades alternativas aparecieron muy pocas veces y en situaciones de presión extrema. Sin duda, estaba dentro del espectro del trastorno de identidad disociativo, pero nunca fue un caso claro y evidente.

Alana estaba progresando: cada vez tenía más facilidad para bajarles el volumen a las cintas de Art. También había hecho algunas amistades gais y, aunque no tenía relaciones sexuales con ninguna de las chicas, se divertía socializando en un equipo gay de *curling*.* Esta camaradería de la comunidad gay era nueva para ella, y una revelación reconfortante. Cuando conocía a alguien que no le caía bien, ya no se sentía obligada. Podía elegir a sus amigos y alejarse de la gente con la que no quería estar.

Pasó rápidamente su etapa de «chica salvaje», y el efervescente deseo sexual se fue desvaneciendo. Un año después del «polvo de mediodía», como ella lo llamaba, le costaba tener relaciones sexuales con otras chicas si no había bebido, por temor a lo que pudieran sentir al ver sus genitales llenos de cicatrices. También le provocaba malos recuerdos o desencadenantes emocionales. Descubrió que la

---

* El *curling* es un deporte olímpico de invierno que se practica sobre una pista rectangular de hielo. El objetivo es deslizar con precisión unas piedras de granito de veinte kilos hasta una diana, guiándolas mediante el barrido del hielo. (*N. de la T.*)

abstinencia sexual era lo mejor para su psique y que, como tenía tantas cicatrices, en cualquier caso no sentía demasiado durante el sexo. Alana comentó que había pasado de la edad preescolar a la adolescencia y luego directamente a la menopausia, ¡en solo dos años!

Nos reímos, y le dije que, al final, tenía la misma edad que yo.

Un episodio me indicó que nuestra terapia estaba casi concluida. Cuando en 1999 se publicó *Too Close to the Falls*, una autobiografía de mi infancia, Alana se quedó cautivada. Incluso memorizó algunos fragmentos. Dado que era su terapeuta, no le había hablado de mí, así que le encantó conocer mi vida igual que yo conocía la suya. (Le hacía especial ilusión saber que yo también había sido una niña rara). Por otro lado, le fascinaba leer sobre una infancia feliz y unos padres cariñosos, ya que siempre había dado por hecho que, cuando alguien contaba algo así, estaba fantaseando. A Alana, mi autobiografía le parecía un exótico cuento de hadas. Su parte favorita era el paseo nocturno con mi madre al restaurante, cuando mirábamos las constelaciones y jugábamos a que éramos exploradoras a lomos de un camello. En el libro decía también que mi madre escuchaba siempre las explicaciones que le daba a los seis años sobre fenómenos científicos y sociales como si fueran de verdad fascinantes.

A Alana le empezaron a rodar las lágrimas por las mejillas al recordar esa parte del libro. Fue la única vez que la vi llorar de verdad. Al final, entre sollozos, consiguió decir:

—Una vez, Art fue bueno conmigo. Lo tenía totalmente olvidado hasta leer tu libro. Me despertó una noche y me dijo que saliera con él a ver «las luces del norte». Me dijo que la aurora boreal estaba ofreciendo un espectáculo increíble.

Alana recordaba cómo las luces moradas, verdes y de color rojo sangre surcaban el cielo y se arremolinaban.

–Art me explicó la razón científica de las auroras boreales y los mitos que les atribuían las distintas tribus del mundo: desde los etruscos, que las llamaban luz de viento, hasta los chinos, que las llamaban fuego de dragón. En fin, nos quedamos un buen rato allí tumbados mirando, y luego me fui a la cama.

Entonces Alana me miró, y con una leve sonrisa enigmática dijo:

–Gild, no te vas a creer lo que hice hace dos días. –Hubo una pausa muy larga–. Llamé a Art. Busqué su número y lo llamé.

Casi no podía creerlo, y me quedé atónita en silencio mientras ella describía la llamada.

–Cuando le dije que era yo, contestó: «Bueno, ¡esto sí que es un milagro! ¿Cómo estás?». Sonaba muy jovial. Podía ser así, cuando le daba la gana y según qué cóctel de pastillas se hubiera tomado ese día. Le dije que le había llamado porque había leído un libro que me había hecho acordarme de la vez que me enseñó la aurora boreal. La verdad es que se acordaba, y charlamos de eso. Además, juega a los mismos videojuegos que yo, así que hablamos de las ganas que teníamos de pasar a los siguientes niveles. No me preguntó por Gretchen ni por nadie. Me dijo: «Oye, ¿por qué no vienes a verme alguna vez?». Le dije que estaba muy ocupada y contestó: «Ya, vale, gracias por llamar, y buena suerte». Y colgamos.

–¡Guau! –fue lo único que alcancé a decir. Al cabo de un rato añadí–: ¿Llegarías a plantearte alguna vez ir a verle?

–¡Qué dices! Ni loca. Cuando le conté a Gretchen que había hablado con él, se tapó los oídos y gritó: «¡Para! Me estás aterrorizando». Así que me callé.

Quise saber cómo se sentía ahora, y respondió que se alegraba de haberlo llamado.

–Es como si ahora fuera más inofensivo en mi inconsciente –dijo–. No es más que un viejo alcohólico hecho polvo, con la voz aguardentosa y esa tos de fumador. Ni siquiera me temblaba la mano cuando colgué. Ni yo tenía ya cuatro años ni él era la enorme bestia colérica que me tenía subyugada. Ahora soy adulta y él no me puede controlar.

Le recordé que llevaba toda la vida luchando contra Art, y que cuando sentía que la amenaza era demasiado opresiva y no podía enfrentarse sola a las cintas de Art, llamaba a Chloé, a Roger y a Amos, y juntos se defendían de él.

–Hace falta todo un pueblo para educar a un niño –dijo con sorna.*

¿Cómo consiguió Alana conservar la cordura? Creo que, como explicaba Victor Frankl en *El hombre en busca de sentido*, en cierto momento de su niñez, Alana le encontró sentido a su vida. Tenía que cuidar de Gretchen, y se lo repetía a diario. Su sufrimiento tenía un propósito. Era por el bien de otra persona. Para poder cuidar de su hermana, alejó todos los pensamientos suicidas y las ganas de escapar. Por muy cansada que estuviera, nunca se rindió.

Poco después de haber llamado a Art, Alana dijo:

–¿Sabes qué, Gild? Ha llegado el momento de liquidar esto. Creo que ya he hecho todo lo que podía hacer aquí. He tocado techo. Solía sentir que me moría cada vez que venía a esta consulta, y ahora no es más que una cita.

---

* Proverbio africano. (*N. de la T.*)

Coincidí en que estábamos al final del camino. Me alegré de que hubiera conseguido tanto, pero me dio pena. Le tenía mucho afecto a Alana y sabía que iba de echar de menos su franqueza y su ingenio. Pero, sobre todo, iba a echar de menos su valentía. Yo había querido que le sacara partido a su extraordinario cerebro y que llegara a ser matemática o abogada, pero para ella habría supuesto demasiado estrés. Esos eran mis sueños, no los suyos. Además, el tiempo iba pasando. Se acercaba a los cuarenta. Siguió trabajando en el bufete y todos los años recibía una prima sustanciosa. Chloé no había vuelto a aparecer, dijo Alana, y la voz de las cintas nunca había sido tan tenue. A veces durante horas ni siquiera la oía. Había dejado de «ejecutar los programas de Chloé y Roger».

–Ya no los necesito –comentó simplemente.

Pero admitió que Amos seguía con ella. Se echó a reír.

–Es que me encanta ese tío.

Años más tarde, cuando estaba preparando este libro, encontré a Alana en Facebook y le envié un mensaje. Me dijo que estaba bien, pero que no quería que nos viéramos porque estaba en una «fase de hibernación». Seguimos intercambiando correos electrónicos, que siempre había sido su sistema de comunicación favorito. Uno de ellos contenía una noticia inesperada. Alana había jugado durante años a videojuegos bélicos violentos, como millones de personas más. Todos los participantes tienen un seudónimo, por lo que nadie conoce la identidad de su oponente. Hay una escala mundial de éxito en este tipo de juegos, y Alana estaba cerca de la cima. Pero había un hombre que seguía ganándola. Escribió:

Era taimado, rápido e inteligente, y parecía adivinar siempre cuál sería mi siguiente movimiento. De repente, hace unos tres años, dejó de competir y gané el título. (Mi logro más inmoral hasta la fecha). Descubrí que ese tipo era Art. Estábamos luchando entre nosotros, como lo habíamos hecho en la vida real. La razón por la que paró es que cayó muerto. Lo encontraron en nuestra antigua casa mucho después de que muriera.

Alana me hizo un resumen de su vida actual. Me contó que seguía trabajando en el bufete, que no tenía pareja y que vivía sola con su gato, Font Segundo. Para gran sorpresa mía, vivía en el mismo complejo de apartamentos que su madre y Peggy, y las veía a menudo. Seguía teniendo mucha relación con Gretchen y sus dos sobrinos, que ahora estaban en la universidad. Por desgracia, aunque su hermana se había sentido bien durante muchos años, hacía tiempo que sufría síntomas agudos de trastorno por estrés postraumático, *flashbacks* de las alucinaciones inducidas por las drogas y otros traumas relacionados con Art. A Alana la había entristecido mucho; tenía la esperanza de haber conseguido proteger a Gretchen de Art.

Alana dedicaba su tiempo a dos aficiones: el *kickboxing* y la física. Por lo visto, era una experta en teoría de cuerdas y teoría de campos, y participaba en grupos de chat en línea sobre física. Jane y ella habían mantenido una estrecha amistad, aun después de que falleciera Font Primero. Ninguna de las dos había vuelto a tener una relación de pareja duradera.

Cuando le pregunté por su salud mental, Alana me dijo que había aprendido a proteger sus límites con ferocidad. Necesitaba tener rutinas, y luego hacía «incursiones en cosas interesantes». Una de ellas eran los cursos en línea del MIT, el Instituto Tecnológico de Massachusetts. Pero cuando un profesor le pidió una vez que publicara su comentario en cierto foro para que todos pudieran leerlo, se negó, diciendo que se sentía mejor manteniéndose en la periferia. Dijo que había aprendido cuáles eran sus limitaciones. Sin embargo, por muy pequeño que fuera su mundo, «no aguantaba gilipolleces de nadie» y no necesitaba personalidades alternativas o disidentes para dejarlo claro.

Solo oía ya las cintas de Art cuando estaba muy cansada o haciendo algo estresante. «Pero ahora oigo las cintas de Gild», escribió. Cuando le pregunté, con cierta inquietud, qué había en esas cintas, al cabo de unos días me respondió:

Las cintas de Gild son una compilación literal de cosas que has dicho. La que más utilizo es esa en la que dijiste que era una heroína. Me imagino que soy el héroe mitológico Teseo apuñalando al gigantesco Minotauro con cara de Art. Cuando oigo dentro de la cabeza a Art gritar sus obscenidades y menosprecios, le digo que cualquiera un poco menos fuerte que yo habría acabado con un pañal atado a la cintura en el pabellón del fondo de una institución psiquiátrica, creyendo que dos más dos son cinco. Luego le digo que tiene suerte de que no le matara. ¿Te acuerdas de cuando dijiste eso? Oigo tu voz llamándole cobarde narcisista. Muchas veces Amos interviene también, y por lo general puedo hacer callar a Art.

Resumió su vida de esta manera: «Protejo mis límites como el perro de una chatarrería, y mientras estoy a salvo en mi desguace, soy feliz como una perdiz».

Le pregunté qué había hecho por ella la terapia, si es que había hecho algo por ella.

Tendría que decir que me cambió la vida para bien en todos los sentidos. Lo primero y más importante para mí es que no he vuelto a tener «convulsiones» raras nunca más. Eso es INMENSO, y es gracias a tu incansable trabajo hasta llegar a la raíz de los desencadenantes emocionales (una palabra, la de desencadenantes, tan manida y mal usada en estos tiempos que no puedo evitar poner los ojos en blanco cuando la uso) y a que me explicaras el proceso hasta que lo entendí. Es increíble que entender lo que pasa en el cerebro cuando eso ocurre me haya permitido tomar el mando y evitar que el cerebro desconecte el interruptor principal cada vez que algo me amenaza con despertar recuerdos que no quiero revivir. Así que, aunque odiaba cada segundo de terapia, y hasta el último año vomitaba y me salían sarpullidos antes de cada sesión, es lo mejor que he hecho por mí misma en toda mi vida.

Por último, le pregunté si había algo en su vida que hoy habría hecho de forma diferente.

«Habría matado a Art», me contestó.

Madeline

> Espejito, espejito, ¿quién es la más bella del reino?
>
> Los hermanos Grimm, *Blancanieves*

1. El padre

Mi último caso como terapeuta demostró ser uno de los más fascinantes, y sin duda el de tratamiento menos ortodoxo. (Es asombrosa la cantidad de veces en mi vida que «fascinante» y «poco ortodoxo» han ido de la mano). Madeline Arlington era una anticuaria de treinta y seis años radicada en Manhattan que había crecido en Toronto bajo la influencia de una madre perturbada, Charlotte, y un padre voluble, Duncan. Fue Duncan quien me llamó para pedirme que tratara a Madeline, seis años después de que él estuviera en terapia conmigo por un tiempo breve. Y cuando recuerdo los errores que cometí en el caso del padre, y por extensión en el de la hija, la única explicación posible es que estuve bajo el influjo de una poderosa transferencia parental.

Transferencia significa varias cosas. De entrada, alude a algo tan simple como la fuerza de la relación entre paciente y terapeuta. Pero cabe la posibilidad de que su significado sea más complejo y consista, como sugirió Freud, en redirigir inconscientemente hacia el terapeuta sentimientos que el paciente ha retenido desde la infancia. Podría transferir al terapeuta los sentimientos que en el pasado tuvo hacia su padre, su madre u otra figura de autoridad. Por ejemplo, cuando le dije a Danny que era «guapo», me transfirió la rabia que sentía de niño en la escuela residencial hacia el cura que abusaba sexualmente de él, y que le decía lo guapo que era. Tanto Danny como yo tuvimos que indagar en esa transferencia, un proceso que nos ayudó a desenterrar su dolor y que fue decisivo para el éxito de la terapia.

Por otro lado, existe la contratransferencia, es decir, los sentimientos que el terapeuta desarrolla hacia el paciente. Por lo general, ocurre inconscientemente…, y los motivos inconscientes suelen ser los más poderosos y perniciosos gobernantes de nuestro comportamiento. El problema no es solo la contratransferencia en sí; el principal problema es que los pacientes capten esos sentimientos y aprendan a manipular al terapeuta. Esto es lo que ocurrió cuando, sin darme cuenta, le transferí al padre de Madeline, que era veinticinco años mayor que yo, los sentimientos que me despertaba mi difunto padre. Y aunque Duncan había estado muy poco tiempo en terapia, y pasaron años hasta que traté a su hija, aquel encuentro acabaría influyendo en mi tratamiento de Madeline de maneras muy sorprendentes. Por eso, empezaré la historia de Madeline relatando mi breve e intensa terapia con su padre.

En 1998, Duncan Arlington, que tenía entonces setenta años, me llamó para pedirme asesoramiento matrimonial. Como miembro WASP* de una de las familias más antiguas y ricas de Toronto, su nombre figuraba en placas de hospitales y aparecía con frecuencia en las secciones de negocios y sociedad de los periódicos. Cuando le dije a Duncan que no me dedicaba al asesoramiento matrimonial, me contestó alegremente: «Estupendo, porque en realidad no estoy casado. Vivo con una mujer, y la quiero, pero está majara». Lo de «majara» me sonó bastante inusual en un hombre de setenta años.

---

*   En Estados Unidos, Canadá y Australia, los WASP (del inglés, White Anglo-Saxon Protestant) son un movimiento supremacista blanco, es decir, el grupo de blancos anglosajones protestantes de clase alta, generalmente de origen británico, que forman la élite del país y que han dominado la política, la economía y la cultura durante la mayor parte de su historia. (*N. de la T.*)

El caso es que me dejé convencer para recibirlo a él solo y que habláramos de la relación. Sin embargo, el día de la cita, se presentó acompañado de su novia, Karen, y, lamentablemente, me convenció para que los atendiera a los dos. Comprendí al instante por qué era un empresario de tanto éxito; tenía la combinación ganadora: fuerza sin alardes. Entonces, antes de que les hiciera pasar a mi despacho, Duncan me miro con una sonrisa ancha y me llamó «Cathy» en lugar de doctora Gildiner. Me recordó a mi padre, que había sido un empresario estadounidense igual de extrovertido, confiado y afable. Él también me habría llamado desde el primer instante Cathy en lugar de doctora Gildiner, y habría vestido la misma chaqueta de *tweed*, con la camisa almidonada.

Karen, por su parte, con el pelo castaño oscuro recogido en un moño, tenía un parecido asombroso con Wallis Simpson, la estadounidense divorciada por la que el duque de Windsor había abdicado en 1936. Pero a sus setenta y un años, el aspecto de Karen era lo menos parecido que pudiera imaginarse al de una esposa trofeo. Llevaba una chaqueta deportiva azul marino de Ralph Lauren y pantalones de montar, de esos abolsados en las caderas. Era un atuendo bastante curioso, aquel conjunto de amazona septuagenaria, para llevar a la primera cita con una psicóloga.

En la primera sesión, me enteré de que Duncan se había enamorado de Karen en el instituto, y de que se habían prometido justo antes de que él se fuera a la universidad. Dijo Duncan, mientras sonreía con cariño y extendía la mano para estrechar la de Karen: «Era la chica más guapa del embarcadero que había delante de casa y de la piscina del club de campo». Pero poco después de su compromiso, Karen, que estaba un poco enfadada porque Duncan se hubiera ido a estudiar fuera y la hubiera dejado sola, se casó precipitadamente con otro hombre, que, con el tiempo, la dejaría sin un centavo y con cuatro hijos pequeños. Siguieron tiempos muy difíciles, en los que sufrió varias crisis nerviosas, que supusieron repetidas hospitalizaciones y tratamientos de choque. Era cierto que aparentaba más edad de la que tenía; estaba demacrada y tenía los dedos manchados de nicotina y la voz tomada y áspera.

Cuando Duncan volvió a casa y encontró a su prometida casada con otro hombre, se quedó destrozado. Poco después, fue a visitar a unos primos ricos a la isla Martha's Vineyard, en Massachusetts, y allí conoció a una rubia espectacularmente bella que estaba alojaba en la casa, Charlotte. Se casó con ella rápidamente, por despecho, y solo al cabo del tiempo descubrió que su nueva esposa era la hija de una familia venida a menos a la que su madre había enviado a la isla para deslumbrar a Duncan. Una vez que lo enganchara, el joven adinerado tendría que hacerse cargo de su menesterosa familia. Y funcionó.

Duncan y Charlotte tuvieron una hija, Madeline, pero a lo largo de los años Charlotte tuvo varias aventuras, y acabó dejando a Duncan y a su hija por otro hombre. Después de eso, él y Karen, que tenían por aquel entonces alrededor de sesenta años, se reencontraron. Llevaban cuatro años viviendo juntos, sin casarse.

Cuando les pedí que me contaran cuál era el motivo principal por el que habían venido, Karen soltó un torrente de improperios.

–Duncan es un puto tacaño. Mira cada centavo –dijo–. Vivo en una mansión que ocupa toda una manzana, pero la mayoría de las habitaciones están cerradas porque no las quiere calentar, y tiene los muebles tapados con sábanas blancas. La casa se está cayendo a pedazos, y no quiere ni arreglarla ni dejarme cambiar la decoración. Todo está como lo decoró Charlotte, su anterior esposa, o más bien debería decir, su actual esposa. Es un mausoleo atiborrado de antigüedades, de su madre y de su maldita hija malcriada que está metida en el negocio de las antigüedades en Manhattan. Probablemente hayas oído hablar de ella: Madeline Arlington.

En efecto, había oído hablar de ella; todos los medios de comunicación habían escrito sobre la canadiense que había triunfado en Nueva York.

Karen hizo el gesto de dar una calada a un cigarrillo y luego escupió lo siguiente:

–Un día, el año pasado, me harté. Recorrí la casa entera cuarto por cuarto y me fui cargando una a una todas las antigüedades de la madre y de la abuela. La zorra de la hija, perdón por la expresión, se enteró, subió a un avión, llamó a la policía e intentó que me detuvieran. Cuando entró en casa, pensé de verdad que me iba a matar. Temí por mi vida.

Me quedé atónita por lo que Karen había hecho y por el tono de seguridad, casi de orgullo, con el que describió aquella conducta destructiva, como si hubiera sido Napoleón en la batalla. ¿Por qué había elegido un hombre tan distinguido como Duncan una compañera tan salvaje? Era demasiado pronto para explorar estas cuestiones, así que continué recopilando información; les pregunté a los dos por el alcance de los daños. Con voz serena, como si estuviera haciendo una descripción de las variables atmosféricas, Duncan explicó:

–Había cientos de cosas hechas añicos. Los tasadores dijeron que el lote valía millones de dólares. Algunas de las piezas habían pertenecido a mi familia durante generaciones. En realidad, eran propiedad de mi hija, Madeline. Mi madre se las dejó a ella. Seguían allí porque no se las llevó cuando se mudó a Manhattan. Las dejó en la que había sido su casa de infancia...

–¿Y qué coño importa eso? –irrumpió Karen–. Luego me das una limosna para que me compre algo de ropa y cuide de mi caballo, y te pasas el día repartiendo la pasta por ahí para memeces. Las mujeres que viven de la pensión social tienen más libertad que yo.

–Te compré tres caballos y una granja con establos la semana pasada.

–Compraste la granja, es verdad, pero está a tu nombre, y todo lo va a heredar Madeline. Si mañana te mueres, me quedo sin nada. Hasta que no te cases conmigo o me incluyas en el testamento, esa desalmada que tienes por hija no vuelve a entrar en casa. Cree que es su casa y que puede usarla para guardar sus antigüedades y que yo soy una intrusa. Tiene mucho que aprender. ¡No quiero que vuelva a poner un pie en esa casa nunca más!

Me sorprendía también que Duncan tolerara todo este discurso abusivo con tanta ecuanimidad; incluso había sonreído durante la invectiva. Cuando le pregunté cómo le hacía sentirse la petición de Karen, contestó:

–Bueno, se la comuniqué a mi hija y no ha venido a casa desde hace un año, pero no me gusta tener que hacer esto.

–¡Pues te jodes! –lo atajó Karen–. No soy una delincuente común.

Duncan se volvió hacia mí.

–Bien, Cathy, aquí lo tienes. Este es nuestro dilema. No me puedo casar con Karen porque ya estoy casado con Charlotte. Y es verdad: soy un puto tacaño. Me niego a darle a Charlotte la mitad de mi patrimonio, y por eso no me divorcio de ella.

–Le mandas una fortuna todos los meses –dijo Karen–. Le tienes pavor, y la sigues queriendo.

–Le envío lo justo para que me deje en paz.

–Eres un ratoncito asustado. Dejas que Madeline, la señorita MiniMussolini, te gobierne la vida.

—Vale, no te doy el dinero que quieres ni el matrimonio, pero sabes que te adoro.

Yo había hecho un intento de intervenir mientras Karen soltaba su retahíla de improperios, pero solo sirvió para que chillara más. Muchas veces, cuando alguien llega a la primera sesión de terapia, necesita vomitar su ira, y luego, en las sesiones siguientes, podemos dedicarnos al trabajo terapéutico. Así que la dejé tronar contra Duncan. Era claramente una mujer volátil, y sospechaba que algo trastornada. No obstante, la actitud inalterable y excesivamente cordial de Duncan durante su venenosa perorata me resultaba no menos chocante.

Cuando la pareja salió finalmente del despacho, me desplomé en la silla. ¿Por qué había dejado entrar a Karen cuando le había dicho a Duncan que no hacía terapia de pareja? ¿Qué me estaba pasando?

En la siguiente sesión, empecé por preguntarles qué les había atraído al uno de la otra. Esperaba que saliera así algo bueno que hubiera en la relación, para que Karen se calmara un poco. Le pedí a Duncan que hablara él primero, y dijo que tenían una vida sexual estupenda (Karen puso los ojos en blanco), que se divertían mucho juntos y que tenían muchos amigos en común de cuando eran jóvenes. Comenté que Karen parecía estar muy enfadada con él.

—Bah, es pura palabrería. —Luego se rio y añadió—: ¡Deberías haber conocido a Charlotte!

Es raro que sea idea del hombre iniciar una terapia matrimonial, y sin embargo había sido Duncan quien me había pedido ayuda. Dijo que lo que más le preocupaba era que su única hija, Madeline, no pudiera entrar en casa, ni siquiera por Navidad, mientras que los cuatro hijos de Karen la visitaban con frecuencia. Me di cuenta de que eso le angustiaba; era el único sentimiento que traspasaba, aunque fuera muy ligeramente, su impenetrable semblante de alegría.

—¡Mala suerte, Romeo! –fue la respuesta de Karen–. ¡Elige! Ella o yo. –No estaba dispuesta a ceder.

Intenté reencuadrar la situación para ver si era posible dar a la interacción un tono menos combativo, pero ambos parecían disfrutar con el enfrentamiento. No había mucha cabida para el asesoramiento matrimonial. Lo achaqué a una especie de simbiosis fallida: Duncan le negaba a Karen seguridad económica, y ella le negaba a él su amor. Sin embargo, no estoy muy segura de que él quisiera amor de verdad. Él quería a la fantástica chica en traje de baño a la que veía en el embarcadero. Duncan quería recuperar su juventud.

Los vi solo unas pocas veces más, y en cada sesión se atrincheraban con más determinación en sus respectivas posiciones. No parecían tener ni la más leve conciencia de cómo contribuían el uno y la otra a mantener en pie el conflicto. O no querían realmente ayuda de nadie, o no tenían ni idea de lo que era una auténtica relación, o sencillamente yo era una inepta como consejera matrimonial. Lo más probable es que fuera una combinación de las tres cosas. Me di cuenta de que era buena como defensora, pero la mediación, de cualquier clase, no era mi fuerte.

Tres años más tarde, en 2001, tuve uno de esos momentos de «ser o no ser». Poco después de cumplir los cincuenta, decidí dejar mi profesión y dedicarme a la escritura creativa. Llevaba veinticinco años escuchando los recuerdos de otros; era hora de escribir mi propia historia. Así que dejé la consulta y todas las asociaciones profesionales y me puse a trabajar, la mar de contenta, en la buhardilla del tercer piso de mi casa. Escribí un libro autobiográfico, *Too Close to the Falls* (Demasiado cerca de las cataratas) y a continuación dos secuelas, *After the Falls* (Después de las cataratas) y *Coming Ashore* (Llegada a tierra).

Pero en 2004, mientras escribía una novela sobre Darwin y Freud titulada *Seduction* (Seducción), una llamada telefónica me sacó bruscamente de mi retiro. Era de Duncan Arlington, a quien no había visto desde hacía seis años.

Duncan quería que tratara a su hija Madeline. Como yo ya no ejercía, me ofrecí a remitirle a un colega. Me dijo un sinfín de palabras halagadoras sobre lo mucho que lo había ayudado a él, y luego, al más clásico estilo negociador, me preguntó qué cantidad podría hacerme cambiar de idea. Le expliqué que no era una cuestión de dinero; había dejado la psicología y vivía dedicada a mi carrera literaria. Entonces me dijo:

–¿Quieres que todos tus libros estén en el escaparate de todas las librerías de Toronto? Ya sabes que es solo el dinero lo que decide que se exhiban unos productos u otros. –Ante mi negativa, hizo un último intento–: ¿Quieres que compre mil libros y se los regale a la gente? –Eso era tentador, pero volví a decir que no.

Al día siguiente fui a la cafetería a la que iba habitualmente, al lado de mi casa, y allí estaba él, solo en un reservado para cuatro. Debió de contratar a alguien para que me siguiera. Esbozó una sonrisa traviesa, vino a mi reservado y, sentado frente a mí, me contó que Madeline sufría una ansiedad que la estaba destrozando. Había tenido tres brotes de cáncer, cada uno de un tipo distinto, y aún no había cumplido los cuarenta años. Por otro lado, dijo, su madre, Charlotte, la menospreciaba y degradaba en todo momento.

–Créeme, al lado de mi esposa Charlotte, Karen parece la Madre Teresa de Calcuta.

Es decir, Duncan sabía que Karen, que seguía viviendo con él, era feroz. (Su hija, después de todos estos años, seguía sin poder poner el pie en la casa).

Cuando objeté que Madeline vivía en Nueva York, Duncan se ofreció a pagarme un día entero de trabajo, además de correr con los gastos del viaje y de un chófer que me recogería en el aeropuerto de La Guardia. Una vez más, quiso engatusarme con halagos y diciéndome que yo era la única persona que comprendía realmente la situación que había provocado Karen..., la destrucción de las antigüedades y «la orden de alejamiento», dijo, contra Madeline.

A regañadientes, acepté verla durante un máximo de seis sesiones. Y esas seis sesiones se convertirían en cuatro años.

Hay cosas peores que estar en Manhattan un día a la semana.

2. La hija

A Madeline se la conocía en ciertos círculos como la joven y rica heredera que había montado su propio negocio de antigüedades. Tenía fama de *enfant terrible* y se paseaba por los Hamptons* a velocidad de vértigo en un Ferrari descapotable de color ciruela.

Tenía su oficina en un *loft* del barrio de Tribeca. En la primera planta había un restaurante de lujo, y las cuatro plantas siguientes estaban dedicadas a su negocio de antigüedades; ella vivía en una suite en la última planta, con un gigantesco jardín en la azotea. Su abuela había comprado el edificio a precio de ganga en 1975, cuando Nueva York estaba a punto de quebrar. El guardia de seguridad que apareció para escoltarme anunció mi llegada desde su *walkie-talkie*. Alguien desde el mostrador de recepción respondió: «Ah, es la doctora Gildiner. ¡Gracias a Dios! No podemos aguantar esto mucho más. Madeline está en su despacho con unos clientes. Hazla pasar».

La oficina tenía los techos altos, y enormes ventanas de arco de medio punto por las que la luz inundaba el espacio. Había unas columnas impresionantes repartidas a lo largo y a lo ancho de lo que debían de ser unos dos mil metros cuadrados. Las paredes eran de ladrillo y el suelo de tablones anchos de roble.

---

* Los Hamptons es una zona del sector este de Long Island, en el estado de Nueva York, famosa por ser un lugar predilecto de vacaciones para los estadounidenses más adinerados, y el sitio de veraneo por excelencia para las familias millonarias de la ciudad de Nueva York, que tienen allí sus mansiones. (*N. de la T.*)

Los empleados correteaban de un lado a otro frenéticos, como hormigas a las que les acabaran de destrozar su hogar milimétricamente organizado de un pisotón. Unos hombres que hablaban en algún idioma de la Europa del Este desenvolvían antigüedades que iban sacando de unos enormes cajones de embalaje, mientras que unas mujeres con trajes de diseño y tacones de aguja se inclinaban sobre ellas y las examinaban con la mayor atención, portapapeles en mano para anotar cualquier desperfecto. Había mensajeros a la espera de que alguien les echara una firma. Las paredes estaban forradas del suelo al techo de estanterías que contenían cientos, si no miles, de antigüedades, cada una unida con un cordel a una etiqueta de color crudo de diez por quince con información escrita en letra diminuta por las dos caras. Las luces rojas de los detectores de movimiento parpadeaban cada vez que alguien pasaba por delante; para bajar un objeto de una estantería, había que pulsar un botón y desactivar la alarma. Una escalera con ruedas cruzaba silbando de un extremo a otro del *loft*.

Un hombre menudo se encargaba de la escalera y de bajar las antigüedades de las estanterías. Llevaba un traje de Armani con chaleco, y el pelo negro muy corto repeinado hacia atrás con gomina. En un determinado momento, había seis empleados al pie de la escalera pidiéndole atropelladamente diversos artículos, y les gritó: «¡A callar, mozos! ¿Alguna vez habéis oído hablar de lo que es hacer cola y esperar vuestro turno? ¡Tened un poco de civismo, por Dios!». Después me enteré de que las antigüedades más grandes se almacenaban en los pisos superiores, a los que un hombre negro fornido –un artesano que se encargaba de todos los retoques y reparaciones de ebanistería, que nunca hablaba y que siempre iba vestido con una camiseta interior de Stanley Kowalski, tirantes y pantalones de camuflaje– controlaba la entrada con un timbre que llevaba colgado al cuello.

Mientras me dirigía al mostrador de recepción, otro empleado con traje de diseño me dijo: «Buena suerte. La va a necesitar. Si Madeline le grita, no se lo tenga en cuenta. Ella es así. Por favor, no abandone el barco, o nos hundiremos».

Treinta y cinco minutos después de la hora a la que habíamos quedado, una joven parlanchina con rastas que se llamaba Vienna me llevó al sanctasanctórum de la planta, el despacho de Madeline, uno de las pocos espacios cerrados del *loft*. Vienna –con una minifalda diminuta, una camiseta de tirantes negra y medias a rayas blancas y negras como el gato de Cheshire en *Alicia en el País de las Maravillas*– era la única mujer con cara alegre en toda la oficina. Mientras me acompañaba, con paso totalmente relajado y balanceando al caminar los brazos cubiertos de tatuajes, me contó lo mal que lo había pasado Madeline, y que hasta ahora había sido responsabilidad suya hacer todo lo posible para que no se desmoronara. Hablaba de su jefa como si la apreciara de verdad y no le tuviera ningún miedo.

Al entrar en el despacho, vi un escritorio enorme y, de pie detrás de él, una morena alta y espigada con el pelo recogido en un moño. Madeline era una auténtica belleza. Tenía la piel impecable y resplandeciente y unos labios carnosos y redondeados como los de Blancanieves. Llevaba unos zapatos de terciopelo morado con tacón de aguja y un fabuloso conjunto de Prada, compuesto por una falda de tafetán negra y un jersey bolero de color rosa. Es la única persona que he conocido que supiera llevar la exótica ropa de Prada. Llevaba también unos grandes pendientes de diamantes, que parecían de Tiffany, y una medalla de diamantes de aspecto retro. (Años después, durante la terapia, le comenté que nunca la había visto dos veces con la misma ropa. Frunció el ceño y dijo: «Es una enfermedad»). Sin embargo, el maquillaje de Madeline era extraño: el lápiz labial sobrepasaba el borde del labio superior y llegaba hasta dos puntos por encima de su hendidura, y las cejas eran dos finas líneas dibujadas con lápiz marrón, como las de una actriz de los años 1930. A pesar de esta anacrónica pintura facial, era de una belleza cautivadora.

Antes de salir del despacho, Vienna le dijo a Madeline que no le pasaría ninguna llamada. Luego, en respuesta a la mirada ansiosa que le dirigió su jefa, volvió a decir: «No, no voy a pasarte ninguna llamada. Tenemos que hacer esto».

Cuando Madeline se sentó, le dije que no se parecía mucho a su padre. «Es cierto», dijo; físicamente era casi igual que su madre, pero tenía el cerebro de su padre. Más tarde descubrí que Madeline había estudiado en la Universidad de Yale y se había doctorado en la Escuela de Economía y Ciencias Políticas de Londres.[*] Luego montó el negocio de las antigüedades, retomando una pasión que había desarrollado de niña mientras ayudaba a su abuela a catalogar su colección. Descubrió que le encantaba el trabajo, ya que combinaba la admiración que sentía por su abuela con los dos rasgos familiares por excelencia: una prodigiosa habilidad para los negocios y su ojo artístico.

A continuación, empecé a elaborar una historia familiar. Madeline me contó que era hija única de padres divorciados. Después de que su madre se marchara, siendo ella una adolescente, vivió con su padre hasta empezar la universidad. A los veinte años se casó con un hombre llamado Joey, y se divorciaron nueve años después.

---

[*] La Escuela de Economía y Ciencias Políticas de Londres está considerada una de las mejores y más prestigiosas universidades del mundo para el estudio de ciencias sociales. (*N. de la T.*)

Al llegar a este punto de la narración, Madeline soltó de repente el bolígrafo y dijo:

–¿Podemos dejar esta historia para otro día? Prometo contarla, pero tengo que apagar varios incendios psicológicos primero. –Pareció aliviada al verme asentir con la cabeza, y soltó de repente–: Estoy destrozada. He tenido siempre ansiedad y comportamientos obsesivo-compulsivos, pero ahora, desde hace un año más o menos, están acabando conmigo. Y le está afectando a la oficina entera. Si me derrumbo, se viene todo abajo.

Cuando le pedí que me diera un ejemplo de en qué estaban perjudicando a su negocio esos síntomas, me contestó:

–No puedo viajar, ni dejar que nadie del trabajo viaje en mi lugar, por miedo a que haya un accidente. *Sé* que el avión se estrellará. No puedo dejar de pensar en ello.

Dijo que solía viajar en avión por todo el mundo con sus padres durante las vacaciones, y que con su abuela hacía viajes para ir de compras sin que nunca le supusiera un problema. Me contó que, aunque siempre había tenido rasgos obsesivos, en los últimos años se habían intensificado.

–Les he dicho a todos los de la oficina que, si no me ayudas, tendremos que cerrar las puertas.

Ahora entendía por qué los empleados se habían alegrado tanto de verme. Me pareció interesante que Madeline fuera tan formidable en un sentido y tan vulnerable en otro. Los líderes empresariales que salen en la portada de la revista *Forbes* no suelen confesarles a sus empleados, incluido el guardia de seguridad, que se están desmoronando.

Para entonces a Madeline le costaba respirar, así que le aseguré con mucha calma que la psicoterapia era como resolver un misterio, y que juntas podíamos descubrir el origen de sus síntomas y solucionar el problema. Dijo que tenía que ponerse bien, porque había mucha gente que dependía de ella.

–Es interesante que tu mayor preocupación sea que tienes una responsabilidad con los demás, y no contigo misma –le dije–. La mayoría de la gente diría: «Doctora, yo no puedo vivir así. Mi vida es una tortura».

Su respuesta fue sorprendente.

–Sinceramente, yo no le importo a nadie. No lo digo en plan «pobrecita de mí», solo digo que tengo bocas que alimentar.

Esa afirmación me dijo que tenía un exagerado sentido de la responsabilidad y poca autoestima.

Después de que Madeline expusiera todos sus síntomas, me resultó evidente que sufría de trastorno obsesivo-compulsivo (TOC) y ansiedad. Las obsesiones son pensamientos intrusivos, inquietantes, que desencadenan ansiedad, y Madeline tenía pensamientos obsesivos de que ella y su personal morían en un accidente de avión. Las compulsiones son comportamientos en los que incurre la persona para librarse de los pensamientos obsesivos y atenuar la ansiedad; y Madeline cancelaba vuelos compulsivamente, lo que a corto plazo reducía su obsesión por los accidentes aéreos y la hacía sentirse menos ansiosa, pero estaba paralizando su negocio.

Aunque su padre me había dicho que Madeline tenía problemas de ansiedad, no había mencionado el trastorno. Era cierto que la mayor parte de mi trabajo como psicoterapeuta había consistido en tratar la ansiedad, pero los casos de TOC los derivaba siempre a los especialistas. Así que puse a Madeline en contacto con un conocido psiquiatra de Manhattan especializado en el tratamiento del TOC y le dije que podíamos probar a combinar ambas vías: él se ocuparía de tratar el TOC y yo la ansiedad. Era un planteamiento poco ortodoxo, pero me daba la impresión de que teníamos que abordar muchos problemas lo antes posible. Mientras comentábamos los detalles de este plan de tratamiento, las puertas del despacho se abrieron de golpe y, de dos zancadas, Duncan se plantó a nuestro lado y dijo exultante:

–¡Que alegría, Cathy, verte aquí!

Madeline, sorprendida, le gritó:

–¡Pero qué coño haces tú aquí! ¿Quién te has creído que eres para entrar así en mi despacho en mitad de una sesión de terapia? ¡Largo! ¿Así que yo no puedo entrar en tu casa y tú crees que puedes irrumpir sin más ni más en la mía?

Duncan no se movió. Madeline le gritó entonces:

–¡En serio, vete o llamo a seguridad!

–He sido yo quien ha conseguido que Cathy haya venido –dijo él, sonriendo con fingido desconcierto.

Vi repetirse delante de mí la misma reacción extraña que tuvo Duncan seis años atrás cuando Karen le reprendió con la misma dureza.

Cuando él hizo el gesto de ir a sentarse, Madeline alzó la voz aún más.

–Te juro por Dios que si no sales de aquí ahora mismo voy a llamar a los chicos de reparto y a mandarte a casa por correo. Me destrozas el cerebro alegremente y luego ni siquiera me dejas hacer terapia sin portarte como un capullo. Traducción: como un gilipollas prepotente.

–¡Oído cocina! –Mientras se dirigía hacia la puerta, Duncan añadió–: ¿Quieres que cenemos juntos esta noche?

Para absoluta sorpresa mía, Madeline contestó con serenidad máxima:

–Vale, luego nos vemos.

A continuación, él salió.

Madeline me miró sacudiendo la cabeza en un gesto exasperado.

—Perdón por la interrupción. ¿Por dónde íbamos?

Nos llevó más de tres semanas solo ordenar todas las piezas de la complicada vida de Madeline para reconstruir su historia. De vez en cuando gritaba por el interfono: «¡Emergencia Starbucks!», y un hombre cuyo único trabajo consistía en ir corriendo a la cafetería entraba con dos enormes tazas de una u otra bebida de nombre sofisticado.

Madeline me contó que su madre, Charlotte, nunca había querido tener hijos, pero Duncan se había preguntado qué harían entonces con el dinero: ¿a quién se lo iban a dejar? Para horror de Duncan, Charlotte, como haría Karen después de ella, le contestó que podían gastárselo todo. Cuando comenté que me parecía extraño querer tener hijos solo para que hubiera unos herederos, Madeline sonrió.

—¿Por qué crees que tenían hijos los Rockefeller? Hay que asegurarse de que las cosas se queden en la familia, o todo por lo que has trabajado se lo lleva el viento. A ver, se oye a la gente hablar como lo más normal de tener un sucesor para que «continúe el apellido». ¿Qué diferencia hay?

Añadió que al menos su madre fue sincera.

—Accedió a ser madre una sola vez, para complacer a mi padre y a mis abuelos, y luego, dijo, se dedicaría a gastar dinero.

Fiel a su palabra, Charlotte dedicaba la mayor parte de su tiempo a ir de compras. Tenía toda la tercera planta de la mansión solo para ella, dividida en cuatro vestidores (uno para cada estación) repletos de ropa, zapatos y bolsos a juego. Las pieles, se las guardaba durante el verano una empresa especializada; hacía falta un camión para volverlas a traer a casa cada otoño. Y redecoraba la casa cada temporada.

Cuando Duncan se quejó una vez, diciendo que los muebles estaban perfectamente y no había necesidad de cambiarlos, agarró un cúter de precisión y los rayó todos de arriba abajo; mientras el polvo se esparcía por el aire como polen, dijo: «Ya no están perfectamente». Me hizo pensar en Karen y en la destrucción indiscriminada de antigüedades años después.

Madeline dijo que su madre les hacía la vida imposible a su padre y a ella de todas las maneras imaginables. Era anoréxica; apenas había comida en casa –en la nevera solo había limas, aceitunas y guindas para los cócteles–, así que comían en restaurantes.

–Sé que parece increíble –dijo Madeline–, pero es verdad.

Lo curioso era que no me parecía raro, dado que yo también había sido hija única, había tenido un padre empresario y una madre atípica, y no había comida en mi casa; también nosotros comíamos y cenábamos todos los días en un restaurante. Estaba claro que, en algunos sentidos, Madeline y yo éramos como dos gotas de agua. Por eso probablemente salí del retiro, que no había tenido mucho tiempo de disfrutar, para ocuparme de su caso.

Continuó hablándome de lo cruel que era su madre con ella cuando Duncan no estaba en casa. Madeline intentaba llevarse a su habitación a escondidas algún paquete de patatas fritas para comer entre horas; todas las mañanas, cuando se dirigía hacia la escalera de servicio para bajar a la cocina, con la esperanza de poder desayunar algo antes de ir al colegio, su madre la saludaba con un: «Buenos días, monstruo». Luego la acusaba de estar siempre merodeando en busca de comida. Las comidas del restaurante nunca eran suficiente, porque Charlotte la obligaba a decir que no tenía hambre. Le decía: «Un día, cuando no estés redonda como una cerda, me lo agradecerás».

Cenaban todas las noches en los restaurantes más elegantes de Toronto. Charlotte solo masticaba la comida; luego depositaba la carne masticada en una servilleta de lino. Después, Madeline era la encargada de esconderse la servilleta, sacarla del restaurante y tirarla a la basura. Una noche, cuando Madeline tenía siete años, un camarero la pilló cumpliendo el encargo de su madre y la acusó de estar robando la servilleta de lino con las letras bordadas. Duncan, escandalizado, le preguntó a su hija qué estaba haciendo.

–No sabía qué decir. Solo sabía que mi madre me iba a castigar si no la encubría, y créeme, los castigos de mi madre eran brutales. Pero tampoco quería avergonzar a mi padre, que me pidió que simplemente dijera la verdad.

–Vaya compromiso espantoso para una niña –comenté.

Entonces Charlotte soltó de repente que Madeline era «una ladronzuela», y que ya la habían pillado robando en el colegio. El camarero abrió la servilleta y encontró la comida masticada.

–Puso cara de asco y se llevó la servilleta sujetándola con dos dedos.

Le pregunté cómo se había sentido.

–¿Tú qué crees? Humillada, traicionada y mortificada por haber avergonzado a mi padre. En el restaurante no se oía ni respirar. –Al cabo de unos instantes exclamó–: ¡Ah!, acabo de acordarme de lo que pasó después. Mi madre se giró hacia el público que observaba todo esto desde las mesas, algunos eran conocidos suyos, y dijo: «Nunca os caséis con un hombre que se dedique a malcriar a su preciosa nenita». Hizo ver que la víctima era ella.

Al volver a casa esa noche, Duncan fue a la habitación de Madeline y le dijo que podía confiarle sus problemas, que estaba esquelética y que necesitaba comer más. Cuando estaba a punto de salir, se quedó parado en la puerta. Vaciló unos instantes y luego le dijo que le vendría bien pasar más tiempo con su abuela.

–Creo que pensó que me pasaba algo serio, y sabía que mi madre no me iba a poder ayudar.

¿Sospechaba su padre que su madre le había tendido una trampa? le pregunté. Madeline negó con la cabeza.

–De ninguna manera. Normalmente, le concedía a mi madre el beneficio de la duda. Además, le tenía miedo. A mi madre las reglas la traían sin cuidado. Mi padre es listo para los negocios. En lo que lleva de vida, ha duplicado la fortuna familiar. Pero tenía un código de conducta caballeresca. A ella esas cosas le daban igual. Ella podía asfixiarte mientras dormías, y él lo sabía de sobra.

Le pregunté por qué no se divorció de ella.

–Nadie en la familia Arlington se ha divorciado nunca. Decía que su familia no hacía eso.

Archivé esta información en el fondo de mi mente, segura de que tenía mayor significado.

Después de la escena de la servilleta, Madeline empezó a pasar un día a la semana en casa de su abuela paterna, coleccionista de antigüedades, a la que adoraba.

–Cuando murió –dijo Madeline–, en su testamento dejó instrucciones de que se subastaran todas las antigüedades que hicieran falta para financiar la construcción de una nueva ala del hospital.

–¿Cómo era tu abuela?

–Formal. Pero generosa y buena, y probablemente me salvó la vida. Me enseñó todo lo que sé.

A continuación le pregunté qué pensaba su abuela de Charlotte.

–Siempre trató a mi madre con educación. Pero el desdén se adquiere por ósmosis. Los WASP son inescrutables, es su especialidad.

En nuestra siguiente sesión, vi que a Madeline cada vez le resultaba más difícil hablar de su infancia. Hacía un esfuerzo por aguantarse las lágrimas; se secaba rápidamente los ojos y añadía que no quería que se le corriera el maquillaje «desde aquí hasta Brooklyn». Tenía grandes manchas rojas en el cuello. Comprendí que necesitaba un poco de apoyo, así que le pregunté qué había hecho Charlotte de bueno por ella. Pensó y pensó en la pregunta, y al final respondió que, como su madre nunca la había querido, ella a su vez la había tratado con la mayor dureza. (Me preguntaba cuándo íbamos a llegar a la parte buena). Cada día, religiosamente, Madeline se hacía la cama y limpiaba su habitación, y Charlotte la criticaba si no estaba todo perfecto.

Los muñecos tenían que estar cuidadosamente alineados por tamaños, y si un conejito estaba un poco inclinado hacia delante, lo señalaba con el dedo: «¿Qué le pasa a este? Parece que esté a punto de saltar».

–Así que, cuando empecé a ir al colegio, mis trabajos estaban siempre perfectos, porque daba por sentado que los profesores serían igual de quisquillosos que mi madre. Era más fácil hacerlo bien a la primera. –Se quedó en silencio durante unos minutos–. Mi madre me prohibió ser perezosa. Supongo que eso significa que me inculcó una ética de trabajo.

Los padres que inculcan a sus hijos una sólida ética de trabajo les hacen sin duda un gran favor; pero el caso de Madeline era diferente. El perfeccionismo cruel de Charlotte no fomentaba una disciplina sana, sino una adicción al trabajo. Y la adicción al trabajo es una compulsión más: trabajas para evitar la ansiedad que sientes cuando no estás trabajando. Algunos psicólogos lo consideran una adicción y, ciertamente, la cultura moderna lo ha glorificado. No es raro oír a alguien jactarse de que no hace otra cosa que trabajar. Si sustituimos en esa frase el trabajo por otra adicción –«no hago otra cosa que beber», por ejemplo–, no suena tan virtuosa.

Algunos miembros del personal me habían comentado de pasada lo impulsiva que era Madeline y lo agotador que era su ritmo de trabajo, pero por el momento no quise sacar el tema, simplemente porque Madeline no lo había incluido en su lista de prioridades. Al fin y al cabo, el arte de la terapia está en saber reconocer el momento oportuno: ese en el que la paciente está preparada para mirar de frente su patología (un consejo que no tuve en cuenta en la última parte de la terapia).

Me costaba creer que Madeline hubiera conseguido alcanzar un éxito empresarial tan fabuloso sin que alguien, por alguna parte, le hubiera apuntalado el ego. Su padre la había apoyado a veces, pero por otro lado había sido incapaz de protegerla del control enfermizo de su madre, y había vuelto a abandonarla emocionalmente cuando Karen le prohibió poner el pie en su propia casa.

La abuela parecía ser la candidata más probable. (Madeline rara vez mencionaba al abuelo; prácticamente solo había dicho que era silencioso, amable y que estaba siempre pendiente de las acciones). La abuela, la que tenía el dinero de la familia, una vez a la semana llevaba a Madeline a comer y luego a comprar antigüedades. En esas ocasiones, contaba Madeline, tenían una agenda, e iban tachando cosas de la lista a medida que iban cumpliendo sus objetivos. También viajaban a distintas ciudades, a veces, en busca de piezas interesantes, y Madeline tuvo oportunidad de ver que su abuela era una gran negociadora. Fueron juntas a Nueva York y descubrieron el mundo del arte. En medio de todo esto, la abuela hacía un hueco para llevar a Madeline a comprarse ropa; iba con ella a espectáculos de marionetas y a producciones de Broadway, y le permitía todos los caprichos.

A ella la asombraba poder comer todo lo que quisiera cuando estaba con su abuela. Una vez, en la casa que la familia tenía en la isla, junto al embarcadero, a la que llamaban «la finca», su abuela y ella hicieron galletas de chocolate y Madeline se comió tres seguidas.

–Estaba esperando a que me llamara monstruo y cerda, pero lo único que me dijo fue: «Tranquila, cariño. Vas a poder comer todas las que quieras». Yo pensaba que tenía que meterme en la boca la mayor cantidad de galletas posible antes de que alguien se las llevara.

–¿Tu madre no subía a la finca?

–Nunca. No le caían bien mis abuelos. Con ellos no podía sacar su lado de bruja. Decía que ella era una estadounidense, y que bastante tenía con vivir en aquel territorio salvaje que era Canadá; solo le faltaba estar en una isla con tres mojigatos, una mocosa y un ejército de mosquitos.

–¿Por qué les llamaba mojigatos a tu padre y a tus abuelos?

–A ver, ella tenía un grupo de amigas que eran… –Madeline suspiró, y se quedó callada con expresión abatida. Insistí un poco–. Eran ¿cuál es la palabra?, *avanzadas*, por así decir. Todas fumaban, bebían y se gastaban el dinero en tener un aspecto deslumbrante. Iban a Estados Unidos a hacerse estiramientos faciales cuando Cher todavía no había nacido, se emborrachaban en el club de campo y hacían cambios de pareja. A uno de los maridos lo echaron del club por gastarse el dinero de un fideicomiso del que no era ni siquiera beneficiario. Algunas estaban divorciadas. El mejor amigo de mi madre era su decorador de interiores, que era gay. Iban siempre juntos de compras y una vez tuvieron que hacer, oye esto, un «viaje urgente a Roma» para comprar un aparador. Un día volví del colegio antes de hora y la encontré sentada encima de él, con las piernas una a cada lado de su cintura. Fue entonces cuando caí en la cuenta de que no era gay.

–Qué buena tapadera.

–¿A que sí? Y de esto hace treinta años. Nadie dijo nunca que Charlotte no tuviera inventiva.

–¿Cómo reaccionó al verte?

–Se deshizo del amante de inmediato y luego me llamó «asquerosa fisgona» y me amenazó con... –Madeline bajó la mirada; por la razón que fuera, no era capaz de seguir hablando. Se le llenaron los ojos de lágrimas por segunda vez.

–¿Qué pudo ser tan malo como para que te cause este dolor?

–Ah, es muy malo. Dijo que iba a contarle a mi padre que me había quitado la ropa interior y que me había encontrado practicando sexo con Pasqual, el jardinero, y que lo había provocado yo. Después salió por la puerta del patio y lo despidió en el acto. La vi extenderle un cheque, muy sustancioso imagino. Yo quería mucho a Pasqual. A veces jugaba conmigo al escondite, o jugábamos a que me tiraba a la piscina o desde el trampolín, o me daba a escondidas algún caramelo que tenía guardado en el bolsillo. Y ahora de repente empecé a pensar que había estado haciendo cosas sucias y repugnantes con él.

Cuando Madeline, acongojada, comenzó a protestar, su madre la interrumpió: «Estarás contenta, monstruita. Me has obligado a despedir a Pasqual». Luego añadió levantando la voz: «Aunque se lo merece, por habernos traído a ese chucho idiota».

La perra de Pasqual había tenido cachorros y, cuando llevó uno para enseñárselo a Madeline, su padre le dijo que se lo podía quedar. Con una sonrisa ancha que no le había visto hasta entonces, me aseguró que había sido el día más feliz de su vida. El perro se llamaba

Fred, como Fred Astaire, porque su madre le hacía bailar todas las noches para ganarse la cena. Al parecer, el número era tan bueno que los vecinos venían a verlo. Comenté que su madre le había hecho a Fred lo mismo que a ella.

–Exacto; nada es gratis en esta vida. –De repente le cambió el gesto, y exclamó entusiasmada–: No me podía creer que alguien me quisiera.

Recordó lo contento que se ponía Fred cuando la veía llegar del colegio. Por las noches dormía con ella en su cama.

–De verdad, creo que tener su cuerpo calentito a mi lado me rescató –dijo–. Una vez, cuando mi madre levantó la mano para pegarme, cosa que hacía en ocasiones, Fred le gruñó. –Madeline rompió a sollozar al contar esto. Bajó la cabeza y apoyó la frente contra la mesa antigua de mármol.

–¿Por qué te causa tanto dolor ese recuerdo?

–Es la única persona que me ha defendido en mi vida. –Siempre se refería a Fred como a una persona.

–¿Y tu padre?

–Solía ponerse de mi parte en muchas cosas, pero si mi madre perdía los nervios, él nunca se enfrentaba a ella. Una día que mi madre estaba particularmente fuera de sí y no paraba de dar vueltas de un lado a otro, bajé al sótano para sentarme en el cuarto de las herramientas a comerme una chocolatina que había traído del colegio. Encontré a mi padre allí comiéndose una lata de espaguetis. Me senté a su lado y comimos en silencio.

–¿Necesitaba el piso de arriba entero para ella sola? –le pregunté.

–Estábamos aterrorizados.

–¿Por qué le tenía tanto miedo tu padre? –Se lo había preguntado antes, pero seguía sin entenderlo–. ¿Sus padres habían sido muy severos con él?

—Qué va. Eran muy correctos y tenían una estricta ética de trabajo, pero a la vez eran encantadores y muy generosos con su tiempo. Mi abuela se pasó horas enseñándome estatuaria desde que era pequeña. Me llevaba por todo el mundo y lo pasábamos genial. A los trece años yo sabía si un jarrón Ming era de imitación. No exagero.

Cuando llegué para nuestra siguiente sesión, Madeline me tenía preparado un regalo de Navidad, un paquete muy grande con un precioso envoltorio. Le expliqué que, por motivos profesionales, los terapeutas no pueden aceptar regalos de los pacientes, y no protestó. Creo que aquel gigantesco regalo era una prueba, y que se sintió aliviada cuando no lo acepté. Archivé mentalmente el episodio para utilizarlo en el futuro cuando llegara el momento de hablar sobre la confianza.

Cuando le pregunté qué planes tenía para las vacaciones, me dijo que iba a quedarse sola en casa. Imaginé a Madeline dando vueltas por su enorme apartamento en mitad de Nueva York, y comenté que debía de ser doloroso, particularmente en Navidad, no tener permiso para ir a la casa en la que creciste.

Madeline contestó que, hasta hacía poco, creía que su madre había sido el gran error en la vida de Duncan, un error único e incomprensible, así que se quedó alucinada cuando se llevó a Karen a vivir con él.

—Tiene la misma vena de locura que mi madre, pero le faltan la perspicacia, la juventud y la belleza que tenía ella. No sabe cómo hacerlo. No tiene clase, ni tampoco una fortuna familiar que le resuelva el caos que va creando.

El día que Karen empezó a destruir las antigüedades, el ama de llaves, que llevaba muchos años con la familia, llamó a Madeline; ella se puso en contacto con la policía y salió de inmediato hacia Toronto. Cuando llegó a la casa, dos policías estaban esperando en el salón, hojeando unas revistas; el ama de llaves les había preparado un café. En cuanto Karen la vio entrar, la llamó Charlotte: o estaba psicótica o borracha; tenía antecedentes de ambas cosas. El ama de llaves le contó a Madeline que Karen torturaba a diario a su padre, hasta el punto de que a veces tenía que encerrarse en el cuarto de baño, mientras ella aporreaba la puerta con cacerolas y sartenes. El ama de llaves les enseñó a los policías las abolladuras de la puerta. Nadie había sido capaz de encontrar a Duncan desde que se había desatado esta última campaña de destrucción, pero Madeline sabía dónde buscar.

–Otra vez estaba en el sótano, sentado en el banco del cuarto de las herramientas con una lata de sopa Campbell en la mano.

Cuando Madeline le preguntó qué estaba pasando en aquella casa, él contestó que Karen se calmaría y todo volvería a la normalidad.

–En resumen, la policía se fue. Básicamente, mi padre se puso de parte de Karen, y desde entonces yo no he podido volver a la casa.

Seguí indagando en el comportamiento de Duncan a lo largo de los años, y un día Madeline me explicó que su padre parecía sentir que ellos dos tenían un pacto tácito.

–Decía que Karen era inestable, y yo fuerte, y que juntos teníamos que hacer sacrificios. Era el mismo discurso de nobleza obliga que le había oído pronunciar referido a mi madre cada vez que se comportaba como una loca. En realidad, no tenía ningún sentido. Él sabía que mi madre era peligrosa y que podía hacer mucho daño.

Su padre continuaba diciendo que Madeline y él eran los verdaderos Arlington, y que Charlotte no era más que una intrusa estúpida.

–Es verdad que no era muy inteligente, pero era astuta y despiadada, y toda la vida fue más lista que él.

Nunca, en todo el tiempo que duró la terapia, resolví el misterio de por qué el imponente Duncan, que era como una barracuda en el trabajo, se había dejado castrar emocionalmente primero por Charlotte y luego por Karen. Se pasó la vida sometido a los dictados de dos mujeres que eran incapaces de amar. Le dolía que su hija tuviera prohibido volver a la casa, pero acataba las órdenes de una mujer que no le daba nada a cambio. Madeline me había contado que los padres de Duncan, aunque formales y poco dados a las manifestaciones de afecto, no eran ni mucho menos desapegados. Lo único que se me ocurría era que, a veces, los abuelos que son cariñosos y amables tal vez no lo fueron tanto cuando eran padres. La gente suele suavizarse con la edad.

El propio Duncan parecía estar emocionalmente obsesionado con el dinero: primero con adquirirlo y luego con utilizarlo como forma de poder. Aunque afable, tristemente me recordaba a Scrooge, de *El cuento de Navidad* de Dickens, o a Silas Marner, que da título a la novela de George Eliot. El único amor verdadero que sentía era por su hija, pero como no podía protegerse a sí mismo, era incapaz de protegerla a ella.

Habíamos llegado al final de nuestro primer año de terapia, algo inimaginable para mí, que había accedido a hacer un máximo de seis sesiones. Cuando una persona ha sufrido tantos traumas como Madeline, no empieza a curarse hasta que ha descargado su dolor. Yo estaba allí para actuar como testigo, para asegurarle que llamar «monstruo» a tu hija cada mañana era una crueldad, y que aquella palabra no tenía nada que ver con ella. Estaba allí para ayudarla a lidiar con las secuelas de una infancia muy dolorosa.

3. Miedo a volar

Yo quería resolver el misterio del miedo de Madeline a viajar en avión. Como no se trataba de una fobia de toda la vida, nuestra tarea consistía en averiguar qué había provocado su aparición en los últimos tiempos y cómo ponerle fin.

Al parecer, Vienna, la ayudante de Madeline, estaba en la misma onda. Me llevó aparte para decirme que los contables le habían pedido que hablara conmigo porque la empresa empezaba a tambalearse: Madeline no dejaba volar a ninguno de los agentes, a pesar de que tenían entregas que hacer; algunas de las mercancías más caras no podían enviarse sin alguien que las custodiara. Vienna resumió la situación diciendo:

—Siento haberme extralimitado en mis funciones, pero los clientes no tardarán en rebelarse. Son un puñado de «esposas trofeo» o museólogos quisquillosos que lo quieren todo ¡a la voz de ya!

En ese momento, Madeline entró en el despacho gritando:

—Vienna, ¿qué haces aquí? ¿Quieres que la doctora Gildiner piense que estamos todos locos? Primero mi padre, ¿y ahora tú? Por el amor de Dios, ¡lárgate ahora mismo!

Vienna se echó despreocupadamente las rastas por encima del hombro, sonrió y dijo adiós.

Madeline me preguntó qué había estado contándome Vienna.

—Está preocupada por ti y por la empresa. Le preocupa que tu obsesión por los accidentes aéreos esté afectando peligrosamente al negocio. ¿Has ido ya a la consulta del doctor Goldblatt? ¿Habéis empezado el tratamiento del TOC?

Sí, había ido a verlo, y él le había dado un cuaderno de trabajo muy grande para que anotara sus miedos, como parte de un programa de seis semanas.

–No estaba segura de si el temor a que el avión se estrellara era una obsesión o solo un miedo neurótico –confesó–. A ver, doctora Gildiner, cuando las cosas van bien, me aterra pensar que el destino o que alguien descubra que en realidad soy… –Vaciló.

–¿Qué palabra te ha venido a la mente? –le pregunté.

Madeline tenía expresión de sorpresa. Parpadeó, y luego se echó atrás contra el respaldo de la silla como si le acabaran de dar un puñetazo.

–Monstruo.

–El apelativo que te daba tu madre.

Asintió con la cabeza.

–Así que tienes la sensación de que no mereces que las cosas te vayan bien. En lo más hondo, sientes que eres un monstruo, y que mereces que el avión que transporta a tus empleados de confianza y tus mejores antigüedades se estrelle.

Pareció confundida por un momento.

–Ajá. Todo este negocio lo ha montado una tipa que es un monstruo y una farsante.

Se quedó en silencio, asimilando lo que su inconsciente había decidido dejar salir.

–¿Sabes?, cuando era delegada de clase y representante del instituto, todo el mundo pensaba que tenía una madre perfecta –contó–. Todas las madres le decían: «Ay, Charlotte, qué chica tan seria y trabajadora es Madeline. ¿Cómo lo has hecho?». Mi madre sonreía, y contestaba solo: «Bah, he tenido suerte».

–¿Tu madre tenía obsesiones?

—¡Si yo te contara!, y nosotros teníamos que soportar sus efectos —dijo con énfasis. Y empezó a describir cómo se depilaba su madre las cejas—. Primero se las arrancaba enteras con los dedos, y luego, si estaba particularmente frenética, se apretaba la piel de debajo de las cejas y clavaba las pinzas para arrancar todo el vello de raíz, hasta hacerse sangre. Tenía que llevar gafas de sol durante semanas para esconder las costras. Cuando mi padre le decía que parara ya, contestaba que nosotros la obligábamos a hacerlo: yo, que era un monstruo, y él, sus amigos y su familia, que eran unos muermos y unos tacaños. Gritaba: «¿No has oído eso de "me voy a tirar de los pelos"? Pues eso es lo que me provocáis vosotros dos, ganas de tirarme de los pelos. Estáis confabulados contra mí, y esos padres prepotentes y estirados que tienes, también».

Le expliqué a Madeline que su madre padecía un trastorno común llamado tricotilomanía, que es la necesidad compulsiva de arrancarse (y en algunos casos comerse) el pelo. Provoca una pérdida notable del cabello, angustia, y afecta a las funciones corporales y a la capacidad de relación. Se deriva de la imposibilidad para controlar los impulsos, y es un trastorno muchas veces crónico y difícil de tratar.

Mientras hablaba, le miré las cejas a Madeline, o la falta de ellas. En nuestro primer encuentro me habían llamado la atención las líneas dibujadas formando un extraño arco, y sospeché que ella tenía el mismo trastorno. Esperé a que dijera algo.

Al final, tras un largo silencio terapéutico, preguntó:

—¿Qué miras?

—¿Qué me dices de tus cejas? —aventuré.

—Yo no tengo ese problema. Me las depilo con pinzas, y siempre he tenido las cejas muy finas, pero no me las arranco como mi madre, ni me dejo costras. Las mías son un estilo de ceja.

No comenté nada. Sospeché que era la primera vez que Madeline me respondía con evasivas. Era extraño: en todo el curso de la terapia, nunca admitió que tuviera tricotilomanía. En un artículo que una revista publicó sobre ella, la periodista hacía un comentario sobre su «maquillaje de muñequita bebé Kewpie», así que supe que no eran imaginaciones mías. Sin embargo, se mantuvo en sus trece.

Trabajando como terapeuta, he descubierto que es imposible predecir por qué hay personas que admiten o están dispuestas a examinar un acto notablemente antisocial o incivilizado y, sin embargo, se niegan a reconocer que han cometido una transgresión social relativamente trivial.

Esta era una coyuntura de la terapia que tenía que considerar con cuidado. Sabía que Madeline me había puesto a prueba ofreciéndome un regalo de Navidad muy tentador, y que, al rechazarlo, me había ganado cierta confianza. Cuando hablamos de ello tiempo después, me contó que una consejera matrimonial a la que había acudido quiso que le hiciera una tasación gratuita de unas antigüedades que había heredado. Duncan, por su parte, años atrás me dijo que le sorprendía que nunca hubiera aprovechado las sesiones de terapia para pedirle información sobre el mercado de valores; su anterior psiquiatra solía empezar cada sesión con preguntas sobre la bolsa. He tenido ocasión de comprobar que las personas a las que se «utilizó» de niñas, en el sentido que fuera, inconscientemente suelen encontrar terapeutas que repiten ese patrón.

Sin embargo, la confianza no lo soluciona todo de inmediato. Quiero decir que, por mucho que el paciente confíe en el terapeuta, no tiene sentido forzarlo a reconocer algo. Incluso aunque el paciente confesara la neurosis que el terapeuta quiere hacerle ver, sería para el terapeuta una victoria pírrica, no solo efímera, sino tal vez lamentable. La verdadera comprensión solo se produce cuando el terapeuta se aparta para que el paciente se dé cuenta por sí mismo de una conducta, y eso constituya su propio conocimiento psicológico. Si Madeline necesitaba sentirse tan diferente de su madre que no era capaz de admitir que tenía el mismo mal que ella, pues que así fuese. Decidí aparcar el tema de las cejas, confiando en que llegaría el momento de volver a hablar de él. No era un problema; como había comprendido hacía tiempo, la terapia no tiene por qué ajustarse a ninguna regla precisa. Lo único que hacía falta era que Madeline supiera que yo velaba por sus intereses y confiara en que la ayudaría a enfrentarse a sus demonios.

Cada vez que entraba en la ajetreada oficina de Manhattan para la sesión con Madeline, parecía inevitable que alguien –alguien distinto en cada ocasión– se me acercara y empezara a hablarme. Una semana, un hombre enfundado en un elegante traje de Ermenegildo Zegna vino derecho en cuanto me vio, se colocó incómodamente cerca de mí y empezó a hablarme en tono conspirador con un marcado acento de Europa del Este.

—¡Cómo no va a estar loca! –me dijo–. Trabaja todos los días de la semana, y no sale de aquí hasta la media noche. También a nosotros nos somete a una presión insoportable. Muchos estamos pensando en irnos.

—¿Y por qué no se van? –le pregunté.

Como no esperaba esa pregunta, se quedó callado unos instantes.

—Se presiona a sí misma todavía más. Y nos paga el doble de lo que ganaríamos en cualquier otro sitio. Me hace la vida imposible, pero le soy leal. Espero que sepa usted que es una adicta al trabajo.

Luego se escabulló como un cangrejo por una puerta lateral

cuando se oyó un sonoro repiqueteo de tacones por las escaleras, anunciando a Madeline.

–¿Qué te contaba Zoltan? –preguntó–. ¿Qué mosca le ha picado ahora?

–¿Por qué tienes trabajando a todos estos empleados tan difíciles?

–La verdad, le dan un nuevo significado a la palabra «exigente». ¿Te puedes creer que acabo de comprarle a Bartal un purificador de aire? La mayoría de los tasadores y compradores son húngaros. Son todos unos neuróticos (es un rasgo nacional), pero son inteligentes e igual de obsesivos que yo en lo que se refiere a hacer un trabajo impecable. Son capaces de pasarse días estudiando una estatua. Pueden hacer dataciones con carbono-14 hasta el infinito. Cuando tratas con productos de tan alta calidad, necesitas a gente obsesiva. Vendes una pieza falsificada, y te has cargado tu reputación para siempre.

–¿Y todos son como Zoltan?

–Peores. Él, por lo menos, trabaja sin descanso. Tiene que tomar no sé qué medicina porque dice que «tiene los nervios en el estómago», pero no para. Deberías conocer a Ulrich, el austriaco, que es una autoridad mundial en muebles Biedermeier. Sé que trae sales de amoniaco,* tiene que librar por lo menos un día a la semana, sabe Dios por qué, y viene a trabajar los domingos porque dice que necesita tranquilidad. ¡No sé en qué estaría yo pensando!

Nos reímos. La empresa entera parecía un hervidero de histeria. Incluso la señora de la limpieza había gritado una vez: «¡La doctora

---

* Históricamente, las sales de amoniaco se usaban para desmayos, mareos e incluso vértigos, ya que el ingrediente activo es el carbonato de amonio, que es un estimulante del sistema respiratorio. Se ha especulado que utilizarlas aumenta la fuerza, la concentración y la agresividad, de ahí que con frecuencia se utilicen en el boxeo, el fútbol americano, el rugby y otros deportes de fuerza. (*N. de la T.*)

Gildiner, alabado sea Dios!», y luego me trajo un pastel de Pascua con una estampita que decía que estaba ofreciendo una novena por Madeline y por mí.

Las veces que había hecho trabajo psicológico en una empresa, había descubierto que, si la jefa tenía unos padres exigentes y narcisistas, lo habitual era que inconscientemente contratara a empleados con el mismo tipo de personalidad. Lo que significaba que acababa agotada atendiendo a sus exigencias, pese a ser ella la que estaba al mando. Una empresa es una especie de familia, y una cultura corporativa puede ser una recreación de una dinámica familiar.

Una semana, Madeline llegó media hora tarde a la cita, y me preguntó si había visto los periódicos.

–Mi ex se ha vuelto a casar este fin de semana.

Era la primera vez que mencionaba a Joey, su exmarido, después de la breve descripción que hizo de él en una de las primeras sesiones, cuando yo estaba recopilando información para su historia personal. Aquella vez me contó que se había casado con Joey, un católico italiano cuyos padres eran inmigrantes de primera generación y dueños de una panadería, porque no tenía nada que ver con el ostentoso ambiente WASP de Toronto, que ella conocía tan bien. Pensó que él la haría «más real».

Joey estaba siempre alegre y le interesaban los negocios. Además, era guapo, carismático, exjugador de fútbol y, por encima de todo, no era neurótico. Duncan lo adoraba; a los dos les gustaban los aviones, los coches, los barcos y la pesca. Y cada vez que Madeline se inquietaba por algo, Joey le decía: «No te preocupes, nena. Todo va a ir bien».

Era un lince para captar las tendencias del mercado mundial.

Después de casados, en cierta ocasión le pidió dinero a Duncan para comprar los derechos de distribución en Canadá de una empresa cuyos productos acabarían convirtiéndola en una de las mayores del mundo. Joey demostró, dijo Madeline, «una perspicacia impresionante». En cinco años, le había devuelto el dinero a Duncan.

–*Perspicacia* es una palabra que has usado alguna vez para describir a tu madre.

Madeline pareció sorprendida por la comparación.

–Pensé que me había casado con alguien que la veía de verdad tal y como era –dijo–. Precisamente, el desprecio que Joey sentía por mi madre era para mí su mayor atractivo. La odiaba. Cuando lo conocí, ella vivía en Palm Beach y solo venía a Toronto a pedirle dinero a mi padre o a alguna celebración.

–¿Nadie más veía de verdad quién era tu madre?

A Madeline se le humedecieron los ojos. A pesar de los episodios de crueldad que había contado a lo largo de la terapia, rara vez se le saltaban las lágrimas, así que supe que lo que estuviera a punto de describir debía de ser doloroso. Dijo que antes tenía que hablar de su primer novio, Barry, que vivía en la misma calle que ella y venía del mismo estrato social. Iban los dos a colegios privados y pertenecían al mismo club. Salieron juntos durante cuatro años, desde los catorce hasta los dieciocho, que en la adolescencia era muchísimo tiempo, dijo. También estaba muy unida a su familia, una familia numerosa feliz, compuesta por cinco hijos varones. La madre cocinaba y daba grandes cenas; solían celebrar fiestas familiares en su casa de campo. La madre era encantadora con Madeline, y juntas preparaban postres deliciosos que ella sabía que a Madeline le gustaban. Dijo que la madre de Barry era cálida, redonda y alguien a quien le preocupaba poco llevar un maquillaje perfecto.

–Los hermanos solían bromear con ella, la rodeaban con los brazos, la levantaban en el aire y le daban vueltas. Su madre les decía: «¡Chicos! ¡Chicos! ¡Ya vale!». A mí me parecía el paraíso. Nunca flirteaba, ni llevaba ropa sugerente o tacones de aguja por la casa.

–¿Flirteaba? ¿Qué madre flirtea? –le pregunté. Ahora me tocaba a mí poner cara de sorpresa.

A Barry, la madre de Madeline le parecía guapa. Charlotte se paseaba por la casa en bañador y con tacones, fumando un cigarrillo.

–Nunca me acosté con Barry –dijo Madeline–. No quería ser como mi madre. Ella solía decirle a Barry cosas como: «¿Qué vais a hacer tú y la señorita Puritana esta tarde? ¿Por qué perdéis el tiempo haciendo los deberes? ¿Por qué no salís a bailar unos tangos?», y luego se ponía a bailar un tango delante de él.

En una ocasión, Duncan la vio coqueteando con Barry y le dijo que dejara de hacer el payaso, que a un chico de dieciséis años no le interesaba una cuarentona.

A Madeline le dio un escalofrío la respuesta de Charlotte:

–¿Eso crees? ¡Te sorprenderías!

Una noche, en la casa de campo de Barry, todos estaban en el porche bebiendo. Madeline no bebía porque no quería comportarse como su madre. Barry, que tampoco bebía normalmente, aquella noche se emborrachó y de repente se puso a llorar, repitiendo cuánto lo sentía, y que, si pudiera dar marcha atrás, no lo volvería a hacer. Madeline supo al instante que se refería a que se había acostado con su madre. Charlotte lo había seducido, y habían seguido juntos casi un mes. Madeline no podía creer que la hubieran traicionado su madre y su primer amor. Barry y Madeline se querían de verdad e intentaron superarlo, pero la traición era demasiado hiriente, y ese fue el final de su relación.

El cuento de *Blancanieves* describe la competitividad asesina que siente la madre cuando su hija alcanza la mayoría de edad, se revela como una belleza y, por si fuera poco, tiene a su favor la juventud. (En el cuento original es una madre, no una madrastra. Por algo se llaman los hermanos Grimm).* Como dice Bruno Bettelheim en su libro *Psicoanálisis de los cuentos de hadas*, el narcisismo de la madre queda confirmado por la forma en que busca consuelo en el espejo mágico de la pared, al principio del cuento, mucho antes de que la belleza de Blancanieves supere a la suya. No hay cuento que ilustre más gráficamente la situación de peligro en que puede sentirse una adolescente que tenga una madre narcisista y competitiva. Y en el caso de Madeline, no había cordiales enanitos.

La imprudencia sexual de Charlotte tuvo sus repercusiones. Alrededor de un mes después de la ruptura, mientras Madeline y sus padres cenaban en el club de campo, su padre preguntó por Barry, al que hacía tiempo que no veía; Madeline dijo solo que habían roto.

—Mi madre no paraba de beber. No sé qué me hizo decir lo que vino a continuación, pero es que estaba de verdad destrozada. Me había quedado no solo sin Barry, sino también sin su familia. Como buena discípula de una maestra excepcional, dije, en el mismo tono condescendiente y arteramente acusatorio que mi madre utilizaba a menudo: «Era demasiado violento que viniera a visitarme después de lo que pasó. Nuestra casa es grande, pero ninguna casa es lo bastante grande para albergar eso».

»Mi madre se rio y sacudió la cabeza como si yo estuviera loca. Mi padre nos conocía a las dos lo suficiente como para saber a qué me refería.

---

* *Grimm*, en alemán, significa «ensañamiento», «furia», «rabia». (*N. de la T.*)

Duncan sacudió la cabeza también, se levantó de la mesa y se fue al salón contiguo a fumarse un puro.

A la mañana siguiente su madre no dijo ni una palabra. Cuando Madeline volvió del colegio esa tarde, tuvo un mal presentimiento al no ver a Fred correr ladrando hacia la puerta a recibirla.

–Mi madre estaba de pie en mitad de la cocina y dijo: «Hoy he llevado a Fred a que le cortaran el pelo. El veterinario ha descubierto que tenía un cáncer muy avanzado y ha tenido que sacrificarlo. Qué pena». Era la primera vez que le plantaba cara, y lo pagué con la muerte de Fred.

–No me extraña que tu padre y tú le tuvierais tanto miedo.

(El incidente me recordó a la noche que Art mató al gato Turing, después de que Alana, por una vez, se negara a fingir estando con él).

–A mi padre en realidad no le importaba lo de Barry, ni la mayoría de las cosas que mi madre hacía habitualmente, pero nunca le perdonó lo de Fred. Y yo tampoco.

(Años atrás, en las notas que me había enviado el anterior psiquiatra de Duncan, leí que la mayor tristeza de Duncan parecía ser la muerte del perro).

–Ahora entiendo –dije– que una de las prioridades a la hora de elegir un novio fuera tener la seguridad de que no sucumbiría a los encantos de tu madre.

Joey se hizo millonario prácticamente de la noche a la mañana gracias a haberse casado con Madeline, y a haber podido utilizar el dinero de Duncan para montar una exitosa franquicia en Canadá. Según Madeline, se convirtió de repente en un nuevo rico, ansioso por rodearse de toda clase de bienes de consumo vergonzosamente ostentosos. Cuando llevaban un año casados, se quejó de que Madeline trabajaba demasiado. No le faltaba razón. Pero en cuanto Joey se puso al frente del negocio y fue él quien empezó a administrar el dinero, contrató a agentes para que se ocuparan de las tiendas. Se levantaba al mediodía. No era precisamente la ética de trabajo que los caracterizaba a ella y a su padre. Además, dijo Madeline, era un horror como compañero sexual.

–¿Hablaste con él de esa frustración sexual?

–Muchas veces. Siempre contestaba: «Yo disfruto». Cuando le sugerí que habláramos con un consejero matrimonial, me dijo que me olvidara. Como consuelo, añadió: «Cariño, nunca te prometí un jardín de rosas».

Sus diferencias eran cada vez más inconciliables. Joey quería comprar aviones, coches de carreras y barcos enormes, cosas que a Madeline no le interesaban nada. Él, por su parte, no tenía el menor interés en viajar por Europa, como a Madeline le había gustado; él quería ir al Grand Prix. Si ella no quería acompañarlo, podía quedarse en casa. A Joey le traían sin cuidado la felicidad o la satisfacción sexual de Madeline. Básicamente, le estaba diciendo que el matrimonio ahora lo dirigía él y que ella tendría que aguantarse. Era él quien tenía el jardín de rosas; a ella le tocaban las espinas.

A Charlotte nunca le había importado nada, salvo ella misma y sus deseos. Y ahora Joey, como había hecho su madre, despreciaba cualquier cosa que fuera importante para Madeline; sus deseos le parecían siempre un fastidio y no tenía intención de satisfacer ninguno de ellos. Charlotte había atrapado a Duncan y luego se había pasado la vida gastando su dinero; Joey había hecho lo mismo con Madeline.

–No me extraña que Joey calara a tu madre desde el principio. Reconoció en ella rasgos que le resultaban familiares –comenté.

–Y a pesar de todo, yo tenía miedo de que me abandonara, así que intenté aguantar.

—¿Por qué tenías miedo de que te abandonara? A ver, todos tenemos miedo de que nos abandonen, pero ¿qué sentido tiene seguir con un marido que no se porta bien contigo? Eres una mujer rica, guapa y de mucho talento.

—En primer lugar, no siento que sea ninguna de esas cosas..., bueno, rica tal vez. Pero eso no cuenta, no es algo que jamás me haya hecho feliz.

—¿Crees que me estoy inventando estos atributos? —pregunté.

—No... —Dudó—. No exactamente. Si quieres que te diga la verdad, me estás asustando, porque tengo la impresión de que te he engañado a ti también.

El miedo al abandono era una fuerza muy poderosa en la vida de Madeline. Se quedó durante años con un marido con el que no era feliz solo por eso. Tenía el mismo temor a que algunos de sus empleados —en realidad mediocres y desleales— la «abandonaran», así que les pagaba una fortuna y les aguantaba todos los caprichos. A medida que iba enterándome de cosas de su infancia, veía cada vez más claro que sus problemas nacían de años de abandono.

Cuando Madeline estaba en el equipo de remo del instituto, su madre rara vez la recogía a la hora. Terminaba el entrenamiento y, después de que todas sus compañeras se hubieran ido, se quedaba sola, congelándose en el muelle, a la espera de que llegara su madre, que aparecía siempre con una hora de retraso.

—Me subía al coche y lo primero que me decía era: «Vaya, aquí está la señorita cara agria. No es de extrañar que no pierda el culo por venir a buscarte. ¡Vaya careto de bienvenida!».

Como era sabido de todos que siempre era la última a la que venían a buscar, los profesores enviaban notas a su casa, diciendo que ellos no podían quedarse después del entrenamiento y que por favor se organizaran para ir a recogerla a la hora. Su madre rompía las notas para que Duncan no las viera. Gritaba: «Con el dineral que le pagamos a ese colegio, lo mínimo es que alguien se quede contigo hasta que yo llegue! ¿Por qué han mandado esta nota? ¿Qué pasa, que has ido lloriqueando a hablar con ellos para darles pena, monstruo de niña? Igual ellos todavía no han descubierto quién eres, pero yo sí».

Los auténticos narcisistas, como Charlotte, nunca piensan que puedan estar equivocados. Cuando arremeten contra alguien, están convencidos de que no hacen más que defenderse de alguna retorcida provocación con la que alguien quiere hacerles daño. En cuanto se sienten amenazados, se lanzan como fieras a la yugular de su imaginado contrincante. El narcisismo podría describirse como una defensa de gatillo fácil.

La semana siguiente, mientras continuábamos indagando en el tema del abandono, Madeline me habló del viaje de seis semanas que hicieron sus padres a Rusia con sus abuelos cuando ella tenía once o doce años. En lugar de contratar a una niñera, Charlotte le dejó dinero para taxis y restaurantes.

–Pero a mí me daba mucho miedo salir sola, y me quedaba abrazada a Fred. La casa era enorme, y además estaban la casa de invitados, el invernadero, el garaje y la cabaña de la piscina.

Una tarde su amiga Lorraine, que vivía al otro lado de la calle, la invitó a cenar a su casa, y casualmente durante la cena Madeline mencionó que sus padres estaban en Rusia. Después, cuando empezaron a recoger la mesa, al ir a retirar unos platos oyó a los padres de Lorraine hablando en la cocina.

–Oí que su madre pronunciaba las palabras *abandono* y *maltrato infantil*.

Madeline sabía que la madre de Lorraine era una persona normal; no tenía una imaginación enfermiza ni exageraba nunca las cosas. El padre de Lorraine dijo que Duncan no debía de saber que Madeline estaba sola, o nunca lo habría permitido. Finalmente, la madre le preguntó a Madeline el nombre de la señora de la limpieza y su número de teléfono. La llamó, y consiguió que su hija mayor, Asunción, que tenía diecinueve años, viniera a quedarse con Madeline hasta que volvieran sus padres.

—Las palabras *abuso infantil* se me quedaron grabadas —dijo Madeline en voz baja—. Creo que ese día se me abrió una pequeña puerta.

Una noche, cuando todavía estaba sola en casa, pocos días después de irse sus padres, hacía mucho viento. Sonó la alarma antirrobo y se cortó la luz. Madeline estaba aterrorizada, pensando que alguien había cortado los cables y había entrado para matarla. Tenía miedo de llamar a nadie, porque sabía que si su madre se enteraba de que había estado «lloriqueando» y «poniendo a todo el mundo en su contra» se enfurecería.

—Mi habitación estaba a oscuras, salvo por la luz de mi teléfono de princesa, así que llamé a emergencias. El sonido de la alarma era ensordecedor. Fred se había metido debajo de la cama, temblando como una hoja.

Al final llegó la policía, acompañada de los encargados de la alarma. Resultó que la alarma había saltado porque, con el viento, unos árboles habían caído sobre el tendido eléctrico.

Los encargados de la alarma le explicaron a la policía lo ocurrido. Los dos agentes de policía querían hablar con los padres, pero Madeline les dijo que se habían ido de viaje a Rusia y que iban a estar seis semanas fuera. Cuando le preguntaron quién se ocupaba de ella, respondió que estaba sola. Los agentes se miraron. Asustada, y consciente de que tenía que cubrir a su madre, les dijo que la señora de la limpieza venía dos veces por semana y que, además, si se ponía nerviosa, había gente a la que podía llamar.

–¿No te dijo la policía que no podías quedarte allí sola? –le pregunté.

–No. Dudaron un momento y luego se marcharon. Me dijeron que, si tenía algún problema, llamara a cualquiera de los vecinos.

Para entonces, uno de los vecinos había salido a la calle en albornoz, preocupado por todo aquel jaleo. Madeline vio desde lejos a los policías hablando con él. Todos meneaban la cabeza, como si la situación fuera poco tranquilizadora.

Es interesante comprobar el peso que tiene el estatus social en los casos de abandono infantil. Solo en una situación de precariedad económica se considera que los niños estén en peligro. Si los agentes de policía hubieran ido a un barrio de viviendas de protección oficial y encontrado allí a una niña a la que sus padres habían dejado seis semanas sola, habrían hecho lo imposible por localizarlos o se la habrían llevado directamente a una casa de acogida. Los policías que se presentaron en la mansión de Madeline debieron de dar por hecho que las personas adineradas tienen autoridad moral: que si habían dejado sola a su hija, sabían lo que hacían. Al fin y al cabo, eran adultos «responsables». O tal vez no se atrevieran a denunciar semejante negligencia por parte de una familia rica y con poder: Duncan habría podido tomar represalias, y no tenían ningún deseo de suicidarse profesionalmente. Así que dejaron sola durante más de un mes a una niña de once años que no pesaba ni treinta y cinco kilos. No se denunció el caso a ninguna autoridad de protección de menores, ni aquellos policías volvieron a preguntar por ella.

Madeline recordaba que, años más tarde, había ido con Joey a ver la película *Solo en casa*.

—Tuve que salirme del cine porque creí que me iba a desmayar —dijo Madeline—. Me dejó pasmada que el público se riera. Me dieron ganas de gritarles que dejaran de reírse de una vez.

—Tú lo habías vivido, y sabías que no tenía gracia.

La hija de la señora de la limpieza recibió a los padres de Madeline en la puerta cuando volvieron de Rusia, y les explicó que la madre de Lorraine la había llamado muy preocupada. Una vez que le pagaron y la joven se fue, Duncan se puso furioso, lo cual no era en absoluto propio de él. Había dado por hecho que Charlotte se habría encargado de que alguien cuidara de Madeline, y le preguntó en qué demonios estaba pensando.

—Tuvieron una bronca tremenda, y mi madre dijo: «Yo, a los quince años, tenía que encargarme de que a mi familia alguien la invitara a veranear en los Hamptons. No solo tenía que hacerme la encantadora para que me invitaran a mí; tenía que arreglármelas para conseguirle unas vacaciones de verano pagadas a la familia entera». Después de esto, empezó a chillar de verdad; chillidos de esos que te atraviesan, porque sabes que esta la vas a pagar: «¿Quién le pidió a esta huerfanita que hiciera nada? ¡Oh, pobrecita ella! Lo único que tenía que hacer era irse a cenar a un restaurante. Yo habría estado loca de alegría, de poderme traer a mi novio a casa. Pero la nenita no. Ella tenía que llamar a la policía y a fulanito, menganito y zutanito para dejarme mal delante de todo Toronto. ¡Dios Todopoderoso, sálvame de estos dos!». Y se lanzó escaleras arriba hecha una furia.

Duncan le chilló que había una diferencia muy grande entre los once años y los quince. Y, además, lo que le hubiera pasado a Charlotte de niña no era lo que él quería para su hija.

—Desde el rellano, ella le contestó por encima del hombro: «Si te preocupa tantísimo tu preciosa nenita, ¿por qué no le buscaste tú una niñera? Palabra clave: *nenita*».

Después de oír este episodio y muchos otros parecidos, le pregunté a Madeline si creía que su madre tenía el propósito de destruirla o simplemente era absolutamente negada como madre.

Se quedó largo rato en silencio, reflexionando. Al final respondió:

–Probablemente fuera una combinación de las dos cosas. No sé si tenía la intención de destruirme. No creo que yo le importara tanto como para eso. En cuanto a sus capacidades maternales, sé que su madre había sido tan mala o peor que ella.

Me sorprendió saber que Madeline no había conocido a su abuela materna. Charlotte le contó que su madre había sido una eterna quejica de mente retorcida, que su marido la odiaba tanto que la dejó con Charlotte y no quiso volver a verlas a ninguna de las dos nunca más. Era rico, pero no les daba ni un céntimo. Hasta Duncan había dicho que no quería que Madeline fuera a verla, y que su suegra no era bienvenida en aquella casa.

–Esto era algo insólito –añadió Madeline–. Mi padre nunca ponía normas a no ser que fuera en relación con el dinero. No tengo ni idea de lo que hizo aquella mujer, pero debió de ser muy malo.

La semana siguiente a la hora de nuestra sesión, Madeline llegó a su despacho acompañada de Vienna, que dijo:

–No sé qué está pasando aquí en lo que se refiere a la terapia, pero el contable me ha dicho que os diga que si no empezamos a hacer vuelos con los productos, nos vamos a ir volando a la quiebra.

Madeline miró a Vienna como si en ese momento tuviera ganas de estrangularla. Sin hacer caso de su mirada, la joven continuó:

–Doctora G., solo cumplo órdenes. Se me dieron instrucciones de que no ocultara nada de importancia vital. Estamos en crisis.

–¡Lárgate, Vienna! –chilló Madeline.

–Vale, vale, ya me voy. –Vienna esbozó su ancha sonrisa y, mientras salía del despachó, antes de cerrar las puertas añadió–: Doctora G., me ha encantado su libro.

Madeline me miró, con expresión ligeramente derrotada.

–Vienna tiene razón. Estoy perdiendo clientes y dinero. Tengo que resolver lo de la fobia esta a volar. Pero en eso precisamente estoy trabajando con el doctor Goldblatt. Hago los ejercicios, y la verdad es que estoy consiguiendo que no se me acelere tanto el corazón.

–Supongo que cuando alguien sube a un avión y tú te quedas atrás, afloran muchos sentimientos. La semana pasada hablamos de lo abandonada que te sentiste cuando tus padres se fueron a Rusia. El sentimiento de abandono es desolador, y la gente hace lo que sea para evitarlo…, incluso poner en peligro su negocio.

–No, el problema no es el abandono –respondió Madeline. Luego se quedó pensativa en silencio al menos cinco minutos–. Insisto, es el tema del monstruo. Cuando las cosas van bien, siento que la vida me va a castigar. Soy un monstruo y la gente lo va a descubrir, e incluso, aunque en ese preciso momento nada cambie, pasarán cosas malas porque los monstruos no merecemos que las cosas nos vayan bien. –Dudó un instante y añadió–: O ser felices.

–¿Todo esto viene de tu madre, o hay algo que tú hayas hecho por lo que sientas que eres un monstruo?

Se puso roja.

–¿Cómo lo has sabido?

Estuvimos calladas un rato. Luego, como ella no decía nada, le dije:

—Lo único que sé es que todos hacemos cosas de las que nos avergonzamos. Cuando violamos un tabú, sentimos una oleada de vergüenza. Quien diga que no ha sentido vergüenza, una de dos: o no ha vivido, o miente.

Madeline se apretó contra el pecho los brazos cruzados y bajó la mirada hacia el escritorio.

—Me acosté con uno de los hombres del departamento de reparto cuando aún estaba casada. Duró alrededor de un mes, hace cinco años. Me odio por lo que hice. Soy igual de mala que mi madre.

—A ver: tu marido utilizó el dinero de tu padre para montar un negocio y luego no iba a trabajar, y no prestaba ninguna atención a lo que tú pudieras querer. Compraba cosas que costaban un dineral y que a ti no te interesaban, como lanchas rápidas y aviones. Nunca quiso saber nada de las actividades culturales que a ti te gustaban. No le importaba que vuestra relación sexual para ti no fuera satisfactoria, y cuando le decías que no eras feliz, respondía que le daba igual.

—Por favor, no lo justifiques o voy a dejar de creer en ti como psicóloga.

—No estoy justificando la infidelidad. Solo digo que no es una respuesta inusual tener una aventura. Hiciste todo lo que estuvo en tu mano para que Joey supiera que querías que las cosas fueran diferentes. Le propusiste ir a hablar con un consejero matrimonial. Él dijo que no, así que fuiste tú sola a algunas sesiones. Tú pusiste las cartas sobre la mesa, y él básicamente contestó: «¿Y a mí qué? No me importa lo que tú sientas».

Madeline no parecía estar muy convencida. Así que añadí:
—Por cierto, ¿a quién se parece?

Me miró desconcertada.
—Se gasta el dinero como si fuera agua, y dice abiertamente que

le da igual que seas feliz o no. Si le hablas de ética de trabajo, te dice que eres un muermo y una retrógrada.

—Mi madre. ¡Joder!, ¿cómo no me di cuenta? En la superficie son tan distintos, y se odiaban tanto que no caí. ¡Soy un puto cliché! Me casé con mi madre.

Yo había aludido ya a esta similitud, pero estaba claro que entonces no caló. En ocasiones, los pacientes necesitan ver y oír algo muchas veces, enfocado desde distintos ángulos, antes de que su inconsciente lo deje salir al nivel consciente. Esa es una de las razones por las que la terapia puede durar mucho tiempo.

—¿En qué se diferencian Joey y tu madre?

—Joey es muy afable. Le cae bien a todo el mundo.

—También ella resulta encantadora a quienes no la conocen. Los dos tienen muchos amigos superficiales y ninguno de los dos tiene amigos de verdad.

—Sentía que no podía dejar a Joey. Tenía que quedarme, y seguí con él durante nueve años muy tristes.

—Lo mismo que no podías dejar a tu madre. Entonces eras una niña. Ella era lo único que tenías. Te hiciste cómplice de su indiferencia y, a veces, hasta de su crueldad. Tu obligación era soportarlo todo y protegerla para que no la descubrieran.

—¡Dios mío, eso es lo que hacía por Joey! Cuando los encargados de la tienda llamaban preguntando dónde se había metido, yo le cubría, a la vez que se me caía el alma a los pies. Cada vez que me contaba que había estado con este o con aquel, yo sabía que no era verdad, y que estaba de juerga, emborrachándose, pero nunca se lo dije. Me daba terror que me dejara.

—Como te dejó tu madre cuando se fue a Rusia, o como te dejaba después del entrenamiento de hockey o de remo, y como te dejó definitivamente yéndose con otro hombre. No podías dejar a Joey. Estabas encadenada también a su crueldad y su indiferencia.

–¿Crueldad?... Eso es un poco exagerado. Nunca fue cruel conmigo.

–Cuando alguien te dice que le da igual si estás satisfecha sexualmente o no, y que le da igual que quieras ir a cenar a un restaurante acogedor en vez de a las carreras de coches, como poco está siendo indiferente, insensible. Te trataba muy bien cuando erais novios, y hasta que consiguió que tu padre le dejara el dinero.

–Se lo devolvió todo.

–Claro, pero si no hubiera sido por tu padre, no habría tenido esos millones para aprovechar la oportunidad de ese negocio.

–¿Quizá es que a los hombres no les importa si las mujeres somos felices?

–No creo que sepas lo que es la bondad o lo que es normal que un cónyuge haga por su pareja.

–Mi padre era amable.

Le expliqué a Madeline que, indiscutiblemente, Duncan era mucho mejor padre de lo que Charlotte había sido como madre. Le dije que creía sinceramente que su padre la quería de verdad.

–Pero no estuvo a tu lado cuando lo necesitaste. También él tenía miedo y, por razones que no comprendo, está encadenado a mujeres crueles incapaces de amar.

Cuando debería haberse plantado para defenderla de su madre, se escondía, como Madeline, en el cuarto de las herramientas del sótano. Y ahora estaba nuevamente de parte del enemigo.

–Madeline, no se te permite entrar en tu casa, donde Karen destruyó las antigüedades de tu abuela. Tu padre excusó a Karen; te volvió a traicionar. Lo raro sería que no tuvieras todos estos síntomas.

Seguí explicándole que había sido capaz de soportar de él una traición: que no la defendiera de su madre; pero que la segunda, con Karen, había sido demasiado. Era como romperse el tobillo dos veces seguidas por el mismo sitio. No era de extrañar que psicológicamente cojease.

Pero Madeline no estaba escuchando lo que le decía sobre las traiciones de su padre. La había dejado anonadada descubrir que, por mucho que había intentado alejarse de su madre, acabó casándose con un clon de Charlotte.

–Sentía que no podía dejar a Joey. Pensaba que era mi deber quedarme. –Me miró en silencio unos instantes–. ¿Sabes lo que me pasa por la cabeza? –Hizo una mueca–. Mejor no lo digo. ¿Quién se casaría con un monstruo sino otro monstruo?

–El señor Monstruo se casa con la señora Monstruo –dije, y ella asintió con la cabeza.

–Pero, como mínimo, querías tener un poco de sexo que valiera la pena. Así que tuviste una aventura. No lo estoy defendiendo, solo quiero que te des cuenta de que estabas desesperada.

–Exacto. Estaba desesperada. No me puedo creer que eligiera a ese tipo. Juega a los dardos, ¡por el amor de Dios!

Todo empezó una noche que los dos se habían quedado a trabajar hasta tarde; el producto tenía que salir por la mañana temprano, y él era el expedidor y tenía que embalarlo.

–Encargamos comida y me dejé seducir. Era atento y quería que fuera para mí una buena experiencia. Al cabo de unas semanas, cuando le dije que se había terminado, me dijo que se iba a suicidar y toda clase de necedades histéricas.

Cuando le pregunté si había acudido a alguien para que la ayudara a lidiar con todo esto, para mi sorpresa contestó que sí: se lo había contado al museólogo ruso, Anton, que trabajaba mano a mano con ella y era un hombre de confianza.

–Anton es la persona más normal que hay aquí, aunque sé que eso no es decir mucho. Me encontró llorando en mi despacho, así que le solté el rollo de toda aquella aventura sórdida de principio a fin. Le dije que era una guarra, una puta y que me odiaba. Él dijo que no era cierto, y que Joey era una nulidad y debía cortar con él por lo sano, deshacerme de él cuanto antes, pagándole o haciendo lo que fuera necesario para que desapareciera de mi vida.

Anton se ocupó del expedidor. Lo llamó y le advirtió que si volvía a mencionarle algo a Madeline o hablaba de ello con cualquier otra persona tendría que irse. Si no dejaba atrás todo el asunto, la empresa lo despediría. Después Anton le aseguró a Madeline que el expedidor no se iba a suicidar, que eso era «algo que los rumanos dicen cada dos por tres». Además, continuó, incluso en el caso de que se le despidiera, aquel hombre tenía miedo de la policía y de los funcionarios de inmigración, por lo cual nunca se buscaría un abogado.

Resultó que Anton tenía razón. El hombre aquel volvió a la normalidad; de hecho, seguía trabajando en la empresa. (Me pregunté si sería el tipo que nos traía los cafés). Entonces Madeline dio el siguiente paso.

–Le dije a Joey que habíamos terminado. Apenas pestañeó, y tampoco se inmutó cuando añadí que había cobrado ya más que suficiente en los años que había durado el matrimonio.

Se divorciaron, y en menos de dos años se volvió a casar, con «una chica italiana que nunca se habría planteado tener voz en nada, menos todavía en temas de sexo».

Una de las cosas que más me gustan de ser terapeuta es que, a medida que los pacientes empiezan a ver con más claridad algunos aspectos, los misterios se desvelan: hay pistas psicológicas, o revelaciones, que empiezan a aflorar. El escenario comienza a iluminarse, van definiéndose los perfiles. Aunque no es tan fácil como parece; sobre todo teniendo en cuenta que la propia paciente forma parte de la escena.

Para Madeline, la primera revelación fue que en lo más profundo de su ser estaba convencida de que era un monstruo y de que los monstruos no merecían ser felices. Por lo tanto, a su entender, si las cosas iban bien, tarde o temprano la vida le arrebataría ese bienestar de la peor manera posible, lo cual explicaba su preocupación por los accidentes aéreos.

La segunda revelación fue que Madeline, como muchos hacemos, se había casado con una versión ligeramente modificada del progenitor que le había hecho la vida imposible, convencida, sin embargo, de haberse casado con el polo opuesto. Madeline, WASP de la vieja guardia, eligió a Joey, un italiano católico de clase media baja, y descubrió que, una vez despojado de las particularidades de clase más superficiales, tenía los mismos rasgos de personalidad que su madre. Al igual que Charlotte, era narcisista, egocéntrico, perezoso, despiadado y astuto.

En tercer lugar, Madeline se enfrentó a su historia de abandono y revivió el terror de quedarse «sola en casa».

Había llegado el momento de que entrelazara estos tres temas, y descubriera por qué seguía sometiéndose a los deseos de individuos narcisistas, tanto en su familia como en el trabajo. Necesitábamos unir la información en una nueva narrativa que la ayudara a dejar atrás para siempre sus síntomas paralizadores.

4. Recibes lo que das

En la psicoterapia, podemos dedicarnos a tratar síntomas y más síntomas hasta el infinito, pero nada cambia hasta que el problema de fondo sale a la luz. En este caso, la raíz del problema era la madre de Madeline, que le había inculcado persistentemente a su hija la idea de que era un monstruo.

En nuestra siguiente sesión, Madeline me contó temblando de miedo que Charlotte, que vivía ahora en Florida, la había llamado para invitarla a que fuera a hacerle una visita. La última vez que la había ido a ver, su madre se había «olvidado» de recogerla en el aeropuerto y tuvo que buscar su dirección en la guía telefónica. Cuando al final llegó al apartamento, comprensiblemente enfadada, su madre le dijo: «¿Por qué tenemos que empezar así, enfadadas ya desde el primer momento? Normalmente tardas veinticuatro horas en empezar a odiarme».

Siempre la misma canción.

Me pregunté cómo era que Charlotte vivía en Florida todo el año.

–Nadie que tenga una fortuna vive el año entero en Florida –comenté–, a menos que sea la parte perdedora en un divorcio, y lo único que le haya tocado sea la casa de vacaciones de invierno.

–No vas descaminada. Mi madre tuvo un montón de aventuras mientras estuvo casada con mi padre, y no hizo mucho por ocultarlas. Había siempre demasiadas colillas en el cenicero, y demasiados hombres que «estaban de visita».

Cuando Madeline tenía catorce años, Charlotte tuvo una aventura con un hombre casado, un tal Jack, que era socio del mismo club. Era un tipo rico y soez, un promotor inmobiliario que un día nadaba en dinero y al siguiente estaba en números rojos, y andaba metido en a saber qué chanchullos de lo que Madeline llamó en tono escéptico «créditos puente». Cuando se conocieron, Jack tenía alrededor de cincuenta años y Charlotte unos treinta y cinco. Ella dejó a Duncan «por el baboso de Jack», pero ni su padre ni su madre habían tenido nunca intención de divorciarse. Madeline comentó que ahora ella tenía treinta y seis años, la misma edad que su madre cuando se separó.

Hacía más de veinte años de la separación; Jack había cumplido los setenta y tenía cáncer de próstata, entre otras cosas. Esto significaba que Charlotte estaba atrapada haciendo de cuidadora, lo cual supuse que no era muy natural en ella. Cuando expresé cierta sorpresa porque su madre hubiera elegido a un hombre mayor, Madeline dijo:

—Jack era todo lo que mi padre no era. Era aventurero, impúdico, él y sus amigos estaban siempre a la última. Iba a Mónaco a jugar, tenía una guapura como de chico de telenovela.

Y tanto Jack como Charlotte dominaban el arte de la desvergüenza. Duncan y su familia tenían un apartamento en el mismo complejo residencial de Palm Beach donde pasaban los inviernos Jack y la suya. Cuando los padres de Madeline aún estaban juntos, Charlotte la utilizaba a ella como señuelo para sus aventuras.

—Mi madre me obligaba a acompañarla al apartamento donde Jack vivía con la que entonces era su esposa. En cuanto estaba distraída, mi madre y Jack se tocaban las manos por debajo de la mesa y se rozaban los pies, y mi madre tenía la desfachatez de decirle a la esposa cosas como: «Deberíamos reunirnos todos para que nuestros hijos jueguen al tenis». Sus hijos tenían veintitantos años cuando yo tenía catorce; era todo ridículamente embarazoso. Y si yo no ponía cara de entusiasmo al oírla decir estas payasadas, me decía: «Venga, Madeline, no te hagas ahora la tímida, eres tú la que me comentaste lo bien que jugaban al tenis los hijos de Jack, y querías que les preguntara si podías jugar con ellos. Por el amor de Dios, di algo».

Los tres hijos de Jack nunca le volvieron a hablar después de que abandonara a su madre y se quedara sin un centavo, lo cual fue prácticamente simultáneo. Charlotte le contó hacía poco a Madeline que los hijos de Jack habían sido despiadados cuando los llamó para decirles que su padre tenía cáncer; que ni siquiera lo llamaron para preguntarle cómo estaba. Madeline repuso: «¿Por qué será? Son de lo más solícitos con su madre».

–Te hace preguntarte qué clase de padre sería –reflexioné–. Uno recibe lo que da.

Madeline se incorporó en la silla y dejó la taza de café en la mesa.

–Dilo otra vez. Repite eso.

–Uno recibe lo que da.

Lo pronunció en voz alta, despacio, como si fueran palabras en otro idioma.

–Recibes lo que das. –Luego lo dijo aún más alto–: Recibes lo que das. –Se recostó en la silla–: No entiendo. Si esa es la regla de las relaciones, ¿cómo es que le doy tanto a mi madre?

Me explicó que, cada vez que Charlotte la llamaba, estaba a su disposición, y le enviaba flores en cada fecha señalada. Por el contrario, su madre no se acordaba ni de su cumpleaños y no le daba nada a cambio.

Le pregunté por qué insistía. No tenía ni idea, dijo, pero luego admitió que su madre le seguía dando miedo.

–Sabe que si quiero puedo desaparecer para siempre, y eso la hace esconder un poco las garras. Pero incluso sin garras, un gato es capaz de escalar.

Cuando le sugerí que probara a hacer una asociación libre de esta idea, refunfuñó, dijo que no estaba en el diván de Freud:

—Sé que puede parecerte una memez —objeté—, pero a veces el inconsciente se muere por salir, si le das un poco de espacio. ¿Por qué no te imaginas que apartas por un instante todas tus defensas y te quedas con la pregunta «¿Por qué sigo siendo amable con mi madre?», a ver qué te viene a la cabeza?

Madeline no era precisamente una mujer emocional. No le había quedado otro remedio que endurecerse y hacer poco caso de lo que sentía, o las emociones la habrían destruido; habría acabado sucumbiendo a la anorexia, la drogadicción, la psicosis o cualquier otro trastorno. Y mostraba la misma fortaleza cuando se trataba de librar sus propias batallas internas. Así que tuvo la valentía de ponerse en la línea de fuego, cerrar los ojos y hacerse la pregunta.

Apenas un minuto después, las lágrimas le corrían sobre el maquillaje perfecto. Finalmente, entre sollozos, dijo:

—Cada día le sonreía y le hablaba con voz dulce porque pensaba que quizá esa vez al final me querría. Pensaba que quizá hasta entonces yo no había sabido hacer la combinación precisa de cosas para ganarme su cariño. Pero siempre había una siguiente vez. Yo solo quería bajar las escaleras una mañana y que no me dijera «Buenos días, monstruo». Pensaba que si me esforzaba al máximo, encontraría la forma de hacer que me quisiera.

—No hay niño y niña en la tierra que no quieran el amor de una madre —dije.

Llorando y frustrada, gritó:

—¡Hasta los imbéciles reciben amor de su madre! Joey nunca hizo nada por su madre. Ni siquiera teniendo dinero, pensó en comprarle un horno para la panadería sabiendo que lo necesitaba. Sin embargo, cada vez que lo veía aparecer, a su madre se le iluminaba la cara. Bastaba que Joey entrara por la puerta para que dejara de hacer lo que estuviera haciendo y lo llenara de besos. Le alborotaba el pelo, le preguntaba cómo le había ido el día. Él respondía con un gruñido. Y a pesar de todo, su madre lo adoraba.

Mientras se secaba los ojos, me miró y me preguntó:

—¿Qué he hecho mal?

—¿Tu madre ha querido a alguien alguna vez?

—Quizá a Jack. Él le decía a cada momento lo guapa que era. Así que ¿quién sabe? Se quedó con él. Además, tiene ya cincuenta y tantos años, ¿adónde va a ir?

—Estuvo quince años con tu padre. ¿Le quería?

—No lo soportaba. ¿Sabes qué es lo más raro? Él la quería a ella. Si mi madre tenía el más mínimo detalle con él, como agarrarlo del brazo en público, mi padre resplandecía. Aprendí a vivir anhelante de su amor, igual que mi padre.

—El amor es difícil de entender. Piensa en *Quién teme a Virginia Woolf*.* La esposa torturaba al marido, él sabía que le era infiel, y aun así la amaba.

—Es raro que menciones eso, porque mi padre y yo fuimos una vez a ver la obra en Broadway, y a ninguno de los dos nos pareció que la esposa fuera tan mala.

Las dos nos reímos.

—Lo extraño es que tu padre anhelara durante tantos años el amor

---

* *¿Quién teme a Virginia Woolf?* es una obra de teatro en tres actos del dramaturgo estadounidense Edward Albee estrenada en 1962. La obra alcanzó su mayor cuota de popularidad gracias a la versión cinematográfica del mismo título, dirigida en 1966 por Mike Nichols y protagonizada por Richard Burton y Elizabeth Taylor. (*N. de la T.*)

de una mujer como tu madre, sobre todo habiendo crecido con unos padres que, según me has contado, eran gente de bien. Pero no es nada extraño que tú anhelaras el amor de tu madre. Eso es lo que quieren de su madre todos los niños, de hecho todas las crías de cualquier especie animal. Es algo innato.

Para ilustrar esto, le hablé a Madeline de unos estudios que se habían hecho con gorilas en el zoo de Toronto. Es bien sabido que los gorilas tienen un fuerte instinto maternal y paternal en medio de la selva, pero en el zoo ni siquiera eran capaces de procrear. De entrada, estaban deprimidos, y tenían comportamientos rituales obsesivos. Al oír la palabra *obsesivos*, Madeline se sobresaltó. A los machos no les interesaba el sexo; si en ocasiones mostraban un comportamiento sexual, no era con una pareja.

El zoo quería que las hembras se quedaran preñadas, así que trajeron a un gorila macho al que había criado su madre en una manada (en estado salvaje, los gorilas viven en grupos formados por un macho adulto y varias hembras adultas con sus crías), y él sí sabía qué hacer. Ahora bien, las hembras que no se habían criado con una madre o en una manada enloquecían de miedo cuando el macho intentaba copular con ellas; creían que las estaba atacando y se defendían con furia. Nunca habían visto practicar el sexo, pero, lo más importante, nunca habían visto los preliminares sexuales, y los interpretaban como una forma de agresión.

Desesperados, los veterinarios del zoo llamaron a un primatólogo, amigo mío, que decidió inseminar artificialmente a las hembras. La mayoría abortaron, pero algunas se quedaron preñadas y parieron. La primera madre en parir mató al recién nacido al cabo de unos instantes. Se quedó mirando a la cría como si fuera un objeto extraño que hubiera excretado; en cuanto vio que empezaba a moverse, hizo un gesto de alarma y la golpeó hasta matarla. Los veterinarios y mi amigo primatólogo se quedaron perplejos.

Estas hembras nunca habían establecido un vínculo afectivo con sus propias madres, ni habían presenciado la vinculación afectiva espontánea en una manada. Nunca habían visto un parto ni una cría, y les dio miedo.

A la vista de esto, el equipo de especialistas en comportamiento animal se encontraba en un dilema: querían que las hembras que estaban a punto de parir establecieran un vínculo con la cría, pero no querían correr el riesgo de que la mataran. Así que optaron por retirar a la cría al instante de nacer y que una asistente del zoo tuviera un comportamiento maternal con ella delante de la madre gorila, con la esperanza de que imitara ese comportamiento. La mujer tomó a la cría en brazos, la arrulló y la alimentó, pero la madre gorila prestaba poca atención a la escena (en algunos momentos, incluso miraba como si no fuera con ella, como diciendo «Sigue, que se te da bien»). Cada vez que intentaban acercarle un poco la cría, la apartaba de un manotazo.

Lo triste era que el pequeño gorila se arrastraba continuamente hacia su madre, intentando conectar con ella. La madre le daba manotazos casi hasta matarlo, pero él no se rendía. Lamentablemente, hubo que separar a la cría de su madre, lo mismo que en el pasado a la madre la habían separado de la suya; una disfunción multigeneracional que vemos una y otra vez en casos humanos.

Madeline comentó que la madre gorila había sido muy cruel. Le dije que aquella hembra no tenía ni idea de lo que era hacer de madre, dado que ella nunca había tenido relación con la suya. Ni siquiera sabía que aquella fuera su cría, ni lo que eso significaba. Y el instinto maternal es un asunto complejo, una combinación de instinto y socialización temprana, en la que ha de estar incluida la vinculación afectiva.

—Ya te he contado que la madre de mi madre era tan mala que mi padre le había prohibido que viniera a casa —dijo Madeline—. Por lo visto, se pasaba en la cama el día entero, y básicamente chuleaba a su hija; no la dejaba entrar en casa a menos que hubiera conseguido alguna invitación de gente importante. Una vez le pregunté a mi madre si su madre estaba enferma, y contestó: «Fue rica, luego pobre y al final, una serpiente». Mi madre no era dada a las confidencias. Soltaba una frase y, si preguntabas algo más, respondía: «No te metas en lo que no te importa».

Estuvimos calladas unos minutos.

—Es difícil ser hija única —le expliqué—. Si hubieras tenido hermanos o hermanas, probablemente habrías visto lo poco cariñosa que era tu madre también con ellos, o alguno de ellos te habría ayudado y quizá habría sido incluso un sustituto de tu madre. —Pensaba en cómo había protegido Alana a su hermana pequeña—. Pero tú estabas sola con tu padre. Los dos os sentabais en el sótano a comer cualquier porquería, aterrorizados por Charlotte y, sin embargo, desesperados por que os quisiera. Desgraciadamente, tu padre se comportaba como un niño asustado, en lugar de como un padre protector.

—Vale, vale, entiendo que mi madre no fuera capaz de darme amor, pero ¿por qué me odiaba y me llamaba monstruo?

—¿Por qué le daba manotazos la madre gorila a su cría recién nacida y a nadie más?

Madeline se quedó largo rato en silencio. Después dijo:

—La niña quería lo que su madre no le podía dar.

—Bingo. ¿Te das cuenta? La delataste. ¿Recuerdas cuando oíste a la madre y al padre de tu amiga susurrar las palabras *abuso infan-*

til? Tú no pedías más que el cariño normal, y que no te abandonara. Tu madre debía de ver cómo se comportaban otras madres con sus hijos. Debía de tener alguna idea, aunque fuera soterrada, de que no estaba cumpliendo con el papel de madre como se hubiera esperado de ella.

–Tienes razón; no soportaba a la madre de Barry. Decía en tono despectivo que era un ama de casa sobreprotectora empeñada en que sus hijos siguieran siendo unos nenes. Todas las madres que conocíamos, decía que eran asfixiantes e incapaces de imponer disciplina. Yo más o menos me lo creía.

–¿En lo más hondo de ti te lo creías? –pregunté, tratando de profundizar un poco más en esta cuestión.

–Sí y no. Creía que los demás hijos eran todos unos mimados, como decía ella, pero yo también *quería* ser una mimada. Estoy empezando a darme cuenta de que la madre de Barry y todas las demás eran simplemente madres cariñosas, y la mía no. Como diría el doctor Goldblatt, he reencuadrado la cuestión: en vez de mimar, que es malo, amar, que es bueno.

Estuve de acuerdo.

–Lo de los mimos –dije– tampoco a ella le servía como excusa. En algún nivel inconsciente, cada vez que te veía, sabía que no era capaz de hacer de madre contigo.

Madeline estuvo mucho rato con la mirada perdida en la distancia.

–Es tan difícil de creer que el problema no fuera yo –dijo–. ¿Habría podido haber alguien a quien mi madre fuera capaz de querer?

Parecía confundida, de nuevo dando vueltas a la idea de que no era culpa de su madre haber sido tan cruel con ella. Este era un momento importante de la terapia, y quise ayudarla a aclarar la cuestión.

–No alguien que le pidiera verdadero amor, ternura, calidez y empatía –le respondí–. Tu madre está profundamente herida, por cómo la trató su madre y porque su padre la abandó, y no tiene de dónde sacar amor. Es una narcisista, o una psicópata, o ambas cosas. Pero esto son más que encasillamientos generales. –Existe un gran debate en el mundo de la psicología sobre si los narcisistas y los psicópatas nacen así o se hacen. Forma parte del continuo debate naturaleza/crianza–. La cuestión es que Charlotte carecía de aptitudes para hacer de madre, y sin embargo se esperaba que se las arreglara como fuera y cumpliera con su obligación.

Madeline me miró con tristeza y dijo:

–Por primera vez en mi vida casi siento pena por ella.

La terapia se parece al proceso de crecimiento de un árbol. Durante el primer año y el segundo, no parece haber un crecimiento importante, pero al llegar el tercer año, cuando las raíces se han establecido con firmeza y tienen fuerza para sostener el tronco, el árbol da un tirón y empieza a ascender hacia el cielo. Madeline había tenido varias revelaciones importantes sobre su comportamiento. Una era la regla de las relaciones humanas: *uno recibe lo que da*. Esta frase fue un revulsivo. Madeline no sabía que tenía derecho a darle a su madre lo mismo que recibía de ella, que era muy muy poco.

La segunda revelación se produjo cuando su inconsciente dejó salir la idea, o falsa creencia, de que su madre solo la querría si era absolutamente perfecta. Por supuesto, no era cierto. Su madre era incapaz de darle amor, y que Madeline fuera perfecta no iba a cambiar eso. Esta revelación la ayudó a dejar de esforzarse tanto por complacerla.

La revelación más importante del año fue que su madre, al igual que la gorila cautiva, era incapaz de amar. No había recibido el amor de una madre, y no tenía un modelo de cómo comportarse con su hija. Muchos psicólogos creen que el trastorno narcisista de la personalidad se produce a una edad muy temprana, probablemente antes de los dos años. El niño o la niña no recibe los cuidados que necesita, o vive una situación traumática, y de ello aprende que no puede confiar en que su cuidador principal atenderá sus necesidades. El niño o la niña se atrofia a la edad en que se produce la experiencia traumática, y no será capaz de experimentar emociones más maduras, como gratitud, remordimiento, empatía o amor.

Para Madeline fue quitarse un gigantesco peso de encima, darse cuenta de que no era culpa suya que su madre no la quisiera, comprender que la razón no era que ella fuera un «monstruo» detestable, sino que su madre no sabía querer.

La revelación final llegó cuando encontró la respuesta a su pregunta anterior: «Una cosa es que no me quiera, pero ¿por qué me odia y me llama monstruo?». Madeline era un símbolo de fracaso para Charlotte, que sabía, inconscientemente, que su hija necesitaba algo que ella no le podía dar. Por eso, la mera visión de Madeline la repelía, porque ponía de manifiesto su incompetencia como madre; y nadie siente particular agrado por aquello que no hace bien.

Comprender todo esto profundamente le dio a Madeline la posibilidad de cambiar su estilo habitual de comportamiento. Dejó de ir a Florida a visitar a Charlotte. También dejó de esforzarse por complacer a las clientas adineradas (figuras maternas) que, como su madre, estaban siempre descontentas con todo. En lugar de eso, redactó nuevos contratos en la empresa, que establecían objetivos concretos, y no toleró que nadie intentara cambiar los términos del contrato ni la manipulara de la manera que fuese.

Cuando en vez de temer a tu madre de repente sientes lástima por ella, normalmente significa que has recorrido un largo camino hacia la recuperación.

5. Descompresión

El cuarto año de terapia de Madeline resultaría extremadamente tumultuoso, para ella y para mí. Cometería como psicóloga un error lamentable, y lo pagaría muy caro.

Madeline había empezado a acudir puntual a nuestras citas, y a llegar con una lista de cosas que tratar. Pero una semana se presentó a la sesión con expresión crispada y, antes de cerrar la puerta, se volvió hacia fuera y gritó:

–¡Café, ya mismo! Dios bendito, ¡pero qué quiere esta gente de mí! Al final voy a tener que ponerme también a limpiar el suelo y a empaquetar los pedidos. –Tiró los papeles sobre la mesa y dijo–: Todo esto son pedidos pendientes. Uno tiene que estar en el Museo Getty de Los Ángeles antes del jueves. Quiero enviar a Anton con él porque es crucial que llegue a tiempo, pero estoy convencida de que el avión se va a estrellar. ¿Cuándo va a acabarse esta obsesión?

Al parecer, Madeline había recaído en la ansiedad paralizante, y la obsesión con los accidentes de avión se había agudizado.

–A ver, tienes tres opciones –contesté–. Una es dejar que monte en ese avión y soportar la ansiedad como puedas; otra es tomar medicación para tranquilizarte y que el negocio no se vaya a pique, y la tercera es tratar la ansiedad en la terapia. Si yo fuera tú, tomaría la medicación a la vez que trabajaba en la terapia.

Madeline se sentía frustrada por la lentitud con que avanzaba la terapia y no quería saber nada de tomar fármacos para la ansiedad:

–Lo de los ansiolíticos está descartado. No quiero ser como mi madre. Ella tomaba de todo, además de alcohol, y lo sigue haciendo. Mi padre también bebe lo suyo, pero se las arregla para funcionar. Tiene más de setenta años y sigue trabajando sesenta horas a la semana, ni los empleados jóvenes pueden seguirle el ritmo. –Después de un largo silencio, apoyó la frente en el escritorio y murmuró–: Este cuerpo no va a aguantar mucho más.

Cuando volvió a incorporarse, observé su cuerpo esbelto y ágil sin saber bien a qué se refería. Era una mujer poderosa en algunos aspectos y, sin embargo, estaba terriblemente dañada en otros. Al final, me dijo que había tenido cuatro cánceres y que ninguno de ellos estaba relacionado con los demás. A los veintiún años le diagnosticaron cáncer de mama, a los veintiocho cáncer de tiroides, a los treinta y cinco cáncer de endometrio. Ahora tenía un melanoma.

Sacudí la cabeza. Yo sabía de los tres primeros cánceres por su padre, claro, pero me pregunté por qué había tardado tanto en contármelo ella. Le pregunté qué creía que había provocado estos cánceres, independientes uno de otro, a una edad tan temprana.

–Me gusta tener una perspectiva científica de las cosas, y he leído mucho sobre todo esto, pero, si te soy sincera, creo que el sistema inmunitario se me agotó de niña, y ya no tengo con qué combatir nada. No te molestes en hacer la pregunta obvia: «Entonces, ¿cómo es que otros niños que han tenido por madres a unas arpías no tienen cientos de cánceres?». No lo sé. –Empezó a dar golpecitos con el lápiz en el escritorio–. Solo sé que la semana que viene tengo que hacerme una radiografía de riñón, y sé que será cáncer.

Cuando le pregunté si creía que era una manera más que tenía el universo de castigarla por ser un monstruo, se animó de repente.

–Me alegro de que al fin me entiendas. –Luego añadió muy seria –: Supongo que Dios pensó: «Un cáncer de mama no es suficiente, démosle también cáncer de tiroides. Y ahora vamos a bajar un poco y a asegurarnos de que no podrá tener hijos».

–¿Te hubiera gustado tener hijos?

Miró por la ventana con expresión melancólica.

–Me hubiera gustado poder elegir. El cáncer me salvó de tener hijos con Joey. Así que supongo que todo tiene su lado bueno.

–¿Es Dios quien te está castigando o es el destino?

–Es lo que vaticinó mi madre: «El mundo un día sabrá quién eres, y tu vida será un horror. Los monstruos no se pueden esconder». –Hizo una estupenda imitación del acento bostoniano de su madre–. Aunque si quieres que te diga la verdad, ya no me lo creo tanto como antes. Pero todos estos cánceres, cada uno por su lado, son mucho.

Le pregunté cómo había reaccionado su madre cuando tuvo el primer cáncer, a los veintiún años. En lugar de responder a la pregunta, empezó a contar que Charlotte había abandonado a su padre cuando ella estaba en plena adolescencia. Se mudó con Jack a Nueva York, donde él puso en marcha un nuevo negocio, y pasaban los inviernos en Florida, en una casa que Duncan había heredado de sus padres, pero que acabó cediéndole a Charlotte.

–La vida era mucho más fácil sin ella –recordaba Madeline–. Mi padre y yo salíamos a cenar. Él iba a todas las reuniones de padres y profesores, venía a los partidos, e incluso fue a verme a Ottawa a la competición de debates en equipo. Teníamos una asistenta interna, Nelcinda, que era organizada, afectuosa y amable. Le tengo mucho cariño; se vino conmigo a Nueva York hace ya años.

Me preguntaba por qué había ignorado mi pregunta. Así que se lo volví a preguntar. Sacudió la cabeza como si fuera doloroso tener que recordarlo; por su expresión me di cuenta de que le costaba mucho entrar en el tema.

–Se lo dijo mi padre, y ella me envió una tarjeta Hallmark de esas. Todavía la veo; tenía violetas moradas apiladas en una carretilla blanca. Dentro, en letras impresas, ponía «Que te mejores pronto», y debajo una firma, «Charlotte».

–¿No «Mamá»?

–No.

Cuando Madeline tuvo cáncer de endometrio catorce años después, Charlotte fue a visitarla al hospital.

–Me quedé de piedra cuando la vi. Mi padre estaba en la habitación; estuvo conmigo la mayor parte del tiempo. Mi madre entró con un vestido rosa y zapatos rosas diciendo: «Ah, Duncan, me ha dicho tu secretaria que te encontraría aquí». Luego me miró y me dijo que lo sentía. Solo eso.

Cuando Madeline le preguntó cómo era que iba tan arreglada, Charlotte contestó que Jack la estaba esperando en el coche; había venido a Toronto a una boda.

–Luego le entregó a mi padre los papeles del divorcio y se marchó. Cada vez que necesitaba dinero, lo amenazaba con el divorcio. Ya te conté que nunca llegaron a divorciarse. Aquel día, solo quería entregarle a mi padre los papeles en persona, como exige la ley, y marcharse acto seguido. No tenía pensado visitarme en el hospital.

Le dije que debió de ser para ella muy decepcionante.

–Pero solo porque, como estoy descubriendo en la terapia, los hijos nunca pierden la esperanza. Sinceramente, creo que por fin me he dado por vencida. Mi madre es como una de esas calabazas que vacía la gente para Halloween. Su madre le vació la pulpa y luego le esculpió una sonrisa en la cara. Si no fuera porque es atractiva, sería una psicópata más, encerrada en una cárcel de mala muerte.

–Si de verdad crees lo que estás diciendo (y me parece que es una apreciación acertada), ¿por qué te aferras, entonces, al apodo de «monstruo»?

–No es que racionalmente piense que soy un monstruo. Entiendo que yo simbolizaba para ella lo que no podía ser: una madre para su hija, y por eso me odiaba. Aun así, ha sido durante toda mi vida la *única* definición de mí que he oído.

–¿Y tu padre?

–Mira, mi padre viene a Nueva York todas las semanas, aquí, a la empresa. Está encantado de ocuparse de asuntos de comercio internacional y aranceles. Si te digo la verdad, preferiría pagar a alguien. En serio, sería todo mucho más sencillo.

–Hace de todo menos dejarte entrar en su casa.

–Exactamente.

–La gran pregunta es: ¿que tenga miedo a las mujeres psicópatas, narcisistas, significa que no te quiere?

–Yo siento que me quiere. Una cosa no quita la otra. Puedes tener el cerebro hecho mierda y seguir queriendo a tu hija. Anton me hizo la misma pregunta. Últimamente hemos estado hablando por la noche mientras trabajamos.

–Parece ser la primera persona a la que le confías las cosas que te pasan.

–Sí. Se portó como un amigo cuando todo el asunto del matrimonio con Joey, y cuando lo de la aventura, y cada vez que mi madre se presentaba aquí con sus amigas a hacerme una de sus visitas vergonzosas. Le gusta presumir de lo bien que le van las cosas a su hija, porque eso es señal de que ella es «la madre perfecta». Me hacía comentarios, delante de sus amigas, para que todas se enteraran de que estaba ocupándome de un trabajo para algún cliente famoso. Vienna la llama «la follaestrellas».

—¿Anton veía todo este circo?

—Sí. Nos reíamos. Decía que su padre era igual de malo que mi madre, así que los dos habíamos aprendido a andarnos con mil ojos.

Me contó que Anton era un hombre inteligente y sensible, pero que no hablaba muy bien inglés y eso le hacía retraerse. Vivía con su hermano, y en casa solo hablaban en ruso. Madeline, que no acostumbraba a ser expansiva, me habló del talento que tenía Anton como museólogo: era capaz de datar casi cualquier estatua con un margen de error de cinco años. Al parecer, para ser museólogo no bastaba con conocer la historia y el trabajo artesanal de cientos de formas de belleza; además había que tener talento, o buen ojo, al estudiar cada una de ellas. Dijo que Anton había descubierto hacía poco que un jarrón Ming de porcelana de seiscientos años de antigüedad, que Christie's* y ella misma habían dado por bueno, era una falsificación.

Salté a los detalles importantes, y le pregunté si era soltero. Madeline contestó que había estado casado brevemente a los veinte años, cuando aún vivía en Rusia, y que ahora estaba divorciado. Cuando le pregunté si le gustaba Anton, respondió que no se había acostado con él. Trabajaban bien juntos, dijo, aunque por lo demás no tuvieran mucho en común y se movieran en círculos diferentes. Anton se había doctorado en la mejor universidad de Moscú y solo se relacionaba con la gigantesca comunidad rusa de Nueva York. Madeline alabó su sensibilidad artística y comentó que la mente de Anton era como un catálogo.

---

* La casa de subastas Christie's, fundada en 1766 en Londres, llevó a cabo las mayores subastas de los siglos XVIII, XIX y XX. Sus ventas incluyen todas las áreas de las bellas artes y las artes decorativas, joyería, fotografía y artículos de colección. En la actualidad tiene cincuenta y cuatro oficinas en treinta y dos países y doce salas de ventas repartidas por todo el mundo. (*N. de la T.*)

–Una vez, en una visita de inspección, vio un rincón vacío en el vestíbulo de un cliente y dijo: «¿Qué te parece la cómoda finlandesa azul que compramos hace unos años en aquella liquidación de patrimonio en Estonia?». No se le escapa detalle.

Añadió que Anton carecía por completo de sentido de las finanzas, y que no podía dejarle tasar nada ni acercarse a los libros de contabilidad. Le dije que, si lo que quería era alguien con sentido de los negocios, podía haberse quedado con Joey. Nos reímos.

Cuando llegué la semana siguiente, a Madeline se la veía muy cansada. Vienna, que estaba indicándole al repartidor de Starbucks que dejara los cafés sobre la mesa, dijo mirando a Madeline:

–Si no te importa, antes de irme, voy a contarle a la doctora Gildiner unas cuantas cosas que me rondan por la cabeza.

–Vienna, tienes un sueldo demasiado alto para no hacer prácticamente nada más que enfadarme. Por favor, vete.

–No. Doctora Gildiner, no creo que Madeline vaya a contarle que la razón por la que tiene esas ojeras es que lleva trabajando seiscientos setenta y ocho días seguidos. Lo sé porque yo también he estado aquí. Eso le daría cáncer a cualquiera. Estoy preocupada por ella. Tiene que descansar.

–Se te han pagado todas esas horas, y además traes a tu hijo cada fin de semana.

–No me estoy quejando; estoy preocupada por ti porque me importas. ¿Sabes lo que significa ese verbo, *importar*? ¡Uf! –Y salió tranquilamente del despacho.

Tomé el relevo de Vienna, y le recordé a Madeline –una enciclopedia andante sobre las causas y los tratamientos del cáncer– su hipótesis sobre la sobrecarga del sistema inmunitario. Si alguien vive continuamente estresado, el estrés agota el sistema inmunitario y no hay con qué combatir el cáncer. (Las investigaciones han demostrado que los niños que sufren malos tratos tienen el doble de probabilidades de contraer cáncer que los demás niños).

Madeline protestó, diciendo que también el resto del personal había estado trabajando todos los días. Acto seguido se corrigió, dijo que por las noches y los fines de semana era verdad que solo estaban ella, Anton y, a veces, Vienna y su hijo. Esbozó una sonrisa rara y añadió:

—Somos como una pequeña familia. Jacques, el hijo de Vienna, tiene nueve años y es muy divertido; le interesa el trabajo que hacemos, y tiene ojo.

Anton le había enseñado mucho, e incluso había acompañado a Vienna a la entrevista de Jacques para entrar en una escuela de arte privada, que estaba pagando Madeline.

—Anton parece auténticamente un buen tipo. Y es curioso que su nombre salga cada semana —comenté.

—Lleva poco tiempo en Nueva York. A veces, los fines de semana, hacemos un descanso y vamos andando hasta el Starbucks. Cuando pedimos, tiene que señalar con el dedo el tamaño de taza que quiere. No consigue acertar ni con el tamaño de taza.

—Eso es una verdadera tragedia. ¡Vaya! Ahora lo entiendo. Tendrías que habérmelo dicho antes —dije muy seria.

Se rio.

—Vale, ya sé que no es demasiado importante.

—Vas a tener que inventarte algo un poco más grave que eso, antes de que despidamos a Anton, el único hombre que te ha sido leal en tu vida.

—¡Dios!, vale. Aquí va mi revelación completa. ¿Por qué iba a quererme Anton? Soy gruñona, chillo, he sido un fracaso en las relaciones, estoy invadida de cáncer, y soy tan neurótica que dan ganas de llorar.

–¿Por qué se queda?

Madeline respondió que tenía un buen sueldo, en un campo en el que escaseaban los puestos de trabajo. Se quedó en silencio durante un minuto y luego sonrió de un modo que hizo que se le iluminara el rostro.

–Una cosa que me gusta es que, cada noche antes de irse, me toca la cabeza y me dice: «*Spokóynoy nóchi moy zavetnyy odin*».

Cuando le pregunté qué significaba, respondió:

–No sé. Probablemente buenas noches.

Me pareció una frase muy larga para decir buenas noches, así que la busqué en el móvil. Mientras buscaba, comenté:

–Qué raro que nunca le hayas preguntado lo que significa ni lo hayas buscado en internet. A ver, eres una mujer que sabe cada día la cotización del yen y que es capaz de descifrar un contrato en unos segundos. ¿Alguien te dice esto todas las noches y nunca le preguntas qué te está diciendo? –Encontré la frase y la leí en voz alta–: «Buenas noches, mi amada».

Silencio. Madeline permaneció quieta mirando al escritorio largo rato, con las no-cejas fruncidas. Al final gritó:

–¡Joder, no!

Fue como si la cara se le arrugara de repente, devastada. Se estaba desvelando el misterio.

Pero aquí es donde cometí un grave error: sobreinterpreté.

–No quieres que Anton suba a un avión, ¿verdad? –empecé a decir–. Eres un monstruo, y crees que la vida te lo va a quitar. Su avión se estrellará. Te da demasiado miedo perder a alguien tan atento, cariñoso y buen amigo como Anton. ¿Este miedo angustioso es la extravagante manera que tienes de decirte a ti misma que quieres a Anton?

Madeline chilló:

—¡Vete a la mierda! —Y salió del despacho dando taconazos con sus Manolo Blahnik multicolores.

Minutos después, Vienna entró corriendo.

—¿Qué ha pasado aquí? ¡Descalabro total! Madeline no para de meter documentos en la trituradora de papel y me ha dicho que le diga que la terapia ha terminado definitivamente. Hay un cheque en el correo.

Era tan típico de Madeline y su familia decir, incluso en mitad de un cataclismo emocional: «El cheque está en el correo».

No quise que el chófer me llevara al aeropuerto, y deambulé por las calles de Nueva York, admirando el resplandor primaveral mientras cruzaba Central Park: las azaleas acababan de florecer y salpicaban de rosa la pradera; los arbustos de forsitia, normalmente tan anodinos, eran una explosión de flores de color amarillo oro todo a lo largo de los tallos; las flores caídas de los árboles estaban esparcidas por las veredas, como si estuviera en mi propia boda.

No necesitaba preguntarme dónde me había equivocado en el caso de Madeline. Era evidente. Yo, una terapeuta con experiencia, había cometido un error de principiante: había presumido de lo que sabía. Ahora había un minotauro al que hubiera debido matar hacía tiempo.

Había querido imponerle a la terapia de Madeline un ritmo demasiado rápido, y había sobreinterpretado lo que tenía delante. Vi que le tenía verdadero afecto a Anton y que no quería perderlo. Pero Madeline sentía que no merecía a alguien como él. Todos los recuerdos de su madre diciéndole que era un monstruo resurgieron de golpe. Los pensamientos obsesivos se apoderaron de ella, y nadie de la empresa podía subir a un avión. Detrás de aquella obsesión por los accidentes aéreos, estaba el miedo al amor de verdad. Anton era un buen hombre que la quería, y solo se lo decía en ruso. Compartía su amor por el arte, la belleza y el trabajo incansable. ¿Conseguirían las obsesiones de Madeline amordazar sus verdaderos sentimientos por Anton?

La crisis de Madeline ilustra la naturaleza de las obsesiones: son básicamente mecanismos de defensa que le evitan a una persona tener que enfrentarse a lo que de verdad la aterra. Madeline decía que los accidentes aéreos la aterraban, y sin embargo de niña había volado por toda Europa sin el menor sobresalto. El miedo obsesivo a los aviones era nuevo, y había aparecido cuando se enamoró de Anton. Lo que realmente la aterrorizaba era amar y que alguien la amara. Para ella, «amor» era sinónimo de abandono, decepción y traición. Tenía una madre que le hacía cosas crueles y luego lo justificada diciendo: «Lo hago porque te quiero». Su padre la quería, pero había antepuesto los caprichos de dos psicópatas al bienestar de su hija. Como decía Elie Wiesel:* «El silencio fortalece al torturador, nunca a los torturados». Su marido, Joey, resultó ser una réplica de su madre en versión un poco más afable.

Madeline había luchado con todas sus fuerzas para seguir viva. Se

---

* Eliezer Wiesel (Rumanía, 1928-Nueva York, 2016) fue un escritor en lengua yidis y francesa, de nacionalidad estadounidense, superviviente de los campos de concentración nazis. Dedicó su vida a escribir y hablar sobre los horrores del Holocausto, decidido a evitar que se repita en el mundo nada semejante. Recibió el Premio Nobel de la Paz en 1986. (*N. de la T.*)

llevó a sí misma al hospital a que la trataran de cuatro cánceres, uno detrás de otro. ¿Cómo podía bajar las defensas y amar a alguien? El amor era un riesgo demasiado grande, y la aterrorizaba. Como empresaria estaba dispuesta a correr riesgos, lo hacía constantemente, porque su abuela y su padre la habían preparado a conciencia para que triunfara en los negocios. Luego los dos la habían elogiado por su ojo artístico y su perspicacia financiera. No había tenido ni un solo fracaso.

Pero si te han hecho creer que eres un monstruo y un día te enamoras, estás convencida de que esa persona no te va a corresponder. No es de extrañar que Madeline pensara que era mejor tener escondidos bajo llave sus sentimientos por Anton.

Mi primer error fue presentar un hecho (el amor por Anton) dando por sentado que se trataba de algo bueno, cuando Madeline lo percibía como algo aterrador. En segundo lugar, Freud no estaba delirando cuando definió los mecanismos de defensa que había descubierto en la psique humana. Nuestras necesidades inconscientes son muy poderosas, tienen tanta fuerza que pueden superar con mucho a la voluntad.

Todos necesitamos desesperadamente que nos quieran. Madeline no era una excepción. Sin embargo, cada vez que había tratado de dar su amor a alguien y que ese alguien la quisiera, solo le había causado sufrimiento. Su madre la llamaba monstruo; su padre no la dejaba entrar en casa; Joey no le prestaba ninguna atención. No podía arriesgarse a fracasar en el amor una vez más. Ahora que estaba enamorada de Anton, temía perderlo en un accidente de avión. En realidad, sentía que no merecía su amor. Detrás de toda la obsesión de Madeline por los viajes, estaba el anhelo de que Anton la amara, y también el miedo a que la amara. Provoca una ansiedad insoportable desear desesperadamente algo y, al mismo tiempo, sentir terror de que se haga realidad. Para la mente, es un constante ejercicio isométrico: una tensión permanente sin el menor avance en ninguna dirección.

Sondear el inconsciente es un poco como bucear en aguas profundas. No podemos subir a la superficie demasiado deprisa. Tenemos que ir subiendo lentamente y aclimatarnos; si no, sufrimos el síndrome de descompresión. Madeline sufría el síndrome de descompresión psicológica. La obligué a hacer frente a demasiados hechos dolorosos demasiado rápido. Era tan importante para ella que no se tambaleara su defensa frente al amor, concretada en el terror a los viajes aéreos, que estaba dispuesta a perder miles de dólares al mes y a poner en peligro su negocio por mantenerla intacta. ¡Hasta ese punto necesitaba protegerse de sus sentimientos! El amor nos hace vulnerables; abrirnos al amor de alguien significa estar abiertos también a que pueda hacernos daño. Hacerse vulnerable es el *summum* de la valentía. Da miedo, y esa es una de las razones por las que la terapia puede durar mucho. El paciente se ha ido creando defensas a lo largo de toda una vida, y el terapeuta no puede arrancárselas sin más; hay que ir desprendiéndolas poco a poco. En este caso, el problema no era la cantidad de tiempo que Madeline llevaba haciendo terapia; cinco años es tiempo suficiente.

Fue mi sobreinterpretación repentina, precipitada, lo que fue una equivocación.

Cuando los terapeutas cometemos un error, debemos examinar los motivos. Yo era consciente de las dificultades que tenía, por mi parte, para controlar los impulsos, pero sabía que estar en mi consulta me ayudaba a ponerme la chaqueta metálica de terapeuta: en Toronto, tenía lo que yo llamaba mi «silla a distancia». Aquí en Nueva York, en cambio, había cedido a la presión de Duncan para que tratara a su hija, y había sucumbido a las necesidades no psicológicas (miedo a la quiebra, presión laboral, etc.) de diversas personas en la empresa de Madeline.

Otro factor era que me sentía demasiado identificada con Madeline. Yo también había sido hija única. Mi madre nunca fue cruel conmigo, pero como ella misma decía, la maternidad no era su fuerte. Si no hubieran sido los años cincuenta, una época en la que se daba por hecho que el papel de las mujeres era dedicarse a la casa, probablemente habría sido académica. Mi madre, lo mismo que la de Madeline, decía cosas como «prefiero clavarme agujas en los ojos que organizar una fiesta de cumpleaños para mi hija», así que era yo la que organizaba todas las fiestas y encargaba los bocadillos y la tarta, como había hecho Madeline. Comprendía desde dentro lo que significa tener que hacerte mayor antes de estar preparada. Recuerdo que de niña no entendía por qué decía la madre de mi amiga que mi madre me prestaba atención. Desde mi punto de vista, mi madre simplemente se ocupaba de sus cosas, como me imaginaba que hacían todas las madres.

Cuando Madeline leyó mi autobiografía de infancia *Too Close to the Falls*, le conmovió ver lo mucho que se parecían nuestras vidas en muchos aspectos. Ni mi madre ni la suya hacían nunca la comida. Ninguna de las dos tenía en casa nada de comer. Sin embargo, mi madre se ponía siempre de mi parte cuando alguien me criticaba, la de Madeline se ensañaba con ella. Cuando la monja del colegio me castigaba por «hacer payasadas y querer ser el centro de atención», mi madre decía: «Pues que se encargue la hermana Agnese de divertir a la clase. ¡Dios mío!, esa monja no reconocería a un cómico ni aunque se diera de bruces con él».

Me senté en un banco de Central Park al lado de un hombre vestido con uniforme verde de médico. Todavía llevaba el gorro de quirófano puesto, así que debía de haber cruzado directamente desde el Hospital Monte Sinaí. Tenía las manos apretadas entre las rodillas y la mirada clavada en los pies, calzados con zuecos rojos.

—¿Ha ido mal la operación? —pregunté.

—He perdido a uno de los gemelos.

Aunque la magnitud de la tragedia era diferente, le dije:

—Yo también acabo de perder a una paciente. Soy psicóloga.

—Los dos tenían buen tamaño y se oían los dos corazones latir con fuerza unos minutos antes. Y uno de los dos simplemente no estaba en condiciones. Todavía no acabo de entender qué falló. ¿Qué le ha pasado a su paciente?

—Me ha despedido. Misión abortada.

—¿Y eso? —preguntó.

—A veces una persona no está en condiciones de saber cosas sobre sí misma, lo mismo que hay bebés que no están en condiciones para salir al mundo. Cada cosa tiene su momento.

—Hay que seguir —dijo, estirando los brazos por encima de la cabeza mientras nos levantábamos para irnos.

Llevaba horas andando, estaba a kilómetros de Tribeca, y me di cuenta de verdad de que había cometido un error. No había forma de borrarlo. Pensé en llamar a Madeline, pero era una necesidad mía, no era lo que necesitaba ella. Quise creer que la había ayudado en algunos sentidos. Ahora lo mejor era retirarme, y confiar en que la herida que le había abierto cicatrizara.

Tal como se me había anunciado, al día siguiente recibí un cheque por mensajería internacional, sin nota. Solo Madeline pagaría un envío internacional urgente para quitarme de en medio.

6. Revelaciones

Cuanto más pensaba en el caso de Madeline, más me preguntaba cómo me había metido en un laberinto tan extraño. Me puse en contacto con uno de mis mentores, el doctor Milch, un profesor de psiquiatría que estaba entre los mejores terapeutas a los que yo hubiera visto trabajar. Hacía años, pasé muchas horas observando las grabaciones de sus sesiones con pacientes y viéndolo trabajar en persona a través de un falso espejo. Era un refugiado judío alemán que había llegado a Canadá a finales de la década de 1930 tras haber desembarcado en Nueva York, y que ahora tendría más de ochenta años. Era uno de los últimos grandes psiquiatras que habían trabajado con los fundadores de la teoría psicoanalítica, y los citaban a menudo. Siempre me pareció que teníamos un vínculo especial, así que, aunque estaba jubilado, lo llamé para pedirle consejo. El doctor Milch accedió a recibirme en su casa.

Me senté frente a él en su estudio forrado de libros y le conté el caso de Madeline, desde su insólito comienzo hasta la entrega del cheque internacional. A continuación, el doctor Milch sintetizó, con su marcado acento alemán:

–Veamos, *liebling*,* así que le dijiste a ese hombre, Duncan, que tú no hacías asesoramiento matrimonial, y luego accediste a recibirlo en tu consulta. Le dijiste que fuera solo, y apareció con su novia. Este hombre no le permitía a su hija entrar en su propia casa, pero

---

* En alemán, «querida». (*N. de la T.*)

tú decidiste centrarte en lo perturbada que estaba la novia y en su crueldad, en lugar de en el padre. Luego te niegas a tratar a su hija, porque has dejado de trabajar como psicoterapeuta. Él te sigue a un restaurante, te acosa, y allí mismo accedes a volar a Nueva York una vez por semana, a la empresa de la hija. Ni siquiera le pides que sea ella la que vaya a verte a ti. A mi entender, este caso estaba sentenciado desde el primer instante, antes siquiera de que conocieras a la paciente. ¿Por qué has roto todas las reglas por este hombre, un hombre al que apenas conocías?

Me quedé anonadada. Desde el principio, yo me había dado cuenta de la contratransferencia que había experimentado con Duncan, de lo que no había sido consciente era de la magnitud de su impacto. Duncan tenía realmente cierto parecido con mi padre; hablaba con el mismo desparpajo estadounidense, llevaba como él las mismas camisas almidonadas. Y como mi padre, era un hombre de negocios encantador. El doctor Milch me hizo comprender la naturaleza insidiosa de esta contratransferencia. En ningún momento exploré a fondo las razones de que Duncan hubiera abandonado emocionalmente a su hija, ni cómo era que un hombre que dirigía una empresa y tenía cientos de empleados repartidos por todo el país se escondía, no obstante, en el sótano cuando su esposa que pesaba cuarenta kilos perdía los nervios. Las preguntas más importantes eran: ¿por qué había seguido enamorado –o, más bien, encaprichado como un adolescente– de una mujer tan cruel como Charlotte, y por qué había repetido ese comportamiento con Karen?

En cinco años, no había resuelto ninguno de los dos enigmas, ni en mi inconsciente le había hecho de verdad responsable de nada.

El doctor Milch me recordó que me había pasado veinticinco años trabajando como psicoterapeuta, tenía experiencia, había dado clases en la universidad y supervisado a estudiantes de psicología. El que hubiera hecho tal contratransferencia con Duncan indicaba que había un trauma o al menos algún grado de perturbación en la relación con mi padre. Le aseguré que habíamos tenido una relación maravillosa, y que de niña había trabajado feliz a su lado en la farmacia.

Pero el doctor Milch no se anduvo con rodeos. Dijo que quería describir lo que mi inconsciente sentía por mi padre.

—Era un hombre inteligente, afable y los negocios le iban muy bien, hasta que empezó a perder la cabeza cuando tú eras una adolescente. Entonces empezaron a abochornarte las cosas que hacía, como saltarse la ventanilla del autoservicio y meterse con el coche hasta dentro del restaurante. Perdió todo el dinero de la familia por culpa de unas malas inversiones, y tu madre y tú os quedasteis en la indigencia. De hecho, no solo eso, sino que teníais deudas. Tuviste que buscarte dos trabajos mientras estabas en el instituto. Tu padre te traicionó, te abandonó a ti personalmente, y además te dejó con una madre que no era capaz de hacer frente a la situación. Te dijo básicamente: «Ya sé que solo tienes catorce años, pero aquí te dejo esto y ahora te toca a ti hacerte cargo de todo».

Le dije que me parecía discutible su apreciación, que mi padre había tenido un tumor cerebral, y había coincidido con que yo en aquel momento fuera una adolescente, pero que nada había sido culpa suya. El doctor Milch levantó la mano en señal de alto. Me recordó que al inconsciente no le importan los hechos.

—Solo sabe lo que es sentirse abandonada.

Recalcó que el inconsciente no registra la realidad (el hecho de que mi padre tuviera un cáncer inoperable y muriera); lo que registra es el impacto emocional (me abandonó). Mi inconsciente había registrado el miedo a tener que hacerme cargo de una familia fracturada y pobre.

–Los padres de Madeline la abandonaron para irse de viaje a Rusia, y tu padre te abandonó a la misma edad porque se murió.

Asentí con la cabeza.

–Ahora, sabiendo esto –dijo el doctor Milch–, dime qué significaba Duncan para ti.

Me quedé pensando largo rato, y al final lo vi.

–Representaba a mi padre cuando era un triunfador y estaba exultante, antes del tumor cerebral. Quise recrear esa época. Me atrajo como un imán el carácter despreocupado y divertido de Duncan, que era igual que el de mi padre.

Estuvo de acuerdo.

–Quisiste congelar el tiempo, volver a ser la hija adorada de un padre cariñoso y triunfador.

Me di cuenta de que había interpretado con Duncan el papel de la hija que quiere complacer a su padre, y no el de la terapeuta que tenía unos límites claros y que estaba atenta a la patología de su paciente. Pensé que hubiera debido consultar al doctor Milch hacía mucho tiempo. Una no puede superar todos los problemas de su pasado ella sola; me equivoqué al pensar que yo no necesitaba ayuda, que estaba por encima de eso. Lo bueno de ser una terapeuta experimentada es que lo has visto todo y sabes muchas cosas; lo malo es la suficiencia que esto puede generar.

Hay otra conexión en la que he reparado tiempo después; de hecho, cuando empecé a escribir este libro. Aunque no es habitual que a una niña la críe su padre, cada una de las mujeres sobre las que había decidido escribir –Laura, Alana y Madeline– había crecido principalmente en compañía de su padre. No fue premeditado; es más, fue toda una sorpresa descubrir que, de los miles de mujeres a las que he tratado, inconscientemente había elegido a tres que, en un aspecto importante, se habían criado como yo. ¡Cómo no iba a sentirme identificada con ellas! He aquí el ejemplo perfecto de una psicóloga gobernada por su inconsciente y que no se está dando cuenta.

Treinta y seis días después, llamó Vienna y me pidió una cita a la hora habitual.

–¡Uf! –dijo–, ha sido un verdadero infierno para todos. Le contaré con más detalle *quand vous arrivez*. –A Vienna le gustaba aderezar su discurso con palabras en francés, marcando bien el acento–. ¡Es un mundo nuevo, el viejo Tribeca! Han pasado por aquí analistas de sistemas, consultores, informáticos, y se están rehaciendo hasta las paredes. ¡Cambios por todos los lados!

Cuando llegué, Madeline entró en su despacho pisando fuerte, vestida de Armani, con unos relucientes pendientes de oro de Bulgari, el pelo recogido en un moño francés, las cejas puestas y los labios con las puntas del arco de cupido bien marcadas. Se sentó y dijo:

–Vale, tenías razón. Era difícil de oír. Tenía que actuar. Si me hubiera desmoronado cada vez que he oído en mi vida algo aterrador, a los nueve años habría estado babeando dentro de una camisa de fuerza.

»Estuve mortalmente enferma durante una semana. Baste decir que estaba activo cada orificio del cuerpo. Pero sobreviví, me levanté e hice una lista de lo que había que hacer. –Acto seguido, en una ráfaga de movimientos intermitentes, Madeline comenzó a leer de un portapapeles de cuero rosa con un monograma y un lazo de cuero. Dijo–: Punto uno.

Había hecho venir a unos consultores informáticos, que le aconsejaron que creara un sistema de inventario digital al que pudieran acceder todos los empleados. Había contratado a alguien para que diseñara un sitio web mejor, y había empezado a emplear a gente en China y Hungría para que buscaran material para la empresa.

–Aquí, todo el mundo tiene que hacer cursos sobre lo que coño sea a lo que se dedique –dijo–. Se está recatalogando la biblioteca entera. En resumen, estoy aprendiendo a delegar.

Madeline dijo que estaba harta de no confiar en nadie. Anton y ella estaban hartos de quedarse en la oficina hasta medianoche mientras sus asociados, que cobraban una fortuna, con la excusa de que solo ella conocía de verdad la mercancía se iban a cenar. Ahora, dijo, o aprendían o se largaban. Los había tenido trabajando todo este tiempo solo porque pensaba que era un monstruo y que nadie más querría trabajar para ella.

–Todos cobran más de lo que les pagaría ningún museo, así que pueden empezar de una puta vez a ganarse el sueldo.

Asentí con la cabeza, y justo cuando iba a responder, Madeline me cortó.

–Doctora Gildiner, has dicho suficiente –me dijo–. Esta es mi sesión. –Siguió leyendo–: Punto dos: tuve una crisis de ansiedad, me faltaba el aire, tuve que respirar dentro una bolsa de papel. Aprendí a hacerlo a los trece años. –A continuación se le quebró la voz, pero siguió hablando–. Ah, sí, le dije a Anton que estaba enamorada de él.

(Me habría gustado saber cómo reaccionó al oírlo, pero estaba empezando a aprender cuándo no hacer preguntas).

–Y le dije que más le valía quererme. Dijo que sí.

»Punto tres: nuevo régimen. Se ha mudado a mi *loft*. Le dije a mi padre que Anton y yo estábamos enamorados, y que no quería oír ni media palabra sobre que no era mi tipo. Mi tipo hasta ahora han sido gilipollas que conducían Maseratis. Anton tiene una bici, y cuando saca un puto rato libre lee libros. Y le manda dinero a su madre.

Afortunadamente, Duncan dijo que mientras ella fuera feliz, él se alegraba por ella.

Todos los vuelos de negocios estaban de nuevo en marcha, continuó diciendo Madeline, y de hecho esa semana tenían trece vuelos. Aun así, a veces lloraba y le pedía a Anton que no se estrellara, por favor. Él la abrazaba, la tranquilizaba asegurándole que no era un monstruo, y diciéndole que tenía más posibilidades de morir atropellado yendo a Starbucks. Madeline había informado además a todo el personal de que, aunque el negocio iba viento en popa, tendrían que tolerar su ansiedad hasta que amainara. Los clientes no le preocupaban, siempre había sabido cómo arreglárselas con ellos.

Anton y Madeline iban a volar a Palm Beach con unas porcelanas de Meissen, y había decidido no visitar a su madre.

–Estoy haciendo lo que me dijiste: darle lo mismo que he recibido de ella. Seguro que se le olvidaría venir al aeropuerto o haría algún comentario horrendo sobre Anton. Yo lo podría aguantar. Pero a él quiero protegerlo. Él no se lo merece.

Madeline levantó la mano como una señal de *stop* y me la puso delante de la cara.

–Sé que quieres decir «Tampoco tú». Estoy trabajando en ello, ¿vale?

No había sido capaz de retener ningún alimento sólido hasta el momento; Nelcinda, su ama de llaves de siempre, le preparaba potitos.

–Pero lo haré. Esta vez el miedo no me va a parar. Hoy me he puesto zapatos planos porque me tiemblan las piernas. Esta mañana parecía un ternero recién nacido con zapatos de tacón. Anton me ha dicho que deje de ponérmelos, que están llenando el suelo de agujeros y a él le taladran el corazón cuando ve cómo me destrozan los pies.

Finalmente, me tocaba hablar a mí.

—Siento haberte agobiado en nuestra última sesión —me disculpé—. El error fue mío.

En tono seco y pragmático, Madeline le quitó importancia.

—No pasa nada. He sufrido los horrores de la maestra del terror. No he hecho otra cosa en mi vida que aprender a planear la batalla. —Luego, en tono de superioridad, añadió—: Es mi fuerte.

La declaración de Madeline se ajustaba con exactitud a la definición de héroe que hace Bruce Meyer, autor de *Heroes: From Hercules to Superman*. «En su sentido más puro —escribe—, lo heroico podría definirse como ese momento de una narración en el que las fuerzas de la vida se afirman con más rotundidad que la muerte».

Madeline había empezado el día muy asustada, le temblaban tanto las piernas que había tenido que quitarse los tacones y ponerse unos zapatos planos. Aun así, se lanzó a la batalla. Era una mujer que, aun traumatizada por los abusos emocionales que había sufrido desde que nació, se aferraba una y otra vez a la vida con todas sus fuerzas. No era una adulta que había librado una batalla y derrotado al enemigo; era la versión adulta de una niña que había luchado cada día de su vida por mantener la cordura, y cuyo enemigo era su propia madre. Tenía que sacar del restaurante a escondidas la carne que su madre escupía en una servilleta; había tenido que encubrir los amoríos de su madre, soportar que la traicionara acostándose con su primer novio, y aguantar que no la dejara comer para que no se pusiera «redonda como una cerda», cuando estaba demacrada y muerta de hambre. Su madre la llamaba «monstruo» simplemente por ser una niña, y querer como cualquier niña la atención de su madre. La dejó abandonada durante semanas. Y su padre no la podía ayudar; estaba igual de asustado que ella.

Una vez, cuando tenía ocho años, su padre se volvió hacia ella en el coche y le dijo: «Madeline, ¿qué vamos a hacer?». Parte del miedo que Madeline le tenía a su madre le venía por contagio del que le tenía Duncan. Por si no era poco encontrar la manera de no sucumbir ella, además su padre le pedía ayuda.

Sin embargo, Madeline consiguió hacerlo todo. Para gran disgusto de su padre, renunció a la fortuna familiar y destinó los cheques de su fondo fiduciario a la investigación del cáncer. Su abuela le había legado el edificio de Tribeca y sus antigüedades, pero, aparte de eso, vivía de lo que ganaba. Madeline había creado un negocio colosal, que superaba con creces el valor de la colección de antigüedades de su abuela. Trabajaba horas sin fin, y ni una sola vez pensó: «Soy rica, no necesito trabajar. He tenido cuatro cánceres antes de cumplir los cuarenta. Creo que me merezco un descanso». Si esa mujer no es una heroína, ¿entonces quién?

Esa semana en la que Madeline tuvo la crisis y tocó fondo –o, como ella decía, «cuando se me fue la puta olla»–, la cambió para siempre. Lo más importante: le declaró su amor a Anton. Desde entonces, tuvieron una relación estupenda. No volví a oírle a Madeline ni una sola palabra de preocupación, ni siquiera una duda al respecto. Tenían sexo, amor e intimidad. Compartían los mismos intereses y la misma ética de trabajo. Fue una ayuda que Anton hubiera sido un amigo antes de ser un amante.

Un día, después de la sesión, salí de la oficina de Madeline y acababa de montar en la limusina que iba a llevarme al aeropuerto cuando un hombre rubio, alto, muy delgado y sorprendentemente guapo dio unos golpecitos en la ventanilla tintada. Me hizo una señal con el pulgar hacia arriba y me dedicó una ancha sonrisa maravillosa.

Al ver que yo no bajaba la ventanilla (en Nueva York, hasta un rubio así de guapo puede pegarte un tiro), me dijo vocalizando con precisión: «Soy Anton», y la limusina se puso en marcha. Me recordó al bailarín Baryshnikov, solo que con las piernas más largas. Era típico de Madeline, no haberme dicho nunca lo guapo que era. Cuando volvimos a vernos, se lo comenté. Me miró con expresión burlona.

–Puede que sea una neurótica, pero no tengo mal gusto.

Madeline llamaba a este periodo de la terapia posterior a la crisis «las sesiones postapocalípticas». En términos religiosos, el apocalipsis lleva implícita la revelación: la visión repentina de los cielos abriéndose y revelando sus secretos, secretos que facilitan la comprensión de las realidades terrenales. Y para Madeline, todo fue efectivamente más fácil. Un cambio siguió a otro, y yo fui testigo de ellos.

Anton y Madeline empezaron a tomarse los domingos libres y a hacer viajes de placer a Europa. Fueron a esquiar a Aspen, y se llevaron con ellos al hijo de Vienna, que era ya un adolescente. Madeline perdonó a su padre, y Anton y ella volaban a Toronto cada semana para cenar con él.

Habían pasado más de cuatro años desde que empecé a viajar a Nueva York cada semana para sentarme dos horas con Madeline. Había tenido ocasión de ver la ciudad en mitad de una huelga de basuras y de mirar por la ventanilla cómo descongelaban las alas del avión. A estas alturas, conocía a todo el mundo en la empresa. Cuando empecé a reconocer ciertos tipos de porcelana china, supe que había llegado el momento de finalizar la terapia.

La salud mental de Madeline no era óptima, pero una terapeuta tiene que saber cuándo la parte sustancial del trabajo está hecha. Es un poco como ser madre o padre; es necesario saber distinguir entre el apoyo y la dependencia. Al echar la vista atrás y recordar cuál era la situación cuando empezamos, a pesar de los errores me sentí orgullosa del trabajo que habíamos hecho juntas. Como los soldados que sufren de estrés postraumático después de haber sido prisioneros de guerra, Madeline podía sufrir una regresión. Cuando estuviera cansada, estresada, apareciera un desencadenante emocional o se enfrentara a alguna adversidad, sus síntomas, sobre todo la adicción al trabajo, podrían resurgir.

Madeline superó su mayor obstáculo cuando fue capaz de subir a un avión con Anton. Él quería llevarla a San Petersburgo para enseñarle el Museo del Hermitage y otros de sus lugares preferidos de Rusia. ¿Qué puede haber mejor que ver las maravillas del mundo a través de los ojos de una persona amada?

Durante nuestra última sesión de terapia, mientras me tomaba mi taza tamaño *venti* de café descafeinado con leche descremada, entró Vienna y me abrazó llorando. Entre sollozos, me dijo que me iban a echar de menos. Madeline, con su acostumbrado ingenio mordaz, comentó:

–No te preocupes, con la suerte que tengo, volverá.

Solemos pensar que la gente rica lo tiene todo, y eso nos hace malinterpretar las cosas y sacar conclusiones equivocadas. Una vez leí un artículo en una revista en el que la periodista describía a Madeline como una mujer «altiva», porque no había sonreído ni la había mirado a los ojos. Si hubiera sido pobre, tal vez la habría calificado de «tímida». La conclusión de la periodista no podría haber sido más errónea. Madeline eludía el contacto visual porque le daba miedo cualquier forma de intimidad o atención, y no había sonreído porque su madre le decía de pequeña que, cuando sonreía, parecía una «hiena danzante con las encías moradas».

Madeline es mi heroína. La sensación que tengo de ella es la de una prisionera de guerra a la que le lavaron el cerebro en su propia casa. Su madre era una psicópata narcisista que sabía ocultarlo muy bien. A veces es más difícil tener una madre como Charlotte, que goce de plena aceptación en la comunidad pero en privado sea despiadada, que tener una madre cuya locura sea evidente para todos. Al menos, en este último caso, quizá la niña acabe comprendiendo que, si su madre la maltrata, no es porque ella lo merezca.

En su cárcel de cinco estrellas, Madeline oía a su madre decirle repetidamente que era un monstruo, una niña malcriada, gruñona, perezosa y gorda. En realidad era guapa, la delegada de su clase, campeona de tenis y representante del colegio en los encuentros escolares. Me enseñó unas fotos de su infancia; parecía una figura de palo vestida con un elegante traje de fiesta. Sin embargo, como cualquier niño y niña, Madeline se creía la imagen que su madre tenía de ella. En las raras ocasiones en que expresaba alegría por haber ganado algún premio, Charlotte le decía que solo ella sabía el monstruo que era en realidad Madeline.

Cualquiera que fuera la ocasión, Charlotte sabía instintivamente cómo lavarle el cerebro a su hija. La psicóloga Margaret Thaler Singer, experta en el «lavado de cerebro», expone las reglas básicas en su libro *Las sectas entre nosotros*:*

---

*   Margaret Thaler Singer y Janja Lalich. Trad., Antonio Bonanno. Barcelona: Gedisa, 1997, pp. 88-90. (*N. de la T.*)

1. *Mantener a la persona inconsciente de lo que está sucediendo y de cómo se la cambia gradualmente.*
   La madre de Madeline la llamó monstruo cada mañana durante todos los años que vivió con ella.

2. *Crear sistemáticamente una sensación de impotencia en la persona.*
   Todo niño y niña es impotente, y toda madre es todopoderosa. Esta estructura de poder está integrada en la familia nuclear. Charlotte era tan poderosa que su marido, que supervisaba el trabajo de cientos de empleados, se escondía atemorizado en el sótano con su hija.

3. *Manipular un sistema de recompensas, castigos y experiencias para promover el aprendizaje de la ideología o el sistema de creencias del grupo y las conductas aprobadas por el grupo.*
   En casa de Madeline había dos ideologías enfrentadas. El padre defendía la verdad, el comportamiento civilizado y la primacía del contrato social. (Una omisión importante, sin embargo, fue no proteger a su hija de una madre depredadora). La madre se burlaba de las normas del padre, lo tachaba de «mojigato» por no tener una conducta promiscua y llamaba «nenita» a Madeline por no haber aprovechado la ausencia de sus padres para acostarse con su novio. Charlotte calificaba su comportamiento psicopático de «divertido», y el comportamiento ético de Duncan, de «soso y aburrido». Charlotte era más implacable, y por tanto su ideología triunfaba en el hogar. Habría podido lavarle el cerebro al

candidato manchú* y conseguir que nunca más volviera a saber quién era.

Habían pasado catorce años desde la última vez que había visto a Madeline, y veinte desde que había visto a Duncan. Yo estaba al tanto de sus negocios por lo que leía en las revistas, y había visto hacía poco una foto suya maravillosa, con un vestido largo de Gucci y posando del brazo de Anton, que iba de esmoquin. Los dos tenían una sonrisa resplandeciente y destacaban entre las celebridades que habían acudido a una gala benéfica.

Le escribí un correo electrónico a Madeline, y me puso al corriente de su vida. Me contó que seguía viviendo feliz con Anton, que los cánceres no habían vuelto a aparecer, y que tenía más relación con su padre. Karen empezó a dar señales de demencia senil y hubo que ingresarla en una residencia; Madeline pudo volver a entrar en la casa de su infancia. Había aprendido a perdonar a su padre por no ser capaz de enfrentarse a su madre y a Karen. Él intentaba compensarla, y ella se lo permitía.

Aunque la madre de Madeline se había vuelto algo más benigna con la edad (los psicópatas tienden a agotarse con los años), en realidad seguía siendo la misma de siempre. Por lo general, los psicópatas

---

* *El mensajero del miedo*, cuyo título original es *The Manchurian Candidate* (literalmente, «el candidato manchú»), es una película estadounidense basada en la novela homónima de Richard Condon publicada en 1959. Se trata de un *thriller* político ambientado en la época de la Guerra Fría y describe la captura en combate de un joven oficial durante la guerra de Corea, al que se somete a un lavado de cerebro para convertirlo en agente infiltrado en una intriga política destinada a hacer presidente de Estados Unidos a alguien a quien los comunistas pudieran manejar. En 2004, Jonathan Demme hizo una versión con el mismo título, interpretada por Denzel Washington, Meryl Streep, Liev Schreiber y Jon Voight. (*N. de la T.*)

no tienen una buena vejez, ya que no han sabido establecer relaciones sólidas, que es uno de los propósitos más importantes de la existencia humana. Charlotte había sido bella, rica y, gracias a su marido, había tenido una buena posición social. Sin embargo, su posterior compañero de vida, Jack, murió sin un centavo, y, por otro lado, la belleza de Charlotte se había ido marchitando a causa de la edad, el tabaco, la bebida, las horas al sol y la falta de ejercicio. Como no era de extrañar, dada la situación, de la noche a la mañana decidió que quería pasar más tiempo con Madeline. Pero ella no se fiaba de esta nueva cordialidad, y hacía por ella estrictamente lo que consideraba que era su obligación como hija. Tanto ella como su padre le daban dinero, pero no estaban dispuestos a hacer mucho más que eso. Habían aprendido a protegerse. Como dijo Madeline: «Gracias a Dios por la terapia y por la pantalla identificadora de llamadas entrantes».

Epílogo

> Y de pronto me acordé de lo ancho que era el mundo, y del abanico de esperanzas y miedos, de sensaciones y aventuras que aguardaban a quien tuviera el coraje de lanzarse a su espesura, desafiando peligros, en busca de vida y conocimientos verdaderos.*
>
> CHARLOTTE BRONTË, *Jane Eyre*

Este ha sido un libro sobre personas a las que considero héroes y heroínas psicológicos. Es cierto que emocionalmente llevan cicatrices de guerra, pero lo consiguieron. Decidí concentrarme en las que resultaron victoriosas, en las que lograron salir de situaciones familiares muy problemáticas sin una adicción o una enfermedad mental incapacitante. Siempre he preferido la inspiración a la tragedia. (Cuando tenía nueve años, leí todas las ediciones de *El diario de Ana Frank* que encontré en la biblioteca pública con la esperanza de encontrar una en la que al final Ana no muriera).

Arnold Toynbee, el famoso filósofo de la historia, nos informa de que el primer cometido de un héroe es ser eterno, o universal, lo que significa que, a través de un singular acto de valentía, un héroe se perfecciona y luego renace. El segundo cometido de un héroe es retornar, transfigurado, para enseñarnos a nosotros, los no inicia-

---

* Cap. X. Trad. Carmen Martín Gaite. Barcelona: Alba Editorial, 2012. (*N. de la T.*)

dos, las lecciones que ha aprendido. Así que este libro es mi forma de aclamar a estos cinco héroes, a estos cinco conquistadores, de hacerles contar su historia, aterradora, pero revitalizante. Cada uno tuvo que matar a un minotauro distinto, utilizó un arma distinta y estrategias de batalla diferentes.

Es posible que de entrada me pareciera que estas cinco personas tenían muy poco en común, pero una vez despojadas de las envolturas económicas y culturales, sus necesidades inconscientes eran asombrosamente similares. Todas necesitaban sentirse queridas para tener una vida mejor.

Lo que pueden enseñarnos Laura, Peter, Danny, Alana y Madeline es que todos podemos ser héroes. Ellos ejemplifican las palabras de Thomas Hardy en su poema «In Tenebris II»: «[…] de haber un camino hacia lo Mejor, requerirá antes la contemplación de lo Peor». Nos enseñan a escarbar nosotros también en nuestra psique y a alumbrar aquellas partes que hasta ahora han permanecido en la sombra. Ellos encontraron lo que había en esos rincones oscuros, lo sacaron a la luz y se enfrentaron a ello. Emprendieron heroicamente un camino desconocido en busca de un cambio, y perseveraron frente a todos los obstáculos. Ellos nos recuerdan que es posible, aunque no siempre fácil, superar nuestros miedos, traspasar los límites autoimpuestos que nos hacen confundir confinamiento con seguridad. Por último, estos héroes nos inspiran demostrándonos que todo autoexamen es un acto de valentía.

Estos cinco valientes guerreros psicológicos me causaron una impresión indeleble cuando eran mis pacientes. Sigo pensando en ellos a menudo. Espero que su bravura te inspire tanto como a mí.

Agradecimientos

Quiero dar la gracias a los héroes de este libro, que nunca se rindieron, que siguieron luchando y me sirvieron de inspiración. Sin ellos, no habría libro. No solo fueron héroes, sino que accedieron generosamente a compartir su historia. Gracias igualmente a mis primeros lectores, Jon Redfern y Linda Kahn. Ellos me orientaron en la dirección correcta.

Mi incansable agente, Hilary McMahon, no solo me sugirió hacer algunos cambios, sino que encontró un hogar perfecto para el libro en Penguin. Me gustaría dar las gracias a mi editora, Diane Turbide, que, increíblemente, consiguió que el proceso de edición fuera indoloro. Sus milagrosos cortes y cosidos, además de la repetida frase «interesante, pero innecesario», han centrado y mejorado notablemente el libro. Karen Alliston, mi correctora, detectó hasta los errores más mínimos, y los subsanó sin alterar en ningún momento el sentido del texto.

Por último, quiero dar las gracias a Michael, mi marido desde hace cuarenta y ocho años, que siempre me escucha cuando le cuento mis ideas como si nunca antes me las hubiera oído contar: un auténtico artista.

editorial **K**airós

Puede recibir información sobre
nuestros libros y colecciones inscribiéndose en:

www.editorialkairos.com
www.editorialkairos.com/newsletter.html

Numancia, 117-121 • 08029 Barcelona • España
tel. +34 934 949 490 • info@editorialkairos.com